国际汉学经典译丛

中国社会思想史

——儒家思想、儒家式社会与马克思主义的中国化

（修订版）

[韩]宋荣培 著

『十三五』国家重点图书
出版规划项目

中原出版传媒集团
大地传媒

大象出版社
·郑州·

图书在版编目(CIP)数据

中国社会思想史：儒家思想、儒家式社会与马克思主义的中国化 / (韩) 宋荣培著.— 郑州：大象出版社，2016.12
(国际汉学经典译丛)
ISBN 978-7-5347-8305-0

Ⅰ.①中… Ⅱ.①宋 Ⅲ.①政治思想史—研究—中国 Ⅳ.①D092

中国版本图书馆 CIP 数据核字(2015)第 022121 号

中国社会思想史

——儒家思想、儒家式社会与马克思主义的中国化(修订版)

[韩]宋荣培 著

出版人 王刘纯
责任编辑 耿晓谕
责任校对 牛志远 裴红燕 毛 路 李婧慧
封面设计 王莉娟

出版发行 大象出版社(郑州市开元路 16 号 邮政编码 450044)
发行科 0371-63863551 总编室 0371-65597936
网 址 www.daxiang.cn
印 刷 河南文华印务有限公司
经 销 各地新华书店经销
开 本 787mm×1092mm 1/16
印 张 24
字 数 392 千字
版 次 2016 年 12 月第 1 版 2016 年 12 月第 1 次印刷
定 价 58.00 元
若发现印、装质量问题，影响阅读，请与承印厂联系调换。
印厂地址 新乡市获嘉县亢村镇工业园
邮政编码 453800 电话 0373-5969992 5961789

谨以此书敬献给我难以忘记的母亲

赵南娘女士(1922—1998)

中文版序

本书原为我在德国法兰克福大学哲学系读书时所撰的博士学位论文(Konfuzianismus, Konfuzianische Gesellschaft und die Sinisierung des Marxismus, v. Young-bae Song, Dissertation, Universität Frankfurt/M.,1983,423S)。

1986年,本书最初以韩文出版时,时值戈尔巴乔夫改革宣言发表之际,当时这一事件给我的冲击至今记忆犹新。东欧与苏联的社会主义政权竟遭这般崩溃,我万万预料不到。

然而,20世纪70年代初,我时年弱冠在欧洲却体验另番景象。那是在20世纪60年代与70年代的欧洲知性史上抹不掉的一页。其实,如今广为谈论的"后现代主义"哲学问题全面化之前,当时的西欧资本主义社会内部众多严重的问题已露出破绽:生产组织不断膨胀,人在城市社会中遭受排挤,严重的环境污染,核武器的威胁,等等。因此,对后期资本主义持批判态度的知识分子而言,16、17世纪启蒙主义以降渐渐膨胀的"工具理性"已不再是解放人类的良方,而是破坏人与自然关系的巨大"暴力"。在部分(以法国为中心)左派知识分子看来,这种资本主义体制的社会结构,其本质上蕴含着暴力性,因而,毛泽东思想便被他们视若一种"理想的"方案以发挥巨大的影响力。在欧洲各国,全力支持毛泽东思想的小政党俯拾即是。

直至当时,我一直在韩国和中国的台湾,毋庸讳言,在冷战体制下产生的极端反共逻辑与牢不可破的"国安"原则中长大并接受教育,因此对于社会体制与韩国不同的社会主义阵营(尤其是由于朝鲜战争造成的严重贫困和受害意识)所持的偏见非同一般。但另一方面,在西欧的异乡世界里,对那些精神、文化传统和我们相差甚远的欧洲人,我第一次深切体会到"文化异质感",同时产生逆反心理,开始对当时在欧洲受热捧的"毛泽东中国革命论"产生好奇心。在欧洲自由奔放的言论与学术传统中,我重新开始学习哲学,并由此领悟到直至当时未曾察觉到的我的"真面目"(meine Identität)。虽然迟了一步,但我还是明白了我在到西欧之前苦苦追求的哲学思索实际上决非与我在其中成长并受教育的韩国社会政治问题无关。即是说,我深切体会到我那所谓的“纯粹”哲学思绪，其实决不仅仅是“纯粹”的普遍的抽象性，而更是在它的形成和发展过程中，映射着我在“韩国”这个东方的落后国度里郁结的苦恼与生活。因此在我眼里，那种与具体历史空间隔阂的哲学问题，亦即，追求超历史的、普遍正确的哲学思索，突然变成了徒劳的玩笑。用不熟练的语言学习西方哲学，我极难将其接受为“普遍的”哲学，对我而言，那只不过是“西欧的”哲学而已。因此，作为一名年轻的哲学信徒，一想到祖国的割裂、第三世界问题、民族主义问题等诸如此类围绕着韩国社会的种种问题，便理应拒绝“我的哲学思索”成为“观念的、冥想的”。因此，我不可避免地为社会哲学和实践哲学所倾倒。在韩国那种保守观念横行的世界中，我曾是一名年轻的玄学者，已惯于领悟并试图在玄学上证明只有“孤立自我”的内在绝对真理的那种观念性逻辑。但，最后我对中国现代革命的问题产生极大的兴趣，甚至一度以“毛泽东主义者”自居，引发颇多的自我改变。当然，随着在韩国的另外一种生活的开始，我这种哲学的探索和转变又在不停地发生着变化。

无论如何，我总是结合某个思想家或哲学家所处的具体的历史、社会条件来理解其哲学思想，这是我对哲学的根本兴趣之所在。我在探讨儒家思想的本质时，首先将人们常视如超历史的和所谓绝对真理的“新儒学的”世界观和解释，与之分离，再加以诠释。因此一开始便将朱熹的《四书集注》排除在外，主要通过对同时代的文献——尤其是《左传》《国语》等——进行概念和历史实证上的考证，以及分析孔子思想的原始资料《论语》的意蕴，同时结合春秋战国时代“社会经济大变革的历史”而进行阐述。在此，需加声明，我对于儒家思想的研究不仅与那些传统的性理学者主张儒家思想超时代、超历史的普遍正确性不同，而且也区别于马克思主义中国学者根据 20 世纪 50 年代斯大林所提出的被单一图形化的五个社会历史阶段划分的唯物历史观理论，以及将孔子思想判定为反动思想的观点。

“亚细亚生产方式论”既可谓西欧人典型的亚洲观，且可谓“马克思主义的欧洲中心主义”观。欧洲思想家将中国社会界定为“停滞性”（Stagnation），为批判这一观念，我便阐明，在中国传统社会结构中，由于土地所有问题和从中必然派生出来的、由于生产阶级绝对的土地不足而产生的社会结构的矛盾及其所经历的内在变化（体制变革），约以 200 年为一周期重复出现，在结构上“旧地重蹈”。我关于中国传统社会非资本主义形态的学术成就，乃是通过对 20 世纪 20 年代末和 30 年代展开的中国“社会史论战”，以及对“亚细亚生产方式论”和“灌溉假说”文献的广泛涉猎而形成。

如上所言，本文以对中国传统的儒家思想和传统的社会结构作具体而彻底的理解与分析为基础，试图阐明在现代中国出现的独特的“中国革命之路”。总体上，我将中国革命理解为“脱儒家化及马克思主义的中国化”这一近现代中国漫长的历史过程。从这种观点出发，我首先探讨提出“市民社会的中国”理想并以“科学”和“民主”两大口号而否定传统儒家世界观的“新文化启蒙运动”。进而提出，在当时试图将整个中国“像非洲一样瓜分”并殖民地化且拥有强大的军事力量的帝国主义势力和更具有冲击性的西方文化居绝对优势的形势下，中国民族主义知识分子是如何发展而来的这一精神史问题。然后分析现代中国在何种“紧迫的”政治社会背景下将马克思主义选择为革命指导理念的具体原因。另外，我还梳理了，在中国革命的具体展开过程中，毛泽东革命路线实际上与斯大林的中国政策貌同实异，是对其加以克服的方案；然后主张“无限矛盾的分裂与展开”，以扬弃马克思末日论的乌托邦思想的西欧式视野，同时明确指出，在中国落后的政治经济现实中，与提高生产力这一议题相比，毛泽东思想将重点放置于生产关系的改善上，因而驱使他过度强调人的革命意志。由此我们便可发现，在毛泽东思想的“中国化的马克思主义”的哲学基础中，有意无意之间打上了那“道”的变化无穷、永无止境的中国传统道家世界观和强调人的实践伦理意志和决断力的儒家的世界观的烙印。

但是，本书讨论的不是 1978 年以后现代中国推动的各种产业结构现代化和政治民主化的问题，而是此前中国社会“根源式的”社会变革，亦即，近现代中国社会走过的“自我变革”（或革命）过程中的问题，与维护传统的儒家思想正统性的“儒家式社会”的社会构成体的问题有机地结合在一起，用通史的目光进行分析和提示。因此，如今我们目睹东欧政权崩溃、东德被西德吸收统一，以及苏联解体等最近巨大的“社会主义阵营的大变革”之后，对众人而言，无法拭去本书已经成为另一部“古典作品”的感觉，此乃笔者坦率的心情。

但我想指出，要解决未来中国社会面临的问题，就需要对中国传统思想始终采取既透彻且科学的理解。因此我认为，本书第二部中基于庞大的文献基础之上独创性地提出的“儒家式社会的社会经济结构”以及对它所作的分析尤具深远的意义。对于此，希望能够继续进行广泛的——不管肯定的还是批判的——学术上的讨论。

坦率而言,一想到拙著即将面对数亿中国读者,我便激动不已。因为对中国历史和思想问题的思考至今为止一直是我生命中一个最本质和最重要的部分,故时常难免有不堪内疚之感并意犹未尽之情。怀着这般心情,毫无保留地将其展现在中国人民面前,须是一种茫然的畏惧和腼腆,希望诸多硕学贤达不吝赐教。

拙著得以在中国著名的大象出版社出版,为即将全面展开的中国与韩国之间的学术、文化交流铺路奠基,对于这一荣幸,本人深感自豪。

值此机会,向朴荣雨(台湾大学哲学研究所博士班)同学精心阅读原稿并进行润色,致以特别的感谢。我还要向李雪涛教授(北京外国语大学)为本书的出版而花费的大量精力以及不断地与大象出版社联络的张明明博士表示感谢。同时向大象出版社社长王刘纯先生欣然接受本书,使之得以面世,致以深深的谢意。最后,向大象出版社编辑部的各位职员,谨致谢忱。

2016 年 2 月 12 日

宋荣培于首尔

韩文首版序

本书原名为“儒家思想、儒家式社会与马克思主义的中国化”。由于本书论述的涉及范围远自孔子以前的西周直至现代中国社会主义革命，即在中国社会发展史长达三千年以上的历程中，详述其社会经济基础上的变化和结构及思想潮流的变迁——透过中国古代儒家哲学（第一部）和自汉代至清代的“儒家式社会”的结构论（第二部）以及对现代儒家思想的破坏与马克思主义的中国化（第三部）——因而值此次将德文译为韩文之际，将书名改为“中国社会思想史”，原书名则附为副题。其中，第一部第二章所论述的关于“孔子‘仁’思想的意义与界限”，是由一篇承蒙（韩国）文教部学术研究经费（1985 年）之辅助而写成的论文《孔子“仁”思想与儒家存有论的滥觞》（《当代书籍》，1985 年，冬季号）得以填补。书中的其他部分亦有所增补。

1972 年 5 月，我时年 28 岁，离开台北抵达法兰克福。同年 8 月于图宾根（Tübingen）大学就读。我在首尔大学哲学系和哲学研究所及台湾大学哲学研究所读书阶段，我的学术热情主要倾注于诸如形而上学的问题、知识论问题、东西比较哲学等所谓的“纯粹”哲学领域。当时在我脑海中，诸如斯宾诺莎、老子、庄子逍遥游的世界、海德格尔之“存有”概念、儒家天命思想、胡塞尔之现象学，以及佛教唯识论等东西哲学的各种概念正如狂风大浪般涌现翻腾。我原本计划，将来转到比利时鲁汶大学，以“现象学上的知识理论与唯识论之比较”作为题目撰写博士论文。然而，在图宾根大学的研究却导致我对当时所持的哲学思想产生怀疑。之后，虽然我一度得到去鲁汶大学哲学系攻读博士的机会，但却在 1973 年年底重返图宾根。我的此番哲学“巡礼”带给我一种与其称为“确信”不如称为“怀疑”与“空虚”的后果。其理由应该是，无论何种思想都是现实社会的具体结果；同时，每一位哲学家，不管有意无意，唯有站在当时各自所面临的时代问题与其“痛楚”中，方能体认他们各自的“理性”（Vernunft）与“理想”（Ideen）所蕴含的价值。而且，我相信正是这种客观条件（历史背景）才使他们思想的生命根源得以激活生发。之所以导致此般结局，也许是由于我的哲学程度尚浅，我还不了解其生命之根源,却急于捕捉那浮现在皮毛层面的绚烂的"概念"。当时我的挫败感严重得非比寻常。但另一方面,我开始朦胧地体会到,钻研哲学应该抱着更积极更具体的态度。我上图宾根大学哲学系博士班课程(1973—1974年)后,重新研读黑格尔哲学。当我经由科捷夫(A. Kojéve)、伊波丽特(J. Hypplite)、马尔库塞(H. Marcuse)等人的解说而得以理解黑格尔哲学之后,我便领会到黑格尔与马克思等人的哲学所蕴含的根本动机中普遍铺垫着"法国革命"的精神(Geist)。这意味着,不了解法国革命的精神,便无从掌握他们的哲学在历史层面上的意义。由于我之前一直在钻研中国古代哲学与西方现代哲学,上述觉悟使当时(1974年)身为亚洲人的我产生一种强烈的欲望,那便是认知现代"中国哲学"。我将中国革命理解为"脱儒家化的过程及马克思主义的中国化",而这种认识使我对下述问题在理论层面上产生了极大的兴趣,即如何用批判的思想去了解那些具儒家传统的国家。为用批判态度与理性态度了解中国革命所带有的核心意义,我便在1974年10月迁移至法兰克福大学哲学系博士班,并且在菲琪尔(I. Fetscher)教授指导之下,绕着此议题角力奋斗,历时数年。这本书的付梓便是其成果的表现。

假设本书第一部关于中国先秦儒家哲学的研究属于一般范畴,那么第二部、第三部则在其内容性质上异于前者。理由是,若要实实在在地开拓一片陌生的领域,实证性研究便是必经之途。因此,对该部分的研究紧扣其性质而言,与其说是哲学成果,不如说是为之而作的预备性的、带有社会科学或政治哲学色彩的探索。冀望诸多学术先驱与同人以及后学不吝指正。

最后,值此机会,我要诚挚感谢德国本笃会(Benediktiner-Missionare, Muensterschwarzach)、富丽慈-泰森财团(Fritz-Thyssen-Stifung e.V.)、康纳德阿德渥财团(Konrad-Adenauer-Stiftung)等诸机构连续不断赞助我在欧洲求学十年间所需的经济资源。同时也要向参与翻译工作的首尔大学哲学系博士班研究生(金在弦外4位)和不辞烦琐与辛劳的韩信大学哲学研究所林翼权君以及大路社编辑部诸位深表谢意。更难以忘怀的是从位于西柏林的普鲁士图书馆(Preussische Staatsbibliothek)影印众多的资料而不断提供给我的李钟秀兄以及将偌大的文章欣然通读并加以润色的权五龙(文学评论家)兄,我在此表达对他们两位深深的友情并致以诚挚的谢忱。

1986年5月19日于首尔南岘洞

宋荣培

目　　录

导　论

本书对众多中国古典作品进行了研究,并对现代中国和日本众多学者的研究进行了讨论,旨在对下面两种见解进行批判分析:其一是针对无视实际历史情况、片面规定出人类社会历史发展的斯大林传统理论,对将中国历史图形化地分为五个阶段的中国历史学家与哲学家们公式化的历史著作进行了批判;其二是对马克思的所谓“亚细亚生产方式”范畴①,即以欧洲中心主义为根据认识中国历史的普遍认识方式的批判,这种观点认为(在地理上的亚洲社会)尚未进入欧洲社会历史发展的初级阶段即古代希腊罗马时期的奴隶社会,更没有进入封建社会。在进行批判的讨论之后,结合20世纪20年代至40年代期间中国知识分子在精神上和革命实践中付出的努力,尽可能具体地讨论了中国革命中脱儒家化和马克思主义中国化的问题。

第一部中首先针对孔子社会理论的本质进行了批判研究。在这里,我的出发点是试图克服至今为止孔子理论(无论对它拥护还是批判)现有研究中存在着的根本缺陷。因此对忠实于中国文化传统的钱穆、初期的冯友兰等中国学者,以及后来(20世纪50年代)站在马克思主义立场持相反意见的赵纪彬、杨荣国和晚年的冯友兰等进行了分析。前一类学者几乎都结合人本主义来拥护儒家思想的普遍适当性,与此相反,马克思主义者则从历史唯物论观点出发与前一类学者(所谓资产阶级中国学者)针锋相对,而且站在阶级斗争的立场上,将孔子批判为拥护伴随封建地主阶级的形成而必然落败的奴隶主阶级的反动思想家。

因此本研究首先仔细地讨论了属于前一类拥护儒家思想普遍适当性的中国学者的见解,然后阐明了由于在中国古代,奴隶制社会是否存在有着疑问②,而使得马克思主义中国学者关于中国古代社会的历史著述显得具有虚

---

① 参见本书第二部第一章。

② 关于作者否定中国古代社会中“奴隶制社会”存在的见解,参见本书第一部第二章。

构的特点。我认为,前一类资产阶级中国学者没有充分考虑到孔子及其后学思想形成时期的社会历史状况,只是抽象地对孔子理论进行了解释;另一方面,中国的马克思主义学者则仅仅将孔子理论解释为企图复兴衰落的奴隶制社会的意识形态。这里有一个根本性的问题,是1926年由批判历史学者顾颉刚①提出来的,即为什么孔子的理论并非在其生存当时,而是在“奴隶制社会”的规定完全不适合的300年后,在汉初被确立为正式的国家理念(die offizielle Staatsdoktrin),并且从那时起到最近为止一直作为正统的政治理念(die orthodoxe Ideologie)的形式得以存在?本书欲阐明的问题在中国的文献中一直没有得到充分而有说服力的解释,中国马克思主义学者既无法对这一问题作出解答,也无法充分说明儒家思想在两千多年的中国历史发展中所做贡献的重大意义。

为了克服这两种观点的缺陷,我在第一章中叙述了中国古代社会的根本性转变,即春秋战国时期(前770—前221)周代所建立的封建宗法社会的崩溃。其后在第二章中结合孔子及其后学(孟子、荀子等)生存的古代中国社会的转换期,具体了解孔子社会伦理学说的根本思想。我认为,关于人与社会的理论只有在该理论产生的社会历史环境下才能被正确领会。因此为了了解儒家思想的本质,首先阐明了孔子对当时社会问题所取的立场(Einstellung),并从这种基本立场出发,对孔子的社会伦理进行了全面讨论。

在第二部中我尝试对中国传统社会(我称之为“儒家式社会”)②进行了广泛而彻底的分析。我认为尤其在这方面,本书之所以有创意(heuristisch)是因为,我根据中国的古典(《史记》《汉书》《后汉书》)对“儒家式社会”进行分析,由此对中国传统社会的理解提出了新的理论。在中国现代史上关于中国社会史的论战在1928年中国共产党败给国民党之后开始抬头,并且在30年代初达到高潮。不仅马克思主义者,连(所谓的资产阶级)民族主义者也参与了关于当时的中国社会究竟处于何种发展阶段这一政治上十分敏感的问题的争论。中国社会是否依旧处于封建阶段?资本主义因素是否已经充分发展得足以适合无产阶级革命?根据主张人类历史单一发展的马克思

① 参见顾颉刚《古史辨》第2卷。

② 中国历史是根据冯友兰的主张划分的,儒家式社会是与“经学时代”即正统的儒家思想在社会中居支配地位的历史阶段一致的(冯友兰:《中国哲学史》,香港,1961)。儒家式社会是随着西汉初武帝时代形成的以董仲舒等为代表的今文学派的倡导,儒家思想被规定为正式的国家理念而产生的,约两千年后,即19世纪末随着西欧资本主义的传入而灭亡。

主义(更准确地说,是斯大林图形化的公式)的解释,这些关于中国社会结构的问题是在规定中国革命下一阶段任务中起着决定作用的问题。在这里,著名的《中国社会史论战》(共 4 卷,1931—1936,上海)的编者王礼锡指出,由于对儒家式社会的特点没有一致的看法,所以学界将儒家式社会的问题称为一个“谜”。共产党建立了中华人民共和国之后,在 50 年代,又重新引发了根据马克思原理来说明中国历史发展的中国社会史,尤其是对土地所有形式的争论。在这一争论过程中,侯外庐接受了马克思的亚细亚生产方式理论,认为在古代中国农民只有土地使用权,而没有土地的所有权,“国家”是唯一的所有者。侯外庐、贺昌群等马克思主义哲学家与历史学家为了强调中国皇帝的独裁性格,明确提出了国家的政治中心作用。对此,高敏等学者取了相反立场。但无论何种观点,中国大陆都单纯地将夏朝至春秋时期(前 770—前 476)归为奴隶社会,将战国时代(前 475—前 221)至鸦片战争(1840)约 2500 年的土地私有占支配地位的时代归为封建社会。18 世纪以来,欧洲的思想家们(除孟德斯鸠外,还有英国的国民经济学家、黑格尔和马克思等)对于亚洲,更准确地说是非欧洲的社会,全都只看到了经济发展的停滞不前和政治上的东方专制主义。

根据马克思的亚细亚生产方式论,亚洲社会处于人类历史发展的最初阶段,即半野蛮半文明阶段。这里没有土地私有权,只有部落的共同所有和东方的专制主义式的土地国有制,即万人服从于专制君主一人(或国家)的奴隶状态占据支配地位。这一学说作为理论论证最重要的前提,是以所谓的灌溉假说(die hydraulische Hypothese)为根据的。根据这一学说,大型的公共事业(建设堤坝、运河等)是使东方的农耕变为可能的基础,为了管理这种大型的事业,“专制君主”即“国家”这一组织化的权力是必需的。主张这种亚细亚生产方式论的有 20 年代和 30 年代的威特伏格(K.A.Wittfogel)、马加(Madjar)和沃格(Varga),以及第二次世界大战之后变为反共主义者的威特伏格和匈牙利的马克思主义者托凯(F. Tökei)等。此外还有很多研究中国革命的马克思主义或非马克思主义学者(Garaudy,1967;Fahrle/Schöttler,1969;Kramer, 1970;Vatankah, 1973;Vogel, 1974;Jutta-Reisse,1975)也是从亚细亚生产方式论出发的。正如 1978 年门泽尔(U.Menzel)在自己的博士论文《中国式发展模式的理论与实践》(Theorie und Praxis des chinesischen Entwicklungsmodelles)中所说的,根据马克思和亚民(S.Amin)[①]的理论,可以将中国传统社会归结为贡纳制的生产方式的亚洲形态(die asiatische Form der tributgebundenen Produktionsweise)。但在这两种理论中都假定了一个共同之处,即延续了数千年的中国社会的停滞性。这两种理论全都试图对这种停滞性提出几种根据,但是持这一观点的这两种理论都没有想过在儒家式社会里每隔200年就出现一次的革命群众对既有的权利秩序所做的彻底破坏,也没有把这种自我变化的巨大力量纳入理论视野,因此也无法对此作出任何说明。除了一部分中国和日本学者的成果(李亚农、杨宽、许倬云、增渊龙夫等)[②],到现在为止,在所有的文献,尤其是西方的文献中,几乎没有从社会经济关系出发,明确地阐述中国社会从西周宗法社会(或封建制)到汉代的官僚中央集权制发生的变动。正因为如此,主要依据欧洲中国学学者(尤其是巴拉兹E.Balaz)理论的弗兰克(H.Franke)和特拉泽太(R.Trauzettel)认为将汉代社会作为一个社会经济模式来定义是不可能的[③]。我的儒家式社会理论与埃伯哈德(Wolfram Eberhard)提出的"绅士"(Gentry)社会[④]的主题相近,但我将这一主题作了更加丰富而广泛的发展。

我的儒家式社会理论与前面简单提到过的、至今为止关于中国传统社会的各种理论相比较,首次根据具体的资料,尤其是中国的古典,阐明了皇权(或国家)和大官僚-地主之间的利害冲突与矛盾,而这一点在现在看来具有崭新的现实意义。我的分析不仅否定了灌溉假说和与之相关的东方专制主义的假说,而且更进一步,证实了地主阶级的垄断式支配权,即证实了大地主在中央官僚集权政府占据高级官僚的地位,同时为了自身的利益而破坏皇权(或国家)的官僚主义,最终促使中央国家(皇权)的阶级基础完全崩溃。与大官僚-地主的这种垄断支配相联系,我阐明了儒家式社会停滞的特点及其所具有破坏性的、革命性的巨大动力的结构性根源。最后记述了中国传统社会里资本主义生产模式的萌芽。上述理论,既是对亚细亚生产方式的否定,也是对马克思的欧洲中心主义的批判。

在第三部"儒家思想的破坏与马克思主义的中国化"中,我讨论了非市

---

① U.Menzel, Theorie und Praxis des chinesichen Entwicklungsmodells, S.24.

② 李亚农:《李亚农史论集》,上海,1978;杨宽,《战国史》,上海,1980;Choyun Hsu, *Ancient China in Transition*, Stanford, 1965;增渊龙夫:《中国古代の社会と国家》,东京,1960。

③ H.Franke, R.Trauzettel, *Das chinesische Kaiserreich*, Fischer Weltgeschichte.Bd.19.S.95.

④ Wolfram Eberhard, *Conquerors and Rulers*: *Social Forces in Medieval China*.

民社会的中国革命。为了了解中国革命，我具体地分析了20年代至40年代中国知识分子的精神奋斗历程。革命知识分子不仅要通过外来文化将一般的革命理论消化为自己的东西，而且不得不完完全全地体会正在屈辱地倒塌下去的传统儒家社会。他们还要以无法从传统和现实中分离出去的语言、习惯和道德等为媒介，来探索并实现他们的革命之路。考虑到这些情况，我主要谈了下面三个问题：

1.新中国的理想和儒家思想的破坏。

2.民族主义知识分子向马克思主义的转变。

3.马克思主义的中国化，即马克思主义在特殊的中国社会状态下的适用。

尤其是对于马克思主义的中国化，我只考察了毛泽东的革命实践及其唯物辩证法。但本书的目标却是结合非市民社会的中国社会中的“无产阶级革命”，解释儒家思想、传统的儒家式社会和马克思主义的中国化，同时阐明中国革命的本质。

第一部　儒家思想的形成背景和本质

第一章　孔子前后时代的社会问题

对于某种人与社会的理论,只有结合该理论产生的社会条件才能够有效地掌握它,因为只有结合当时的社会问题才可以清楚地理解这种理论的根据。我们在对儒家思想的分析中也可以使用这一方法。因此本部分首先结合孔子和他的弟子们发展其理论时的社会状况,以西周时代的社会经济状况,以这种状况为基础的意识形态、社会经济状况的变化带来的社会结构的转换等三点为中心进行阐述。

一、西周时代的社会经济状况

周是从原始的共同体姬姓氏族①发展起来的。在氏族共同体阶段已经开始了土地耕作。② 在武王征服商③(公元前16世纪至公元前11世纪)④的公元前11世纪以前的周朝社会里,农耕已经作为经济的主要形态出现。⑤在黄河西部峡谷⑥出现的周宗族征服了商与其他几个小的种族,成为黄河流域的统治者。周对征服地区的军事统治意味着在经济上对平民的利用。被征服的商被迫为侵略者生产和缴纳剩余产品。⑦ 当然经济的支配是根据军事安排形成的。⑧ 但从当时的自然经济和不发达的交通体系来看,要想建立中央集权的统治体制来巩固军事统治和有效地进行经济上的剥削几乎是不

---

① 实行族内婚的“姬”氏族与另一个实行族内婚的“姜”氏族有着实行族外婚的同盟关系。

② 司马迁:《史记·周本纪》,第1卷,北京,1972年,112页以下。

③ 武王于公元前1066年征服商。参见范文澜:《中国通史简编》,第1卷,北京,1972年,122页以下。

④ Yang Rongguo(杨荣国),*Konfuzius*,Peking,1974,S.2.

⑤ 《史记·周本纪》,112页以下。

⑥ 周的发源地是被称为豳的地方,今陕西省旬邑县。

⑦ E.Steinfeld,*Die sozialen Lehren der altchinesischen Philosophen Mo-tzu,Meng-tzu und Hsün-tzu*,Berlin,1971,S,13.

⑧ 周统治者的军事任务是在军事上巩固对商与其他种族的统治,加强周王朝防卫边境以免遭游牧民族的侵略和威胁。这一时期,已实行耕作、文化相当发达的华夏族即周,与周边野蛮的游牧民族南蛮、东夷、西戎、北狄在文化和军事上形成了强烈的对峙。

可能的。在这种情况下,西周社会的封建制度就在氏族共同体中产生了。

在氏族共同体阶段,为了协调氏族之间需要互相配合的事务,实行了由该氏族的首领伯和作为种族长的侯[1]组成的一种氏族贵族的统治。氏族的长由参加氏族会议的氏族首领们选拔[2],在氏族贵族中占据议长的位置。周在氏族联盟中力量最强大[3],因此周的族长同时被看作是氏族联盟的首领,周的族长就是王。[4] 氏族联盟的首领武王在征服整个黄河流域后,为了达到经济和军事上的目的而利用了氏族贵族。这时因为没有普遍化的私有财产权,所以被称为天子的王根据天命行使作为天下[5]唯一土地所有者的权力,对民众也有着绝对的裁决权。[6] 武王首先将黄河流域西部即内地命名为王畿,这里主要是作为周人祭祀团体的氏族共同体在族长的指挥下共同耕种的土地。王畿以外整个国土的三分之二以上在武王之后逐渐分化,作为领地或封地授予氏族贵族的代表们,即王的亲戚、信任者及同盟者。[7] 另外,在同一时代,耕作所需的劳动力、被征服者商的氏族被分配给了他们。与西周的封建制度相结合的身份制度[8]由于这种分配而出现了。其顺序是从作为天子的王开始,依次为公、侯、伯、子、男[9]。他们按照身份规定拥有一定领域的土地和民众。[10] 这些封地的领主对封建领主有保护土地、警戒王土(王的

---

① 《尚书·尧典》;E.Steinfeld,前引书,S.14。

② 杨向奎:《中国古代社会与古代思想研究》,上册,上海:上海人民出版社,1962年,398页。

③ E.Steinfeld,前引书,S.14。

④ "王"是指天下所向往之人。由代表天、地、人的"三"和在中心相结合的"丨"两部分构成。因此王是在天、地、人的中心精通其事者。(参见段玉裁《说文解字注》)

⑤ "天下"的概念相当于地理、地域的意义,更具有理念的、政治的意义。

⑥ 《诗经·小雅》"北山"篇:"溥天之下,莫非王土。率土之滨,莫非王臣。"

⑦ 周谷城:《中国通史》,第1卷,香港,1963年,91页。

⑧ 参见《春秋左传》(以下简称《左传》,李宗侗注译。本书中所引用的"《左传》"即指此本,后面不再注明),第3卷,1332页,定公四年。"昔武王克商,成王定之,选建明德以藩屏周,故周公相王室以尹天下,于周为睦,分鲁公以大路大旂,夏后氏之璜,封父之繁弱,殷民六族……而封于少皞之虚,分康叔以大路……殷民七族……封畛土略……命以康诰而封于殷虚……分康叔以大路……怀姓九宗,职官五正,命以康诰而封于夏虚……"

⑨ 参见《孟子·万章》(蒋伯潜注译。本书所引"《孟子》"即指此本,后面不再注明),第2卷,238页。"天子之制,地方千里,公侯皆方百里,伯七十里,子男五十里。"《礼记·王制》:"王者之制禄爵,公侯伯子男,凡五等……天子之田方千里,公侯田方百里,伯七十里,子男五十里。"

⑩ E.Steinfeld,前引书,S.29。

整个支配领域——著者)①、将自己领地中生产的部分产物②定期向王缴纳租贡的义务。根据土地面积,王畿以外大的领地称为封国,小的领地称为表示受封意义的采或家。封地根据其大小由一个或几个邑,即部落组成。国的封土所有者诸侯属于公或侯的等级,他们直接隶属于天子。③ 采或家的所有者被称为卿或大夫,他们由诸侯授予土地或从天子那里直接受封王土。高级受封者在领地的部分邑里设置邑宰④,但邑宰不能被授予任何土地。

与土地一起被分配的商的农民们,生产周的支配者所要求的剩余产品。当时人口稀少,土地相对富余,因此民被强制去开垦荒地⑤,由于他们隶属于一定的土地,因此是隶农。耕地被分配给隶农,而隶农必须向地主缴纳一定的租税。据孟子记载,税收制度有两种:一种是实物地租的贡,另一种是劳动地租的助。⑥ 在耕作技术极其落后的西周时代,"助"法即劳动地租是一般的形式。有名的"井田制"就是从这里出现的。⑦ 这可能是西周初期出于经济上的考虑而将耕地整理成四方形的。⑧ 代表水井的"井"字是指成四方形的九块耕地,"田"字是指四块耕地。孟子对井田制是这样解释的:

> 方里而井九百亩⑨,其中为公田,八家皆私百亩,同养公田,公事毕,

---

① 西周封建制是伴随着当时军事势力的加强而发展起来的。种族贵族制的代表周王的兄弟和亲戚们在征服商之前就已经在王的统治领域内拥有了少量的领地。这些贵族在征服商民族后由王任命而成为大的封建主,且必须守卫周王朝的国境(《左传·僖公二十四年》,第1卷,344页;昭公九年,第3卷,1125页;定公四年,第3卷,1331页)。王所封的诸侯和大夫们必须起到保卫周的屏障作用。(参见范文澜,前引书,第1卷,133页以下;E.Steinfeld,前引书,S.30;《左传·定公四年》,第3卷,1331页,"昔武王克商,成王定之,选建明德,以藩屏周"。)

② E.Steinfeld,前引书,S.30。

③ 西周封建初期,王可以控制他的诸侯。守卫国境的诸侯们每五年一次要来王宫朝见天子,王每12年以巡回狩猎的方式对他的诸侯进行军事和行政上的监督(巡守)。(参见《孟子·告子》,第3卷,297页;周谷城,前引书,93页。)

④ "邑"或"都"有两种。属于诸侯的叫作"公邑",属于大夫的叫作"私邑"。公邑的管理人叫作"人",私邑的管理人叫作"邑宰",他们的职位一样都是大夫(参见赵纪彬《论语新探》,第3版,北京,1976年,35页以下)。

⑤ 《左传·昭公二十六年》,第3卷,1278页。"民不迁,农不移,工贾不变。"(参见萨孟武《中国社会政治史》,第1卷,台北,1975年,27页)

⑥ 《孟子·滕文公》,144页。

⑦ 同上,144页以下;周谷城,前引书,第1卷,99页以下;范文澜,前引书,第1卷,142—143页;E.Steinfeld,前引书,S.85。

⑧ 周谷城,前引书,第1卷,100页。

⑨ 周朝时100亩为土地的单位,100亩为12 288平方米,比现在的1公顷略大。成人农民两人以共同进行的耦耕的方式平均一年可耕作100亩的三分之一,剩余的土地留作休耕地。

然后敢治事。①

但最近的中国文献开始怀疑这种井田制是否实际存在过。② 李剑农明确指出井田制理论的虚构性。③ 但根据《诗经》④中几处对共同耕作地的实际存在和王对土地和国民所有权的描述，笔者相信可以认为共同耕地即为公田，农民只能在公田里共同劳动。我想所有的农民不得不作为共同赋役(助)在公田⑤中从事剩余产品的生产，农民在这种共同劳动过程中是互相帮助的。在贵族地主或种(氏)族共同体，特别是祭祀祖先集团的土地中，农民应该承担所分土地的十分之一的耕作义务。⑥

二、西周时代的意识形态

在前面的考察过程中出现了这样一个问题，即："在这种身份社会中基于封建制的社会经济关系是如何维持和正当化的呢?"要想回答这一问题，就必须了解西周社会的意识形态。

首先要探讨的是西周社会的家长式氏族支配的宗法制度意识形态问题。这一宗法理念是为了统治大大小小的领地而建立的。武王在他的时代就已经将 15 个兄弟和姬姓氏族的姻亲中的 40 名封为诸侯。⑦ 在 71 个诸侯国(或分封国)⑧中有 55 个是由武王的姻亲们统治的。属于姬姓的领主们为了操纵其他氏族出身的领主而联合起来。作为天子的王对于所有领主来说是大宗的长，反过来领主自己相对于天子以小宗的长而自居。这些领主相对于他们领地中的卿或大夫而被看作是大宗的长，卿或大夫将自己看作是小宗的长。这样周社会通过统治阶级将周王崇拜为所有祖先的长，依靠姻亲关系的家长式结合而得以支撑。因此周王处在氏族共同体中最高的位置

---

① 《孟子·滕文公》,119 页。

② 胡适首先对井田制提出疑问并进一步进行了否定(参见周谷城,前引书,第 1 卷,95 页)。

③ 李剑农:《先秦两汉经济史稿》,北京,1962 年,102—116 页。

④ 《诗经·小雅》"大田"篇:"雨我公田,遂及我私……";"北山"篇:"溥天之下,莫非王土。率土之滨,莫非王臣……"

⑤ 公田是周朝农民们在宗子的指导下耕作的氏族共同体的土地或被征服的农民以隶农的身份耕作剩余产品的周朝世袭贵族所有的土地。

⑥ 周谷城,前引书,第 1 卷,98 页。

⑦ 《左传·昭公二十八年》,第 3 卷,1294 页。"昔武王克商……其兄弟之国者十有五人,姬姓之国者四十人,皆举亲也。"

⑧ 范文澜,前引书,第 1 卷,133 页。

上,这便是西周的宗法封建制。所以西周的统治以氏族成员之间的血缘纽带为基础,同时又受血缘纽带的限制。血缘纽带(Verwandtschaft)的概念在周朝时是与国家(Staat)概念一致的①,血缘纽带的利益即是国家的基础。在家族内部,儿子对父母的尊敬(孝)和年幼者对年长者的尊敬(悌)与诸侯对王的服从和下层官僚对上层官僚的尊敬相类比进行了说明。② 封建主与受封者的关系被理解为按照家长式的原理形成的父子关系,这种家长式的原理主要是以维持周朝统治秩序为目标的。儿子对父亲的尊敬"孝"特别被提倡为所有贵族的德目,"孝"又是受封者对封建主的忠诚。在孝与忠的德目以外,还产生了封建社会内部的人际关系,即按照夫妇、长幼、朋友之间关系而设的各种德目。这些德目都是以亲人之间的亲情为基础的亲亲思想作为根据的。它是指"对亲近的人要亲近地对待"③。为了在占统治地位的贵族制度中巩固统治秩序,"孝"等关于亲亲的各种德目受到了极大重视,这些德目出现在《周书》的许多地方。④ 例如书中说道"元恶大憝,矧惟不孝不友"⑤。这里我们可以很容易理解在周朝的意识形态中亲亲被特别强调的原因。

以上所概括的周朝贵族制的社会规范称为"礼"。下面简要地了解一下为巩固该统治体制而形成的礼,即贵族的行为规范。"礼"原本是指从原始的氏族共同体时代作为习俗和惯例传下来的行为规范。⑥ 随着以姬姓为中心的氏族统治的发展,"礼"在西周统治阶层内部具有行为规范的功能,即发挥了作为巩固统治体制之强力后盾的社会秩序的功能。因此周的统治将礼视如国家之"根"。⑦

> 礼,国之干也。⑧

---

① 夏基松:《孔子思想的历史渊源和阶级实质》,参见《孔子哲学讨论集》,香港,1972年,198页。

② M.Granet 对于"人际关系与上下身份秩序的原理"这样说道:"同儿子与父亲的关系相似,将受封者与封建主相联系的仪式,即封建关系的次序与亲戚相亲的过程是一样的。"(M.Granet, *La féodalité chinoise*, Oslo, 1952, p.189.)

③ E.Steinfeld,前引书,S.48,注4。

④ 参见《尚书》之"康诰""酒诰"等。

⑤ 同上。

⑥ 夏基松,前引书,198页。

⑦ 同上。

⑧ 《左传·襄公三十年》,第3卷,1014页。

礼,国之纪也。①

礼,王之大经也。②

礼,政之与也。③

从这些引文中,我们可以看出作为统治秩序的礼在周的贵族制中是多么受重视。"礼"作为统治秩序得到发展的同时,刑法也必然得到了发展。与贵族们的行为遵循"礼"相反,百姓们则受到了刑法的制约,因此从根本上来看,刑法可以说是作为对平民百姓的压迫手段而出现的。根据《礼记》记载,"礼不下庶人,刑不上大夫"④。《荀子》中也表达了类似的见解。⑤ 对于刑法,《周礼》是这样记载的:"司刑掌五刑之法,以丽万民之罪。墨罪五百,劓罪五百,宫罪五百,刖罪五百,杀罪五百。"⑥

需要如此多的刑罚罪目的根本原因是什么呢?受处罚的罪行大部分是对作为统治阶层的贵族所犯的不敬罪。受压迫的农民被强迫生产统治阶层所收取物的剩余产品,因此逐渐开始反抗。所以为了预防百姓起义,刑罚制度制订得非常详细而彻底。⑦

更进一步,有必要谈一谈古代中国的宗教⑧是以何种方式为加强统治秩序做出贡献的。其中最具代表性的应举天命思想和祖先崇拜仪式。天命思想源于对自然力量的崇拜仪式。根据这一思想,随着每个人的不同想法,天命自然被认为是可以给人类带来幸运与灾难的力量,它神秘而有力,支配人的个别或共同的命运,因此它是一种类似人的神,人要怀着恐惧去服从它。人格化的自然力量被称为神⑨,人类共同体为了寻求神的保护就必须向神献

---

① 参见《国语·晋语四》。

② 《左传·昭公十五年》,第3卷,1181页。

③ 《左传·襄公二十一年》,第2卷,900页。

④ 《礼记·曲礼上》,王梦鸥注译,台北,1974年,第1卷,32页。

⑤ 《荀子·富国》:"由士以上则必以礼乐节之,众庶百姓,则必以法数制之。"

⑥ 《周礼》,卷9,"秋官司寇",5页。

⑦ 杨向奎,前引书,第1卷,178页。

⑧ 马斯伯乐(H.Maspero)把中国宗教的特点描述为是贵族主义的和团体性的。"因为只有贵族才具有德,因此有对祖先进行祭祀的权力,反过来没有祖先的贱民们则没有祭祀的权力。宗教事实上不是个人而是国家的事情。不管多小的共同体也需要主持祭祀的长。这个长不是为自己而是为共同体的团结进行祭祀。王是为了他的帝国……领地所有者是为了他的领地……家长是为了他的家庭进行祭祀。"(H.Maspero,*La Chine antique*,Paris,1927,pp.155-156.)

⑨ 根据中国宗教,神有很多种类。有关神的详细说明在《山海经》和其他中国古典中都有记录(参见 H.Maspero,同上书,pp.157ff)。

上牺牲品。在这些神当中,天[①]的主宰者被看作是最强大的神,上帝不只管理人类,还管理其他所有的神。在古代中国统治体制出现以后,最强大的神的绝对权威转移到了统治者身上。为了加强自己的权威,以这种宗教思想为背景,周的统治者以天子的名义进行了统治。[②] 只有天子亦即王才注定有天命,因此王主宰了上帝与人类的交涉机制(mechanism)。它意味着王是由于"天"而被选定为天下统治者的。商王朝曾拥有的"天命"被周的统治者篡夺以后,被重新委以天命的周朝的统治者必须对他们篡夺天命的正当性作出合乎情理的解释,以说服被商统治过的百姓。[③] 因此在周朝产生了"受天命者须具备其固有的德"的理念。首先在这一理念下,统治者的贤明可以理解为是为缓和阶层间严重的不和与矛盾做贡献的[④],其结果则使得对现存统治秩序的拥护成为"王"的重要责任。根据这一新的"德"的意识形态,商王朝由于统治者丧失了德而崩溃,因此天命只能从殷商的统治者的手里脱离出来而委托给周王。这样周王的权威通过接受了德的概念而正当化,并由此得到了保障。只有周王才能从他作为天子的地位向上帝献上祭物,而百姓们必须将王尊为天神上帝的化身,加以忠诚地服从。

另外在西周,祖先崇拜仪式也被看作是巩固家长式氏族统治的根本手段。在处于原始阶段的人看来,祖先的威信、力量与天命几乎是一样的。人向祖先供奉祭物,乞求给后代好运,使后代免于大的灾难。[⑤] 祖先神还拥有控制农耕所必需的降雨的力量。[⑥] 祖先崇拜就是周朝家长式氏族统治的宗法制度最本质的因素。[⑦] 从祖先崇拜产生的祖先的宗教力量更加巩固了宗法封建制。如前所述,周朝统治阶级的最高层有王,其次是与王或近或远的姻亲的祭祀团体(Ahnenkultgruppen)。它们根据氏族位系顺序分为大小团

---

① 根据张聪东,在商代并没有"天"的概念,最高贵和强大的神称为"帝"。天,这一意识形态显然是从周的思想家们才逐渐开始使用的。《诗经》《尚书》等古代文献中将"天"和"帝"这两个概念与上天至高的神"上帝"融合在了一起(Tsung-tung Chang, *Der Kult der Shang-Dynastie im Spiegel der Orakelinschriften*, Wiesbaden, 1970, S.236ff.关于"上帝"的概念参见《诗经·大雅·大明》:"天监在下,有命既集,文王初载,天作之合……")。

② 杨向奎,前引书,第1卷,160页以下。

③ 同上书,177页以下。

④ 同上书,174页。

⑤ 从甲骨文中可以看到很多关于祭祀仪式的记录(同上书,167页以下)。

⑥ 同上书,168页。

⑦ 在西周产生了将对"上帝"的仪式与祖先崇拜仪式相结合的理念。《周易·豫卦》:"象曰:雷出地奋,豫。先王以作乐崇德,殷荐之上帝,以配祖考。"《诗经·周颂·思文》:"思文后稷,克都于天。"

体。在所有的祭祀团体(宗)里,宗子作为其他所有氏族成员的长,其权威是非常高的。其原因是只有他们这些氏族团体的长-宗子才可以向祖先供奉祭物。所有其他的成员即姻亲们在祭祀中必须听从于他。宗子是死去的前代宗子嫡长子,宗子的位置采用严格的嫡长子继承制(Primogenitur),只能由嫡长子继承王位。氏族社会内的一切权位(Machtstellung)通过嫡长子传给后代。宗子的权位直接影响到宗法封建制的稳定。因为所有的宗子中周王被视为最高权威,所以所有其他宗子①以祖先崇拜仪式为基础,与王紧密地结合在一起。除了已经谈到的原因,古代中国还有很多仪式保障了周朝的统治秩序。

到目前为止的叙述可以概括如下,在征服商以后,周的统治体制从根本上具备了氏族贵族制形态,一方面以军事的安定为基础,另一方面为了征服商以后的经济发展,发展了所谓"宗法"这一家长式的、氏族的封建主义。前面已经谈到,周的统治是以姬氏族成员的血缘关系为基础的。为了巩固统治体制而采用了一种家长式——氏族统治式的意识形态,尤其是亲亲思想得到那些由于与周王的姻亲关系而得以确定地位顺序的统治阶级的大力强调。

根据"亲亲"的意识形态,姻亲的行动必须符合姻亲的共同利益。统治阶级中的这种行动规范被称为礼,这种礼是统治秩序的根据。与此同时,对以劳动构成统治集团经济基础的百姓则主要采用了刑罚制度作为压迫的手段。此外宗教也超越了对上帝的信仰和祭祀的层次,对加强周的统治做出了贡献。② 周的统治集团全部依赖于受压迫的农民所生产的剩余产品。当时的农业方式处于几乎未开化阶段,助的方法(劳动地租)被认为比贡的方

---

① 作为最高宗子的周王与所有其他宗子间的代数差异越大,这些宗子与(周)王的亲戚关系也相应地变远,权力也相应地变小。

② 对于西周的统治机构,参见 H.Maspero 的 *La Chine antique*,p.66 以下,特别是 p.71 以下。

"王在身边设有卿士,卿士起到王的代理人的作用,几乎全部负责王的事务。……卿士下面……有负责农业、战争、公务等国家一般事务的三卿。……司徒负责指导百姓们的日常生活、保护百姓的工作……司马就如司徒是负责百姓事务的负责人一样,负责镇压王畿内的百姓们叛乱的军事事务……司空负责制定土地界限,以及河川、运河、未开垦地等有关土地的工作。……三卿下面有总监督官的冢宰、主管宗教事务的宗伯以及主管刑罚的司寇。(此外)王设置了由他们(七名官吏)和其他人构成的咨询机关。王的这一行政部门有两种功能,第一是有关国家整体的事务,这就是处理封建诸侯的军礼、有规则地收取贡物、对野蛮民族与叛乱者、诸侯之间的战争进行军事讨伐等有关事务;第二是关于诸国中心的地区即王畿的事务。"另外在王的中央统治圈下面,有的诸侯国有与王畿内部相似但较为简略的制度。根据范文澜(前引书,8 页),在封建制初期(公元前 11 世纪)约有大小 71 个诸侯国。

法(实物地租)更加有利于统治者。农民从贵族地主和种族集团的共同耕地那里分配到自己耕作的土地,以一定的劳动地租方式缴纳地租。这时农民们一起作为共同劳役者耕作有关的贵族耕地或共同耕地。西周的这种经济秩序在春秋时代和战国时代开始崩溃。在孔子和他的弟子们活动的这个时代,宗法家长式的氏族统治式的统治秩序被新的社会经济关系根本动摇了。这就是引起这一社会结构变动的客观根据。

三、春秋战国时代社会经济的变化与社会结构的根本转换

为了保持和加强其地位,所有的封建主必须致力于两件事。第一是守卫其领土并尽可能地扩张,第二是有效地使用在其统治下的劳动力。由于这个原因,大大小小的领主国起初与出没于周边的野蛮游牧民族[①]发生冲突,最终进一步相互展开了破坏性的战争。在这些战争中,所有封建主都试图加强确保个人力量所必需的手段,即土地与劳动力。[②] 在初期阶段,远离王畿进行警戒的大封建国的诸侯在领土扩张中自然起到了主要作用[③],位于王国中心的王,即天子,还可以通过朝贡获得领土扩张所得收入的一部分,因为他们可以从变得富裕的诸侯那里得到更多的贡物。在这一阶段,王并不反对诸侯们的强大。尤其是考虑到未开化的自然经济和不发达的交通手段,处于中心的王不可能对处于边境的诸侯们进行直接的军事援助并同时进行调整。为击退、扫除敌对势力或叛乱势力的军备扩张所需的一切可能措施是由有关诸侯决定和实施的。[④] 由此诸侯们开始逐渐从封建主周王(天子)那里独立出去。在各个诸侯国中,齐、晋、宋、秦、楚等凭借有利的地理和经济条件得到了发展,占据了霸主,即指导其他诸侯国的(领袖)诸侯地位(Hegemonialfürstentum)。霸国比王畿有着更强大的经济和军事实力,王只不过是个傀儡,行使作为天子的名义上的职能。由于出现了这种局面,王与封建诸侯之间的关系,即在家长式的氏族统治式的意识形态的支持下,以父子关系为特征的宗法统治秩序发生了根本性的动摇。在这种局面下,旧的经济秩序也丧失了其合理性。农民数量少、领土扩张规模不大时,旧经济秩序

---

① 参见本书第一章第1部分。

② 萨孟武,前引书,第1卷,34页。

③ 根据《史记》中的记载,远离中心的齐、楚、秦、晋等诸侯国通过兼并野蛮民族居住的领域而取得了对其他诸侯国的统治权(《史记·周本纪》,第1卷,149页)。"平王之时,周室衰微,诸侯强并弱,齐、楚、秦、晋始大,政由方伯。"

④ 参见《史记·齐太公世家》第2卷及第5卷,1477页以下;《左传·僖公四年》。

可以很好地对农民进行监督，从这方面来说，它适合于对农民劳动力的使用。[①] 但随着时间的推移，百姓的数量逐渐增加，劳动力不断增多，领土面积得到扩大，从而使劳动的组织化和监督管理变得越来越困难。[②] 由于劳动力的增加和领土的扩张，作为共同耕作地的公田面积扩大了。另外作为农民分配地的私田面积也增加了，因此在公田上的剩余劳动也要根据私田的大小来进行。地主几乎无法监督剩余劳动，相反农民显然是想更集中地在自己的分配田里而不是在公田或诸侯的自营地里进行劳动，试图以此为自己获取更多的收益。[③] 因此到这时为止一直占统治地位的劳动地租"助"的租税制度逐渐消失，相反作为实物地租的"贡"法开始普遍地代替了它。[④] 公元前 8 世纪左右，周宣王（前 827—前 782 在位）废除了共同耕作地制度和劳动地租制，大力实行名为"彻法"的租税制度。[⑤] 根据这一制度，农民不管分配地的大小，都要将一年中耕作收益的十分之一用来缴纳租税。鲁国于公元前 594 年第一次以一亩为单位课税。[⑥] 在这一时期前后，税亩法（即以亩为单位的实物地租），作为一般的租税制度得到了大力推广。为了获得更多的实物地租，作为实物地租收取者的地主们监督鼓励农夫扩大耕地、增加收获量，其结果是带来了社会生产力的巨大发展。在春秋战国时代，耕作的手段、方法、设施得到很大的提高，特别是在春秋时代开始使用铁制农具，[⑦]像《孟子》中记载的那样，在战国时代铁制农具已经广泛普及。[⑧] 另外在这一时代也开始了对牛耕的使用。[⑨] 其结果是使更深更快的耕作成为可能，农民可以很容易地开垦和耕作自己活动领域内的土地。更进一步，农民通过将动物的粪尿用作肥料，使同一块耕地可以几年内连续耕作。[⑩] 此外，西周时代末期已经可以进行人工灌溉。[⑪] 这一系列的变化促使社会结构慢慢地发生了改变。

---

① E.Steinfeld，前引书，S.65。
② 同上。
③ 同上。
④ 钱穆:《国史新论》，香港，1966 年，5 页。
⑤ 范文澜，前引书，第 1 卷，150 页。
⑥ 《左传 · 宣公十五年》，第 2 卷，606 页。
⑦ 《左传 · 昭公二十九年》，第 3 卷，1303 页。
⑧ 《孟子 · 滕文公》，第 1 卷，123 页。
⑨ 范文澜，前引书，第 1 卷，186 页。
⑩ E.Steinfeld，前引书，S.67。
⑪ 萨孟武，前引书，38 页。关于古代中国灌溉的详细记录，参见《史记 · 河渠书》，卷 29。

下面再对这种结构变化的经济基础作一番更详细的考察。马克思指出,实物地租的实行不能消耗农民的全部剩余劳动。“与劳动地租相比,对于劳动者来说,除了满足物质需要必需的劳动产品,可以拥有更多属于自己的产品,并且拥有更多活动空间的剩余劳动时间。”①中国农民以随着实物地租的采用而获得的活动空间为基础,最终得以从以前的隶农地位,即从束缚他们的氏族共同体或世袭贵族的土地中解放出来。农户们根据自己的劳动力和其他条件②,更加努力地使用他们新获得的经济空间。加上得到了在地主们的鼓励下提高了的耕作手段、方法、设施等的帮助,农民得以获得他们自己的剩余产品。这里贵族地主们已经不再关心农民的耕作面积,而只将注意力放在如何尽可能高地收取实物地租上。地主们逐渐停止向日益增加的农业共同体成员周期性地重新分配土地,从而使农民获得了对自己耕作土地份额的持续权利。其结果便导致土地份额权利在其家庭中的继承,土地本身最终成为私有。因此,一部分农户在这种状况下变成了新的地主,即殷户(富农),相反其他农户连一点点土地(私田)也最后丧失了,没落成为贵族地主或新的殷户地主的纯粹佃农。③

在前面我们提到了作为新地主的殷户是通过农业生产的发展而产生的,现在有必要考察一下当时的商业情况。自然经济的发达不可避免地导致劳动分化,因此手工业出现了。在春秋战国时代手工业产品普遍出现了交换现象。④ 在这一时代,随着从北部整个黄河流域到南部的长江流域实行耕作的可能,商品经济开始逐渐扎根。⑤ 商业首先在交通非常便利的郑国和齐国繁盛起来。

---

① K.Marx,*Das Kapital*,第 3 卷,MEW,Bd,S.804。

② 其他条件是指农民作为家长的主动性和地利条件等。

③ Cho-yun Hsu,*Ancient China in Transition*,pp.113ff.“农民丧失土地的诸多原因中最显著的有两点:第一是国家对农民过重的租税和赋役剥削,第二是由于政治权力或工商业的财力而使剩余资本集中于富人。……战国时代的农民不仅要向国家缴纳谷物,还要缴纳家中织出的布料,并且要从事赋役劳动。农民为了不致没落,不管在哪里都只能借债。过重的租税、地租、高利贷等促使了无土地农民的增加。”

④ 参见《孟子·滕文公》,第 1 卷,123 页;《尚书·禹贡》;《史记·货殖列传》,第 10 卷,3253 页以下。“夫山西饶材,竹、谷、纑、旄、玉石。山东多鱼、盐、漆、丝、声色。江南出枏、梓、姜、桂、金、锡、连、丹沙、犀、玳瑁、珠玑、齿革、龙门、碣石,北多马、牛、羊、旃裘、筋角。铜、铁则千里往往山出棊置。此其大较也。皆中国人民所喜好……”

⑤ 王孝通:《中国商业史》,上海,1936 年,27 页以下。

由于军事和经济上切实需要的交通手段与设备①显著改善，商人们在诸侯国之间的关系上起到了重要作用。他们使各诸侯国在经济上更加密切地相互结合在一起。因此在春秋战国时代，齐国的管仲、鲁国的子贡、越国的计然和范蠡等大商人，在政治领域也有着很大的影响力。② 在此时期，随着土地私有的普遍化，商人们也得以转变为新的地主。③

如此一来，随着旧经济关系的解体，低下的农民层和商人层中出现了新的地主。在这种状况下，以前的宗法统治秩序受到了进一步的动摇。公元前8世纪以后，更精确地说是随着霸国的出现，作为最高统治权所有者的周王（天子）已经无法再对他的诸侯进行管辖。而所有的诸侯国都进入了互相战争状态。在持续的战争中，各诸侯都将主要精力放在通过兼并其他小诸侯国来扩张自己的领土上。这些诸侯不仅想直接统治他们扩张的领土，而且还想削弱其诸侯国内的卿、大夫等原来小领地所有者（贵族）的势力。为了达到这种军事和行政上的目的，诸侯不仅在军事部门，而且在行政部门任命了没有封土只拿俸禄的知识分子，即儒生（士）。④ 在连续不断的战争期间，这些知识（阶）层的专家们不只从事军事方面的工作，而且还承担了诸侯国不断扩大的管理所需的职能。他们成为从当时的统治者那里领取俸禄的官僚，为实现支配（统治）权的中央集权化做出了贡献。由于新官僚层的帮助，晋国于公元前7世纪断然实行了封土授予制度的改革。⑤ 根据这一改革，封地所有权与它的管理权是分开的，即作为世袭贵族的封土所有者虽然可以将所谓食邑封土的租税作为自己的收入，但该封土本身由君主（诸侯）任命的行政官僚来统治。通过这种官僚制的统治，个别诸侯国的中央权力

---

① 这一时代的主要交通手段是船与车。由于持续的战争，战车和运输车非常发达，并修建了相应的道路。相互远离的诸侯国之间的经济和军事接触促进了运输设施和交通设施的进步。秦始皇在完成统一后的第一年（公元前221年）将各国的道路统一为相同的宽度。于次年对东部地区进行了军事监督巡视（巡狩）（《史记·秦始皇本纪》，第1卷，235页以下）。

② 《史记·货殖列传》，第10卷，3235页以下。

③ “工商阶层”如果按照以前的宗法秩序、封建制秩序，与农民一样几乎无法转变为其他阶级（周谷城，前引书，第1卷，12页）。

④ 西周社会的贵族阶级中较低的阶层是“士”。但“士”的意思与“事”有关，本来是指“身穿铠甲的武士”（甲士）。“士”是由于长子继承制随着时间的流逝而从贵族阶级中没落的自由农民（徐复观，《周秦汉政治社会结构之研究》，台北，1974年，86页以下；《说文解字注》，段玉裁，20页；范文澜，前引书，161页）。在社会上没落的这些人对作为当时学问的六艺，即礼、乐、射、御、书、数非常精通。因此自由农民（国人）中的一部分得以凭他们的学问才能成为“士”（杨向奎，前引书，第1卷，68页）。胡适认为，“士”中尤其值得注意的是“儒”，他们本来是殷的先生，其思想与教诲在春秋时代以后逐渐渗透到了统治层（胡适《说儒》，《胡适文存》，第4卷，台北，1975年）。

⑤ 梅思平：《春秋时代的政治与孔子的政治思想》，《古史辨》，第2卷，167页以下。

逐渐扩张到了世袭贵族的封土领域。世袭贵族的力量随着各诸侯统治权的中央集权化而变得更加萎缩、削弱。世袭贵族的大与小,即卿与大夫虽然依靠以前家长式的氏族式宗法秩序彼此等级分明地结合在一起,但随着诸侯势力各自不断加强,逐渐面临着没落的威胁。在这种状况下,世袭贵族们为了自己的生存或加强自己的地位,与诸侯一样在自己领地里任用知识分子(士)为个人官吏。同时这些世袭贵族们为了确立自己的地位,在他们自己的统治体制内部也实行了中央集权。其结果是,封建诸侯们与贵族(大夫)之间对立的利害冲突加剧了社会混乱。春秋时代末期的公元前7世纪到公元前6世纪之间,晋、齐、鲁等几个诸侯国中诸侯中央集权式的权力落到了成功地在自己统治领域中实行集权的几个强大的大夫手中。[①] 封建诸侯与大夫们之间的矛盾引起了混乱,因此在西周社会作为礼出现的宗法统治秩序最终走向了崩溃。在持续了242年的春秋时代,有36名君主(诸侯)被大臣(贵族)杀死,72个诸侯国没落。[②] 孔子认为从前统治秩序的破坏即意味着这个世界再也没有秩序了,即"天下无道"。[③] 在旧统治秩序解体所产生的混乱旋涡中,不管是封建诸侯还是强大的贵族,所有统治权力的所有者为了官僚式中央权力的组织化而进一步促进了知识分子(士)社会地位的上升。其结果是在春秋战国时代,特别是战国时代,出现了由各个社会阶层形成的诸子百家,在他们中间孔子和他的弟子们的活动尤为突出。诸子百家们通过向封建诸侯和大夫陈述自己的见解与理论,帮助当时的当权者,使其摈弃与其他当权者的竞争,确立天下一统的统治体制,最终使整个世界重新恢复和平。战国时代末期,知识分子从君主那里获取土地作为自己功劳的报酬,有的从而也成为新兴地主。[④] 前面已经讲过,伴随着宗法社会旧经济结构的崩溃而出现的大土地所有的农民和大商人,这些知识分子形成新的地主阶级。从那以后,这一阶层就一起作为中国社会的上等阶层而居高临下。

下面以对阶级的分析来结束本章。如前所述,宗法社会的统治秩序随着社会生产力(本质)的提高和宗法社会中贵族们冒着自己没落的危险进行

---

① 约在公元前7世纪,诸侯晋的统治权力落到了大贵族赵盾的手中。之后大夫控制了政治上的所有事情,诸侯就像"祭祀的本像"一样被对待。从公元前6世纪开始,晋先由大夫统治,最后分为韩、魏、赵。齐也落入了强大的大夫手中。在孔子时代,鲁由季孙、叔孙、孟孙三大夫所统治(参见梅思平,前引书,173页以下)。

② 梅思平,前引书,161页。

③ 参见《论语·季氏》。

④ 范文澜,前引书,160页;钱穆,《国史新论》,8页。

的持续战争而消失了。在这种旋涡中，大部分贵族成为失败者，或丧生，或没落为庶人这一下层人民，[①]另外有少数通过起用自己的官僚而得以加强自己的中央权力。这种宗法社会体制的衰落，给农民家庭提供了从作为祭祀集团的氏族共同体或周的世袭贵族制的束缚中解放出来的可能性。由于公田的废止和实物地租的实行，个别农户不但成为经营的基本单位，而且成为租税的基本单位。[②] 所有的家庭在作为家庭首领的家长指导下，努力利用现有的条件。一部分农户在家长的领导下，得以从逐渐解体的祭祀团体(宗)或世袭贵族那里获得对他们所耕作土地的所有权。通过这种方式，家庭所有权在家长的主导下固定了下来。当一个家庭拥有了大量的土地[③]并可以为自己生产剩余产品时，这个家庭便转变成了新的地主阶层。即从旧宗法秩序的崩溃中产生了新的家庭秩序[④]，根据这种新的秩序，每个人都可以在社会经济生活中以一个家庭的成员自居。知识阶层在这一新的地主阶层中开始作为官僚而活动。这是因为只有地主才能依靠生产者生产的剩余产品，获得从事学问活动所需的充足的时间。[⑤]

孔子曾坦承，在耕作或园艺方面，他不如年老的农夫或园艺师[⑥]精通，因为他不是生产者。因此一位老农夫曾讥笑孔子，说他“四体不勤，五谷不分”[⑦]。据《史记》记载，孔子约有三千名弟子。[⑧] 这一庞大的知识分子(哲学家)集团是由儒生们组成的，他们作为地主及其利益的代言人而寄生于地主阶级。随着基于家庭秩序的新兴知识阶层(官僚阶层)——地主的出现，作为宗法统治的旧行为规范的“礼”崩溃了，同时，与由于结构转变而新形成的社会关系相应的“法”这一新的规范，在郑和秦等诸侯国产生了。[⑨] 宗法社会的世袭贵族们努力想抵制这一新法的实行，但却无济于事，最后和宗法秩序的解体一同没落了。他们为了生存，只能自己转变成官僚，与新的地主阶级融合在一起。通过作为宗法社会统治层的封建诸侯与大夫之间命中注定的互相否定和相互破坏，西周的宗法封建制被挤走，官僚制的中央集权化得以

① 范文澜，前引书，161 页。
② 同上，158 页。
③ 同上。
④ 同上。
⑤ 周谷城，前引书，第 1 卷，185 页。
⑥ 《论语·子路》。
⑦ 《论语·微子》。
⑧ 司马迁：《史记·孔子世家》，第 6 卷，1938 页。
⑨ 齐思和：《封建制度与儒教思想》，《燕京学报》，No.22，北京，1937 年，215 页以下。

实现。新的家庭秩序替代了氏族统治式的宗法秩序而建立起来。社会结构出现这种巨大变化的原因,同时也可以解释为生产方式的发展,即宗法统治下的隶农在共同耕作地(公田)中的赋役劳动,发展成为新兴地主家庭成员或作为地主的佃农在私有地里进行独立劳动。同时,地主家庭则处于家长完全管理之下。也就是说,以这一家庭秩序为基础的地主阶级产生了,官僚们正是出自他们中间。这些官僚们正是帮助一个个君主们实现了权力的官僚式中央集权化。结果在公元前5世纪,大的诸侯国中已经开始实行了中央集权制的郡县制度。① 这些被称为"七雄"的国家为了争夺对天下的统治权而展开了互相斗争。战国时代随着秦始皇于公元前221年实现统一而宣告结束。孔子和他的弟子就生活在这样一个持续有数百年时间之久的剧烈转换期。下一章将要考察与这种宗法社会秩序一起形成的孔子思想的本质。在这种转换期中,孔子和他的弟子们所发展的社会与政治理念的本质到底是什么呢?

① 郡县制度作为中央集权制度之一,在春秋时代初期已经在楚国开始实行。楚的领域分为"县",县的管理者叫作"尹"或"公",由中央权力所有者的楚王任命(参见梅思平,前引书,165页以下)。这一制度在战国时代得到了普遍实行,尤其在秦国得以完成(参见齐思和,前引书,217页)。

第二章 儒家思想的本质

对于孔子与他的弟子们发展起来的儒家思想的本质，应该同前面第一章里叙述的社会结构的变化联系起来进行认识，因为儒家思想正是在这一变化过程中产生的。本章将主要讨论作为儒家思想核心的孔子社会伦理思想。本研究主要限于对《论语》的分析，但为了解释《论语》的思想及其用语，也会参考一些其他古典。① 为了具体地理解儒家思想，首先要考察一下孔子对当时的时代问题采取了什么态度，然后联系其根本立场，系统地阐述孔子的社会伦理思想。

一、孔子对当时社会结构变化的基本立场

孔子生活在持续有数百年之久的周朝身份社会出现没落征兆的社会转换期。正如前面所述，周朝②这个身份社会，统治阶级以祭祀意识为媒介，在家长式氏族共同体里从上到下按照各自身份的不同，根据血缘和阶级的高低而建立起来的。但是各封建诸侯国经济、军事发展程度的差异，引发了以武力进行合并的战争。在这一过程中，强大的封建诸侯国吞并了弱小的诸侯国，而与此同时，大部分世袭贵族也逐渐没落，只有少数世袭贵族发展为强有力的支配者。此外，一部分农民和商人也因为相对集中了经济财富而变成新兴地主，形成了一个与逐渐解体的世袭贵族对立的新的势力集团。对于生产阶层中新出现的势力集团，《论语》里称之为“小人”，而将那些仍然保持势力的世袭贵族称为“君子”（统治者及贵族子弟）。③ 君子们进行的统治活动是精神劳动（劳心），在其统治下的生产者们只能为这一统治阶级生

① 尤其是《左传》《易经》《尚书》《诗经》《礼记》《周礼》《国语》《孟子》《荀子》等。

② 武王和周公建立宗法封建制与孔子生活的时代之间，相距有 6 个世纪以上。

③ 关于《论语》中对君子和小人的分析，参见赵纪彬《论语新探》（第 2 版），《君子小人辨》，北京，1962 年，29 页以下。

产剩余生产物(劳力)。[1] 这些被统治下的劳动百姓,被称为民、庶人、庶民、黎民等。[2] 属于这一劳动阶层的主要有农民(氓或甿),以及其他各种各样的奴隶阶层(皂、隶、牧、圉等)。[3] 统治者被尊称为"大人"或"君子",被支配(阶)层即劳动百姓被蔑称为"小人"。

> 君子务治,而小人务力。[4]

君子从事精神劳动,即劳心,小人从事体力劳动,即劳力,这是先王(理想的统治者)的制度。[5]

> 是故君子勤礼,小人尽力。[6]
>
> 或劳心,或劳力,劳心者治人,劳力者治于人。治于人者食人,治人者食于人,天下之通义也。[7]

正如上面所引用的那样,在西周社会初期,进入统治阶层的"君子"与从事生产的"小人"是支撑周朝封建制度的两大支柱。其后,在周朝封建制度实施600年之后,到孔子的时代存在于君子与小人之间的阶级关系开始大大动摇了。在这一时代,一部分被称为小人的生产阶层以生产力的发展为基础,可以根据需要为自己生产剩余生产物,从而产生了摆脱直接生产活动的可能性。这些解放了的"小人"一直在进行勇敢的尝试,试图摆脱上天规定的宿命而努力进入支配阶层。作为统治阶级的世袭贵族当然对他们的企图进行了镇压,这种对立阶层间的冲突引起了社会"混乱"与"动荡",这就是所谓"乱"。

---

① 《孟子·滕文公》,124页。

② "民"字具有"冥"字的糊涂、愚昧之意。"民"本来是指"愚昧的""无知的"劳动者(参见赵纪彬,前引书,2页;杨向奎,前引书,71页)。我们注意到这些古典中到处都有君子、大人、小人、民、庶人、庶民、众民、黎民等用语。比如《国语·周语上》;《左传》襄公九年、十四年(805、852—853页),桓公二年、六年(67、69页);《尚书》中的《高宗肜日》《周诰》《无逸》;《易经》师卦上六、否卦六二、大有卦初六、剥卦上九、屯卦九四、大壮卦九三、解卦六五、革卦上六等。关于《诗经》中的用语,参见刘伟民《中国古代奴婢制度史》,香港,1975年,75页以下。

③ 《左传》,襄公九年、十四年(805、853页)。

④ 《国语·鲁语(上)》,上海,1978年,151页。

⑤ 《左传·襄公九年》,806页。"君子劳心,小人劳力,先王之制也。"

⑥ 《左传·成公十三年》,696页。

⑦ 《孟子·滕文公》,124页。

小人不知天命而不畏也。狎大人,侮圣人之言。[1]

好勇疾贫,乱也。人而不仁,疾之已甚,乱也。[2]

世之治也,君子尚能而让其下,小人农力以事其上,是以上下有礼,而谗慝黜远,由不争也,谓之懿德,及其乱也,君子称其功以加小人,小人伐其技以冯君子,是以上下无礼,乱虐并生,由争善也,谓之昏德。国家之敝,恒必由之。[3]

在孔子生活的时代,社会阶层之间的摩擦已经达到引发社会"动荡"与"相互残虐"的地步。大胆的小人们不愿意再停留在贫穷状态,他们试图与作为支配阶层的世袭贵族进行竞争。正是这种竞争引起了社会的不稳定。因此,世袭贵族憎恶并压迫小人,处于解体过程的君子阶层与经济上新登场的小人们处于矛盾状态[4],这两个阶层的矛盾与对立是孔子生活时代最主要的问题。社会生产力的发展引起社会结构的变化越大,阶级矛盾就越严重。与此同时,世袭贵族的统治秩序也渐渐崩溃了。在统治阶级内部,发生了臣(贵族)弑君(诸侯)[5],甚至于子弑父的事件[6]。家长制宗法社会意识形态下的父子关系与封建诸侯与大夫(贵族)之间的关系从根本上产生了动摇。因此,连被贵族们作为主要德目的子对父的孝道也无法贯彻遵守下去。少数占有大片领土的诸侯,不仅在军事和经济势力方面,而且在政治权力方面,也超过了仍然支配社会秩序的最高统治者周王。[7] 旧支配阶层的最高统治者周王实际上已经丧失了权力,只是形式上的天子而已。在这一社会剧变期,鲁国的季氏[8]等下级贵族(大夫)也敢于实行只有最高统治者周王才能实行的礼。齐桓公的宰相管仲也以诸侯自居。[9] 封建诸侯与大夫战争不断,在

---

① 参见《论语·季氏》。《论语》及《左传》中的"人"不是指一般的人,而是指与"民"阶层相对立的贵族以及实行统治的支配阶层与知识分子(士)阶层。参见赵纪彬的《论语新探》之《释人民》。

② 参见《论语·泰伯》。

③ 参见《左传·襄公十三年》。

④ 侯外庐等,《中国思想通史》,第1卷,北京,1957年,145页。

⑤ 《左传》之《隐公四年》《桓公二年》《文公十六年》《宣公二年》《成公十八年》《哀公十四年》(20、61、503、529、748、1468页)。

⑥ 《左传》之《文公一年》《襄公三十年》,420、1010页。

⑦ 《左传·僖公二十八年》,389页。

⑧ 《论语·八佾》。

⑨ 同上。

这一过程中天子的权力让给了强大的诸侯，诸侯的权力转给了强大的大夫，大夫的权力则转给了家臣。孔子认为，天下再也没有秩序(道)了。

> 孔子曰，天下有道则礼乐征伐，自天子出。天下无道则礼乐征伐，自诸侯出。自诸侯出，盖十世希不失矣。自大夫出，五世希不失矣。陪臣执国命，三世希不失矣。天下有道，则政不在大夫。天下有道，则庶人不议。①

孔子认为周朝旧的身份统治秩序越是崩溃，社会没落得也就越快。实际上，以前的社会秩序虽然完全崩溃了，但却出现了社会没有重新安定下来的过渡期无秩序状态。孔子将既存社会秩序的崩溃看作是“社会的危机”②，为了克服这一危机，他试图使社会回到自己极为信奉和喜欢的传统中去(信而好古)。③ 毋庸置疑，孔子相信只有回到以前的社会秩序天下才会恢复秩序，因此说孔子是向往以前社会秩序的。

为了更加明确地理解孔子思想的根据，有必要更为明白地阐明他的复古主义立场。孔子本人属于随着春秋时代社会结构变化而在社会上变得逐渐重要起来的“士”阶层，这是一个具有较高文化教养的“识字”阶层。在连续不断的战争期间，为了加强对逐渐扩大的支配领域的统治，无论封建诸侯还是大夫，所有统治者都任用自己需要的官僚。这些官僚都出身于“士”阶层，这个知识分子阶层从孔子时代起一直在努力提高自己的社会地位。在“士”出现在中国历史之前，所谓的“儒”极为活跃。“儒”本来是商代担任秩序与祭祀的宗教知识分子。④ 殷商被周灭亡以后，他们将统治阶级的仪式性文化保存了六七百年。由于他们的服装可以溯及殷的仪式传统和宗教传统，因此又被称为缙绅先生。⑤

这些缙绅先生为自己所服务的周的统治阶级而学习诗、书以及世袭贵

---

① 参见《论语·季氏》。

② 不仅孔子及其弟子，墨家和道家等也将社会结构变化引起的春秋战国时代的众多事件看作是社会危机的象征。这些思想家都根据各自不同的观点和原理思考着克服这一危机的办法。唯一的例外是法家，尤其是韩非子(参见侯外庐，前引书，第1卷，135页)。

③ 参见《论语·述而第一》。

④ 胡适，*Der Ursprung der Ju*(儒) *und ihre Beziehungen zu Konfuzius und Lao-Dsi*，Sinca-Sonderausgabe，Frankfurt/M，1936，S.1。

⑤ 《庄子·天下》(郭庆藩：《校正庄子集释》，1067页)。

族的礼乐。可以说，在他们学习的古典中，包含着维持与强化周朝支配体制的意识形态。但到了孔子时代，周朝统治的“郁郁乎文哉”[1]已不再被看重。在缙绅先生们学习已经丧失效力的支配阶层规范[2]时，大多数当权者们已不再看重自己的身份，而将原本属于其他身份阶层的礼当作自己的东西，频繁僭越，这恰恰反映了支配阶层的衰败。孔子正是最早承担为当时迫切需要的知识分子教育任务的哲学家之一[3]，他自己当然继承了儒和缙绅先生的学术传统，正因如此，孔子的后学亦被称为儒家。孔子十分精通《诗》《书》《礼》《乐》。孔子自己也这样说：

> 我非生而知之也，好古敏以求之者也。[4]
>
> 吾尝终日不食，终夜不寝，以思无益，不如学也。[5]
>
> 兴于诗，立于礼，成于乐。[6]
>
> 不学诗，无以言……不学礼，无以立。[7]
>
> 子入大庙，每事问……[8]

正如上面所引用的，孔子认真学习，完全掌握了既存统治秩序所需的教养，并且尊崇这一秩序。阶级矛盾越来越尖锐，既存统治秩序也随之崩溃，面对这一“社会危机”，孔子似乎并不认为当时没有阶级问题，而是主张只有自然发生的劳动分工占支配地位的古代社会才是理想社会。[9] 在原始氏族共同体里，社会生产力极其低下，独立个别的生产活动几乎不可能，所有氏族成员只能按照自然的分工原理共同生产、共同分配。不这样的话，一部分成员就会饿死，整个共同体就会衰落，因为非常紧急状态下的剩余生产物的积蓄应是不可能的。在人间社会的这种初级发展阶段中，我们可以设想显然并没有阶层间的冲突，只有和平状态自然发生的分工，只意识到所有人与

---

① 《论语·八佾第四》。

② 侯外庐等，前引书，第1卷，139页。

③ 在孔子时代，除了孔子，还有一些其他思想家。例如晋的史墨、鲁的少正卯、郑的邓析等（参见赵纪彬，前引书，第3版，151页）。

④ 《论语·述而十九》。

⑤ 《论语·卫灵公三十》。

⑥ 《论语·泰伯第八》。

⑦ 《论语·季氏十三》。

⑧ 《论语·八佾十五》。

⑨ 《礼记·礼运》。

其他人之间的共同存在。基于这种观点,孔子是这样阐述他对于理想国家的看法的:

颜渊子路侍,子曰盍各言尔志。

子路曰:愿车马,衣轻裘,与朋友共,敝之而无憾……子路曰:愿闻子之志。

子曰:老者安之,朋友信之,少者怀之。①

……孔子曰:丘也闻,有国有家者,不患贫而患不均,不患寡而患不安,盖均无贫,和无寡,安无倾。②

孟子又补充说:

有大人之事,有小人之事。且一人之身,而百工之所为备,如必自为而后用之,是率天下而路也。故曰或劳心,或劳力。劳心者治人,劳力者治于人,治于人者食人,治人者食于人,天下之通义也。③

与以原始氏族共同体内自然发生的分工为基础的生产关系相类比来理解的单纯社会关系,在上面一段中表现得更加明确。儒家总是认为这种关系是天下的普遍原则和理想。因此,儒家总认为神话时代所谓"三皇五帝"④是"理想统治者"的原因也就可以得到说明了。孔子努力按照这种想法再现没有阶级冲突、只有安定和平状态的神话时代的社会秩序。

子张问:十世可知也?子曰:殷因于夏礼,所损益可知也。周因于殷礼,所损益可知也。其或继周者,虽百世可知也。⑤

---

① 《论语·公冶长二十六》。

② 《论语·季氏第一》。

③ 《孟子·滕文公》。

④ "三皇"一般是指燧人、伏羲、神农氏,他们代表着原始共同体的生活方式:"火""打猎"和"农耕"。"五帝"一般指黄帝、颛顼、帝喾、唐尧、虞舜。对于神话时代的理想统治者还有很多其他名称和解释(参见诸桥辙次《大汉和辞典》,东京,1974年,4版,第1卷,"三皇"和"五帝"项,241、501页;顾颉刚,《五德终始说下的政治和历史》,《古史辨》第5卷,404—617页)。

⑤ 《论语·为政二十三》。

礼不仅是宫廷中单纯的仪式和风俗,而且是一个国家的"根本秩序"①,即"根本原理"②。孔子认为由礼可以预测一个国家和社会的发展。在孔子的时代,礼已经被看作是统治秩序。

公如晋,自郊劳至于赠贿,无失礼。晋侯谓女叔齐曰:鲁侯不亦善于礼乎?

对曰:鲁侯焉知礼。

公曰:何为自郊劳至于赠贿,礼无违者,何故不知?

对曰:是仪也,不可谓礼。礼所以守其国,行其政令,无失其民者也。今政令在家……公室四分,民食于他。思莫在公,不图其终。为国君,难将及身,不恤其所礼之本末,将于此乎在,而屑屑焉仪以亟。言善于礼,不亦远乎?③

正如引文,礼从本质上为"维护国家""行使政令"和"维持民生"做贡献,礼的本质实际上在于保存并加强统治体制。从这种意义上来看,礼即是统治秩序。正因为这样,孔子才对礼的崩溃感到愤慨。④ 面对礼的崩溃,孔子教诲他的弟子要把握礼的本质内容,并说道:

礼云,礼云,玉帛云乎哉! 乐云,乐云,钟鼓云乎哉!⑤

与仅仅保存以往社会形式上之礼的缙绅先生相比,孔子这种将礼的本质内容当作理想社会秩序的见解意味着巨大进步。孔子努力用自认为是最理想的礼的社会秩序来挽救已经陷入社会危机状态的天下。孔子在对以往社会的各种礼进行比较之后,认为原则上⑥周朝的礼是最好的。

孔子说:"夏礼吾能言之,杞不足征也。殷礼吾能言之,宋不足征也。文献不足故也。足则吾能征之矣。"⑦

---

① 《国语·晋语第四》。
② 《左传·昭公十五年》。
③ 《左传·昭公五年》。
④ 参见《论语·八佾》之第一、二、六、二十二,《公冶长十七》等。
⑤ 《论语·阳货十一》。
⑥ 但孔子认为有必要顺应变化的社会情况,技术性地对礼进行改造(参见《论语·子罕第三》)。
⑦ 《论语·八佾第九》。

子曰:周监于二代,郁郁乎文哉! 吾从周。[1]

因此孔子把强调和唤醒周礼和周朝的社会秩序看作是自己的任务。同时,他坚信是天命将这一任务赋予自己的。

天生德予吾,桓魋其如予何?[2]

孔子在匡遇到危险时说:"文王既没,文不在兹乎? 天之将丧斯文也,后死者,不得与于斯文也;天之未丧斯文也,匡人其如予何?"[3]

凭着这一确凿证据,孔子努力恢复周的秩序。

公山弗扰费畔,召,子欲往,子路不说,曰:何必公山氏之之也?子曰:如有用我者,吾其为东周乎?[4]

现在我们可以确定,此处孔子为解决其所处时代的社会问题而采取的立场,在原则上可以说是周朝的维新。[5] 在延续至今的周朝社会秩序从根本上开始解体的社会里,孔子认为礼还是理想的社会秩序。他以这种个人的确信为基础,向那些行使权力的世袭贵族(君子),以及通过社会变化取得影响力的知识分子阶层(士)宣扬建立维新的社会,同时号召他们为恢复正在解体的礼,为重建社会秩序而努力。因此孔子对他那些出身不同的弟子们强调说:"应该更加努力地维护礼,而不是维护生产活动。"[6]换句话说,就是教诲他们要成为教育统治者的"君子儒"[7],而不要成为教育生产者的"小人儒"。

---

① 《论语·八佾十四》。
② 《论语·述而二十二》。
③ 《论语·子罕第五》。
④ 《论语·阳货第五》。
⑤ 侯外庐等,前引书,第1卷,131页以下。
⑥ 《论语·子路第四》。
⑦ 《论语·雍也十一》。

二、孔子的社会伦理学说

孔子思想的主题是重建由君子①支配的统治体系，其社会伦理论可以简单地概括为通过对新类型的人（即革新意义上的君子）的培养而体现的伦理、政治、哲学思想。因此，笔者认为，有必要明确阐述一下新的君子概念。

1.新型人格："维新君子"

如前所述，"君子"本来是指西周初期形成的统治阶级即周的氏族贵族。但是六七百年以后，到了孔子时代，"君子"的统治从根本上发生了动摇，处于没落危机中的"君子"统治又遇到了经济上刚刚兴起的农民和商人等"小人"的抵抗。"小人"们以自己的技术和能力②为基础，努力从下层百姓（"民"，"百姓"，其地位与隶民相同）的地位中解放出来，而且进一步为取得和统治阶级君子相同的地位而进行了不懈的斗争。③ "君子"和"小人"之间的社会矛盾可以说是孔子时代的主要问题。"君子"和"小人"之间的社会冲突恰恰反映了依靠世袭贵族"君子"而得以维持至当时的西周社会的宗法（氏族支配式的）封建制的没落。随着官僚中央集权化地盘的扩大，前面已经多次提到，在这一发展过程中，知识分子（士）渐渐扮演了重要的角色。他们成为官吏，代替了与氏族统治相结合的世袭贵族，即原来的"君子"，逐渐形成了新的统治阶层。这一阶层主要由像郑国的子产、齐国的晏婴等仍然保有势力的世袭贵族阶层，孔子和颜渊等衰落的世袭贵族，以及像鲁国的孔门弟子子贡、越国的范蠡等经济方面发展起来的新兴贵族组成。渴望在专制君主下面拥有官职的知识分子中不仅有"君子"，而且还有"小人"。这一事实在《论语》中有着极好的证明：

> 子贡问曰：何如斯可谓之士矣？子曰：行己有耻，使于四方，不辱君命，可谓士矣。曰：敢问其次。……曰：言必信，行必果，硁硁然小人哉，

---

① 对于"君子"一词，许倬云是这样说明的："'君'是指统治者，'子'意为儿子。所以君子本来是指'统治者的儿子'。这一意思由于亲戚关系而扩展成为一个包括与统治集团相关的所有人的概念，于是'君子'成为贵族的同义词。自孔子以后，君子成为与社会地位无关的、德高望重而受尊敬的人。'君子'的意思可以分为三个：第一是统治者，君主；第二是统治者的儿子，优秀的人，绅士，贵族或官僚；第三是主人，丈夫。"（参见 Cho-yun Hsu, *Ancient China in Transition*, p.158 以下）

② 参见《左传·襄公十三年》。

③ 参见《论语·子路二十三》。

抑亦可以为次矣！[①]

子曰：君子学道，则爱人；小人学道，则易使也。[②]

子谓子夏曰：女为君子儒，无为小人儒。[③]

因此，在知识分子中，既有“君子”的代表，也有“小人”的代表。至于孔子本身，众所周知，是视培养新的“君子”为己任的最初的伟大教师与哲学家。为了明确地体现孔子的这种位置，有必要详细地讨论一下他对当时人际关系的看法。据《史记》记载，他的三千名[④]弟子出自各种阶层，因此孔子主张“有教无类”[⑤]，说“自行束修以上，吾未尝无诲焉”[⑥]。

孔子在教育过程中没有贵贱之分，因为“即使只带来一份小礼物，也是有学习之心者”[⑦]，那么孔子也会向其施教。在过去“君子”统治体制占绝对地位的西周时代，只有作为统治阶级的世袭贵族才能做学问。儒[⑧]，即出身于殷商知识分子的孔子，为了维护秩序而整理了《诗》《书》，并且涉猎了西周世袭贵族的仪式和音乐，即礼与乐。同时，孔子还作为伟大的学者，向新出现的知识分子广泛传播这些学问。请求跟随孔子学习的书生中有各种各样的人，既有子贡和公西华之类的富人，也有颜渊和原宪那样的穷人，还有各自在众多领域具有渊博知识的人。这一点在《荀子》中得到了极好的体现。

南郭惠子问于子贡曰：夫子之门何其杂？

子贡曰：君子正身以俟，欲来者不距，欲去者不止。且夫良医之门多病人，檃栝之侧多枉木。是以杂也。[⑨]

孔子进而教诲各种阶层出身的弟子们说：“性相近也，习相远也。”[⑩]孔子

---

① 《论语·子路二十》。

② 《论语·阳货第四》。

③ 《论语·雍也十三》。

④ 《史记·孔子世家》第6卷，1905页以下；《仲尼弟子列传》第7卷，2185页以下。在中国的文献中，“三千”这一数字并非一个实在的数字，常常是用作一个表示数量多的、象征的、夸张的表达。

⑤ 《论语·卫灵公三十八》。

⑥ 《论语·述而第七》。

⑦ R.Wilhelm.*Kongfutse*, *Gespräche*, Köln, 1972, S.82.

⑧ 同上，S.362。

⑨ 《荀子·法行》。

⑩ 《论语·阳货第二》。

确信弟子们可以通过学习来提高自身。但是我们在考虑当时的社会情况时,应该仔细思索一下这一学习的目的何在。孔子对周朝的社会秩序(礼)怀着坚定不移的信念,全心全意地力图恢复周朝的社会秩序,即"君子"统治。对于知识分子的学习,即学习继承下来的统治秩序,孔子称之为"知"。所以"知"并非普遍而抽象的,而是为了革新"君子"支配所必不可缺的、具体而现实的"知"。孔子给予关于周朝社会秩序的知识以高度评价,并根据这一知识将人分为四个等级:

> 孔子曰:生而知之者,上也;学而知之者,次也;困而习之,又其次;困而不学,民斯为下矣。①

对统治秩序的学习是孔子区分治人的"君子"与治于人的劳动百姓的标准。

孔子说:"唯上知与下愚不移。"②对于孔子来说,最具智慧者是后人所继承的"君子"统治秩序的奠基者尧、舜、汤、文王、武王等先代理想统治者们。下愚则是至今为止参与生产并接受统治的百姓。孔子认为自己属于第二阶段,即通过学习而知③者。属于第二阶段的人,即在困难中追求知识的知识分子,必须要努力学习传承下来的关于周朝社会秩序的知识。处于最低阶段的百姓则要接受这些"君子"的统治。所以孔子对弟子们说:"民可使由之,不可使知之。"④对于孔子来说,百姓一开始就被排除在统治参与之外,所以孔子一直很重视维新"君子"的支配权。从此出发,下面我们来探讨一下孔子所主张的"维新君子"的意义,即作为统治者的知识分子的情况。

孔子说:"君子不器。"⑤器原指器物或工具,这里是指具有某种特定领域技能的人,也就是指具有生产技术的"小人",即平民。孔子认为,"君子"是作为支配阶层的统治者,因此"君子"是根据自然分工原理从事精神劳动的人,即统治者。相反,身份较低的百姓必须为统治阶层生产剩余生产物,所以生产性和技术性活动被统治者"君子"视为身份低下的"小人"的任务。与

① 《论语·季氏第九》。
② 《论语·阳货第三》。
③ 《论语·述而十九》。
④ 《论语·泰伯第九》。
⑤ 《论语·为政十二》。

此相反，高贵的“君子”垄断了统治权力。因此在弟子樊迟请求学习种庄稼的方法时，被孔子斥为“小人”。

> 小人哉，樊须也。上好礼，则民莫敢不敬。上好义，则民莫敢不服。上好信，则民莫敢不用情。夫如是，则四方之民襁负其子而至矣，焉用稼。①

孔子坚信周礼是理想的社会秩序，在这一基础上，认为从事精神劳动的统治者“君子”的支配体制是最理想的社会秩序。为此，正如前面所引用的一样，孔子要求统治阶层“君子”具有礼、义、信。孔子将保存周礼和“君子”的道德态度看作是恢复“君子”支配体制的前提。

简而言之，担任统治任务的“君子”想要巩固其统治体制。第一，要尊重并遵守根据各自不同身份所定的特定的礼。第二，要道德出众，因而身份低下的百姓应自愿相信统治者，并且服务于他们，孔子认为巩固君子支配体制的根本条件是百姓对他们的信赖。

> 子贡问政。
> 子曰：足食，足兵，民信之矣。
> 子贡曰：必不得已而去，于斯三者何先？
> 曰：去兵。
> 子贡曰：必不得已而去，于斯二者何先？
> 曰：去食。自古皆有死，民无信不立。②

当时，由于以往的宗法支配体制崩溃，百姓多少有了一些从以前的束缚中解脱出来的自由余地。在这种情况下，孔子强调支配者的道德责任，同时主张百姓应该被排除在政治参与之外。因为孔子认为，天生不具备支配知识的百姓，应该受到知识分子“君子”的统治，而且应该盲目地信任“君子”的统治，同时，百姓通过体力劳动为统治者生产剩余生产物。从这种意义上来看，百姓是“君子”支配的基础。出于这一理由，孔子要求统治阶级“君子”，

---

① 《论语 · 子路第四》。
② 《论语 · 颜渊第七》。

除了尊重已经丧失效力的周礼，还要具有这样的道德，即在一定程度上缓解被统治者百姓的痛苦。孔子从根本上将统治阶层“君子”理解为陶冶道德并为所有百姓带来安乐的人。

> 子路问君子。
> 子曰：修己以敬。
> 曰：如斯而已乎？
> 曰：修己以安人。
> 曰：如斯而已乎？
> 曰：修己以安百姓。①

在《论语》中，“君子”常常被描写为一种道德人格。② 下面是几个例证：

> 君子成人之美，不成人之恶。小人反是。③
> 君子尊贤而容众，嘉善而矜不能。④
> 君子义以为质，礼以行之。孙以出之，信以成之，君子哉。⑤

我们可以通过上述引文，将孔子描绘的维新“君子”，定义为尊重周礼并保存周礼的一种道德人格。因此被孔子重新定义的“君子”，本质上应该是一种“道德存在”，这一点不同于周的世袭贵族。换句话说，统治者应该通过其道德实践来行使对百姓的支配权。正因为这样，孔子才主张以德治人。

2.“德治”理念

为了解决社会的无秩序，孔子主张德治而非力治。

> 季康子问政于孔子曰：如杀无道，以就有道，何如？孔子对曰：子为

---

① 《论语·宪问四十四》。
② 赵纪彬：《论语新探》，第2版，1962年，39页以下。
③ 《论语·颜渊十六》。
④ 《论语·子张第三》。
⑤ 《论语·卫灵公十七》。

政，焉用杀。子欲善而民善矣。君子之德[①]风，小人之德草，草上之风必偃。[②]

德治理念的思想背景应该放在当时社会的具体情况之中进行考察。周朝社会秩序的崩溃，尤其是统治者自身引起的礼的崩溃，不仅导致对自身支配体制的瓦解，而且还引起了百姓的反抗。他们再也无法控制百姓了，受压迫的百姓开始逃跑，甚至反抗压迫。这一事实在《左传》中体现得较为明显：[③]

宋殇公立，十年十一战，民不堪命……[④]

梁亡……初梁伯好土功……民罢而非堪……民惧而溃。秦遂取梁。[⑤]

民叛不即其事。[⑥]

（卫）公使匠久，公欲逐石圃，未及而难作。……石圃因匠氏攻公。[⑦]

民患王（楚灵王）之无厌也，故从乱如归……[⑧]

《论语》中也有这样的记录：

孟氏使阳肤为士师，问于曾子。

曾子曰：上失其道，民散久矣。如得其情，则哀矜而勿喜。[⑨]

孔子之后过了几代，到了孟子的时代，由于连续不断的战争，百姓到了无法忍受的地步：

---

① “德”一般被译为“美德”（Tugend），但实际上“德”具有更广泛的意思。也就是指某些对象（动物、植物或人等）能够实现宇宙所赋予的各自不同角色所固有的本质内在的特殊力量。参见 P. Weber-Schäfer，“Die *Große Lehre*（《大学》）und die *Anwendung der Mitte*（《中庸》），P.Poitz（hrsg），*Chinesisches Altertum und Konfuzianische Klassik*，München，1968，S.159。

② 《论语·颜渊十九》。

③ 赵纪彬，前引书，12 页以下。

④ 《左传·桓公二年》，61 页。

⑤ 《左传·僖公十九年》，314 页。

⑥ 《左传·昭公元年》，1042 页。

⑦ 《左传·哀公十七年》，1495 页。

⑧ 《左传·昭公十三年》，1158 页。

⑨ 《论语·子张十九》。

争地以战，杀人盈野，争城以战，杀人盈城……①

凶年饥岁，君之民，老弱转乎沟壑，壮者散而四方者，几千人矣。而君之仓廪实，府库充，有司莫以告，是上慢而残下也。②

正如上面引文中所描述的，当时无论上下贵贱，均无法遵守社会秩序。面对这种混乱状态，孔子向“君子”提出了“君子”统治的最高原理，即应该获得百姓的信任。孔子认为，一个国家之存在所需的三个条件中，即粮食、军事力量和百姓的信任中，百姓的信任对于统治最为重要。因为如果没有信任，百姓就会分散，甚至会反抗统治。百姓是一个国家劳动力的根本，比如梁国，百姓一散，国家便灭亡了。所以孔子的弟子子夏在《论语》中说：

君子信而后劳其民，未信则以为厉己也。③

当时民心离叛已久，对于统治者来说，增加并保证百姓（劳动力）的数量是最重要的任务之一。④ 所以统治者们为了加强权力，其目标不仅仅在于扩张领土，还在于确保耕作新获取土地的劳动力。所以孔子说：“地有余，民不足，君子耻之。”⑤孔子将增加和保证人口视为统治的出发点。

子适卫，冉有仆。子曰：庶矣哉！

冉有曰：即庶矣，又何加焉？

曰：富之。⑥

与增加和保证人口数量相联系，对百姓的亲和政策，即所谓德治的本来面目才变得更加清晰。为了获得百姓的信任而实施的正是德治意义上的亲和政策。所以说：

---

① 《孟子·离娄十四》。

② 《孟子·梁惠王》。

③ 《论语·子张第十》。

④ 典型的例子在孟子与各国诸侯们的对话中得到了很好的体现。

⑤ 王肃注：《孔子家语·好生》。

⑥ 《论语·子路第九》。

> 德不失民。[1]
>
> 务德而安民。[2]

孔子也说："宽则得众，信则民任焉。"[3]

孔子还这样训诫统治者说："道千乘之国，敬事而信，节用而爱人，使民以时。"[4]

百姓们当然要负担各种徭役，但当时一个人一年参加徭役不能超过三天，而且只有在不影响农活的条件下才可以。[5] 孔子还建议统治者为使百姓生活富裕，应该爱惜民力，尽可能降低征税。[6] 因为实行统治的支配阶层在经济上依存于百姓的富足。[7] 出于这一原因，孔子将周礼视为最好的社会秩序，并且广泛地主张德治。因此孔子对于靠国家权力和法律支撑的暴力统治评价极低，十分拥护德治。

> 道之以政，齐之以刑，民免而无耻。道之以德，齐之以礼，有耻且格。[8]

以上内容可以概括如下：为了保持"君子"支配体制的稳定，孔子首先将周礼确定为客观上较为合理的社会秩序，然后认为百姓对"君子"统治的信赖是使统治本身可能的最重要的条件。因此，为了取得百姓的信赖，孔子主张"君子"以道德修养为基础进行德治。

3.经孟子和荀子发展的德治理念

孔子所阐明的德治理念，其根本目的在于从一定程度上缓解统治者和百姓之间的利害冲突。德治理念是作为加强统治者"君子"的支配权，并为调和危及这一统治的阶级矛盾而提出来的新的意识形态。这一理念经过孟子和荀子的进一步发展，成为战国时代以后中国社会的主要意识形态。孟

① 《左传·襄公三十一年》，1026页。
② 《左传·哀公十年》，1445页。
③ 《论语·尧曰第一》。
④ 《论语·学而第五》。
⑤ 参见R.Wilhelm，前引书，S.38；《礼记·王制》。
⑥ 王肃注：《孔子家语·贤君》。
⑦ 参见《论语·颜渊第九》。
⑧ 《论语·为政第三》。

子和荀子将孔子的两个主张,即客观上合理的统治秩序"礼"和统治的前提"伦理、道德性"做了进一步的发挥。但是由于他们对于人的本性的看法不同,所以强调的重点也不一样。孟子认为,为了消除统治者和劳动百姓之间的阶级矛盾,首先应该强调统治者的道德教养;而对于同一社会问题,荀子所提的前提则是依靠客观上合理的"礼"来调整。此处荀子所说的"礼",不仅意味着宫廷里的仪式规范,而且正如《礼记》所证明的,还具有法律的功能。① 为了更加深入地理解"德治"这一中国儒家社会的主要意识形态,与德治理念相联系,有必要简单地讨论一下孟子和荀子的思想。

(1)孟子的思想

孟子将"君子"的统治和"小人"即百姓的生产这两个互相不同的活动看作是具有普遍合理性的自然分工,因此积极主张遵循分工原理进行的"君子"统治,在孟子看来,"君子"的统治支配应该增进百姓的利益。他和孔子一样,认为"君子"的统治依存于受支配的百姓,并且说:

> 桀纣之失天下也,失其民也。失其民者,失其心也。得天下有道,得其民,斯得天下矣。得其民有道,得其心,斯得民矣。得其心有道,所欲与之聚之,所恶勿施尔也。②

孟子还说:

> 民为贵,社稷次之,君为轻。是故得乎丘民而为天子。③

因此孟子号召当时那些为了天下统一而不断进行战争的诸侯(君主)不要再进行暴力战争,应该实行德治。所以孟子说:

> 保民而王,莫之能御也。④
> 苟行王政,四海之内,皆举首而望之,欲以为君。⑤

---

① 《礼记·曲礼》:"分争辨讼,非礼不决。"《荀子·王霸》:"天下莫不平均,莫不治辨,是百王之所同也,而礼法之大分也。"

② 《孟子·离娄》。

③ 《孟子·尽心》。

④ 《孟子·梁惠王》。

⑤ 《孟子·滕文公》。

因此孟子认为，德治是统治者为了百姓的福利，通过发挥其道德性而实现的唯一支配形态，只有德治（用孟子的话说是仁政）才是正当的。孟子认为，统治者的道德性是其统治权要求的前提条件。孟子进而主张应该去除缺乏道德性的统治者。① 孟子不是从统治者的意志，而是从天命中寻找支配和统治正当性的：

万章曰：尧以天下与舜，有诸？孟子曰：否，天子不能以天下与人。然则舜有天下也，孰与之？曰：天与之。天与之者，谆谆然命之乎？曰：否，天不言，以行与事示之而已矣。曰：以行与事示之者，如之何？曰：昔者尧荐舜于天，而天受之。暴之于民，而民受之。故曰：天不言，以行与事示之而已矣。曰：敢问荐之于天而天受之，暴之于民而民受之，如何？曰：使之主祭而百神享之，是天受之；使之主事而事治，百姓安之，是民受之也。天与之，人与之，故曰：天子不能以天下与人……②

这一段描述更加明确地表现出，孟子将百姓的福利看作是统治合理性的标准，但是在分工原理方面百姓依旧被排除在政治参与之外。孟子总是将实行统治的“君子”和从事劳动的“小人”区分开来：

有大人之事，有小人之事……劳心者治人，劳力者治于人，治于人者食人，治人者食于人，天下之通义也。③

无君子，莫治野人。无野人，莫养君子。④

所以孟子主张“贤”和“能”的统治。孟子说：

尊贤使能，俊杰在位，则天下之士，皆悦而愿立于其朝矣。⑤

贤者在位，能者在职。⑥

---

① 《孟子·梁惠王》。
② 《孟子·万章》。
③ 《孟子·滕文公》。
④ 同上。
⑤ 《孟子·公孙丑》。
⑥ 同上。

不信仁贤，则国空虚。[①]

通过以上叙述，孟子主张的“德治”可以概括如下：

以道德义务为基础的“君子”统治应该为百姓的福利服务，相反，统治本身不能由百姓实行，而是应该通过道德上具有优越性的“君子”来实行。孟子认为，只有这样的“君子”才能以其个人的、伦理的教养为基础，消除支配者和身份低下的百姓之间的社会不和。孟子将自己所处时代的社会混乱，从根本上归结为人际关系间的矛盾，也就是统治者的道德缺陷。所以根据当时社会经济情况的客观发展，他既没有，也无法了解一个社会崩溃的真实原因。因此，除了统治者主观的、道德的完善，他无法提出客观的、具体的解决方案。孟子和孔子主张相同的地方是，与积极促进生产力相比，为获得百姓的信赖而合理地分配生产物更重要。

(2)荀子的思想

荀子是以客观上合理的“礼”为基础，来调节阶层矛盾这一社会问题的。他认为人是这样一种社会存在：虽然具有同样的欲望，但是由于生活方式和智能不同[②]，而在共同生活中不断产生矛盾。这种社会生活以一定生产物的生产和分配为前提。

当时“人生而有欲”[③]，而且“欲恶同物，欲多而物寡，寡则必争也”[④]。

荀子将社会矛盾的原因归结为生活方式和智能不同的个人的无限欲望。他认为，为了解决这一社会矛盾，应该控制欲望，同时保证社会生活所必需的社会生产物。他还认为，为了大力促进社会生产，应该根据能力将人区分开。荀子和孟子一样，认为这种社会分工是必然的：

分均则不遍，执齐则不一，众齐则不使。有天有地，而上下有差……夫两贵之不能相事，两贱之不能相使，是天数也。执位齐，而欲恶同，物不能澹，则必争，争则必乱。[⑤]

---

① 《孟子·尽心》。
② 《荀子·富国》：“人伦并处，同求而异道，同欲而异知，生也。”
③ 《荀子·礼论》。
④ 《荀子·富国》。
⑤ 《荀子·王制》。

荀子认为这种社会混乱无法带来生产的提高，社会方式和智能不同的人之间的社会分工是“天数”。但是荀子认为，为了在社会中实现这种社会分工，应该符合社会的正义：

> 水火有气而无生，草木有生而无知，禽兽有知而无义，人有气有生有知，亦且有义，故最为天下贵也。力不若牛，走不若马，而牛马为用，何也？曰：人能群，彼不能群也。人何以能群？曰：分。分，何以能行？曰：以义。故义以分则和，和则一，一则多力，多力则强，强则胜物。①

荀子认为，人的优秀之处在于具有构成社会（群）的能力。为了构成社会，需要以社会分工为前提。但是为了顺利地实现社会分工，一定要以社会正义为前提。荀子认为，只要社会分工和正义协调一致，社会成员之间就会实现团结。为了实现这种融洽，荀子首先强调了客观上合理的社会秩序“礼”：

> 人者何已也？曰：以其有辨也……故人之所以为人者，非特以其二足而无毛也，以其有辨也。夫禽兽有父子，而无父子之亲。有牝牡，而无男女之别。故人道莫不有辨。辨莫大于分，分莫大于礼，礼莫大于圣王。圣王有百，吾孰法焉？故曰文久而息……欲观圣王之迹，则于其粲然者矣，后王是也。……欲知上世，则审周道，欲知周道，则审其人所贵君子。②

荀子和孔子一样，试图通过周礼为社会的混乱画上终止符。进而从这一观点出发，敦促为加强君子支配而进行“德治”，但同时也并没有忽视被支配（阶）层百姓的重要性：

> 天之生民，非为君也。天之立君，以为民也。故古者，列地建国，非以贵诸侯而已。列官职，差爵禄，非以尊大夫而已。③

---

① 《荀子·王制》。
② 《荀子·非相》。
③ 《荀子·大略》。

所以荀子号召国家统治者要使百姓过得富裕,就要对待百姓宽容。[1] 因为"下贫则上贫,下富则上富。"[2]对于"君子"支配,荀子和孔子都认为只有使百姓富裕才能使支配统治有保证。

马骇舆,则君子不安舆。庶人骇政,则君子不安位。马骇舆,则莫若静之。庶人骇政,则莫若惠之……故王者富民……亡国富筐箧,实府库,筐箧已富,府库已实,而百姓贫,夫是之谓上益而下漏。入不可以守,出不可以战,则倾覆灭亡。可立而待也。[3]

出于这一原因,荀子认为百姓的富和国家的富是相同的。荀子说:

足国之道,节用裕民,而善臧其余。节以用礼,裕民以政,彼裕民故多余,裕民则民富。[4]

为了实行这一点,如前所述,荀子主张通过礼来调整社会分工。所以对于荀子来说,为百姓而实行的统治即德治,也就是礼治。礼治最重要的是社会分工和社会正义的协调。[5] 维持这两者协调的重大任务要靠统治者"君子"来完成的。统治者具有"管理社会分工的权力"[6]。所以荀子赋予专制君主以绝对的权力:

权出一者强,权出二者弱。[7]

君者国之隆也,父者家之隆也。隆一而治,二而乱。自古及今,未有二隆争重,而能长久者。[8]

君者仪也,仪正而景正。君子盘也,盘圆而水圆……君者民之原

① 《荀子·富国》。
② 同上。
③ 《荀子·王制》。
④ 《荀子·富国》。
⑤ 《荀子·王制》。
⑥ 《荀子·富国》:"有分者,天下之大利也。而人君者,所以管分之枢要也。"
⑦ 《荀子·议兵》。
⑧ 《荀子·致士》。荀子将绝对君主看作是社会和百姓应该遵从的尺度。

也。原清则流清，原浊则流浊。①

“君子”在统治中是如此重要，但同时他也需要宰相。荀子曾这样说明宰相对于君主的重要性：

故能当一人，而天下取，失当一人，而社稷危。不能当一人，而能当千人百人者，说无之有也。既能当一人，则身有何劳而为，垂衣裳而天下定。②

荀子和孔子、孟子一样，主张能者即“君子”的统治。孟子将社会问题从根本上归结为“君子”的道德问题，相反，与孟子不同，荀子是从对现存的、发生社会矛盾的社会情况的分析出发的。荀子认为，稳定的社会是在社会分工和正义的协调中形成的，这是一种受礼制约的社会。荀子认为受礼制约的统治要比受纯粹的道德制约的统治更稳定。但是可以说，荀子最终也是将社会问题归结为主观的、人的问题，因为荀子从一开始就认为统治是有能力的统治者“君子”的事，而不是百姓的事。因此荀子说：

有乱君，无乱国。有治人，无治法，羿之非法亡也，而羿不世中。禹之法犹存，而夏不世王，故法不能独立，类不能自行。得其人则存，失其人则亡。法者治之端也。君子者法之原也，故有君子，则法虽省，足以遍矣。无君子，则法虽具，失先后之施矣。不能应事之变，足以乱矣……故明主急得其人，而暗主急得其执，急得其人，则身佚而国治，功大而名美，上可以王，下可以霸。不急得其人，而急得其执，则身得劳而国乱，功废而名辱，社稷必危。故君子者，劳于索之，而休于使之。③

荀子认为社会问题，特别是统治问题是人的问题，尤其是“君子”的问题。“君子”即是统治的根源（“法之源”）④，因此“君子”也是掌握解决社会问题之关键的人。

---

① 《荀子·君道》。
② 《荀子·王霸》。
③ 《荀子·君道》。
④ 同上。“君子者，法之原也。”

对于荀子的理论,可以总结如下:荀子试图从社会分工和社会正义的协调中寻找解决社会问题的方案,从这种观点出发,一方面,他仍然是一种"德治"的意识形态,另一方面,他认为低贱百姓在物质上的富饶是确保"君子"统治的前提。但是,他认为周礼是实现德治理想社会秩序的关键,所以根据这一观点,最终还是要依靠于"君子"的统治,所以百姓还是被排除在统治领域之外。

在下一节里,我将更加深入地阐述孔子为"君子"支配体制而提出的两个要求,即作为客观上合理的社会秩序的礼和作为"君子"支配统治前提的"君子"道德性,即"仁"的意义和局限性。

4.正名论

为了解决社会问题,孔子主张恢复周的社会秩序,并且提出了具体的对策:纠正由于社会剧变而丧失现实意义的名分(正名)。

> 子路曰:卫君待子而为政,子将奚先?
>
> 子曰:必也正名乎。
>
> 子路曰:有是哉,子之迂也,奚其正?
>
> 子曰:野哉,由也!君子于其所不知,盖阙如也。名不正,则言不顺。言不顺,则事不成。事不成,则礼乐不兴。礼乐不兴,则刑罚不中。刑罚不中,则民无所措手足。①

本来在周的封建支配阶层内为确保其支配地位,按照身份差异而区分的各种各样比如诸侯、大夫等的名称和职务等所谓"名",已经丧失了在社会变化过程中为保存社会秩序而起作用的本来意义。结果导致名分从根本上发生了变化,所以孔子慨叹道:"觚不觚,觚哉觚哉!"②

孔子认为,正如觚不再有棱角一样,名也不再符合其本质了。诸侯和大夫,父与子的关系也不再符合名分了。《左传》里有很多大夫杀诸侯,甚至于子杀父的记录。传承至当时的社会秩序"礼",实际上也被统治者"君子"自己所排斥。孔子对于违背"礼"的统治者十分气愤,轻蔑地称之为"斗筲之人"。

---

① 参见《论语·子路第三》;《史记·孔子世家》,第2卷,1933页。

② 《论语·雍也二十三》。

(子贡问)曰:今之从政者,何如? 子曰:噫! 斗筲之人,何足算也。①

在以往社会秩序渐渐消失的情况下,孔子首先主张参与统治的“君子”要“正名”。在孔子看来,统治者虽然拥有“君子”的名称,但并非名副其实的真正“君子”。为了重新确立社会秩序,所有的名分都应该符合根据其名分固有的内容,即周礼所赋予的内涵。例如,大夫如果造反诸侯,儿子抗逆父亲,那么大夫便不再是大夫,儿子也不再是儿子。在孔子看来,名分与现实之间的不一致,恰恰反映了传统“君子”统治的衰落。为了重建“君子”统治体制,必须消除这种不一致,所以孔子说应该纠正名分,使其符合原有的本质。如果不这样,名分的语言表达就会动摇,名分的内容如果出现混乱,就会出现错误的行动。那样的话,在“君子”阶层内部,也无法遵守以礼和乐等为基础的周朝统治秩序。支配阶层内的这种混乱导致了刑罚无法在下层民内部实施的情况。在这种混乱中百姓会如何行动是不得而知的。正是出于这一理由,为了确立社会秩序,孔子主张将“正名”作为统治的具体纲领。考虑到这一背景,便可以正确理解孔子与齐景公下面这一段对话了:

齐景公问政于孔子,孔子对曰:君君臣臣父父子子。

公曰:善哉! 信如君不君,臣不臣,父不父,子不子,虽有粟,吾得而食诸?②

孔子认为名分“并非是具有多种可以变动意义的、随意的符号,名分中包含着名分拥有者需要完成的任务”③。这种任务的承担便意味着礼的遵守。名分是为了保存社会秩序而根据礼规定的,因此对于名分的担当者来说,正名即意味着实现礼为其所规定的任务。所以和孔子一样将礼看作是客观上合理的社会秩序的荀子认为,任意制造名分来扰乱名分是侵害社会秩序的极大犯罪:

王者之制名,名定而实辨,道行而志通,则慎率民而一焉。故析辞擅作名,以乱正命,使民疑惑。人多辨讼,则谓之大奸……故其民莫敢

---

① 《论语·子路二十》。

② 《论语·颜渊十一》。

③ P.Weber-Schäfer, *Ökumene und Imperium*.S.120.

为奇辞，以乱正命，故其民悫。悫则易使，易使则公。其民莫敢为奇辞，以乱正命，故一于道法，而谨于循令矣。①

正名正是从根本上将社会秩序的重建作为宗旨的。社会秩序的重新确立即意味着诸侯和大夫等统治者成为符合礼的正直的人，所有百姓都认真遵守法律和秩序。孔子认为君子支配体制的维新实际上就意味着正名。这一正名思想是孔子一生认为很重要的政治课题，因此孔子为了实现正名思想而利用了一切政治机会。他的第一个措施便是对少正卯的处刑。

他的死刑判决根据是：

第一，少正卯聚众成群。

第二，其言论激烈，会误导民众。

第三，强足以反是独立。②

正如荀子所说的，少正卯可以被看作是在社会转换期当中继续发展而新登场的"小人"阶层的政治理论家。他的理论威胁了社会秩序，所以孔子在就任鲁国临时宰相七天后便将其处以极刑。孔子认为，涉及有关语言或意识形态方面，"君子"在任何情况下都不能危及"君子"的统治秩序③，并且百姓也能没有怨言，这样的社会状态才是最理想的。④ 孔子忠告统治者们说："不在其位，不谋其政。"⑤

但是在孔子的时代，鲁公的权力已经掌握在孟孙、叔孙和季孙等强有力的大夫们手中。为了确保在与诸侯的斗争中取得的权力，他们建设了自己的邑或重镇。在孔子从正名的观点看来，这几乎是叛乱："仲由为季氏宰，将堕三都，于是叔孙氏堕郈，季氏将堕费……公围成，弗克。"⑥此时，55 岁的孔子为了实现他的政治理念而离开了鲁国，前往卫、宋、陈、蔡游说。但是在体验了辛酸的经历之后，过了 14 年他又重回鲁国。后来齐国的大夫陈恒杀了其诸侯简公，孔子听到这一消息以后（前 481），立即向鲁哀公建议派兵讨伐，

---

① 《荀子·正名》。

② 《荀子·宥坐》。"孔子为鲁摄相，朝七日而诛少正卯……孔子曰：人有恶者五，而盗窃不与焉。一曰：心达而险；二曰：行达而坚；三曰：言伪而辨；四曰：记丑而博；五曰：顺非而泽。此五者，有一于人，则不得免于君子之诛，而少正卯兼有之。故居处足以聚徒成群，言谈足以饰邪营众，强足以反是独立，此小人之桀雄也，不可不诛也。"

③ 《论语·子路第三》。

④ 《论语·季氏第二》。

⑤ 《论语·泰伯十四》。

⑥ 《左传·定公十二年》；Yang Jung-Guo（杨荣国），*Konfuzius*，S.12.

但是鲁哀公并没有派兵。因为鲁国的权力掌握在强有力的大夫三桓(孟孙、叔孙和季孙)手中,而齐国也比鲁国强大许多。① “孔子分明是对这一失败感到十分不快,所以想出了其他消极的方法。”②孔子立足于正名观点,整理了鲁国继承下来的历史资料《春秋》,阐明了其“正名”思想。孟子认为,这部《春秋》使“乱臣贼子惧”。

> 孟子曰:王者之迹熄,而诗亡,诗亡,然后春秋作。晋之乘,楚之梼杌,鲁之春秋,一也。其事则齐桓晋文,其文则史。孔子曰:其义,则丘窃取之矣。③
>
> 世衰道微,邪说暴行有作。臣杀其君者有之,子杀其父者有之。孔子惧,作春秋,春秋天子之事也。是故孔子曰:知我者,其惟春秋乎,罪我者,其惟春秋乎。④
>
> 孔子成春秋,而乱臣贼子惧。⑤

在周的传统社会秩序解体的时代,由于对社会变革方式采取的立场不同,从社会各阶层那里出现了所谓的诸子百家。其中,拥护传统周的社会秩序的儒家与其他学派,尤其是与墨家进行了论争,后来又和法家进行了论争。其他学派敢于直面新形成的与传统以礼为中心的社会秩序相对立的社会现实,为贯彻一种符合新的社会潮流的理念以代替旧的社会秩序而做了努力,比如墨家的兼爱思想、法家的法治思想等。立足于周以来以礼进行统治的儒家,将这些顺应社会变化而新登场的其他学派都看作不同程度的异端。与这些异端相对立,儒家试图凭借德治意识形态的帮助来实现正名理想,努力再现“君子”重新掌握统治权,“小人”重新从事体力劳动的社会状况。所以孔子十分重视正名思想,将正名思想看作是“君子”维新的前提。孔子主张,“政即正,应符合名分”。

> 季康子问政于孔子。孔子对曰:政者正也,子帅以正,孰敢不正。⑥

---

① 《论语·宪问二十二》;《左传·哀公十四年》;杨荣国,前引书,S.16。
② 杨荣国,前引书,S.16。
③ 《孟子·离娄四十九》。
④ 《孟子·滕文公十四》。
⑤ 同上。
⑥ 《论语·颜渊十七》。

所以孔子认为担当统治者的“君子”一定要正直，特别要正身。

> 其身正，不令而行。其身不正，虽令不从。①
>
> 苟正其身矣，于从政乎何有？不能正其身，如正人何？②

现在更加明确的是，孔子作为统治的具体纲领提出的正名思想，与作为统治者的“君子”的伦理道德修养是相通的。正如前面讲过的，孔子认为，“君子”的行为应该符合“礼”，同时更应该是一种德行的存在者，根据道德义务来同情和关怀被支配阶层的百姓。但是在孔子看来，当时的统治者们缺乏这种能够体现“君子”本质的德行，所以孔子认为当时社会危机的责任根本上在于统治者的道德堕落。对于社会剧变的原因，孔子无法联系时代的社会经济变化来认识。他从周礼的社会秩序中看到了理想的社会形态，所以只将社会问题看作是支配阶层的“君子”和被支配阶层的百姓之间的自然分工中产生的“不和”。所以对于社会问题，孔子首先重视规定和协调人与人之间的关系，认为这是为维持传统周礼的社会秩序的必要的人伦形态。为此，孔子号召统治者们实行德治。概括地说，传统上立足于周礼的社会秩序已经解体了，而孔子不但一生都以再建“正名”这一主张而奋斗，而且为了重建这一秩序，在社会发生剧烈变化的情况下，仍主张“君子”（有德行的存在者）的统治即德治。所以最后我们来看一下统治者的伦理，即君子的“仁”。

5.“仁”的意义与局限性

（1）“仁”的概念性分析

“仁”的概念不仅是“儒家思想的中枢”，而且在佛教和道教的层次中也占有很高的位置。但它在“本质上是儒家的概念”③。我们对“仁”的研究原则上仅限于《论语》中出现的“仁”的概念。为了厘清这一概念，首先应该从词源上对“仁”的概念进行分析。

阮元（1764—1849）认为，中国最古老的古典《尚书》中虞、夏、商、周书，

① 《论语·子路第六》。

② 《论语·子路十三》。

③ Wing-Tsit Chan（陈荣捷），“The Evolution of the Contucian Concept Jên,” *Philosophy East & West*, Jan，1955，Honolulu，p.295.

《诗经》的三颂和《周易》的卦爻辞中都没有"仁"字。[①] 周朝初期虽然曾有过"仁"的概念，但还没有这个字，直到前面所举诸书的后期作品中才出现了"仁"字。[②] 从周朝初期即公元前 11 世纪开始，"仁"的概念可能是借用"人"字来表达的。举例来说，《诗经》里有"先祖匪人？胡宁忍予！"[③]的句子，《论语》里"人"与"仁"经常混用。

> 井有"仁"(即人)焉。[④]
> 问管仲，(子)曰："人"(即仁)也！[⑤]

还有，《中庸》与《孟子》里也将"仁"解释为"人"。[⑥]

最后，许慎(58—约 147)的《说文解字》认为"仁"字是"人"与"二"的合成词。[⑦]

从上面对古代文献中出现的"仁"字的分析中可以看出，"仁"的概念从一开始就与"人"有着不可分离的关系。

那么这样一个"仁"到底被孔子赋予了什么样的内容和意义呢？首先我想从概念上进行整理。

段玉裁(1735—1815)在他的《说文解字注》中对"仁"是这样叙述的：

> (段)按：人耦犹言尔我亲密之词。独则无耦，耦则相亲，故其字从人二。[⑧]

因此"仁"从一开始是与两人以上的"人际关系"相联系的概念。因为两人的人际关系是通过"仁"使"偶(耦)的关系"即"相互亲近"的关系得以成立。孔子据此将"仁"首先规定为"爱人"。[⑨]

---

① 阮元：《论语论仁论》，《研经室》第 1 集，卷 8，文选楼丛书，台北，4—5 页。
② 《诗经·郑风·叔于田》："洵美且仁。"《齐风·卢令》："其人美且仁。"《尚书·金滕》："……予仁若考。"另，参见陈荣捷(Wing-Tsit Chan)，前引书，p.250，注 5。
③ 参见《诗经·小雅》之《小旻》《四月》。
④ 《论语·雍也二十四》。
⑤ 《论语·宪问第十》。
⑥ 《中庸》："仁者，人也。"《孟子·尽心》："仁也者，人也。"
⑦ 《说文解字注》，台北，兰台版，369 页。"仁，亲也。从人二。"
⑧ 同上。
⑨ 同上。

孔子在互相敌对、追求私利的风气破坏了周朝礼乐宗法社会秩序的大小贵族和知识分子阶层中倡导“仁”的思想。上一章已经讲过,他站在“正名”的政治立场上,为了克服当时的社会混乱,主张担任统治职责的“君子”不管在“吃饭的时间”还是“非常急迫(造次)”或“困难境地(颠沛)”中,都不要离开“仁”。①

孔子从“仁”的现实化或实践中看到了堕落的“君子”重新成为名副其实的“君子”的“正名”之路,强调“仁”对“君子”非常重要,面对“仁”,对任何人也不能让步②,因此即使付出生命也必须要实践它。③

孔子对“志士和仁人”强调的“仁”,是对任何人都不让步的、比他们的个人生命还要重要的东西,而在《论语》中“仁”的概念有如下几个方面的含义:

勇的德目:

仁者必有勇,勇者不必有仁。④

恭·宽·信·敏·惠等的德目:

子张问仁于孔子。孔子曰:能行五者于天下,为仁矣。请问之,曰:恭,宽,信,敏,惠。⑤

敬·忠的德目:

樊迟为仁。子曰:居处恭,执事敬,与人忠……⑥

---

① 《论语·里仁第五》:“君子去仁,恶乎成名?君子无终食之间违仁,造次必于是,颠沛必于是。”

② 《论语·卫灵公三十五》:“子曰:当仁不让于师。”参见钱穆《论语新解》,556页注解。“旧解皆训师为师长义。言值当行仁,即当勇往直前,既非出于争,自亦不必让。故求道当遵师,行道则无让师之义。今按:师之与我,虽并世而有先后,当我学成德立之时,而师或不在,疑此字当训众。盖仁行善举,众皆当任,人各相让,则谁欤任此?”

③ 《论语·卫灵公第八》:“子曰:志士仁人,无求生以害仁,有杀身以求仁。”

④ 《论语·宪问第五》。

⑤ 《论语·阳货第六》。

⑥ 《论语·子路十九》。

此外还指出“仁者不忧”①,意志应该“刚毅木讷”②,以及不能为了获取别人的好感而用“巧言令色”③,相反应该“其言也讱”。④。

总而言之,《论语》中孔子的“仁”包含了“君子”应具备的一切道德属性。但孔子对“仁”并没有下一个明确的“概念”定义。因为对他来说,他根本关心的从一开始就不是抽象的理论,而是“君子”们对“仁”的实践。孔子只不过根据时、所、位的状况,联系“仁”的实践说过虽然具体但互不相同的话。

在此笔者为了理解孔子的“仁”的思想,特别注意了孔子对曾子所说的“吾道一以贯之”这句话。⑤ 曾子将“一”理解为“忠”与“恕”。冯友兰将“忠”理解为达到“仁”并积极地将之付诸实践的方法,而将“恕”解释为与此相对的达到仁的消极方法。⑥

首先“恕”在《论语》《大学》《中庸》中是这样被解释的:

> 子贡问曰:有一言而可以终身行之者乎?子曰:其恕乎?己所不欲,勿施于人。⑦
>
> 所恶乎上,毋以使下;所恶于下,毋以事上;所恶于前,毋以先后;所恶于后,毋以从前;所恶于右,毋以交于左;所恶于左,毋以交于右。此之谓絜矩之道。⑧
>
> 忠恕违道不远,施诸己而不愿,亦勿施于人。⑨

对“忠”有这样的记述:

> 夫仁者,己欲立而立人,己欲达而达人。能近取譬,可谓仁之方也已。⑩

---

① 《论语·子罕二十八》;《论语·宪问三十》。
② 《论语·子路二十七》:“子曰:刚毅木讷,近于仁。”
③ 《论语·学而第三》:“子曰:巧言令色,鲜矣仁。”
④ 《论语·颜渊第三》:“司马牛问仁。子曰:仁者其言也讱。”
⑤ 《论语·里仁十五》:“子曰:参乎!吾道一以贯之。曾子曰:唯。子出,门人问曰:何谓也?曾子曰:夫子之道,忠恕而已矣。”
⑥ 冯友兰:《中国哲学史》,香港,1961年,99页。
⑦ 《论语·卫灵公二十三》。
⑧ 《大学》。
⑨ 《中庸》。
⑩ 《论语·雍也二十八》。

另外孔子还在《中庸》中指出了下面四种“君子”之道：

君子之道四：……所求乎子以事父；……所求乎臣以事君……；所求乎弟以事兄……；所求乎朋友，先施之……①

从以上《论语》《中庸》《大学》等书中的例子可以推论出，“仁”是指通过“忠”和“恕”的形式进行实践的个人，在与他人的关系中坚持自己认为“应当的行为”，消极地讲是不损害他人的“立志或关心”（恕），积极地讲是将他人的立志或关心放在自己的立志或关心之上，而积极地去成就之（忠）。

如果说孔子要求当时执政贵族和弟子们所行的“仁”，是只有在与其他人（共人，即邻者）②的关系中才具有明确含义的话，那么，这也就可以解释为正是通过向自己周围的人们表现“忠”和“恕”，来互相尊重对方的意见和利益的。

（2）当时社会经济变化中的“仁”

到目前为止，我们对孔子“仁”的思想在概念上进行了整理。为了阐明这一思想的具体内容和局限性，首先必须澄清在当时的社会状况下通过“仁”而反映出来不同阶层内部的立场差异和由此产生的世界观对立。③

①阶层分裂与“和”的世界观

如果说西周时代以来处于传统支配地位的贵族阶层被称为“君子”的话，那么一般被支配阶层则被称为“小人”或“民”。五六百年之后的春秋时代，由于铁制农具和牛耕等农业生产技术的显著提高，以及由此产生的人际关系的巨大变化，使得摆脱以前农奴身份的阶层，开始区别于一般的“民”而被特别称作“小人”。④

① 《中庸》。

② “共人”是德语“Mitmenschen”，指“有共同生活空间的周围的人们”。

③ 作者认为，到现在为止对正统儒家保持忠实立场的学者都好像或多或少地把作为实践主体的“人”从具体历史和社会现实中抽离出来，将人理解成抽象和普遍意义上的“一般人”（die Menschen überhaupt），从而将其视为“普遍的爱”甚或“宇宙的根本道理”（理）的形而上学解释。如果对孔子“仁”的思想进行这种超历史和“存在论”的解释，那么孔子的思想将只会作为空虚的万世不变的真理而高高在上。

④ 关于分析《论语》中出现的“人”字与“民”字、对人与民的社会阶层进行明确区分的论文，参见赵纪彬：《释人民》，《论新新探》（第二版，1962 年），以及对赵氏部分生硬的解释进行研究和互补的论文沈茂骏的《先秦“人”字概念略探》，《中国哲学史论集》（2），北京，1965 年。

根据《左传》记载,这一新出现的“小人”阶层在春秋时代已经形成了一支与“君子”阶层对立的政治势力。

十月晋阴饴甥会秦伯,盟于王城。秦伯曰:晋国和乎?对曰:不和。小人耻失其君而悼丧其亲,不惮征善以立圉也;曰必报雠,宁事戎狄。君子爱其君而知其罪,不惮征善以待秦命;曰必报德,有死无二。以此不和。[①]

我们要探讨的各阶层中包括利害关系相互对立的“君子”和“小人”团体。在春秋时代,随着这种不同阶层内部新出现的“君子”与“小人”之间利害关系的对立日益尖锐,导致上下贵贱的人际关系从根本上发生动摇的社会危机。

世之治也,君子尚能而让其下,小人农力以事其上,是以上下有礼,而谗慝黜远……及其乱也,君子称其功以加小人,小人伐其技以冯君子,是以上下无礼,乱虐并生。[②]

在孔子生活的春秋时代,“君子”与“小人”即上下之间利害关系的冲突引起了社会“混乱”和“相互残虐”,作为旧社会规范的“礼”逐渐被破坏。这种传统社会的崩溃,由于掌握权力的大小封建贵族们对“私有利益”即利的追求而进一步加速。他们依靠当时商业经济的发达,通过对私有财产的聚集和垄断加强了自己的政治势力。他们不仅大力开垦自己封地内的荒地以增加耕地,并确保进行耕作的劳动力即“民”的数量,同时还使用武力逐渐吞并周围弱小的封建贵族势力。在自己领地的要道建设了大大小小具有经济和军事目的的城市,即城和堡,作为加强自己势力和进行中央集权的新重镇。另外,这些大小封建贵族为了有效地实现个人的经济、军事、行政目的,任用了“非贵族的”新知识分子或专家(士)作为自己的幕僚。[③]

---

① 《左传·僖公十五年》,298页。

② 《左传·襄公十三年》,833页。

③ 参见本书第一章;Cho-yun Hsu(许倬云),*Ancient China in Transition*,Stanford,1965;增渊龙夫:《中国古代の社会と国家》,东京,1960年;李亚农:《李亚农史论集》,上海,1978年;杨宽:《战国史》,上海,1980年。

从公元前7世纪公元前到6世纪，在这种社会体制急剧的变化中，晋、齐、鲁等诸侯国的大权落到了强大的大夫手中，大夫的权力又落到了陪臣手中。[1]

这里，孔子对于当时的“社会危机”是这样说的：

孔子曰……天下无道，则礼乐征伐自诸侯出。盖十世希不失矣。自大夫出，五世希不失矣，陪臣执国命，三世希不失矣。[2]

一般用“弑君三十六，亡国七十二”[3]来描述春秋时代。在这242年间，周朝宗法社会彻底崩溃了。

在这种社会变化的旋涡中，在“人”的阶层内部采取传统和保守立场的“君子”团体和对此加以否定的新出现的“小人”团体从他们互相对立的利害关系出发，表明了各自不同的根本立场，这就是“和”与“同”的世界观。

子曰：君子和而不同，小人同而不和。[4]

对于“和”与“同”这两种对立的立场，齐国的晏婴作了如下说明：

（齐国景）公曰：和与同，异乎？（晏子）对曰：异。和如羹焉，水火醯醢盐梅以烹鱼肉，燀之以薪，宰夫和之，齐之以味，济其不及，以泄其过。君子食之，以平其心。君臣亦然。君所谓可，而有否焉，臣献其否，以成其可。君所谓否，而有可焉，臣献其可，以去其否。是以政平而不干，民无争心……先王之济五味，和五声，以平其心，成其政也。声亦如味，一气，二体，三类，四物，五声，六律，七音，八风，九歌，以相成也。清浊，大小，短长，疾徐，哀乐，刚柔，迟速，高下，出入，周疏以相济也。君子听之以平其心。心平德和……若以水济水，谁能食之？若琴瑟之专壹，谁能听之？同之不可也如是！[5]

---

① 关于春秋时代政治势力的变化参见梅思平：《春秋时代的政治和孔子的政治思想》，《古史辨》，第2册，161—194页。

② 《论语·季氏第二》。

③ 这是《春秋繁露·灭国》《淮南子·主术训》《史记·太史公序》等汉初以来的普遍描述。

④ 《论语·子路二十三》。

⑤ 《左传·昭公二十年》，1221—1222页。

从此我们可以得知,“和”是对立面之间的“和谐、融洽”,“同”是“均等、平等”的意思。“小人”们要求与“君子”平等,提出了“同”的立场;“君子”们为了维护面临崩溃的传统体制,提出了自己内部上下之间的“和”,即和谐与融洽的世界观。晏婴认为对于因相互对立的利害关系而处于持久战争状态的大小势力之间,应该像“济五味的鱼汤”或“合五音的音乐”那样来加以调和。

为这些“君子”阶层代言的知识分子们,在当时的危机状况下强调上下和谐、融洽的必要性。他们认为,支配势力内部和谐时,被支配阶层的“民”便心态平和,不会有争斗之心(争心)。因此他们试图用“融洽、和谐”的观点去探讨现存的“大小、短长、高下、出入”等对立的事态。也就是说,他们在政治、社会现实中否决了“小人”们所要求的平等的世界观①,总而言之他们试图从“和”的世界观来扬弃不同阶层之间的上下秩序,即将从“君子”实行统治和“小人”进行生产活动的旧的社会分工和身份差异中产生的对立利害关系,扬弃成为一种和谐、融洽的关系。

到这里我们才明白,为什么孔子将“仁”的实践解释为“忠”和“恕”,即解释为阶层间相互“让步”或积极的帮助。

孔子认为,担负统治责任的“君子”应该首先实现人际关系的融洽,要想这样就必须热爱其他“共人”(Mitmenschen,即邻人)。

因此孔子认为无视上下等级而要求平等的“小人”们一开始就缺乏“仁”,他指出,虽然“君子”中间也有“不仁者”,即破坏融洽的人,但因为“小人”一开始就主张“同”,所以只要是“小人”就不可能有仁慈。②

一言以蔽之,孔子所说“仁”的实践,最终应该看作是道德上和精神上的让步与团结,它试图阻止阶层之间上下人际关系中产生的利害冲突,而使他们彼此之间变得和谐与融洽。

②仁与礼

如上所述,如果将“仁”理解为阶层之间上下对立关系变得融洽而互相让步或互相帮助的道德和精神姿态的话,就有必要进一步澄清“仁”在当时的现实中客观具有的功用和意义。

---

① 这里值得我们注意的是,否定儒家的“上下”等级观的墨子正是从“同”的世界观出发,否定“君子”们的礼乐而强调“兼爱”。

② 《论语·宪问第七》:“子曰:君子而不仁者有矣夫!未有小人而仁者也。”

在当时,“礼”的意义①不单纯是指天子或诸侯宫廷中大小贵族或君臣之间形式上的礼仪。

颜渊问仁。子曰:克己复礼为仁。一日克己复礼,天下归仁焉。为仁由己,而由人乎哉?颜渊曰:请问其目。子曰:非礼勿视,非礼勿听,非礼勿言,非礼勿动。②

在这里孔子指出,属于不同阶层的人们要想到达“仁”,首先应该克服“己”即“自我”,而实行“礼”。因此人不能看、听或说非“礼”的东西,更不能将其转化为行动。孔子认为只有符合“礼”的行为才是“仁”。

这样看来,孔子的“仁”最终应该被看作是保守的道德实践,它是为了维护走向崩溃的周礼。恢复“礼”正是为了恢复阶层之间的“和”,即融洽。孔子的弟子有若(前518—前457)对于维护“礼”的理由曾这样说:

有子曰:礼之用,和为贵。先王之道,斯为美,小大由之。有所不行,知和而和,不以礼节之,亦不可行也。③

有若认为,维持阶层之间上下关系的“和”,即和谐与融洽,其意义在于遵循先王的“礼”,但是单纯形成“融洽”并不是全部目的,还应该受到“礼”的限制。

总而言之,孔子“仁”的思想是通过“忠”和“恕”的实践行为,即不损害“他人的意愿或利益”(恕)和将他人的利益放在“自己的意愿或利益”之上(忠),也就是通过道德和伦理的实践来试图阻止阶层之间的利害冲突,并将其扬弃为融洽与和谐的关系。从当时客观的社会现实来看,这便是试图谋

① 孔子阐述的“客观”社会规范意义上的“礼”到了孟子的时代发生了很大变化。孟子重视行为的主观动机,强调做人的仁、义、礼、智的道德(主观)原则。这里孟子所说的“辞让之心,礼之端也”(《孟子·公孙丑》)中的“礼”是指人的主观行为或“道德”的动机,而不是社会的、客观的规范。但试图通过对社会客观的人际关系的分析来解决社会问题的荀子则清楚地表明了作为客观社会规范的礼的意义:“人之所以为人者,何已也?曰:以其有辨也。饥而欲食,寒而欲暖,劳而欲息,好利而恶害,是人之所生而有也,是无待而然者也,是禹,桀之所同也……故人之所以为人者,非特以其二足而无毛也,以其有辨也。夫禽兽有父子而无父子之亲,有牝牡而无男女之别。故人道莫不有辨,辨莫大于分,分莫大于礼。”(《荀子·非相篇》,39页)

② 《论语·颜渊第一》。

③ 《论语·学而十二》。

划对周礼的恢复。

③“仁”与“利”的对立意义和“大同”理想

杨荣国等马克思主义学者只强调孔子“仁”的思想最终意味着“复礼”，将孔子划为拥护走向崩溃的“奴隶制社会”的反动思想家。与此相反，笔者认为，在中国古代社会的不同发展阶段中，并未存在过马克思作为文明社会开端之标准的欧洲式古代“奴隶制社会”①，而且也不赞成这些学者将对孔子“仁”的思想的评价只局限于“复礼”方面来研究，认为有必要超越这一点来探讨“仁”的意义。

孔子对于“仁”的实践，非常重视“己”即“自己”或“个体”的行为：

> 为仁由己，而由人乎哉？②

赵纪彬认为，“己”字在殷代是历法中的用语，在周初的“井田”共有制下是指先王先公，因此具有以族（血缘集团）来区分事物（以族类辨物）的意思。但在春秋时代这一过渡期，随着个人私有制成为新的经济现实，“己”字才成

---

① 立足于50年代将人类历史区分为5个阶段的公式化的“唯物史观”的中国历史发展阶段的区分在中国学术界引起了极大的争论（参见《中国的奴隶制与封建制分期问题论文选集》，历史研究编辑部编，新华书店，1956年）。

作者在本书第二部中进行了论证，指出唯物史观本身不是人类历史发展的普遍法则，它不过是由孟德斯鸠、黑格尔、英国的国民经济学家们，以及马克思所主张的“欧洲中心主义的”世界观的一种表现（参见第三章“马克思‘亚细亚生产方式’理论和欧洲中心主义之批判”）。

作者想特别强调的是，中国的学者们对于古代社会依据殉葬制度的习俗作为论证奴隶制社会存在的主要根据是完全没有理解马克思本来的意图。在马克思看来，“文明社会”开始的欧洲古代希腊和罗马社会，基本上是在将“土地”和“奴隶”作为私有财产的“奴隶主”阶层的支配下形成了社会的“扩大再生产”，这些奴隶主阶层在极为发达的私有财产和“市场经济”的基础之上，使业已成熟的人文主义思想得以繁荣发展。

而在中国的殉葬制度中表现出的意识则非常蒙昧。在这里有必要介绍《战国策》中的《秦策二》的一篇文章。“秦宣太后爱魏丑夫。太后病，将死，出令曰：为我葬必以魏子为殉！魏子患之。庸芮为魏子说太后曰：以死者为有知乎？太后曰：无知也。曰：若太后之神灵，明知死者之无知矣，何为空以生所爱葬于无知之死人哉？若死者有知，先王积怒之日久矣，太后救过不赡，何暇乃私魏丑夫乎？太后曰：善！乃止。”

因此要求殉葬的人们的迷信意识得到启蒙是战国时期的事情（参见李亚农，前引书，40页）。

作者认为，对于中国古代社会的发展，很难论证在春秋战国时代以前存在与欧洲古代希腊社会、罗马社会相媲美的基于私有财产的市场经济的发达，以及发达的人文主义思想的痕迹。可以说从郑的子产、齐的晏婴直到孔子才出现了从“鬼神”对人的支配这一迷信意识中逐渐解放出来的人的自我意识和人本主义思想。

② 《论语·颜渊》。

为泛指“个体”的用语。[1] 也就是说，进入春秋时代以后，“己”字才具有了“自己”或“个体”的意思。

总而言之，“己”字意味着个人或自己由于私有财产的出现而独立于“族”(血缘集团)的发展，因此孔子所说“仁”的实践是以这种经济私有制的确立为前提的。

随着私有财产的出现与发展，阶层之间相互试图以牺牲对方来积累自己的“富”的利害冲突变得更加尖锐。从前遵循周礼规定的人际关系，即在诸侯国(公室)与大夫(贵族)的封地(“家”，私室)、君臣、贫富、朋友，甚至于父母子女、男女之间，以及“君子”与“小人”之间的利害冲突，即“怨”开始四处蔓延。[2] 对于出现“怨”，即和谐的人际关系被破坏的原因，孔子认为正是由于人们对“利”，即个人物质利益的追求。

> 子曰：放于利而行，多怨。[3]

孟子更加明确地指出，国家、社会的危机产生于对“利”的追求。

> 孟子对曰：……王曰何以利吾国，大夫曰何以利吾家，士庶人曰何以利吾身。上下交征利。而国危矣！万乘之国，弑其君者必千乘之家。千乘之国，弑其君者，必百乘之家。万取千焉，不为不多矣！苟为后义而先利，不夺不餍。[4]

宣扬“和”的世界观的儒家们认为，从根源上来看，个人自不用说，大小贵族(大夫)们、尤其是君主(诸侯)们对“利”的垄断，破坏了上下人际关系的和谐，造成了社会危机与不和。

孔子为了扬弃这种上下人际关系的冲突与不和，即“怨”，要求自己的弟子们和新出现的官僚势力“士”阶层，不管是诸侯公室(邦或国)的官僚还是大夫们私室(家)的官僚，都要这样来实践“仁”：

---

① 赵纪彬：《论语新探》，第2版，170页。

② 关于对《论语》进行彻底分析、有关所有人际关系之间的“怨”即“不和”蔓延的例证参见赵纪彬，前引书，98—99页。

③ 《论语·里仁十二》。

④ 《孟子·梁惠王》。

仲弓问仁。

子曰：出门如见大宾，使民知承大祭。

己所不欲，勿施于人，在邦无怨，在家无怨。①

孔子指出，要想在诸侯的邦和作为大夫封土的家里消除"怨"，从政者交往时应该像"见大宾"一样互相尊重，统治百姓时要像"承大祭"一样慎重地对待。总而言之，只要坚持不因自己的"利"而损害别人的"利"的"恕"的原则，诸侯的公室或大夫的私室就会消除"怨"，形成和谐的人际关系。这正是孔子对弟子仲弓所传授的"仁"。

因此孔子认为承担统治责任的"君子"，其任务就是要造成这种上下融洽、和谐的人际关系。

子路问君子。

子曰：修己以敬。

曰：如斯而已乎？

曰：修己以安人。

曰：如斯而已乎？

曰：修己以安百姓。修己以安百姓，尧舜其尤病诸！②

对于孔子来说，个人应该加强自我道德修养的理由，是为了使不同阶层之间能够平安相处，甚至也可以使百姓和平安乐。但孔子认为给一般百姓以平安极其困难，不具备可行性。但不管怎样，孔子认为，这种不仅包括维持阶层之间上下融洽与和谐关系，甚至于将一般百姓也考虑在内的社会安定，是最高的政治理想。

在此，孔子讲述了自己对政治的信念。

子贡问政。

子曰：足食，足兵，民信之矣。

---

① 《论语·颜渊第二》。

② 《论语·宪问四十五》。

子贡曰：必不得已而去，于斯三者何先？

曰：去兵。

子贡曰：必不得已而去，于斯二者何先？

曰：去食，自古皆有死，民无信不立。①

孔子认为，当时状况下的政治核心，是一个国家政府要有充足的经济实力（足食）和军备（足兵），以及培养来自“民”的信任。其中对内的问题比对外的问题更重要，同样是对内的问题，在经济实力问题和来自“民”，即“下”对“上”的信任问题中，体现上下融洽的后者更加重要。

孔子极力主张的宗旨，其要点是通过这种人的“主观道德意志”即“仁”来实现社会的安定，尤其是阶层之间相安无事。孔子正是试图以此将“天下无道”社会变成“天下有道”社会，其改革和“维新”的推动力即可以看作是试图在人际关系之间谋求“和”的“主观道德意志”的培养。当然，孔子这种主观意志在当时客观历史现实中最终只能被排斥，尽管如此他仍然站在“和”的立场上“不尤人”“不怨天”。②

如果说当时由于以土地私有为中心的市场经济获得了相对发展的话，那么很多人对物质的追求，尤其是君主们和大小贵族们对“利”的“垄断”是推翻原有的礼乐、文化制度，实现社会变革的客观力量，那么将孔子所追求的东西用一句话来说，就是超越对物质的追求、找回共同安定（相安）的“精神和伦理价值秩序”，即“道”。

《论语》载：

子曰：富与贵，是人之所欲也，不以其道，得之不处也。贫与贱，是人之所恶也，不以其道，得之不去也。君子去仁，恶乎成名？③

子曰：君子谋道不谋食……君子忧道不忧贫。④

子曰：士志于道，而耻恶衣恶食者，未足与议也。⑤

子曰：朝闻道，夕死可矣！⑥

---

① 《论语·颜渊第七》。
② 《论语·宪问三十七》。
③ 《论语·里仁第五》。
④ 《论语·卫灵公三十二》。
⑤ 《论语·里仁第九》。
⑥ 《论语·里仁第八》。

由此我们可以得知,孔子追求的是超越现实和物质利害的“精神原则”(道)。对孔子来说,这种原则的追求是本质的东西,对富贵等现实和个人利益的追求就像浮云一样空虚。

> 子曰:富而可求也,虽执鞭之士,君亦为之。如不可求,从吾所好。①
>
> 子曰:饭疏食饮水,曲肱而枕之,乐亦在其中矣。不义而富且贵,于我如浮云。②

孔子所评价的这种“义”具有精神和道德价值,相反将对“利”的追求看作是“小人”的行为。

> 子曰:君子怀德,小人怀土。③
>
> 子曰:君子喻于义,小人喻于利。④

此外,孔子还说要“见利思义”,“见危授命”⑤。总之,可以说“为富不仁,为仁不富”⑥。

孔子认为,作为理想社会秩序的周礼之崩溃的根本原因有两个,第一是由于当时执政者缺乏“仁”和“义”等精神原则,第二是因为从这种道德和精神的缺乏中产生的、人与人之间对物质利益的竞相追求。因此孔子倡导作为新势力出现的“士”阶层应努力学习“仁”或“道”,而不是追求物质的“利”或“富”。

孔子认为,社会的根本问题是带动社会前进的人,尤其是处于指导地位的“君子”们的伦理和道德问题。而这些伦理方面的努力,正是尽可能缓和阶层之间的利害冲突和对立,从而试图维持他们之间的融洽与和谐关系。

立足于儒家“和”的世界观的阶层上下的“社会分工”论,在孟子反驳许

---

① 《论语·述而十一》。
② 《论语·述而十五》。
③ 《论语·里仁十一》。
④ 《论语·里仁十六》。
⑤ 《论语·宪问十三》:“子路问成人。子曰:……见利思义,见危授命。”另见《论语·子张第一》:“士见危致命,见得思义。”
⑥ 《孟子·滕文公》:“为富不仁矣!为仁不富矣。”

行派关于主张君臣并耕和自给自足的言论中体现得非常明显：

> (孟子)曰：许子以釜甑爨，以铁耕乎？
>
> (陈相)曰：然。
>
> (曰：)自为之与？
>
> 曰：否。以粟易之。
>
> (曰：)以粟易械器者，不为厉陶冶，陶冶亦以其械器易粟，岂为厉农夫哉？且许子何不为陶冶，舍皆取诸其宫中而用之？何为纷纷然与百工交易？何许子之不惮烦？
>
> 曰：百工之事，固不可耕且为也。
>
> (曰：)然则治天下，独可耕且为？有大人之事，有小人之事。且一人之身，而百工之所为备。如必自为而后用之，是率天下而路也。故曰：或劳心，或劳力。劳心者治人，劳力者治于人。治于人者食人，治人者食于人，天下之通义也。①

孟子将当时社会经济条件下“君子劳心而小人劳力”的社会分工和身份差异，称为“天下之通义”，而《左传》和《国语》中则将其描述为“先王之制”②或“先王之训”③。孔子和孟子都认为上下身份的差异是理所当然的事情，以此来试图实现社会分工的融洽，因此认为，上下的相安，即维持融洽与和谐的关系比单纯地增加“民”即劳动力以及增强国力的事情更重要，社会财富的公平分配(均)比单纯的物质增加更重要。

> 孔子曰：……丘也闻有国有家者，不患寡而患不均，不患贫而患不安，盖均无贫，和无寡，安无倾。④

儒家们认为“君子劳于心而小人劳于力”式的上下社会分工或身份差异是普遍正确的，另外他们试图将上下的对立关系向相辅相成的融洽的关系方向诱导，因此他们最终指向“大同”社会的理想。

---

① 《孟子·滕文公》。
② 《左传·襄公九年》，806 页。“君子劳心，小人劳力，先王之制也。”
③ 《国语·鲁语》，208 页。“君子劳心，小人劳力，先王之训也。”
④ 《论语·季氏第一》。但本章句的注释是根据钱穆的注解。参见钱穆，前引书，564 页。

> 大道之行也，天下为公。选贤与能，讲信修睦。故人不独亲其亲，不独子其子。使老有所终，壮有所用，幼有所长。矜寡孤独废疾者，皆有所养。男有分，女有归。货恶其弃于地也。不必藏于己；力恶其不出于身也，不必为己。是故，谋闭而不与，盗窃乱贼而不作，故外户而不闭，是谓大同。①

大同社会是指在公共所有制下面，每个人都为公共利益而一起劳动，彼此没有利己的贪心而和平相处，这大概只有在文明初期的氏族共同体中才有可能出现。在这种原始共同体中，由于社会生产力极其低下，剩余生产物的积累几乎是不可能的，因此公共生产物才可能被公平分配消费。因此在这种人类社会发展的幼稚的原始共同体中，几乎没有上下等级之间的利害冲突和矛盾，只有根据自然条件、性别、年龄等自然分工，其共同体的成员之间彼此没有大的矛盾而和平相处。

因此将上下等级之间的融洽关系理想化的儒家，将相当于太古原始共同体的"三皇五帝"的神话时代美化成太平社会，描绘了大同社会的理想。

但问题是，儒家们主要强调的是促使上下人际关系和谐融洽的"仁"即人的"主观伦理性"，而没有考虑实现大同社会所需要的客观的，即社会经济的前提条件。

(3)"仁"与"人本主义"思想

如前所述，孔子从复归周礼的意义上，确信"仁"就是适合"礼"的行为。但他又说，只有"仁"才是从根本上维护面临崩溃的"礼"的前提条件。

> 子曰：人而不仁，如礼何？人而不仁，如乐何？②

---

① 《礼记·礼运》。有人试图将《礼记》的《礼运》篇解释为墨家的作品而不是儒家的著述（参见金德建《礼运和墨子思想的关系》，《先秦诸子杂考》29，1982年）。但作者认为，这种大同社会的理想不单是儒家所专有，这在当时的社会变化中主张道德或人间社会堕落的儒、墨、道家（庄子）是相通的，参见《墨子》的《尚贤》《兼爱》篇与《庄子》的《马蹄》《山水》篇等。总之应该注意的是，这种大同社会的理想从孔子到康有为（1858—1927），在中国过去两千多年的传统社会里一直被作为理想的乌托邦而被讨论（参见《中国大同思想资料》，中国科学院哲学研究所编，1959年）。

② 《论语·八佾第三》。

如果我们可以把孔子社会伦理学说的核心,概括为对理想社会规范“礼”的复归以及强调对作为统治者合法性根据的人(主观)的伦理性,即“仁”的涵养,那么笔者想指出的是,在这两种假说的背后,孔子还赋予人的伦理性,即“仁”以更深的思想意义。

孔子哲学的积极意义在于他最终赋予了作为主体人(Subjekt)的意志以决定性的意义。

孔子是中国历史上第一位超越了旧的鬼神迷信观念、“大力”宣扬“人道”即人本主义思想的大思想家。[①] 如果说当时占统治地位的思想盲目相信各种各样的鬼神或上帝对自然和人间社会的宿命支配的话,那么孔子教导自己的学生要“敬鬼神而远之”[②],提出了人本主义的思想。虽然他当然并不是否定鬼神或上帝的存在,但他没有说过与人的常识和理性相违背的怪、力、乱、神之类的话。[③] 他一生苦心钻研的是现世的“人”与“生”的问题。

> 季路问事鬼神。
> 子曰:未能事人,焉能事鬼?
> 敢问死。
> 曰:未知生,焉知死?[④]

孔子非常重视现世中人的“生”与“人的意志”。他把人从鬼神、妖怪等支配自然与人间世界的迷信世界中解放了出来,对“主观的和伦理的”人的意志给予了很高的评价。对此,孔子指出“人能弘道,非道弘人”[⑤]。

把它用近代哲学用语来描述的话,就是人(主体)是“道”,即客观的理性(die objektive Vernunft)的主人,而绝非相反。也就是说,人是自然(Objekt)的主人。

在这里清楚地表现了孔子的以人为中心的“人本主义”思想。

这种人本主义思想到了战国末期,尤其在《孟子》《中庸》《易传》等书中

① 孙长江通过《左传》论证了人本主义的萌芽已经在孔子以前或同时的许多人物,即季梁、史嚚、司马子鱼、定姜、子产等的思想中出现了(参见孙长江:《怎样分析孔子的哲学思想》,《孔子哲学讨论集》,香港,1972年,273页)。

② 《论语·雍也二十》:“樊迟问知。子曰:……敬鬼神而远之,可谓知矣。”

③ 《论语·述而二十》:“子不语:怪,力,乱,神。”

④ 《论语·先进十一》。

⑤ 《论语·卫灵公二十八》:“子曰:人能弘道,非道弘人。”

成了一种存有论的开端。对于由此开始的“天人合一”的儒家存有论的研究,由于超出了本书的研究范围,因此在这里只想明其开端。

有争议的“主观的和伦理的意志”或人的道德性在《论语》中表现为“仁”,在《孟子》和《中庸》中表现为“诚”。从人本主义出发的儒家认为,由于只能从主观上把握的人的道德性或“人道”最终必须具体地限制在一个社会人际关系之中,因此它最终应该与对人际关系和万物即宇宙整体进行限制的客观的“天道”相一致。因此通过人的实践表现出来的人道,即主观的道德性(die subjektive Sittlichkeit)的存有论根据,不在于人即主体,而是天道,即客观的秩序(die objektive Ordnung)。这种“天人合一”的人本主义存有论在《孟子》和《中庸》中是通过“诚”这一概念而表述的:

孟子曰:万物皆备于我矣,反身而诚。乐莫大焉,强恕而行,求仁莫近焉。①

诚身有道,不明乎善,不诚其身矣。是故诚者,天之道也;思诚者,人之道也。②

诚者自成也。而道自道也。诚者,物之终始,不诚无物。是故,君子诚之为贵。诚者非自成己而已也,所以成物也。成己,仁也。③

故至诚无息,无息则久,久则征,征则悠远,悠远则博厚,博厚则高明。博厚,所以载物也。高明,所以覆物也。悠久,所以成物也。博厚配地,高明配天,悠久无疆。④

作为道德性的人的意志的“诚”,不仅在伦理层次上相当于“自成”的“仁”,而且在存有论层次上作为一切存有者的存在根据包含了万物,即宇宙整体。因为“没有‘诚’万物便不会存在”(“不诚无物”)。

由此可以看出,以道德性为媒介的“天人合一”的存有论在《孟子》和《中庸》中已经开始出现。这种儒家存有论在中国文化圈中开始是依靠汉代的“今文学派”——尤其是董仲舒⑤,其后主要是依靠宋代道学家们,将其作为

① 《孟子·尽心》。
② 《孟子·离娄》:“诚身有道,不明乎善,不诚其身矣。诚者,天之道也;诚之者,人之道也。”另见《中庸》。
③ 《中庸》。
④ 同上。
⑤ 参见宋荣培:《董仲舒的历史哲学》,《哲学》23号,首尔,1985年,3—26页。

支配人间社会和宇宙的根本哲学世界观而成为主导思想。

三、对孔子社会伦理学说的批判理解

1.孔子社会伦理学说概述

我想有必要对以上所叙述的孔子社会伦理论作一简单的概述。了解孔子思想应该首先研究孔子对他所处时代社会变化采取的立场。在西周时代,作为支配阶层和世袭贵族的“君子”和被支配阶层的“民”(百姓,古典中往往以带有蔑视意味的“小人”这样的用语来表示)是支撑西周封建制度的两个支柱。但在这种封建制度出现六百年后的孔子时代,原有阶层关系发生根本动摇。强大的封建诸侯们相互之间为了扩张领土而展开了斗争,同时牺牲他们封地内部血缘相近的小领地所有者(大夫)以加强和集中自己的支配权。因此掌权者录用军队和行政专家作为臣下,即非封地所有者(贵族)的一般官僚。这种录用的结果是出现了大量知识阶层的“士”(学者、专家)。他们辅助统治者,而统治者为了自己的统治而实行官僚式的中央集权,任之以官职。

旧支配阶层的世袭贵族由于这些知识分子阶层的兴起而陷入没落的局面。在这一知识阶层中,既有没落的世袭贵族,也有在社会变化过程中从“小人”阶层中涌现出来的地主。支配阶层的几个强大的统治者,依靠官僚的帮助而促使世袭贵族走向崩溃的同时,被称为下层“小人”的生产阶层中的一部分挤了上来,成为作为支配阶层的知识分子“士”。在这种状况下,周朝社会秩序事实上几乎完全崩溃了,再也无法依靠统治者或被支配阶层百姓来维护。

作为一名伟大的哲学家,孔子通过勤奋的学习彻底了解了周的社会秩序之后,将恢复周的社会秩序作为自己的基本立场。因为他认为,作为支配阶层的“君子”和承担生产的“小人”和谐相处的周朝社会秩序(周礼)是完美的社会秩序。孔子认为,在全体百姓为少数统治者生产剩余生产物的社会里,符合周礼的“君子”支配、下层百姓生产的社会分工是上天赋予的自然秩序。根据天命赋予的劳动分工,“君子”接受了统治从事劳动的“小人”阶层的天意,相反“小人”阶层应该通过体力劳动来供养支配阶层的“君子”。

因此,孔子将周朝社会秩序的崩溃看作是社会的危机,同时将反映周社会秩序的礼抽象为绝对的、普遍正确的社会秩序。另外为了在已经变化的社会状况下重建这一社会秩序,孔子主张实行德治。孔子认为当时社会危机的根本原因是由于作为统治者的“君子”的道德堕落。正如没有棱角的觚不再是真正的觚一样,这一时代的“君子”已经不再是真正的“君子”。对于堕落的“君子”(世袭贵族或统治者),孔子提出了新型的“君子”观。这种“君子”必须德高望重,使百姓们可以信任地委托他们进行统治,在这一点上,这种新“君子”与以前支配阶层意义上的“君子”(血缘上的世袭贵族)是截然不同的。但问题是,孔子时代的统治者们缺乏这种道德性,孔子认为作为统治者的“君子”应该具备统治者特别具有的能力与德。《论语》中作了各种说明的“君子”之德可以概括为“仁”,这种“仁”对于当时被支配阶层的百姓而言,意味着形成一种阶层之间的道德融合。一言以蔽之,统治者的德是指从统治者的立场上为负责生产的一般百姓们保障民生。

下层百姓生产剩余生产物,支配阶层“君子”阶级依存于这种剩余生产物,从这种意义上,孔子将百姓看作是“君子”统治的基础。在这种立场上,孔子指出获得百姓信赖是“君子”统治最重要的任务,因为没有百姓也就不可能有“君子”的统治。因此孔子没有从阶级矛盾的关系中考察“君子”的统治与“小人”的生产活动这一社会分工,而是从天意的角度将其解释为上天赋予安排的结果。

因此孔子立足于“和”的世界观,试图将两个阶层之间的社会矛盾扬弃为所有人都可以感到平安(“安”)的和谐关系。儒家将这种类似于原始氏族共同体内立足于自然分工生产方式的社会状态,看作是理想的社会状态。因此所谓“三皇五帝”这些神话时代的统治者们被看作是理想的统治者而受到尊敬。但在孔子看来,缺乏道德性(“仁”)的统治者,随着时间的流逝却更加违背了礼,继而出现了诸侯们被大夫(贵族)们杀死,甚至父亲被儿子杀害的事情。天子的权力落到了强大的诸侯们手中,诸侯们的权力落到了强大的大夫手中,大夫的势力被他的家臣所代替。

孔子认为天下再也没有了秩序(天下无道)。在这种状况下,孔子为了纠正天下秩序,提出了正名思想和统治者的伦理教养这两种主张。孔子认为,在君主不再是君主、大臣不再是大臣、父亲不再是父亲、儿子不再是儿子的无序社会中,应该重新正确地树立根据名,即“礼”所规定的不同身份来行使不同的责任和享有不同的名分,即君主应像君主,大臣应像大臣,父亲应像父亲,儿子应像儿子。对于孔子来说,正名是一生最重要的政治课题。因此他利用一切政治机会来实现正名。他号召作为新支配阶层的知识分子(士)要独善其身,成为真正的君子。孔子为了给专制统治者正名(名分),训诚说知识分子阶层作为统治者要培养固有德行的"仁",将这种仁不仅施加于同僚,也要施加于下层百姓。因此从根本来看,可以说孔子为解决社会问题而主张统治者的道德培养,也就是说孔子将社会问题从整体上与统治者(知识分子们)的伦理问题放到了一起。可以看出,所谓统治者(或知识分子)们的道德努力,最终是不将他们与被他们统治的百姓之间的社会矛盾看作是矛盾,反而试图将其扬弃为共同生活的人际关系上的和谐("和")。

孔子将保持统治者"君子"与被统治的百姓之间的团结、缓和两个阶层之间的矛盾看作是维持"君子"统治最重要的课题。因此,以这种和谐的世界观为基础,孔子认为支配阶层与被支配阶层百姓之间的融洽要比百姓的单纯增加更为重要,生产物的公平分配要比社会生产物的增值更加重要。

2.孔子社会伦理学说的意义与局限性

(1)归根结底,孔子把社会问题看成了"君子",即承担统治职责的知识分子们"伦理的努力"问题。从这种意义上,孔子在社会问题的解决中非常重视人,尤其是知识分子们的道德意识,即"仁"的作用。因此他强调在解决社会问题中人和道德因素的重要性。也就是说,孔子提出了强调"人"的"仁",即人本主义思想和对现世表现出强烈关心与实践意志的、以人为中心的哲学思想。

但是由于孔子最终将社会问题与人的、即"主观和伦理的"问题一视同仁,因此无法充分考虑社会发展的"客观性"问题。他无法将当时出现的社会根本变化的客观根据,联系当时的社会生产力的本质进行说明。

周礼,即"君子"或有道德修养的知识分子实行"统治"和"小人"进行"生产活动"是历史和社会不变的普遍(天下之通义)的社会秩序。根据这一牢固的个人信念,孔子不仅将当代的社会变化理解为"社会危机",而且将这种变化或危机的原因最终归结为"人"阶层内部的"怨"(不和),尤其强调了担任统治职责的"君子"们的道德堕落这一主观因素。

因此,孔子并不知道,所谓周礼从根本上看也不过是那个时代固有的社会经济关系所造成的社会秩序的反映,他也没有看到社会发展的客观必然性。由于在孔子所处的时代新的生产关系和人际关系逐渐成熟,原有的秩序必然要被解除。

孔子只是根据自己的信念,将周礼抽象为万世不变的根本的社会秩序,因此表现出极其保守的倾向,认为任何社会"即使是百世(三千年)以后"也可以根据周礼的“损益”预知其社会状况,这是只用“礼”来看待历史的错误观念。

(2)为了减少“君子劳心、小人劳力”这一不平等的社会分工而带来的利害冲突,孔子提出了“和”的世界观,立足于这一世界观的政治理论,正是儒家的“德治”理念。根据这一理念,孔子,尤其是孟子,将“君子”(上)对“民”(下)的统治和“民”对“君子”的信任(民信)看作是国家和政权的“存在根据”,强调担任统治职责的知识分子们的“道德修养”正是使他们对政治权力的要求合法化(正当化)的不可缺少的前提。

但是,不管这种“德治”的理念如何强调减少由社会上层带来的社会矛盾,强调为维持与共同存在者(“共人”)之间的融洽与和谐关系的伦理努力,但是问题在于他们从制度上否定了“民”可以自发地展开这种实现融洽与协调的法律要求和权力。因此只要“德治”禁止“民”(百姓)自发的发展,而强调“君子”即知识分子和统治者对他们在道德上的保护义务和决断,这就不是民主主义的原理。

(3)“德治”的理论是使“君子”,即所谓有道德修养的儒家知识分子,对国家权力的参与正当化、合法化的意识形态。如果说商鞅、韩非子等法家为实现以当权君主为中心的权力集中和官僚国家而推动了改革的话,那么儒家则反对当时的“君主绝对主义”。因此儒家在春秋战国时代的社会变换期无法发挥其影响力。

但在孔子死去三百年后,到了汉初,随着“官僚中央集权制”的确立,新的社会支配势力开始由根据孔子“德治”理念而承担政治责任的“君子”组成,这些人即市民中的杰出人物(“士”)。他们根据自己的理解,将儒家“德治”理念当作了国家统治理念。他们根据“德治”理念将君主(皇帝)这一天下的“绝对者”上升为主管天下和宇宙的最高“象征存在”,将“官僚、知识分子”对实际世俗政治权力的直接管辖合法化。这样随着他们政治参与权的正当化和合法化,不仅“天子”的绝对权力遭到破坏,另外法家主张的“君主绝对主义论”也被断定为历史的罪恶。

孔子从根本上提出的“和”的世界观,他强调家长式儒家社会里上下等级分明的人际关系之间的“和”,即和谐与融洽。因此为了在上下等级的人际关系之间达到所谓的和谐与融洽,儒家认为社会生产物的公平分配比单纯追求生产的增值更重要,社会成员间的融洽比社会财富的单纯增加更重要。所以,由于社会生产力极其低下、剩余生产物没有富余的太古共同体社会，象征着人际关系之间没有利己的斗争，因此儒家不仅提出“大同”社会的理想，而且解释说一个社会越是返回太古，那个社会就越是太平。因此儒家所持的是将现实看作危机（非今），也就是一种从现实中怀念已逝的古代的“怀古的”或“保守的”历史社会观。

儒家（尤其孟子）试图尽可能地抑制那些打破一个社会内部人际关系和谐与融洽的不安因素，并且同时将对物质（“利”）的追求看作不正当。他们没有充分地注意到改善或维持和谐的关系所具体需要的物质条件，反而着力于心理和道德修养及诗意的“艺术的”精神涵养。

因此，在道德和精神训练，即主观心性磨炼方面倾注了比较多的功夫，持有从现代面向过去的保守的、怀古的历史社会观的儒家，虽然在阻止社会矛盾的尖锐化、宣传人际关系和谐与融洽的重要性及合理地维持现有体制上作出了努力，但笔者认为他们对于实现一个社会内部人际关系的“融洽”和“和谐维持”所需的社会经济关系的改善是不够的。从这点来看，笔者想指出，中国古代社会（春秋战国时代）尽管在人类历史上已经得到了相当快的开化，但由于停留在了儒家式社会，因而陷入了一种迟滞的发展状态，这正是根据之一。关于儒家式社会的停滞性问题，由于关系到该社会的社会经济状态，在后面的第二部里将作更详细的讨论。①

（4）儒家思想不是随着西欧市民社会的工业革命发展起来的近代思想模式，因此构成其中心的“德治”理念不是民主主义原则，而只是维护非贵族的知识分子（士）的独裁意识形态，但是不管这些儒家知识分子和官僚们有着如何保守和复古的思想，正如我们在前面所谈到的，儒家思想是中国古代社会变动期出现的“人本主义”与“现世主义”相结合的产物。

西欧市民社会的发展正如托克维尔（A. De Tocqueville）或曼海姆（K. Mannheim）所宣称的那样，进入19世纪以来，社会生产力的急速发展必然地促进了“根本上的民主主义化”（Fundamental Demokratisierung），因此出现了普遍选举权、普遍教育，甚至劳资共同参与经营（Mitbestimmung）等问题。

但在这种问题尚未出现的工业革命以前的社会里，也就是说，在社会智力（Intelligenz）的发挥中，一部分知识分子的卓越的启蒙作用具有决定性意义。在整个人口95%以上是文盲的落后社会里，儒家思想无论何处都有着

① 参见本书第二部作者关于儒家社会停滞性的见解。

明显的现实意义。换句话说,“君子”即具有道德修养的知识分子,应该引导百姓积极地参与艰难的社会秩序的变革,从而实现治世(治理有方的太平社会)。儒家思想所强调的知识分子对“现实社会矛盾”的这种积极参与和试图通过“意志”来克服该“社会危机”的坚定的道德责任意识,具有非常重要的意义。

第二部　儒家式社会的社会经济结构

引　言

笔者认为,在本书第三部中将要详细阐述的中国革命,一言以蔽之,就是从过去的"儒家"中国向"马克思主义的社会主义"中国过渡的过程。在第一部第一章里曾提到过,这里所指的儒家式中国,是指随着周朝封建制度崩溃而形成的、以儒家思想为正统国家理念的中国。对于这种儒家式中国,西欧人大多称之为"中华帝国""官僚社会"或"绅士(Gentry)中国"。① 从历史的基本因素来看,在中国持续了约两千年的这种"官僚社会",或者用笔者的话来说是儒家式社会,在19世纪中期以后由于西欧列强的侵略而经历了解体的过程。但是,笔者认为,在一定意义上说,正是这一儒家式社会构成了20世纪中国社会变革的前提,因此现代中国革命的"革命意义"也必须通过对传统儒家式社会的探索才能获得正确理解。

罗丝马丽·尤特卡·拉斯(Rosemarie Juttka-Reisse)在她的博士论文中,对"可以看透各种事件前后关系及其行为者相互关系的内在逻辑"②提出了根本疑问,她还说道:"正是这种(内在的)固有的结构使各个社会具有同一性的特征,这种同一性使形成一个明确的各个因素之间的内在联系在总体上显得更加透明的认识成为可能。所有的现代社会都包括工业与农业、工人与农民、学校、军队、科学和意识形态等。但是这些构成因素是否全都带

---

① 参见 H.Franke, R.Trauzettel, *Das chinesische Kaiserreich* (Fischer Weltgeschichte, Bd.19); R.Lorenz, "Die traditionale chinesische Gesellschaft," *Umwälzung einer Gesellschaft*, S.37 以下; É.Balazs, *La Bureaucratie céleste*; Wolfram Eberhard, *Conquerors and Rulers, Social Forces in Medieval China* 第一章。中国的儒家式社会突出的特点是"地主-士人"阶层或 Les fonctionnaires-lettrés(官僚-知识分子,巴拉兹定义的概念)两千多年来一直是支配阶层(la classe dirigeante)。W.Eberhard 将"官僚-知识分子"这一概念解释为与英国的近代市民社会形成期出现的"绅士(Gentry)社会"-贵族阶层(nobility)相区别的第二阶层,即高等教育的所有者,富有的有产阶层,而巴拉兹则因为下述原因回避 Gentry 这一概念:"因为在中国社会与通过拥有土地取得官职相比,通过官职能获得更多的土地财产。"(É.Balazs,前引书,p.296)

② R. Juttka-Reisse, "Geschichte und Struktur der chinesischen Gesellschatf," Dissertation, Universität Frankfurt/M., 1975, S.10.

有相同的意义并在所有社会中起着同样的作用,那就只有看该社会的'设计图'才能作出明确回答。这一点对于理解中国的'大字报'和干部的劳动改造等一个社会中特有的现象也是同样适用。如果无法理解他们的结构关联,由于这些现象完全不符合我们的规范意识,所以这些一般就会一律被视为例外。"①

正因为如此,不少中国学者和历史学家都埋头于儒家式社会的研究议题当中,现在他们对此仍很感兴趣。著名的中国"社会史论战"可以说是一个典型的例子。这一争论始于 1928 年国民党和共产党合作失败之后,于 30 年代初达到高潮。② 不仅马克思主义者,连所谓的资产阶级民族主义者也加入了这一争论,展开了关于中国现在处于何种阶段这一政治上十分微妙的问题的争论。这一争论的焦点是关于中国马克思主义者所继续追求的革命应当是何种路线。这是因为当时由于国民党的"背叛",城市革命的基础被完全破坏,革命的具体战略非依靠这种理论论争不可。

当时的中国社会究竟处于何种发展阶段,正确地讨论并确定这一问题是决定下一步革命战略的前提条件。中国社会是否依旧处于封建阶段?资本主义因素是否已经充分发展得足以适合无产阶级革命?根据主张人类历史单一发展的马克思主义(更正确地说,是斯大林图形化的公式)的解释,这些关于中国社会结构的问题是在规定中国革命下一阶段任务中起着决定作用的问题。③ 著名的中国《社会史论战》的编者王礼锡是这样说的:

> 自秦代到鸦片战争(相当于儒家式社会——笔者按)以前这一段历史,是中国社会形态发展史上之一段谜的时代。这谜的一段,亦是最重要的一段。其所以重要者,是因为这一个时代有比较可征信的史料,可凭借来解答秦以前的历史;并且这是较接近现代的一段;不明了这一段,便无以凭借之解释现代社会的来踪。这一段历史既把握中国历史

---

① R. Juttka-Reisse, "Geschichte und Struktur der chinesischen Gesellschatf," Dissertation, Universität Frankfurt/M., 1975, S.10.

② 关于"社会史论战",参见戴国辉《中国"社会史论战"に见られる若干の问题》及其《中国"社会史论战"と"读书杂志"の周边》(《アジア经济》,13-1 和 13-2,1972 年 1 月号和 13 月号)。在"社会史论战"的背后有共产国际的影响。在共产国际内部,尤其是托洛茨基和斯大林之间关于中国问题的争论,参见 Fernando Claudin, *The Communist Movement*, Part one, p.271 以下;Gianni Sofri, *Über die asiatische Produktionsweise*.S.99 以下。

③ 梁漱溟:《中国文化要义》,10 页。

> 的枢纽，却是这个时代延长到二千多年，为什么会有二三千年不变的社会？这是一个迷惑人的问题。多少中外研究历史的学者，迷惘在这历史的泥坑！①

当然，笔者也在本书所探讨的这个被称为儒家式社会的“泥坑”中徘徊了四年，最终得以通过“经济-物质”的关系以及与之相关的“社会-意识形态”的关系解开了儒家式社会的谜。当然，这一探索十分困苦。它不仅跨越了漫长的时期，而且还有很多问题依旧存有争议。正如巴拉兹（É.Balazs）在《中国资本主义的发生》（*La Naissance du Capitalisme en Chine*）中所指出的那样，最困难的是，不仅资料贫乏②，而且“西方的中国学者不值一提，他们完全陷入了语言学上模棱两可的问题中，甚至顾不上探求经济基础、社会结构之类微不足道的问题”③。

面对以上难点，最常用的解决方法是“亚细亚生产方式”理论。不仅很多20年代至30年代的学者（Wittfogel，Madjar，Rjazanow等），而且最近一些学者（R.Garaudy，1967；Fahle/Schöttler，1969；Kramer，1970；Vatankhah，1973；Vogel，1974；Juttka-Reisse，1975等）也大多将“亚细亚生产方式”作为议论的出发点。但是除了威特伏格（Wittfogel），大部分是原封不动地引用“亚细亚生产方式”理论，其理论前提并没有被大量经验材料所验证。④

门泽尔（Ulrich Menzel）缜密地讨论了中国的传统社会结构，并指出其社会经济停滞不前的原因。正因为如此，他在自己的博士论文（《中国式发展模式的理论与实践》，Frankfurt/M.，1978）第一部中为研究中国做出了重要贡献。但正如他自己所指出的，他的研究仅局限于传统中国的后期。所以他所叙述的社会关系是在这样一个假说即“中国历史在本质上几乎没有变化”的前提下展开的——这种主张的根据需要重新探讨。⑤ 他的研究涉及的时期主要是“从1842年，即西欧开始侵略时起至40年代初”⑥，是中国儒家式

① 王礼锡：《社会史论战》第三卷，《中国社会形态发展之谜的时代》，上海，1936年。这段话引自梁漱溟《中国文化要义》，11页。

② É.Balazs，*La Bureaucratie céleste*，p.295. 巴拉兹继续说道：“非公式的（即个人的）资料，尤其是关于受轻视的商人阶层发展情况的记录几乎没有保存下来。但这大概是没有人研究过的缘故，因为至今为止无论中国学者还是西方学者都没有对此产生过兴趣。”

③ 同上，p.292。

④ Ulrich Menzel，*Theorie und Praxis des chinesischen Entwicklungsmodells*，S.24.

⑤ 同上，S.29。

⑥ 同上。

社会之外的时期,因此多少会产生一些“难以评价的不确定因素”①。

笔者首先排除了这些因素来讨论和补充门泽尔的结论。笔者立足于物质基础来分析形成于周代的封建制度逐渐解体的春秋战国时代,以及中国儒家式社会完全确立的两汉时代。对于两汉之后各王朝的社会经济结构,如果对阐明儒家式社会的本质有必要或帮助,也将有所涉及。

首先,这一分析从儒家式社会具体的社会经济关系出发将会为重新探讨和否定“亚细亚生产方式”理论的理论前提做出贡献。“亚细亚生产方式”理论,将灌溉假说(die hydraulische Hypothese)和私有财产的缺乏看作是东方专制主义的物质基础。其次,否定了“东方专制主义”假说,提出官僚-地主阶层支配体制的主张。这些构成官僚阶层的地主们在皇室乃至国家的官僚秩序里面占据有利位置,他们一方面占有国家的土地,另一方面作为大地主蚕食国家纳税人自耕农户脆弱的经济地盘,根据不同情况将他们转化为自己的佃农,从而破坏了国家的物质基础。

本书进一步探讨了儒家式社会的生产方式与这些官僚-地主决定性支配之间的关系。最后,为了更加深入地理解儒家式社会,必然要求否定“亚细亚生产方式”理论,同时批判性地考察马克思欧洲中心主义的世界观。

所以论述将如下地展开:

简单论述一下孟德斯鸠(Montesquieu)以来资本主义世界的亚洲观,以及内容上以此为基础,但理念上却是别的范畴的“亚细亚生产方式”理论;

主要不是与“东方专制主义”,而是与“官僚-地主”阶层的支配紧密结合的儒家式社会的社会结构;

否定“亚细亚生产方式”理论并批判马克思的欧洲中心主义。

① Ulrich Menzel, *Theorie und Praxis des chinesischen Entwicklungsmodells*, S.29.

第一章 西欧人的亚洲观

一、市民社会的亚洲观

启蒙主义时代以后，欧洲试图站在自己的立场上来理解其他地区的文化，尤其是东方文化。[①] 这种必要性随着资本主义跨越欧洲的疆界向亚洲、非洲等新文化圈扩张而变得更加迫切。最早系统地提出关于亚洲理论的是孟德斯鸠、英国的国民经济学家以及黑格尔。[②] 当然他们所主张的理论内容是不同的，但是在对亚洲社会的停滞（Stagation）和专制主义（Despotismus）性质的基本看法上是一致的。

在法国革命前后的欧洲，随着封建主义生产方式的解体和资本主义生产方式的发展，以及保障个人自由和私人所有权的、崭新形态的市民民主主义逐渐取得了重要地位，与此同时，东方社会被欧洲思想家们看作"落后"的典型，而欧洲社会由于其内部的动力则被看作人类历史"普遍的"典型，相反东方社会则被认为是一般历史的最初原始阶段，即半文明半野蛮的社会或"停滞的社会"。根据他们的东方观，这个社会，在经济上停留在以村落共同体（Dorfgemeinschaft）为中心的自给自足的自然经济上，不存在土地私有；在政治上处于"独裁者"及其具有特权的臣下（官僚）们不断压迫和剥削之下。

以这种政治经济关系为基本观点的资本主义意识形态的代言人认为，东方社会都或多或少地缺乏可以继续发展下去的"自律的"能力。这一见解来自他们抽象的世界观，他们的意图实际在于将"欧洲资本主义对东方的支配"合理化。简单地说，资本主义思想家们关于亚洲的理论与其说是纯粹的

---

① Nguên Thanh-Hung, *Zur Theorie der vorkapitalistischen Klassengesellschahten bei K.Marx und F.Engels*, S.22.

② 同上，S.22-31。

学问,不如说是意识形态,其中"东方专制主义"概念①更是如此。高德理(M.Godelier)曾说:

> "专制主义"与其说是纯粹的学问,不如说是意识形态的概念。这一概念暴露出了18世纪的哲学、政治问题。一般来说,这一概念歪曲事实,偏颇地认为原始形态的国家只体现于君主的人格之中,似乎仅仅取决于其随心所欲的意志。②

正如新的研究成果所明确阐述的那样③,被称为"天子"的中国皇帝在持续两千多年的儒家式社会中并没有"随心所欲"地统治中国。"被称为天子的君主……虽然凌驾于所有大臣之上……但实际上处于官僚制的监视之下,被关在宫中。君主不过是这一官僚制的神圣象征而已,在某种程度上是软弱无力的。长久以来,不知不觉中形成这样一种政治格局,君主只有在符合其所代言的人们的利益时才是安全的,但却一直受到'参谋和大臣的控制与监督'。"④巴拉兹(É.Balazs)的这一见解将在本书后半部分中得到更加明确的论证。

最早使用"东方专制主义"概念的孟德斯鸠也受到了同时代批评家们的强烈批判。这些批判的主要内容是,他的"东方专制主义"概念与东方的任何实际历史都不相符。⑤ 尽管如此,孟德斯鸠还是将这一"东方专制主义"概念当作"反对法国绝对主义的理念武器"。⑥ 相较之下,战后"在意识形态冷战时期挥动斧子的伟人"⑦威特伏格(K.A.Wittfogel)则联系"东方专制主义"概念批判了共产主义国家,尤其是苏联和中国。威特伏格认为这两个国家

---

① 关于"东方专制主义"概论的意义论分析(die semantiche Analyse)参见 R.Doebner,"Despot and Depotism:Vicissitudes of a political term,"*Journal of the Warburg and Courtauld Institutes*, vol.14, 1951, pp.275-302。

② Maurice Godelier,"La notion de 'Mode de production asiatique' et les schémas maxistes d' evolution des sociétés,"*Sur le 'mode de production asiatique'*, p.51 以下。

③ 对于中国政治制度的研究成果中,参见 Wang Yü-Ch' üan(王毓铨),"An Outline of the Central Government or the Former Han Dynasty,"*Harvard Journal of Asiatic Studies*, vol.12, 1-2, 1949;劳干,《论汉代的内朝与外朝》,1948。

④ É.Balazs,前引书,p.28。

⑤ Nguyên Thanh-Hùng,前引书,S.47 。

⑥ 同上,S.88。

⑦ J.Needam,"Science and Society in East and West,"*Centaurus X*, Kopenhagen, 1964, p.182.此处引自 G.Sofri,前引书,S.141。

属于“持续千年的东方专制主义体现得最完全和最危险的最终形式”①。

二、马克思的亚细亚生产方式论

马克思虽然在内容的细节方面依赖于市民社会的思想家，但在整体上却与他们的理念立场不同。关于从无阶级社会向阶级社会的可能的“过渡过程”，他提出了“亚细亚生产方式”理论②，将其设定为最古老的文明社会形式，以此来说明东方社会。

被马克思视为亚洲或者印度社会③物质基础的，要数起源于太古时代的自给自足小规模部落共同体。这一共同体的基础是“土地的公有，农业与手工业的直接结合，以及成立新的共同体时稳固的劳动分工”④。马克思认为土地私有的不足才是“到达东方天空的现实的钥匙”。⑤ 在“先于资本主义生产方式的诸方式”中，马克思设定了三种互不相同的所有形式，即“亚细亚方式”“古代或古典方式”和“日耳曼方式”。这些方式全都是随着原始社会的解体而诞生的，三种方式形成了不同阶级社会的出发点。⑥ “在日耳曼所有方式中，个人融合到共同体中时，具有一定程度的控制特征，此时即使个人得到土地，该土地也属于共同体。”⑦

马克思认为：“自然发生的氏族共同体，或者叫做群体(具有血统、语言、习惯等的共同性)，在将生活中的各种客观条件自我化的过程中，或是在将这一生活再生产、对象化的各自的行动中，即作为牧民、猎人、农耕者的活动中，成为第一前提。”⑧此时，大地是“巨大的实验室和兵器库，它提供劳动手段、劳动材料以及共同体的基础——栖身之处，这一大地归共同体所有。也就是说，归通过活泼的劳动而被从事生产和再生产的共同体所有。个体不过是所有者和占有者即共同体的构成人员而已”⑨。马克思在分析印度社会

---

① G.Sofri，前引书，S.131。

② M.Godelier，前引书，p.50。

③ 马克思将“亚细亚的”以及“印度的”形式和以共同体所有为根据的土地占有形式几乎用为同义词。

④ *Das Kapital*，Bd.I，MEW，Bd.23，S.358.

⑤ Marx and Engels，2，Juni 1853，MEW，Bd.28，S.254.

⑥ J.Chesneaux，“Le mode de production asiatique-Quelques perspectives de recherche，”*Sur le ‘mode de production asiatique’*，p.17.

⑦ 同上。

⑧ *Grundrisse*，S.376.

⑨ 同上。

时，对于这种以“共同所有”为根据的“部落共同体”的特殊性质是这样描绘的：

> 它（部落共同体——笔者按）是自给自足的生产单位，大小有100至1000英亩。大部分产品只是随着共同体的直接需要而生产，绝不作为商品而生产……只有剩余产品才可以成为商品，其中一部分也重新落入国家的手中。国家不知起源于何时，但它收取一定量的贡物税。印度各地区的共同体都不相同。通过最简单的形态来看，共同体共同耕作土地，将产品分配给成员，各个家庭可以从事纺线、织衣料等副业。除了这些众多的从事平凡工作的人，还有“高高在上的人”，如担任法官、警察、征税官、会计类人员、追击犯法者的官吏、海关工作人员、水路监视官、负责宗教意识的僧侣、学校老师、掌管历法的僧侣、铁匠和木匠、陶工、理发师等。这些人维持生活的费用由共同体负担。如果人口增加，则迁至未开垦的土地建立新的共同体。虽然劳动是有计划的分工劳动，但工场制的手工业分工却是不可能的。因为铁匠和木匠的市场是不变的，顶多根据村落的规模，其人数由二增至三而已。……这种生产组织是自给自足的，以同一种形态进行再生产，即使偶尔崩溃，也会在同一地点，以同一名字重新组合。这一单纯的生产组织，与极为明显的亚洲国家及王朝频繁的兴衰形成对比，亚洲社会的经济结构不受任何政治变化和时代潮流的影响一直持续下来。①

除了小规模的副业，由于这种自立的有机体是以对共同财产的共同经营和自然发生的分工为基础，所以从根本上将重点放在满足共同体的直接需要上。其结果，马克思认为，没有超越“自然经济”壁垒的能力，“即便可能进行剩余劳动，可以交换剩余产品”②，但也不可能转换为商品生产。马克思认为，这种自给自足共同体的单纯生产组织命中注定永远反复循环，正是“亚洲社会具有的停滞性和不变性”的决定性原因。

他从这种小规模自给自足的共同体中发现了“东方专制主义的（物质的）基础”。

---

① *Das Kapital*, I, MEW, Bd.23, S.378-79.

② *Grundrisse*, S.375.

……我们绝不能忽视的是,无论这种牧歌式的村落共同体看起来如何简朴,事实上,它早已形成了东方专制主义的牢固基础。[1]

马克思认为,东方的"气候、地理状态"产生了"通过运河和水路进行人工灌溉的需要",这形成了"东方农业经济的基础"。[2] "需要共同节约用水的绝对制约使具有广阔国土和处于较低文明水平的东方不可避免地出现了中央集权式国家权力的介入。其结果导致亚洲所有国家都被赋予了管理公共事业的重要经济职能。"[3]因此马克思认为,建设灌溉设施就成为自给自足的、"像植物一样相互独立成长的"[4]小规模共同体生产和再生产的"首要前提条件"。从这一点来说,国家对于共同体的生活十分重要,起着决定性的作用,但通过"经济职能"的执行,国家又成为"凌驾于所有共同体之上,并总管一切的统一体"。[5] 马克思继续说:

这一"统一体"是现实的所有者,是共同财产的前提,因此其本身是凌驾于现实众多的个别共同体之上的"特别的存在",其中个人并非实际的所有者。换句话说,所谓个人所有……将所有一切让给共同体,才能委托性地形成。这是在作为众多共同体之父的独裁者身上实现的,通过个别共同体的媒介表现在个人身上。……这一氏族或共同体所有制才是东方专制主义以及其中并不存在法律上的私人所有权的根据。这一共同体所有,大部分是通过小规模共同体内的手工业和农业的结合而形成的。这一共同体是自给自足的,其内部保存着所有生产和剩余生产的条件。其剩余劳动的一部分要以贡赋的形式献给更高的——结果是以人格存在的——共同体。这一贡赋有时也在共同劳动的形式下表现为赞颂现实的独裁者或想象的始祖、神等的唯一性权威。但是这种共同所有在现实中必须通过劳动才有可能实现,所以表现为下列两种方式。首先是小规模共同体各自独立并存,个人也独立地在被赋予的土地上与自己的家人一起劳动的形式。另外一种是统一体(国

---

① *Die britische Herrschaft in Indien*, MEW, Bd.9, S.132.
② 同上,S.129。
③ 同上。
④ *Grundrisse*, S.377.
⑤ 同上,S.376。

家——笔者按)深深介入以共有性为基础的劳动,全体社员拥有一个成体系的形式。墨西哥和秘鲁便是典型的例子,古代的卡尔特族和印度的部落社会也是如此。更进一步,部落的共同性也有这样的表现,即统一性代表了部落酋长或家长之间的相互关系,以此来决定该共同体的性质是更加独裁还是更加民主。但是对于亚洲民族来说,通过劳动以使现实自我化的共同条件,即灌溉事业、交通手段等非常重要。而且这是较高的统一体即凌驾于小规模共同体之上的独裁政府的工作。①

在这种情况下,这一"较高的共同体或统一体"便是"在亚洲式的基本形态下成为生产手段'土地'的唯一所有者。由于现实的共同体仅仅是世袭的占有者"②,所以和奴隶主、封建地主及资本家③一样,这些"较高的共同体或统一体"也是剩余生产物的主要占有者。在这里,马克思对东方社会中唯一的财产所有者"地位较高的统一体"(即国家)与没有私有财产而只管理"部落或共同体所有"财产的共同体成员之间的关系作了这样的解释:

在没有私有财产权,而国家作为直接的土地所有者和主权者的亚洲社会中,地租和税金是互不分离的,与地租相区别的税金无法存在。从这一点上来看,在国家面前所有的臣民都以相同的形式接受着隶属关系,无论政治上还是经济上没有比这更加残酷的形态了。在这里国家是最高的地主。主权则存在于国家层次上集中的土地所有。无论个人或集体如何占有并耕作土地,私有财产仍是不存在的。④

与亚洲国家"既是土地所有者,同时又是主权者"相关联,和黑格尔一样,马克思也提到了"东方普遍的奴隶状态"。在当时,"东方普遍的奴隶状态"当然是"要区别于西方的奴隶制和农奴制"的。⑤

现在让我们来简单地看一下马克思对于东方社会阶级关系的想法。他认为阶级关系与社会生产关系紧密联系在一起,所以在"古典、古代的生产

---

① *Grundrisse*, S.376-377.

② 同上,S.376。

③ 参见 *Das Kapital*, Bd. Ⅲ, 前引书, S.343; Du-Yul Song(宋斗律), "Die Bedeutung der asiatischen Welt bei Hegel, Marx und Weber," (Dissertation an der Univ.Frankfurt/M., 1972) S.78, 注 28。

④ *Das Kapital*, Bd. Ⅲ, 前引书, S.799。

⑤ *Grundrisse*, S.395.

方式”和“封建生产方式”中，奴隶所有者和土地所有者封建领主各自形成了支配阶级。同时，在“亚细亚生产方式”中只有国家是“唯一的地主”和“至高无上的地主”，所以“奴隶主和封建领主阶级”等独立自主的阶级并不存在。马克思认为在亚洲“相当于支配阶级的是国家或独裁者”①，所以为了表现出东方的阶级关系，应该考虑的对象是国家机构，也就是国家的管理阶层。这一阶层一般被看作东方的支配阶级。但马克思本身却将这一东方社会的阶级问题当作悬而未决的问题。② 在这里我们应该注意的是，这一管理阶层是借其支配机制而将自身具体化为支配阶级的。也就是说，不是直接占有剩余产品或土地，而是随着社会的劳动分工而发生的其领导地位将其放置于支配阶级的位置上。官僚们虽然占据着有利位置，很容易成为“实际的所有者”（de-facto-Eigentümer），但他们绝非法律上（de jure）的所有者。

以上简单提及的所谓“亚细亚生产方式”的范畴可以概括为下面几个特点：

（1）缺乏土地私有。

（2）以“共同体所有”方式为依据的自给自足式的“村落共同体”的存在。这一村落共同体正是东方社会的物质基础，同时也是“停滞性”的决定因素。村落经济是小农与家庭工业的结合体。

（3）大规模公共事业（修筑堤防、水利组合等）。这是“专制君主”乃至“国家”所主管的公共事业，也是“东方农业的基础”。

（4）相对微弱的阶级发展。其结果是“东方普遍的奴隶状态”在“专制君主”乃至“国家”面前占支配地位的现象。除“专制君主”外，在法律上没有具有所有权的阶级，只有在“机能”方面属于支配阶层的官吏。他们根据不同情况，有时也会作为实际的土地所有者登场。

（5）缺乏私有财产的自然发生的共同体及微弱的阶级关系（因而东方的全体主义）等使“亚洲”社会成为阶级社会内最古老的社会，即接近于原始共产主义的社会。

这种马克思的亚洲观和资本主义思想家的亚洲观在对停滞原因的评价中产生了差异。马克思拒绝以欧洲中心主义为根据，将“停滞”看作“亚洲固有性”的立场。马克思认为“停滞现象”是所有前资本主义社会所共有的。

---

① Nguyên Thanh-Hung，前引书，S.96。

② 同上，S.96 以下。

"例如,在法国农民的后进性中也存在这些问题。"①正如我们所见,马克思联系"自给自足"的生产组织乃至与创造(商品)价值相去甚远的自然经济,来寻找生产方式的停滞乃至后进性的根据。所以他拒绝接受将被视为停滞根据的"'自然发生的'共同所有形态"看作纯粹的"亚洲的"固有性的立场。

最近,认为"自然发生的"共同所有方式是斯拉夫民族固有的方式,甚至于是完完全全的俄罗斯方式的见解泛滥,这是很可笑的成见。自生的共同所有方式的原型可以在罗马社会、日耳曼社会以及卡尔特民族中找到。虽然有一部分被破坏掉了,但具有多种多样形态的原型的样本现在仍存在于印度社会中。因此,如果细致地考察亚洲的共同所有方式,尤其是印度的共同所有方式,就会捕捉到多样的解体方式是如何形成于形态各异的自生的共同所有方式的。例如,从形态各异的印度的共同所有可以导出罗马社会、日耳曼社会的独特的私有原型。②

因此马克思认为,"亚细亚生产方式"绝非受"地理"制约的生产方式,而是"普遍的"历史的生产方式。当然马克思认为,与"进步的"古代或日耳曼方式相比,这一生产方式与"自然发生的共同体具有密切的联系"。③ 马克思坚信,这种形态的亚洲社会也会因生产条件或所有关系经过生产和再生产的过程而变化:

如果众多的部落打猎,这个地区就会成为猎区。如果种庄稼,土地就会作为个体扩张的一部分。"罗马市"建成了,其周围耕作地经市民整治,共同体的各种条件就会与以前不同而发生变化。所有共同体的目标都是维持生存。维持生存也就是指构成共同体的个体在成员相互间的关系和构成共同体自身的同一种客观生存方式中被作为所有者从事再生产。这一再生产是指必然打破旧的形式,同时进行新的生产的作用。……对于将村落变成城市,将荒地变成农田等再生产行为本身来说,不仅各种客观条件发生变化,而且生产者本身也在变化。因为通过生产活动,他们从自身出发培养新的资质,发展和改造自身,创造出

---

① Nguyên Thanh-Hung,前引书,S.47 或"Der 18.Brumaire der Louis Bonaparte,"MEW,Bd.8,S,198。

② Marx,*Zur Kritik der politischen Ökonomie*,S.28 注;以及 *Das Kapital*,I,前引书,S.92 注 30。

③ G.Sofri,前引书,S.46。

新的力量与想法、沟通方式、欲望及语言。①

马克思还联系"亚细亚生产方式"做了补充说明：

劳动主体所具有的生产力发展阶段是和劳动主体（即人——笔者按）相互间以及与自然间的一定关系相应的。所以到了发展阶段的最后一瞬间，不仅共同体，连以其为根据的所有方式也会最终解体。也就是说，当再生产进行到一定程度时，便会走上解体之路。②

资本主义意识形态的代言人将亚洲的停滞解释为自律性发展能力的缺乏（例如缺乏发展为奴隶制或封建制等的动力），与此相反，马克思则认为这是"错误的"评价而坚决予以反对。马克思在《政治经济学批判导言》中将"亚细亚生产方式"与"古代的、封建的、近代资本主义的生产方式"一道看作"经济的、社会结构进步的一个阶段"，也正是出于这一原因。③ 马克思认为，亚细亚生产方式"由于具有奴隶制的可能性，所以在其本身内部藏有解体的萌芽"④。

当然，另一方面，马克思指出了扬弃"亚细亚生产方式"的结构上的难点：

亚细亚方式长久以来坚韧不拔地执着于自身（维持现状）是无可奈何的。而且可以从下面论述的亚洲社会的前提条件中找出其缘由，例如：与共同体相比，个人不太自立；自给自足生产的重复；农业与手工业的结合等。⑤

其结果是，连马克思自己也将扬弃"亚细亚生产方式"的"外部影响"看作正当的。他认为，亚洲社会只有通过欧洲资本主义的侵略才能够革新。例如，"英国的侵略（印度）……将一个半野蛮半文明的小共同体解体了。英国的侵略破坏了这一野蛮的共同体的经济基础，这引起了之前在亚洲前所

① *Grundrisse*, S.393-394.

② 同上，S.386。

③ *Aur Kritik der pol.itischen Ökonome*.S.16.

④ *Grundrisse*, S.399.

⑤ 同上，S.386。

未有的、最大的,而且是唯一的'社会革命'"[①]。马克思认为,在这种"半野蛮半文明"的亚洲社会的历史变革中,"'文明的'资本主义无论犯了什么罪"[②],对其世界史的业绩都还是要给予认可,并且认为这是世界史进程"必不可缺的条件"(conditio sine qua non)[③]。

但是,在这里我们也应该注意到马克思关于亚洲社会将来要担任的革命角色的预言。当然,"像小心保存在封得严严实实的棺材中的木乃伊接触到了新鲜的空气一样"[④],由于欧洲资本主义的暴力侵略,亚洲社会虽然最终解体了,但实际上却正在走向至今为止从未有过的"巨大的革命"[⑤]。马克思坚信,在中国的"太平天国之乱"和印度的"斯波伊(Sepoy)之乱"中已经出现了征兆。马克思强调并预言了处于"半野蛮半文明"状态的亚洲社会对于欧洲"文明的"、曾在市民资本主义社会中追求革命数十年,而今(19世纪50年代的欧洲——笔者按)却在某种程度上较为缓慢的革命状况[⑥],可能产生的决定性的影响力。

> (黑格尔的)"对立(Gegensätze)统一"在现实中究竟是不是普遍正确的原理?我们可以将中国革命对百分之八九十的文明世界产生的影响举一个恰当的例子。这一主张看起来像是自相矛盾的(paradox),但是欧洲民族即将掀起的起义,究竟在下一阶段带来的是共和的自由,还是为了取得廉价的政府体制而进行的斗争,在相当程度上取决于在与欧洲不同的天空下(即中国——笔者按)正在展开的革命。[⑦]

继续对至此为止所叙述的"亚细亚生产方式"的马克思主义范畴进行简单的问题史考察,对于下一章分析儒家式社会的本质是必要的。

"亚细亚生产方式"的争论最早始于普列哈诺夫和列宁。当时他们"不是在书桌前,而是正在以能动的政治斗争"深深地介入俄国革命。[⑧] 尤其是

---

① *Die britische Herrschaft in Indien*, S.132.

② 同上,S.133。

③ *Künftigen Ergebnisse der britischen Herrschaft in Indien*, MEW, Bd.9, S.221.

④ *Die Revolution in China und in Europa*, S.97.

⑤ 同上,S.96。

⑥ Du-Yul Song,前引书,S.84。

⑦ *Die Revolution in China und in Europa*, S.95.

⑧ 对于"亚细亚生产方式"理论的焦点化分析首先参见 G.Sofri,前引书,尤其是 S.76 以下;其争论的概要参见 J.Chesneaux,前引书,p.17 以下。

在1921年至1925年之间,共产国际宣布"撤回早期对西欧工业国社会主义革命的各种展望"[①],而在中国,随着对社会主义革命的追求,"亚细亚生产方式"问题在中国革命的理论和战略方面开始具有重要意义。[②] 在共产国际内部,主要在托洛兹基和斯大林的支持者之间激烈地展开了对中国问题的争论。在政治上胜利之后的1930年,在中国共产党于1927年遭到决定性失败之后,斯大林提出人类历史"单一"发展的公式化的理论。[③] 结果在1930年的第比利斯(Tiflis)会议和1931年的列宁格勒(Leningrad)会议中,"亚细亚生产方式"丧失了独立性,被定义为"封建制亚细亚的变种"[④]。其后在1938年至1940年之间,康瓦莱夫(Konvalev)和斯图威(Struve)将"亚细亚生产方式"看作"家长式社会"的延长,断定其为"奴隶制社会的变种"。由于斯大林的影响,研究所被重新组织,甚至连麦德扎(Madjar)和列切诺夫(Rjazanov)等在肃反期间都被除掉了。[⑤] 实际上从1930年以后,关于"亚细亚生产方式"的争论已经消失,其后很长一段时间无人问津。

这一争论在1957年威特伏格"极度'挑衅'的《东方专制主义》(*Die orientalische Despotie*)一书出现"[⑥]后,才又重新开始。在这部"十分稀有的大杂烩"[⑦]书中,威特伏格重新采用了马克思的灌溉假说试图来证明它。他从"中国、印度、波斯、埃及、美索不达米亚、撒哈拉以南的几个非洲地区、夏威夷、哥伦布到达之前的美洲诸国、历史初期的希腊、后期的罗马帝国、拜占庭、蒙古支配后的俄罗斯等"[⑧]历史中搜集了广泛而抽象的例证。同时,他将"东方专制主义"看作亚洲社会固有的特点。在这里他毫无区别地使用了"东方社会""亚洲社会""农耕社会"和"农耕官僚社会"等表达方式。[⑨] 对威特伏格思想的具体叙述超越了本书的范围,笔者在这里首先想通过讨论和否定灌溉假说来迈出第一步,更加明确地揭示中国儒家式社会的结构。

---

① J.Chesneaux,前引书,p.19。

② G.Sofri,前引书,S.108以下。

③ *Geschischte der Kommunistischen Partei der Sowjetunion (Bolschewiki)*, Kurzer Lehrgang, Unter der Redaktion einer Kommission des ZK des KPdSU(B), gebilligt v.ZK d.KPdSU1930, Moskau, 1939, S. 149.

④ G.Sofri,前引书,S.126。

⑤ 同上,S.127。

⑥ 同上,S.129。

⑦ 同上,S.131。

⑧ 同上,S.134。

⑨ 同上,S.131。

第二章 儒家式社会的土地私有制生产关系论

一、对灌溉假说的否定

在马克思看来,以“共同体所有”(Gemeindeeigentum)的共同耕作和自然发生的分工为基础的“牧歌式的村落共同体”(die idyllische Dorfgemeinschaft),想突破自然经济的钢铁长城并创造价值是十分困难的。自给自足的共同体命中注定要永远反复,也是出于同一原因,马克思举出这一点作为说明“亚洲社会不变性”的决定性根据。马克思是这样说明的:与“邻居之间相互没有联系,仅靠自给自足来维持生活”的村落共同体不同,这种负责小规模共同体生活必不可缺的经济职能的国家正是综合这些共同体的统一体。马克思认为,在东方,是“气候和领土上的关系”决定了“利用运河和水利设施的人为灌溉,即东方农业经营的基础”①。由于在文明极度落后、领土极为广阔的东方,江河有效的共同利用是绝对必要的,所以……中央集权的国家权力的介入也变得十分必要。因此所有的亚洲政府都被委以经济职能的重任,即管理公共事业的职能。② 从此处出发,马克思断言建设巨大的治水设施是小规模村落共同体生产和再生产的首要前提。和这些永不变化的自给自足的小规模村落共同体相比较,马克思将维持这一村落共同体的存在所必需的经济职能的国家称为综合的统一体,也就是“以‘人格’的形态表现出来的”③,即作为专制君主高高在上的“上层共同体”。马克思从“气候的、领土的”条件出发,对以“灌溉假说”为基础的“东方专制主义”进行了概念化。但是笔者认为,这是脱离具体社会经济关系,抽象地进行一般化的错误做法。

---

① *Die britische Herrschaft in Indien*, MEW, Bd.9, S.129.

② 同上。

③ *Grundrisse*, S.377.

威特伏格认为,“中国的政治中心没有一次位于相同的地点”[①]。根据正式年表,中国历史是随着公元前21世纪到公元前16世纪夏朝的开始而开始的。[②] 但是夏王朝的文化遗产或支配地区到现在为止仍处于尚未被证明的状态。[③] 最近通过山东省济南地区龙山镇的考古发掘,“龙山”文化被公之于世。这一“龙山”文化东至山东,西至山西,北至辽东,南至浙江。这一片广阔的文化区域中,只出土了石器、陶器和骨器,并没有出土青铜器,范文澜认为这一地区的西部正是夏王朝的原址。[④] 继夏朝之后,商朝与青铜器时代一同开始了。商朝位于今天的山东地区,由于制造青铜器而强化了军备,因而得以征服位于洛阳地区发展而来但依旧停留于旧石器时代的夏朝。商位于今天的山西、河南和山东地区的黄河中游地区,并已经开始农耕。过了五六个世纪之后,商被周所灭。周朝社会建于远离黄河流域的黄河西部支流,陕西地区的渭河流域。周朝的政治经济中心是陕西渭河流域的狭窄的山谷。此处需要强调的是,在夏、商、周征服黄河下游地区之前,由于他们的文化水平低等(夏朝的新石器、商周的青铜器初期),所以夏、商、周的支配领域仅仅局限于自己的氏族、姻亲的氏族或附属于他们的其他氏族共同体居住的有限的山谷地区。周的统治者们在征服了商以后才通过自己的受封者(Vasallen)开发了整个黄河流域乃至南方的整个长江流域。春秋时代,尤其是到了战国时代,古代中国的领域变得十分广阔,终于在公元前221年由中国的第一个皇帝秦始皇实现了中国的统一,从此儒家式社会开始了。

为了讨论马克思的“灌溉假说”是一个正确的观点,还是应该对其进行批判的考察,首先,我们有必要讨论一下儒家式社会对于由中央集权的国家权力或专制君主控制的灌溉设施的依赖程度究竟如何。

威特伏格为了证明自己的“灌溉假说”,举出传说中建立了最早王朝夏朝水利事业的传说人物禹。[⑤] 对于以《尚书》的几章(《尧典》《皋陶谟》《禹贡》)和《孟子》中的几段内容为根据的禹王在历史上存在与否,20世纪20年代主编《古史辨》的顾颉刚和丁文江已经提出疑问并从根本上加以否定。顾颉刚认为禹王是到了西周中期才第一次被当作“山川与江河之神”的,之

---

① K.A.Wittfogel, *Wirtschaft und Gesellschatf Chinas*(1), S.273.

② 《中国历史纪年表》,上海,1976年,1页。

③ 范文澜:《中国通史简编》,第1册,105页。

④ 同上。

⑤ K.A.Wittfogel,前引书,S.273ff。

后发展为开拓山河、耕作大地或战胜洪水或掌管类似事务的“农耕之神”。[①] 顾颉刚认为传说中禹王“召集众神”“向天神和自己献上祭物”的地方,同时又是禹王死后葬身之处的会稽(今浙江省绍兴县),是禹王神话的中心。[②] 顾颉刚还提到了会稽是战国时代越国的首都,越族曾将禹王奉为自己的祖先。[③] 出于这一点,顾颉刚将禹王看作长江南部氏族传说中的英雄。[④] 顾颉刚还进一步找出南方氏族制造禹王传说的原因,是由于战国时期有很多巨大的爬虫类动物和野兽,而且这一地区湿气很重,江河众多,是亚热带原始森林。孟子曾这样记载当时人们与飞禽走兽抗争的情景:

> 当尧之时,天下犹未平,洪水横流,泛滥于天下。草木畅茂,禽兽繁殖。五谷不登。禽兽逼人,兽蹄鸟迹之道交于中国。……舜使益掌火,益烈山泽而焚之,禽兽逃匿。禹疏九河,沦济、漯而注诸海……[⑤]

> 当尧之时,水逆行,泛滥于中国,蛇龙居之。民无所定,下者为巢,上者为营窟。……使禹治之。禹掘地而注之海,驱蛇而放之菹……险阻既远。鸟兽之害人者消,然后人得平土而居之。[⑥]

顾颉刚以孟子关于古代中国地理情况的叙述为根据,认为这是一个假说。也就是说,孟子关于原始时代中国地理情况的记载实际上不过是孟子生活时代尚未开发的楚(湖北)和越(浙江)的实际情况而已。尤其是当时的楚和越等南方地区的亚热带原始森林中生活着巨大的蛇和龙,以及各种飞禽走兽等。在这一湿润的低洼地带,洪水泛滥是司空见惯的事。由于这一原始森林中生活的蛇和龙有毒,所以人们常在山上和沼泽地带放火。[⑦]

顾颉刚举出南方的这种自然条件所引起的各种必需因素来说明南方各氏族之间创造禹王神话的原因。更重要的是,顾颉刚的假说正在被现代的地理研究所证明。让我们来看看冀朝鼎的话:

---

① 《古史辨》,第1卷,114页。
② 同上,121页。
③ 同上,122页。
④ 同上,121页。
⑤ 《孟子·滕文公上》。
⑥ 《孟子·滕文公下》。
⑦ 《古史辨》,第1卷,123页。

根据现代地理知识，曾位于黄土高原地区的古代中国地区根本没有茂盛的森林和茂密的树丛，更没有危险的沼泽。在属于冲积平原的中国北部也没有孟子描写得那样生动的茂盛的森林和茂密的树丛。[1]

但是司马迁的《河渠书》和班固的《沟洫志》也有关于禹的功绩的记载：

禹抑洪水十三年，过家不入门。陆行载车，水行载舟，泥行蹈毳，山行即桥。以别九洲，随山浚川，任土作贡。通九道，陂九泽，度九山。然河菑衍溢，害中国也尤甚。……故道河自积石历龙门，南到华阴，东下砥柱，及孟津，雒汭，至于大伾，于是禹以为河所从来者高，水湍悍，难以平地，数为败，乃厮二渠以引其河。北戴之高地，过降水，至于大陆，播为九河，同为逆河，入于渤海。九川既疏，九泽既洒，诸夏艾安，功施于三代。[2]

对于这一段叙述，丁文江果断地表示了否定立场。他认为，禹无疑是生活在新石器时代，而他是不可能控制黄河或长江这样巨大河流的。丁文江认为"江河都是天然水道没有丝毫人工疏导的痕迹"[3]。

再进一步，首先我们应该注意的是，在前面与禹的功绩有关的引文中提到了相当发达的交通手段和铁制工具，另一方面，"九"这一数字多次出现。李剑农曾根据《论语》《管子》和《春秋左传》等其他众多史料证明，铁制农具到了春秋时代才出现，到了战国时代才普及。[4] 此外还应该注意的是，源于"九州岛"的"九"这一数字的特殊意义——本来是与四方、四隅及中央合在一起相关的——是到了战国时代才出现的。[5] 根据迄今为止有关大禹治水业绩的叙述，笔者可以确定以下三点：

(1)大禹治水并非历史事实，只不过是一种传说而已。

(2)这一传说的成立根据可以从长江沿岸，即楚(湖北)和越(浙江)等

---

① Ch'ao-Ting Chi(冀朝鼎)，*Key Economic Areas in Chinese History*.pp.49–50.

② 参见《史记·河渠书》;《汉书·沟洫志》，中华书局，第6卷，1675页。

③ 《古史辨》，第1卷，208页。

④ 李剑农：《先秦两汉经济史稿》，39页以下。

⑤ 《古史辨》，第1卷，120页。

南方氏族生活地区的自然条件中找到。随着周的政治、文化势力的扩大，这些南方氏族不得不开拓南方的亚热带原始森林。

(3)亚热带原始森林的开拓是以发达的交通手段和铁制工具的使用这一特定的历史发展阶段为前提的。禹乃至属于新石器时代的夏王朝时代都不具备这种前提条件，到了铁制工具普遍使用的战国时代这才成为可能。此外“九”这一数字所含有的特殊含义也是到了这一时代才成立的。

实际上治水所需要的前提条件是到西周时代末期乃至春秋时代初期以后，尤其是进入战国时代以后才具备的。《史记》中的《河渠书》和《汉书》中的《沟洫志》中有几处提到了春秋时代以来郑、魏等几个诸侯国展开的小规模的水利灌溉事业，证明了以上事实。① 战国时代末期，在秦昭王在位期间，蜀国(今四川)的郡守李冰曾修建运河灌溉四川盆地，此外秦王嬴政(后来成为秦朝第一位皇帝的秦始皇)于公元前246年命令水利土木匠郑国在泾水(陕西地区)流域——自己的支配领域内修建运河。后来人们为了纪念这条运河的开凿者郑国，称之为“郑国渠”。运河开凿的结果使耕地面积大大增加，为秦始皇统一中国打下了经济基础。此后直到汉武帝在位期间的100余年间，任何统治机构——无论是皇家的中央政府机关还是地方郡守统治下的地方政府机关——都没有组织进行过水利灌溉事业。

传统中国儒家式社会的经济中心地区主要是整个黄河流域的麦作地区，也就是包括陕西、山西、河南、河北、山东及甘肃一部分地区在内的中原地区。渐渐地，先是作为现在稻作地区一部分的四川盆地，然后随着时间的推移，长江沿岸地区即今天的湖北省、安徽省和江苏省等地区也被吸收了进来。除去这些中心地区外的稻作地带(中国中部、南部地区)几乎都是未被开垦的荒地。所谓的“稻作地带”在地理上大致可以分为两个地区：一个是长江以南地区(湖南、江西、浙江等地)，即被称为江南的地区；另一个是指现在广东等地的岭南地区；表1是公元2年的资料，它显示了进入汉朝中期后北部中心地区和南部周边地区之间社会经济发展的显著差别。

---

① 参见《史记》，1407—1408页；《汉书》，1677—1678页。

表 1　公元 2 年北部中心地区和南部周边地区郡数、人口数、耕作面积

	郡数(%)	人口数（百万）(%)	面积（百万顷）
全　　体	103(100%)	59.6(100%)	145.14(100%)
中心地区(北部)	89(86.4%)	55.7(93.8%)	18.14(12.5%)
周边地区(南部)	14(13.6%)	3.9(6.2%)	127.0(87.5%)
江　　南	(7)(6.8%)	(2.5)(3.9%)	
岭　　南	(7)(6.8%)	(1.4)(2.3%)	

资料:李剑农《中国古代经济史稿》(Ⅰ),146 页。

参照班固:《汉书》,卷 6,1640 页。

＊1 顷≈6.667 公顷

据上表,北部中心地区小麦生产地带在行政区域中占 86.4%,占总人口的 93.8%,而中心地区的面积只占全体的 12.5%。与此相反,占总面积87.5%的南部周边地区只生活着总人口的 6.2%。这便意味着在公元 2 年,当时北方中心地区的人口数比南方周边地区多 15 倍,而相反北方的面积却比南方少 7 倍。因此表 1 清楚地表现了北方的麦作地区相对狭小且人口密度大,相反南方的稻作地区则面积广阔,几乎没有居民,尚未被开垦。

现在我们可以说,在汉王朝时代,也就是儒家式社会的初期,江南和岭南等稻作地区在政治经济领域中所占的比重几乎没有必要讨论。司马迁的《史记》、班固的《汉书》以及范晔的《后汉书》等史书中完全没有任何有关“东方独裁者”乃至“国家”在今天长江以南的稻作地区,即南部周边地区管理水利灌溉设施的记载。庞大的水利设施建设自然全部集中在北部的中心地区,如陕西的渭水、泾水、洛水,流经山西、河南、山东等地的黄河流域及其支流汾水、漳水流域,以及流经河南和江苏等地的淮河流域。

西汉时代大规模的水利设施主要修建于汉武帝统治期间。武帝非常频繁地大规模动用数十万的人力,下令(尤其是)在自己直接统治领域之内的陕西和河南地区兴建水利设施。大力推动这项工作的原因出于武帝试图为巩固和维持自己绝对权力而打下物质基础的目的。通过这项工作,武帝首先拥有了辽阔的新耕地,事实上这可以说是他的私有财产,然后又进一步确保了水路。①

① 参见《史记·河渠书》,1409—1415 页;《汉书》,1678—1700 页。

兴建这些水路的目的在于克服将东部(山东)和东南部(河南)所收贡税运送到位于西部渭河河谷(陕西,即关中)的王室中央政府的途中所遇到的困难,减少损失。为防止泛滥而建设的几个堤防当然最终有助于保护农民的利益,另外他们的耕地在一定程度上也可以利用水利灌溉。到了东汉,像汉武帝这样的“东方专制君主”无法再成为讨论的对象,在几个强大的“地主、士大夫、豪族”的支配下相对地变得软弱无力的王室中央政府已经再也无法展开大规模的水利事业,所以只有河南和山东等地,在几个地方郡守的指挥下进行过小规模的水利事业。①

在这里,我们不能不进一步讨论一下在儒家式社会成立的时期,即在西汉和东汉两代王朝,耕地整体上对水利设施的依赖程度如何。但由于没有当时的有关统计表,因此笔者只能联系近代的情况略加比较,然后据此得出几个结论。

乌里希·门泽尔(Ulrich Menzel)根据约翰·伯克(John Lossing Buck)的著作《1929—1933 年间中国的土地利用》(*Land Utilization in China 1929-1933*,New York,1964)做成了下面的表 2:②

表 2 1904—1933 年间总耕地面积中的灌溉面积(%)

	1904—1909	1914—1919	1924—1929	1929—1933
伯 克[1]				
全 部				46
水稻产区				69
小麦产区				15
地方研究[2]				
全 部	36.4	35.8	37	38.5
水稻产区	49.0	47.2	48.2	49.8
小麦产区	11.9	13.5	13.5	16.6

注:1.Buck,p.186.

2.Buck,p.188.

从表 2 可以看出,从 1929 年到 1933 年北部的小麦生产地区只有 15%得到了灌溉,在 20 世纪灌溉设施一直在不断地加强。由此可以推断出在汉代,

① 李剑农,前引书,150—154 页。

② Ulrich Menzel,前引书,S.45。

也就是说在两千多年以前,耕作地区的水利设施肯定要比 20 世纪更加薄弱。下面冀朝鼎的统计表(表 3)证实了这种推测。

表 3　中国治水活动的历史发展与地区分配统计表(从方志中计算的数据)

王朝＼省	陕西	河南	山西	河北	甘肃	四川	江苏	安徽	浙江	江西	福建	广东	湖北	湖南	云南	总数
春秋		1	1				3	1								6
战国		3				1	2		2							8
秦	1															1
汉	18	19	4	5	1		1	1	4	1				1	1	56
三国	2	10	1	1	1	1	3	3	2							24
晋		4	1	2			2		3	1	2		1			16
南北朝			1	3			8	4	2	1					1	20
隋	9	4	3	1			1	1	2		4			2		27
唐	32	11	32	24	4	15	18	12	44	20	29		4	7	1	253
五代	4					1			1	1			4	2		13
北宋	12	7	25	20	2		43	7	86	18	45	16	4	5		290
南宋	4					4	74	9	185	36	83	24	14			433
宋(各种资料)	4	4				1			31	2	294	4	3			343
南北宋全体	20	11	25	20	2	5	117	16	302	56	402	44	21	5		1046
金	4	2	14	4												24
元	12	4	29	11	2	1	28	2	87	13	24	35	6	3	7	264
明	48	24	97	228	19	5	234	30	480	237	212	302	143	51	110	2220
清	38	843	156	542	19	19	62	41	175	222	219	165	528	133	292	3454
各省别总数	208	947	389	861	50	53	596	127	1406	658	1314	590	728	209	412	
方志出版年度	1735	1767	1734	1884	1736	1815	1736	1877	1736	1732	1754	1822	1921	1885	1736	

资料:Ch' ao-Ting Chi(冀朝鼎),p.36。

从表 3 中可以看出,中国的“水利灌溉设施”到了 12 世纪即南宋时期才有了明显的发展,尤其是如统计数字所表明的那样,到了最后的明和清两朝达到了顶峰。但根据表 3,在汉王朝的几个世纪里“水利灌溉活动”只不过 56 次。也就是说,在当时地方性的水利灌溉活动每个世纪大约 11 次,只不过是清王朝水利灌溉活动的 1/68 或 1.7%。这其实意味着,与近代的水利设施状况进行对比，汉朝的水利灌溉设施根本不足挂齿。

我们了解了有关汉朝水利灌溉活动的统计状况之后，再来看一下威特伏格为证明自己所提出的关于中国的“灌溉假说”是如何捏造了对灌溉地区和未灌溉地区进行比较的比率，就会得到十分有趣的结果。[①] 作为证据，他首先提出了1917年的灌溉设施统计，即20世纪的统计数字。在这一现代的统计中，他只是遇到了“灌溉的耕地约占整个耕地面积的22.2%”[②]这一无奈的事实。威特伏格没有对中国灌溉设施的历史发展进行具体的研究和考察，而最终提出“占中国全部耕地的三分之一(33.3%)”[③]的结论，为赋予被其扩大的假定的灌溉地区以实质性的、决定性的经济意义而费尽苦心[④]。但笔者认为：第一，威特伏格的这种主张绝不符合持续两千年以上的中国儒家式社会的初创期，至少不适合汉朝；第二，他的主张显然必须通过具体的历史资料重新进行检验。

乌里希·门泽尔根据前面所提到的统计表(参照表2)就1904年到1933年间灌溉土地与未灌溉土地的比例作了如下说明：

> 伯克认为，20世纪30年代初总耕地面积的46%得到了人为的灌溉。也有其他研究资料认为比率是38.5%。这种状况与20世纪初相比呈现出略微的增加。有趣的是在水稻产区和小麦产区有一丝解决的线索。当时出现了这样一种现象，即水稻生产地区的耕地中有一半乃至三分之二得到了灌溉，而小麦生产地区仅有15%得到灌溉。因此可以说在小麦生产地区并不是所有的耕地都无条件地要求灌溉，而是为了增加产量才采用了人为的灌溉设施。[⑤]

从门泽尔的以上说明和到目前为止的论述中可以进行推论，笔者认为有必要明确以下三个要点：

(1)小麦产区与水稻产区的耕地灌溉面积之间有明显的差异。

(2)灌溉设施不是在灌溉设施微不足道的北方小麦生产地区(这里又是

---

① K.A.Wittfogel，前引书，S.294。
② 同上，S.295。
③ 同上，S.298-99。
④ 同上，S.298-300。
⑤ Ulrich Menzel，前引书，S.45。

中国古代社会和文化形成地),而是在后来开发的南方水稻生产地区成为了生存的必需手段。

(3)在小麦产区,“人为的灌溉”只是出于“增加产量”的目的,并非“所有栽培地必需的要求”。

下面,笔者想对照儒家式社会成立期汉朝的情况对这三个推论进行更详细的考证。

如前(表1)所述,在汉代,由于今天水稻产区的南方所具有的政治和经济意义基本上没有讨论的余地,因此,当时的核心地区仅仅是北方的小麦生产地区。我们可以发现一个有趣的事实,即马克思关于东方“气候和领土状况”决定了“人工灌溉设施、运河、水利事业等东方农业经济的基础”的灌溉假说,并不符合汉王朝的核心地区即水利灌溉设施不甚发达的北方小麦产区。这是由于汉王朝的水利灌溉活动与近代相比极不完善,与清朝时期相比,最多不过是清朝的1.7%,甚至在1929年到1933年间,北方的小麦生产地区也不过只有15%得到了灌溉。

与之相比,后来开发的南方水稻产区则在很大程度上依赖于灌溉设施。长江以南地区的开垦基本是从南宋以后才开始进行的,即由于东北部游牧民族的持续侵略,势力强大的士大夫家族(Gentry-Familien)即豪族们放弃了自己在北方的中心地而大规模地迁移至长江以南,从这时起南方的水稻产区才开始得到开垦。从表4中可以清楚地看出长江以南(即江南)水稻耕地开垦的历史过程。

表4　长江以南的人口变化

时代(王朝)	全体人口(百万)	江南地区人口(百万)
AD 2(西汉)	59.6(100%)	2.5(3.8%)
AD 140(东汉)	49.7*(100%)	6.3(12.6%)
AD 742(唐)	48.9[1](100%)	10.6(21.7%)
	45.3[2](100%)	10.6(23.3%)
AD 1080(宋)	14.8**(100%)	4.8**(32.4%)
AD 1392(明)	60.5(100%)	36.0(59.4%)

资料:李剑农《中国古代经济史稿》(Ⅲ),p.6。

*144年的人口数参见范文澜《中国通史简编》,163页。

**户数。引自毕仲衍:《中书备对》,1080页。加藤繁,344页。

1.引自《旧唐书》。

2.引自《通典》,韩国版,174 页。

表 4 清楚地表现了中国儒家式社会的经济中心一直在持续不断地向南方扩大。约在公元 2 年(西汉)前后,江南地区的人口只不过占人口总数的 3.8%,但到了公元 800 年到 1000 年之间的唐、宋时期,分别达到了五分之一以上(21.7%)和三分之一(32.4%)。到了明朝初叶(1392 年),江南地区的人口比例最终超过了当时人口总数的半数以上。正如表 4 和冀朝鼎的表 3 所证明的那样,这里值得我们注意的是,在大约持续了两千多年的中国儒家式社会里,南方水稻耕地的开垦过程乃至南方地区人口的增长过程是与“水利灌溉设施”的增加相对应的。通过到目前为止的叙述可以看出,灌溉与治水的问题绝不是中国北方(中国社会的形成地)的麦作农耕所必需的,而是后来在长江以南及其附近地区所开发的稻作农耕所必需的。①

我们必须进一步联系“增加产量”来论证水利设施在麦作地区所起的作用。从表 1 看到,公元 2 年北方的面积比南方的面积少 7 倍,而北方的人口数却比南方多 15 倍。简单地说就是与南方的稻作地区相比,北方的麦作地区呈现出了极高的人口密度。由于这种高人口密度,北方农户的平均可耕作面积一开始就非常小,大约 100 亩。晁错(前 200—前 154)是这样描述汉王朝时期农民极其贫困的生活状况的:

> 今农夫五口之家,其服役者不下二人,其能耕者不过百亩,百亩之收不过百石,春耕夏耘,秋获冬藏,伐薪樵,治官府,给徭役。春不得避风尘,夏不得避暑热,秋不得避阴雨,冬不得避寒冻,四时之间亡日休息。……勤苦如此,尚复被水旱之灾,急政暴赋,赋敛不时,朝令而暮改。当具有者半贾而卖,亡者取倍称之息,于是有卖田宅鬻子孙以偿责者矣。②

另外在《汉书》的其他地方叙述了普通五口之家农户入不敷出的生活:

> 今一夫挟五口,治田百亩,岁收亩一石半,为粟百五十石,除十一之税十五石,余百三十五石。食,人月一石半,五人终岁为粟九十石,余有

① G.Sofri,前引书,S.138。

② 《汉书·食货志》,第 4 卷,1132 页。

四十五石。石三十,为钱千三百五十。除社闾尝新春秋之祠,用钱三百,余千五十。衣,人率用钱三百,五人终岁用千五百,不足四百五十。不幸疾病死丧之费,及上赋敛,又未与此。[①]

笔者认为,中国的农户为了摆脱这种不稳定的经济状态,哪怕是在一小块地里也会想尽办法来尽可能地提高产量。中国儒家式社会中的劳动密集型的零散经营应该与自耕农户自发的、为"提高产量"所做的努力联系在一起进行理解,这是自耕农户借助于率先采用的小规模的灌溉设施(在自己的土地里挖井或依靠极其简陋的小型水泵器具等),来试图部分地尽可能获得更高的收成。

门泽尔根据伯克的研究,就中国人工灌溉器具的使用制成了表5。[②]

表5　人工灌溉设施的内容(1929—1933)

	麦作地区	稻作地区	中国全部
拥有灌溉设施的农民(百分比)	87	99	95
灌溉设施的种类	(百分比)		
天然水路	40	64	56
井	72	8	29
灌溉用运河	40	16	12
水库	6	56	40
其他	15	14	14
灌溉方法	(百分比)		
水泵	72	78	76
重力利用	40	5	47

注:Buck,1964,p.188。百分比超过100是因为同时利用不同种类的灌溉设施。

根据表5可以得知,在北方的麦作地区,作为灌溉设施的源泉和手段的井(72%)和水泵(72%)占据了支配地位。在零散土地[③]里设置井或安装水泵时,很难假定一定会有中央集权的"东方式专制君主"或"国家"进行大规模的参与。就这一点,笔者最后想提出埃博哈德(Wolfram Eberhard)的见解,

① 《汉书·食货志》第4卷,1125页。

② Ulrich Menzel,前引书,S.47。

③ 有关中国农户耕地面积的零散性参见U.Menzel,前引书,S.68,表20。

他指出,“运河或水库等治水设施的建设与维修与其说是中央政府的工作,不如说常常是地方百姓的工作”①,“很少有国家直接参与的事例,即使是参与也只是为了追求军事目标或改善交通设施,再就是因为治水设施位于统治者自己的所有地所处的地区”②。

让我们一边品味着埃博哈德的这种结论,一边来看一下由中央集权的“专制君主”或“国家”所进行的庞大的治水项目,即汉武帝和隋炀帝在位时的治水工作。汉武帝为了实现自己的政治和经济目标(如为保持自己的绝对权力和赶走边境游牧民族进行扩张领土的战争所需的物质基础等),而计划在自己直接统治的关中(陕西)和河南地区修建水利设施。隋炀帝在修建大运河时也有着与汉武帝相同的政治和经济目标。在首都洛阳实行统治的隋炀帝通过修建从自己的统治中心洛阳开始一直到两千公里以外的江南余杭(今浙江杭州),即长江以南地区的庞大的运河设施,首先给了南方威胁自己统治的抵抗势力以决定性的打击,所以他试图使这一殖民地区归属于自己直接统治的河南地区;其次是想确保从南方到位于洛阳的中央政府的大规模的物资运输。为修建这条大运河,隋炀帝动用了数百万的劳动力,耗费了巨大的建设费用,其结果导致自己王朝的没落。从这两个例子我们可以得知,王室中央政府组织的治水工程归根结底首先都是为了满足个人的利益关系。另外从中国历史来看,中国王室的中央政府一般不可能由皇帝单独执政,而基本是由士大夫地主等若干豪族所左右,因此一般也不可能单独在自己的整个领土内修建庞大的治水设施(如隋炀帝的大运河)。中国儒家式社会的治水建设事业是依靠可以为该项目动用一般百姓的组织乃至行政机构——按照惯例或是郡守的地方政府,或是像中部地区或南部地区那些强大的宗族团体乃至巨大的大土地家族——而进行的,经常是在地方进行的。也就是说,在中国,大规模治水事业的问题不是中央政府的任务,而是地方上的利益团体的任务。

我们现在可以从中国历史的实际出发,有信心地否定马克思的灌溉假说,即东方的农业根据自然条件只能从属于依靠独裁者或国家的水利灌溉设施以及对此的维修的假说。中国的治水事业根本不是什么公共事业,而是许多不同的利益团体——王室或强大的地主——为了追求他们个人的利

① G.Sofri,前引书,S.138。
② 同上。

益而进行的“个人的”事业(如来自王室的大规模开垦或来自拥有大量土地的豪族为增加产量的努力)。

总而言之,考虑到所有这些,在“官僚主义的中央集权政府”(die bürokratische Zentralregierung)或“中华帝国”这一儒家式社会的成立中,笔者不是从巨大的治水事业的必然性,而是想从通过春秋时代,尤其是战国时代产生的“土地私有”的形成中来寻找其物质基础。

二、土地私有制的形成和“官僚的”中央集权国家形成的物质基础

在从世袭贵族氏族支配的封建制度(sippenherrschaftliches Lehenswesen)向君主的官僚中央集权制过渡的结构变动贯穿始终的春秋战国时代,首先是几个主要的势力集团——不管是诸侯还是贵族(大夫)——强大的权力集中表现得非常突出。不仅在废除氏族支配的世袭贵族制的斗争中如此,而且为了贯彻官僚的中央集权制以及奠定自己的军事和行政势力的经济基础,这些新的当权者个个都红了眼,他们更是想尽一切办法使自己封土内的山、树林、沼泽、湖泊(山林薮泽)变为私有。

自古以来氏族共同体居住地周围的山林薮泽等起初是被当作共同体共同使用的狩猎场所。但随着时间的推移,这一共同体周边地区的管辖权被委任给了其氏族共同体的元老或统治者。因此氏族元老或统治者命令氏族成员们必须将进入该周边地区狩猎所得猎物的一部分献出来作为祭祀品,另外对于这些氏族成员来说,这种狩猎同时也具有某种军事训练的色彩。这是因为当时共同体生存所必需的共同事业是收集献给祖先和天地神灵的祭物以及战争。[①] 这一被称为“山林薮泽”,即自古以来的共同体周边地区从这种意义上具有了决定性的、重要的经济意义。尤其是进入了商业繁盛的战国时代以后更是如此。最开始商业仅仅局限于提供满足封建主们需求的一般消费品,而进入战国时代,随着社会生产力的发展以及人口的增长,开始必须提供符合农民大众需要的商品,如盐、香料、鱼、铁制农机具、麻布、染料等。[②] 在这种状况下,战国时代开始出现了作为交换手段的金属货币。开始是由大城市里的商人们自己铸造,后来个别的诸侯国(晋国自公元前336年)也开始铸造正式的金属货币(钱)。[③] 与此同时高利贷业也开始盛行。实

---

① 增渊龙夫:《中国古代の社会と国家》,东京,1960年,281页以下。

② 参见本书第一部第1章。

③ 李剑农,前引书,66页。

际上农民们陷入了这样一种处境:有时只能付出两倍的利息来借债度日。许倬云根据《管子》进行了这样的说明:

> 农户获利收入是秋收以后的事情,但租税要在作物成熟以前缴纳。因此农民们为了支付自己的租税必须借利息相当于本钱的债。有时临时需要特别给农作物浇水时必须雇佣劳动者来给自己的地浇水,届时又得借债来支付工钱。从农民窘迫的资金中榨取利润的富豪们秋天购买农民的粮食,在农民春穷期断粮的时候以两倍的价格卖掉。农民在赋役和各种租税以外每年还必须借一次高利贷。……任何一个农夫不管再拼命地耕种土地、收成再好也不会有余粮。有的为了还债甚至把自己的子女卖作仆人(奴隶)。[①]

另据《史记》和《战国策》记载,齐国的王族孟尝君曾拥有一万余农户,对他们发放了大量的高利贷。[②]

随着商品经济的发展,除农耕和商业外,畜牧和园艺等也得到了发展。另外,如司马迁的《史记》中所证实的那样,开采和提炼盐矿及各种金属(铜、铁、金、锡、铅等)矿等行业非常繁荣。[③] 通过这种方式,“山林薮泽”这一自古以来的共同区域的经济意义由于矿山的发展,尤其是盐矿的大规模发展而达到了顶峰。几个君主又进一步通过利用铁制农机具和灌溉设施开垦了沼泽和荒地。如前所述,跟秦始皇的郑国渠一样规模庞大的新的耕地得到了开垦。

在这种状况下,强大的诸侯(君主)们将这自古以来的共同区域变成了自己的私有财产。这样一方面一般人对原来共同区域所具有的使用权被废止,另一方面诸侯(君主)一方拥有了巨大的私有财产。一般民众被永远剥夺了对该共同区域的利用权,现在这种私有地的利用或被君主禁止,或只被允许以缴纳使用税作为条件。如果违背了这一新的法律,就必然会受到残酷的惩罚。其中一个例子是宣王和孟子之间的著名的对话。[④]

有趣的是,保守的儒家人士非常反对君主(诸侯)们为自己的权益所采

① 参见 Cho-yun Hsu,前引书,p.114;《管子·治国》。

② 《史记》,第7卷,2359—2360页;《战国策·齐四》(齐人有冯谖者),396—397页。

③ 《史记·货殖列传》,第10卷,2253页以下。

④ 《孟子·梁惠王下》。

取的新的租税搜刮方法。不只是孟子，荀子也认为这一新设的租税措施从根本上侵害了他们所认为的理想的“德治”。[①] 对此我们引用《荀子》中的一段来看一看：

> 王者之法……关市几而不征，山林泽梁以时禁发而不税……是王者之法也。[②]

尽管努力试图重建面临解体命运的周朝社会秩序的儒家人士表达了批判的见解，而君主们加强中央权力所必须进行的社会政治结构的改革还是在整个战国时代通过李悝（前455—前395）、吴起（前440—前381）等法家人士得到了贯彻，起初是在魏，后来逐渐扩展到了韩、楚、齐、赵等国[③]，最后是秦的“商鞅变法”。商鞅变法所具有的一般意义是首先它从根本上破坏了世袭贵族制这一传统的封建制度，其次是它超越了这一层次，从本质上确定了中国儒家式社会的官僚中央集权制的基本结构。商鞅变法破坏了地方分权式的世袭贵族制，加强了中央集权的君主的统治权力。齐思和与最近的杨宽已经对其意义作了充分的说明[④]，所以笔者在本书中只想清楚地描述它在儒家式社会的形成中所具有的持续的意义。

1.重农轻商的经济政策

> 夫农者寡而游食者众，故其国贫危。……故曰：百人农，一人居者王；十人农，一人居者强；半农半居者危。……归心于农，则民朴而可正也，纷纷则易使也，信则可以守战也。壹则少诈而重居，夫民之不可用也，见言谈游士事君之可以尊身也。商贾之可以富家也，技艺之足以糊口也。民见此三者之便且利也，则必避农。避农，则民轻其居。轻其居，则必不为上守战也。[⑤]

---

① 《孟子·梁惠王下》。“（孟子）对曰：昔者……耕者九一，仕者世禄，关市讥而不征，泽梁无禁，罪人不孥。老而无妻曰：鳏；老而无夫曰：寡；老而无子曰：独；幼而无父曰：孤。此四者，天下之穷民而无告者。文王发政施仁，必先斯四者。……故居者有积仓，行者有裹囊也……王如好货，与百姓同之，于王何有？……王如好色，与百姓同之，于王何有？”

② 《荀子·王制》。

③ 齐思和：《商鞅变法考》，《燕京学报》1947年第33号，168页。

④ 杨宽：《商鞅变法》，上海人民出版社，1973年。

⑤ 《商君书·农战》第3篇，37页。

尽管商业非常繁荣,但在当时农耕依然占据着支配地位,与流浪的"士"、商人、手工业者们相比,农民固定地居住在一个地方,因此商鞅从这一点出发,只将农业规定为主要经济。与当时的自然经济相比,商鞅将"农业"主要理解为包括男性劳动的农耕和女性劳动的家庭纺织。为鼓励这种农业,商鞅"对于通过积极进行农耕和纺织生产出更多粮食和绸缎的人免于赋役和租税",但"将想通过做生意来获取利益和懒惰贫穷的人则抓起来作为奴婢"①。商鞅还废除了"世袭贵族制的身份制度",重新制定了20个等级,规定所有人无论以前的身份如何——是世袭贵族还是普通的生产者均一视同仁——都按照其生产和军事业绩重新确定其社会地位。②

2.私有财产在法律上的确立和自耕农土地税、军赋的实施

随着社会生产力的发展,各个诸侯国中的共同耕作地(公田)和劳动地租已经被废除,而随之被采用的是实物地租。例如鲁国已经于公元前594年实行了实物地租(贡法)。秦国通过商鞅才废除了自古以来的共同耕作地的地界。其结果首先是生产者对土地的直接私有在法律上得到确定,其次是开始全面实行土地税。这两点正是儒家式社会内部结构的根本基础。《史记》记载,"为田开阡陌封疆,而赋税平"③。

对此,董仲舒是这样说明的:

> 至秦则不然。用商鞅之法,改帝王之制,除井田,民得卖买。富者田连阡陌,贫者无立锥之地。④

《汉书·地理志》是这样记录的:

> (秦)孝公用商君,制辕田,开阡陌,东雄诸侯。⑤

---

① 参见《史记·商君列传》,第7卷,2230页。"僇力本业,耕织致粟帛多者复其身。事末利及怠而贫者,举以为收孥。宗室非有军功,论不得为属籍。明尊卑爵秩等级……有功者显荣,无功者虽富无所芬华。"

② 参见《韩非子·定法》(陈奇犹注),第2卷,906页;《商君书》(高亨注)之《靳令》,103页,以及《去强》,50页。

③ 参见《史记·商君列传》,第7卷,2232页;《史记·秦本纪》,第1卷,203页。

④ 《汉书·食货志》,第4卷,1137页。

⑤ 《汉书·地理志下》,第6卷,1641页。

这里“辕”也可以写作“爰”，两个字都是“更换”(换)的意思。① “辕田”即“换田”，是指可以与货币对换的耕地，即可以买卖的耕地。这里值得我们注意的是，虽然金属货币取得了很大发展，但由于采矿、冶炼、铸造等技术水平还比较低下，因此还不太适合作为交换手段进行流通。考虑到农业的支配地位，除金属货币之外，土地也作为一种财富的积累形式而占据支配的地位。最终在这种状况下土地必然进行买卖。商鞅面对这种变化的情况，作为生产的促进剂而从法律上确立了土地的私有。商鞅还改革了租税体制。这便是废除以公田为基础的劳动地租并采用新的租税。根据这一租税体制，拥有私有土地的自耕农必须根据农业生产物的收获数量来缴纳一定的土地税。

3.小家庭作为社会经济基本单位的确定

由于社会生产力本质上的提高，小家庭已经替代以前的氏族共同体和大家族独立进行生产。因此在这一历史时期，商鞅宣布小家庭为社会经济的基本单位。为了贯彻这一家族制度的改革，商鞅提出了如下的租税政策：

民有二男以上不分异者，倍其赋。②

关于商鞅家族制度改革的结果，贾谊(前200—前168)是这样记载的：

故秦人家富子壮则出分，家贫子壮则出赘。借父耰锄，虑有德色。母取箕帚，立而谇语。抱哺其子，与公并倨。妇姑不相说，则反唇而相稽……③

贾谊对于商鞅家族制度改革以后的家庭关系所作的叙述不但持否定态度，而且在一定程度上有所夸张。但我们在这里(笔者推断)不能不注意到，在汉代五口之家可以被看作普通农户的一般规模。④

仁井田升根据各种资料，如《孟子》《汉书》《通典》，还有一些零星的古

---

① 齐思和，前引书，184—85页；杨宽，前引书，38页。

② 《史记·商君列传》，第1卷，2230页。

③ 《汉书·贾谊传》，第8卷，1124页。

④ 20世纪40年代初，日本展开了关于汉代中国农户规模的争论。参见宇都宫清吉的《汉代社会经济史研究》，东京，1955年，405—77页；守屋美都雄：《中国古代の家族と国家》，京都，1968年，297—415页；牧野巽：《支那家族研究》，东京，1944年等。

户籍,如416年的资料和唐朝天宝年间的资料等古代中国的资料、伯克和李景汉等人的现代资料,推断出在中国儒家式社会里大多数农户(约95%)的家庭成员数平均为4到7人,即5人。但不到10%的"士大夫地主"的大家族例外,他们依靠自己的大量财富,家庭成员平均超过10人,还有的家庭成员甚至超过了100人。①

到现在为止我们描述了商鞅的社会经济政策的大纲,这一政策在秦以后大约一直持续到了汉代,它最终牢固地确立了中国社会的根本结构。

笔者在这里想进一步强调,除了从自耕农那里收来的正式收入(田租、兵役税、赋役税等各种公税),从国有土地和代表"皇帝"私有地的"公田"里得到的私人收入也是"国家"或"王室"中央集权的统治权力决定性的经济基础。

有关国有土地和作为君主私有地的公田的记述在前面已经提到过,例如公元前246年秦始皇曾通过修建"郑国渠"来开垦耕地,从这一点上也表现得非常清楚。《史记》的《河渠书》和《汉书》的《沟洫志》对此是这样记载的:

> 而韩闻秦之好兴事,欲罢之,毋令东伐。乃使水工郑国间,说秦令凿泾水自中山西邸瓠口为渠。并北山东注洛三百余里,欲以溉田。……渠就,用注填阏之水,溉泽卤之地四万余顷,收皆亩一种。于是关中为沃野,无凶年。秦以富强,卒并诸侯,因命曰:郑国渠。②

从上面的引文中可以清楚地看到,秦通过"郑国渠"的修建所获得的约七万三千公顷耕地最终成为秦始皇实现统一所必需的决定性的经济基础。这里值得我们注意的是,新获得的耕地正是分布在"瓠口"(今陕西省泾阳县附近)周围的灌溉地。增渊龙夫认为,这一地区是自古以来有名的十大沼泽地之一的"焦获"沼泽。③ 到了那时,由于"山林薮泽"已经成为君主的私有土地,因此开垦草原、沼泽、丘陵所获得的耕地也被看作君主的私有或国有土地。这种国有土地被称为"公田"。为了耕作这些公田,秦的诸侯们首先

① 仁井田升:《支那身分法史》,参见329—341页。

② 参见《史记·河渠书》,第4卷,1408页;《汉书·沟洫志》,第6卷,1678页。

③ 增渊龙夫,前引书,316页。

命令邻国中“土地狭小而人口稠密”的三晋(韩、魏、赵)的农户们移居至此。[①] 为了将三晋没有土地的农户迁移到秦国,使其开垦丘陵地和沼泽地,为他们提供了耕地和住所,甚至还提出10年内不用缴纳租税。[②] 当权者通过这种方式来耕作自己的私有土地,推行了鼓励农业生产的政策,以试图积累为加强自己的支配权力所需的财富。

除了公田,还有一点值得我们注意,那就是园林的形成。它成为曾在魏、郑、齐、秦等很多国家出现的,对以前共同体所有地的私人垄断的典型例子。从战国时代的几篇著述中可以看出君主的园林被赋予了多么大的经济意义。看一下秦的例子:

> 秦大饥。应侯请曰:五苑之草著,蔬菜橡果枣栗,足以活民。请发之。[③]

君主们积累构成中央集权式支配体制的物质基础的私有财产的现象到了汉王朝有了进一步的发展,到汉武帝在位期间达到极点。在前面已经讲过,汉武帝首先是为了奠定加强自己的绝对权力和进行对抗边疆游牧民族的防御战争或扩张领土的战争所需的物质基础,即为了获得大面积的新耕地,这种耕地实际上可以说是其私有财产。他动用了数十万的劳动力大兴土木,在位于自己直接统治圈以内的陕西和河南地区修建了庞大的水利灌溉设施。其次这也是为了确保水路,以便可以将东部山东和东南部河南地区所收的租税安全地运送到位于西部渭河溪谷的“关中”中心地带。

> 其后河东守番系言:“漕从山东西,岁百余万石,更砥柱之限,败亡甚多,而亦烦费。穿渠引汾,溉皮氏,汾阴下,引河溉汾阴,蒲坂下,度可得五千顷。五千顷故尽河堧弃地,民茭牧其中耳。今溉田之,度可得谷二百万石以上。谷从渭上,与关中无异,而砥柱之东可无复漕。”天子以为然,发卒数万人作渠田。数岁,河移从,渠不利,则田者不能偿种。久

---

① 参见《商君书·徕民》,第15篇,前引书,117页。“秦之所与邻者三晋也。……彼土狭而民众,其宅参居而并处。……意民之情,其所欲者田宅也,而晋之无有也信,秦之有余也必。”

② 同上,120页。“秦四境之内,陵阪丘隰,不起十年征,者(著)于律也。足以造作夫百万。……今利其田宅,而复之三世,此必与其所欲,而不使行其所恶也。然则山东之民无不西者矣。”

③ 《韩非子·外储说右下》,第2卷,771页。

之,河东渠田废,予越人,令少府以为稍入。[1]

从该引文中,我们可以知道以下几点:第一,汉武帝通过修建庞大的水利设施获得了五千顷的新耕地(公田);第二,由此减少了税运的损失和费用,使运输途径更加安全;第三,这些公田租给了从南部流浪至此的贫穷的越国农户;第四,这些公田的收益或地租不是交给大司农即国家财务局,而是交给了作为王室直属财务局的少府。君主将通过对"山林薮泽"的私人霸占所获得的"苑"(皇帝的园林)也作为租地租了出去。在转租公田、苑等私有土地时,君主征收了极高的租佃费,比自耕农户应交的土地税、军役税、赋役税等国家租税高出很多。汉王朝时对自耕农赋以每年生产物十五分之一的土地税,而正如前面引文中番系所说的那样,公田的租佃费有时甚至达到了年产量的一半。番系在他的提案中估算新获得耕地的年产量超过200万石,他想用从这200万石中获得的收益来代替漕运日益困难的山东100万石的田租。为了积累个人的财富,也就是为了确保中央统治权力的经济基础,君主不只将公田租佃出去,甚至连自己的私有园林(苑)和狩猎场(囿)也租佃了出去。[2] 君主征收矿产税、运河税、市场税之类的利用税作为自己私有土地的使用费。

从到目前为止的叙述中可以很清楚地看出,中央集权式"国家"或"王室"的经济基础是由自己的私有土地和自耕农的剩余生产物构成的。西汉时期"国家"或"皇帝的中央政府"的收入包括了国家财政和王室财政,这两个财政机关自然有着互相独立的收入来源。[3] 负责官僚们的俸禄支付、各级衙门(官署)费用和军事费用的国家财政由从自耕农那里直接征收的租税(田租、军役税、赋役税等)构成。而王室的财政是以公田的租佃和从王室所有的园林、狩猎场等王室直接经营地区所收取的矿山、江河、湖泊、市场等的利用税等各种名目的租税为基础的。除此之外,属于"王室财政"收入的还有铁制品、盐生意和铸造货币等国营垄断行业以及众多附庸国呈献的贡赋。[4] 掌管国家财政的部门是作为"负责国家运营的大财务处"的"大司

① 参见《史记·河渠书》,第4卷,1410页;《汉书·沟洫志》,第6卷,1680页。

② 关于王室的私有土地(公田、苑、囿等)的租佃经营,参见五井直弘《汉代の公田における假作について"》,《历史研究》,220号,1958。

③ 参见加藤繁:《汉代における国家财政と帝室财政との区别竝に帝室财政一斑》,《支那经济史考证》,上卷,35—156页收录;李剑农,前引书,244—253页。

④ 同上。参见加藤繁,同书,41—82页。

农”,掌管“王室财政”的部门有两个,一个是作为“负责王室运营的小财务处”的“少府”,另一个是掌管河川和天然物产的“水衡”。像这样互不相同的财务机构的存在,意味着皇帝乃至其中央政府雄厚的经济实力的基础首先是帝国内部自耕农缴纳的租税,其次是规模庞大的王室私有财产。

西汉时期初叶国家财政的收入状况是这样的:

> 汉定以来,百姓赋敛一岁为四十余万万,吏奉用其半,余二十万万藏于都内为禁钱。少府所领园地作务之八十三万万(大概是13亿——笔者按)①,以给宫室供养诸赏赐②。

《汉书》中有不同的记载:

> 孝元皇帝奉承大业,温恭少欲,都内钱四十万万,水衡钱二十五万万,少府钱十八万万。③

根据第一段引文,即桓谭(约公元前23—公元50)的《新论》,来自自耕农的公共收入即田租、军役税、赋役税等只有40亿,而根据第二段《汉书》的引文,王室的两个机构(少府和水衡),即基于王室私有财产的总收入却超过了40亿。也就是说在汉王朝初期,皇帝或其中央政府的私有财产与从百姓那里征收的公共税收是相当的。根据不同情况,皇帝或其中央政府的私有财产甚至比从自耕农户那里征收的公共收入还要多。

正如传奇性的“万里长城”的修建表现了秦始皇的绝对支配权,在中国,最高统治者皇帝的中央集权式的绝对权力在王室的官僚制中央政府形成时期(战国末期)就已经表现得非常清楚。这种中央集权的绝对权力在经济领域中正是以君主的绝对支配和优势为基础的。这不像马克思在“亚细亚生产方式”理论中所说的那样,废除了周朝世袭贵族的封建制度而新出现的官僚制中央政府或儒家式社会的成立,绝不意味着东方的中央政府所行使的经济职能,即对于东方来说是根据“气候和领土的状况”所需要的“水利灌溉

---

① 《新论》的“少府所领园地作务之八十三万万,以供常赐”中的“八十三”应看作“入十三”的误记。参见范文澜,前引书,73页。

② 〔汉〕桓谭:《新论》(这里引用自增渊龙夫,前引书,267页)。

③ 《汉书·何武王嘉师丹传》,第11卷,3494页。

设施”的建设。笔者想明确地指出，这种经济基础并不是建立在“专制君主”乃至“国家”决定的“东方式农业经济的基础”建设之上，而是建立在自春秋战国以来、依赖汉王朝初期社会生产力的根本提高而积累的君主庞大的私有财产之上。

三、论官僚-地主的支配体制并否定“东方式专制主义”说

共产主义是如何在中国的传统社会里产生的？为了解释这一疑问，伯灵顿·穆尔(Barrington Moore)研究了根植于传统的中华帝国——我们所说的儒家式社会——底部的构成因素，提出了中华帝国的“决定性问题”：

> 在这个大多数由耕种土地的农民构成的社会中，上层与土地之间的关系是怎样设定的呢？上层阶级的权力和权威的基础究竟是对土地所有的支配，还是官僚制度内部彻底垄断官职呢？如果它是两者的结合，那么哪一方面是这一结合中的决定性因素呢？①

穆尔认为，西欧的几位学者——首屈一指的是威特伏格、列文森(J.R. Levenson)、巴拉兹——对于“与现在状况的政治联系”都表明了多少有些含蓄的见解：

> 西欧的几位学者虽然全面描述了中华帝国官僚制的特点，而对帝国的官僚机构和土地所有这两者之间的结合并没有赋予特别的意义。这种解释包含了双重目的，一方面为批判马克思试图从经济势力中导出政治权力的观点提供了必要的根据，另一方面打开了可以指出共产主义国家是重新回到所谓“东方专制主义”形式的道路。②

不管怎样，在20世纪50年代的中国，也就是中国共产党获取政权以后，为了用马克思主义来说明中国的历史发展，立刻掀起了一场关于土地所有——主要是儒家式社会的土地所有——的争论。最近在基于马克思主义的中国学者和历史学家之间首先讨论的是如何解释中国从前的所有关系和

---

① Barrington Moore, *Soziale Ursprünge von Diktatur und Demokratie*, Frankfurt/M., 1974, S.196.

② 同上。

社会结构，而且这必须无条件地符合从马克思、恩格斯、列宁、斯大林以及毛泽东的著作中"逐字"引用的公式。[①] 主导这场争论的学者是侯外庐，他在自己的论述中使用了马克思"亚细亚生产方式"范畴。[②] 因此他所持的见解是私有权从来没有存在过，只存在过百姓对土地的占有权。换句话说，他宣称"皇帝"和"国家"是唯一的所有者。

在中国历史上，"王室"作为最大的土地所有者（如拥有"公田"、王室的私有土地或国有土地等）和最高权力者，一直对整个领土和普通百姓提出了上级所有权的"意识形态"要求。因此"王室"对土地关系的形成进行了各种政治上的干涉。但结果是这种政治干涉引起了不仅在地方，甚至在中央政府也颇有影响力的几个庞大的"官僚-地主"大家族的抵制，因而几乎无法发挥作用，甚至遭到了彻底的失败。侯外庐和拥护其命题的其他学者（如贺昌群等）[③]无视这一情况，为了证明中国皇帝的专制性质，描述了王室或国家的政治核心作用。几位主张在儒家式社会中曾存在私有土地这一命题的学者对此进行了反驳。如高敏等学者就私有土地的存在举出了下面三个历史根据：[④]

（1）存在过大规模的土地买卖。宋朝时甚至连皇帝的私有土地公田也可以买卖。

（2）"地租"与"课税"（农地税）之间有实质性的区别。"地租"是佃农必须向地主缴纳的地租，自耕农和地主都必须向国家缴纳的农地税称为"课税"。

（3）自唐代以来，农民起义的目标一开始不是王室（或国家），而是地主阶层。

在这里我们没有必要详细地顾及就土地所有形态展开的争论。在上一节笔者已经通过具体的资料对土地私有权的成立进行了充分的论证。

笔者认为，不仅威特伏格、列文森、巴拉兹等西欧几位学者，而且连一些以"亚细亚生产方式"为根据的中国历史学家都片面地强调了皇帝的官僚制中央政府的政治核心作用。在这种情况下，西欧的学者们在没有充分考虑

---

① 关于中国土地所有形式的争论，参见论文集《中国封建社会土地所有制形式问题讨论集》（上、下）。

② 参见侯外庐的《中国封建社会史论》和他的论文，参见上论文集，1—20，115—145页。

③ 参见贺昌群的《关于封建的土地国有制问题的一些意见》，参见上论文集，243—261页。

④ 参见高敏的《我国封建社会没有土地私有制吗?》，参见上论文集，285—296页。

王室的政治中央权力所需物质基础的前提下,直接将士大夫们在皇帝的官僚机构中所占据的位置看成是士大夫们为获得权力和土地所有的前提条件。换句话说,西欧的学者们最终将王室和国家机构本身理解成为政治和经济势力的主要源泉。① 简单地说,他们并没有洞察王室(国家)与官僚之间,即最大的地主(皇帝或国家)与其他大土地官僚和地主层之间存在的敌对关系。

另一方面,从"亚细亚生产方式"出发的中国国内的学者和历史学家们为了论证中国皇帝的专制性质,只从国家对土地关系的干涉这一侧面对儒家式社会里曾存在过的社会经济关系进行了片面的解释。这时他们忽略了这样一个本质的历史事实本身,即王室或国家方面为实行有利于自己的物质基础的国家经济而提出的这种政治干涉或社会改革最终由于与"官僚-地主"阶层的利益发生冲突而没有产生任何结果。② 考虑到以上这些情况,笔者认为中国皇帝对中央政府的主导不是出自皇帝的"独裁意志"(der despotische Wille),而是出自"大官僚-地主阶层的利害关系"。巴拉兹这样说道:

> 被称为代表万民意志、凌驾于众臣之上的"天子"的"君主"在官僚们的保护下实际上被囚禁在皇宫中。君主只是官僚们的神圣象征(symbol),虽然多少有程度上的差异,但都是软弱无力的。他(天子)只有在为他所代表的官僚们的利害关系服务期间才是安全的,一旦哪怕犯了极小的过失也必须立即退位……不断地受到参谋大臣(les conseillers-ministres)们的控制和监视。③

形成持续了两千年以上的中国儒家式社会最高点的不是"东方专制主义",而正是"参谋大臣"们的垄断式支配。

为了论证这一命题,我们必须了解这些"参谋大臣"(同时又是地主)的势力基础。中国儒家式社会支配阶层的问题正是"官僚制"及"土地所有"。

在前面穆尔提出过这样的问题:"如果是两者的结合,那么哪一边是这

---

① 参见 É.Balazs, *La Bureaucratie Céleste*, Paris, 1968。

② 关于中央集权式的"国家"(或皇帝的中央政府)所推动的社会改革的失败的详细研究超出了本书的范围。但我们必须注意到皇帝的"权力"一般是在与大官僚们的斗争中变得软弱无力的。

③ É.Balazs,前引书,p.28。

一结合中的决定性因素呢?”①

对于这个问题,他的回答是模棱两可的:

曾有过没有任何学问修养但至少有一定财富的地主,也有过没有一点土地而有学问修养的人。很难准确地测定这两者互相交叉的程度。②

为了明确地回答这一问题,首先应该阐明土地所有和官僚制之间的关系是密不可分的,证明官僚制最终是地主们必然的政治手段。

1.地主阶层的形成和作为其政治手段的官僚体制

在这里笔者想接着上一节,从私有的成立和商业的成长来讨论大地主的产生问题。司马迁记载,自春秋时代,尤其是战国以来,商人富豪已经非常兴盛,如齐桓公的宰相管仲,被称为范蠡的越国国王勾践的宰相陶朱公,孔子最富有的弟子子贡和周国的白圭等。他们都是大名鼎鼎的有权有势的人,或凭着自己的财产以诸侯自居(管仲),或至少也可以与封地诸侯们进行交往。③ 盐矿的所有者猗顿和邯郸(赵国的首都)的冶炼厂所有者郭纵在财产的所有上甚至与诸侯们不分上下。④ 司马迁还记载道,秦始皇对富有的畜牧业主乌氏倮像封君一样对待,经常按照宫中礼仪招待他,秦始皇还对巴(今四川)的一个擅长经营丹砂矿的富有的遗孀清非常尊敬,甚至给她修建了楼台作为赏赐。⑤

司马迁进一步从汉王朝初叶的富豪中首先列举了蜀的卓氏家族和临邛的程郑、南阳的孔氏家族、鲁的邴氏家族等大金属商人和炼铁厂所有主,接着列举了在齐国拥有众多奴隶的巨商刁间、率领数百辆马车在全国经商的洛阳巨商师史。另外还列举了在刘邦、项羽之战时靠囤积粮食获取暴利的宣曲的任氏家族、高利贷业主无盐氏家族等。⑥ 这些富豪财产逾千万,有时

① Barrington Moore,前引书,S.196。

② 同上,S.198。

③ 《史记·货殖列传》,第10卷,3255—3259页。

④ 同上,3259页。“猗顿用盬盐起,而邯郸郭纵以铁冶成业,与王者埒富。”

⑤ 同上,3260页。“乌氏倮畜牧……秦始皇帝令倮比封君,以时与列朝请。而巴寡妇清,其先得丹穴,而坛其利数世,家亦不訾。清,寡妇也,能守其业,用财自卫,不见侵犯。秦始皇以为贞妇而客之,为筑女怀清台,夫倮鄙人牧长,清穷乡寡妇,礼抗万乘,名显天下,岂非以富邪?”

⑥ 同上,3277—3281页。

使唤着成千的家奴，过着诸侯一般的生活。[①] 司马迁这样说道：

> 凡编户之民，富相什则卑下之，伯则畏惮之，千则役，万则仆，物之理也。[②]

这样富豪们凭借雄厚的财产而受到尊敬，甚至可以让公爵或侯爵屈居自己之下。有的封土所有者也会因贫困而乞求借债，以致被遗弃。

> 吴楚七国兵起时，长安中列侯封君行从军旅，赍贷子钱。子钱以为侯邑国在关东，关东成败未决，莫肯与。唯无盐氏出捐千金贷，其息什之。三月吴楚平。一岁之中，则无盐氏之息什倍，用此富埒关中。[③]

这些既不是世袭贵族的封建诸侯，又不是高级官僚出身的富豪都是大商人、畜牧业主、工厂主、高利贷业主等，他们为了扩大自己的利益，就必须和政治权力勾结。典型的例子是赵国首都邯郸的商人吕不韦。他将当时作为人质被扣押在邯郸的秦太子安国君的儿子子楚看作“奇货”。吕不韦没有从事普通的商业活动，而是凭借自己的财产与安国君周围有影响力的人物进行交往。在吕不韦的周旋下，太子安国君即位后首先将子楚册封为太子。一年后文王(以前的安国君)死后，子楚即位。在庄襄王执政元年，吕不韦被任命为宰相，其封地是有数十万户的大城市洛阳，并被封为文信侯。三年后，庄襄王死后政王(即其后的秦始皇)升位，吕不韦被拥戴为统管所有官僚的相国。在他的家中有一万多名家奴，门下食客三千余名，都是在各个领域知识渊博的文士。[④] 汉武帝为了加强国家财政，将齐国大盐商东郭咸阳和南阳的大冶炼匠孔仅任命为大农丞，将洛阳商人的儿子桑弘羊任命为会计侍中。[⑤] 另外因畜牧业而发家的农民卜式因向国库捐献了大量的财产，最后汉

---

① 《史记・货殖列传》，第 10 卷，3277 页。“……富至僮千人，田池射猎之乐，拟於人君。”

② 同上，3274 页。

③ 同上，3280—3281 页；《汉书・货殖列传》，第 11 卷，3693 页。

④ 《史记・吕不韦列传》，第 8 卷，2505—2510 页；《战国策・秦五》，上卷，275—281 页。

⑤ 《史记・平准书》，第 4 卷，1428 页。“于是以东郭咸阳，孔仅为大农丞，领盐铁事。桑弘羊以计算用事，侍中。咸阳，齐之大煮盐，孔仅，南阳大冶，皆致生累千金……弘羊，雒阳贾人子，以心计，年十三侍中。”《汉书・食货志》，第 4 卷，1164 页。

武帝录用他为御史大夫。①

除了富有而位居高职的官僚们，来自底层的富豪们与地方诸侯或公侯们进行交往，在乡下武断专行，官吏们对他们也无可奈何。② 关于大商人的财富和权力，仲长统（179—220）是这样说的：

> 井田之变，豪人货殖，馆舍布于州郡，田亩连于方国。身无半通青编之命，而窃三辰龙章之服，不为编户一伍之长，以有千室名邑之役。荣乐过于封君，执力侔于守令。财赂自营，犯法不坐。刺客死士，为之投命。③

如此强大的富豪们的出现使得自耕农脆弱的经济状况进一步恶化。尤其在秦末和汉初，国民经济由于数年的战乱而陷入了完全瘫痪的状态。举个例子，连皇帝的御车也不能配齐四匹颜色相同的马，将军和宰相们出门坐的是牛拉的马车，平民们连穿的衣服也买不起，储备粮更不用说，已经空空如也。面对这种糟糕的财政状况，国家为了使生存所需的最低限度的财物流通，不得不进行货币改革。在这种情况下，强大的富豪们非法地制造铜钱，囤积生活必需品以牟取暴利。

> 汉兴，接秦之弊，丈夫从军旅，老弱转粮饷，作业剧而财匮，自天子不能具钧驷，而将相或乘牛车，齐民无藏盖。于是秦钱重难用，更令民铸钱，一黄金一斤。……而不轨逐利之民，蓄积余业以稽市物，物踊腾粜。……至孝文时，荚钱益多，轻。乃更铸四铢钱，其文为半两，令民纵得自铸钱。故吴，诸侯也，以即山铸钱，富埒天子，其后卒以叛逆。邓通，大夫也，以铸钱财过王者。故吴、邓氏钱布天下，而铸钱之禁生焉。④

强大富豪们的非法铸钱以及囤积生活必需品的行为最终引起了严重的通货膨胀。例如从米和马的价格比较中清楚地反映出了这种通货膨胀。1

---

① 参见《史记》，1431 页以下；《汉书 · 卜式传》，第 9 卷，2628—2630 页。

② 《史记 · 平准书》，1420 页。“当此之时，纲疏而民富……或至兼交豪党之徒，以武断於乡曲。”《汉书 · 食货志》，第 4 卷，1132 页。“因其富厚，交通王侯，力过吏势，以利相倾。”

③ 《后汉书 · 仲长统列传》，第 6 卷，1651 页。

④ 《史记 · 平准书》，第 4 卷，1417—1419 页；《汉书 · 食货志》，第 4 卷，1152—1153 页。

石(19.4 升)米为 1 万钱,一匹马为 100 金(1 金等于 1 万钱)。[①] 这种严重的通货膨胀现象导致了国民经济,尤其是自耕农户的零散生计变得支离破碎。[②]

为了根除持续的通货膨胀问题,恢复因与边疆游牧民族(特别是中国西北地区的匈奴族)持续多年的战争而变得疲惫不堪的国家财政,正如前面所引用的文章提到的那样,汉武帝将齐国的大盐商东郭咸阳和南阳的大冶炼匠孔仅任命为负责国家财政的"大司农、盐铁丞",将洛阳商人的儿子桑弘羊任命为会计侍中。汉武帝还将盐和铁制品的交易定为国家专卖。因此东郭咸阳和孔仅以皇帝财务部长的身份,对以前生意上的同行们严格实行了国家对盐和铁的垄断经营。他们不但逮捕了私下制造铁制器具和盐的人,而且还没收了他们的生产工具。[③] 另外对那些利用通货膨胀、囤积生活用品来获取利益的豪商们采取了压制的政策。原有的财产税只限于所有者申报的现金,因此可以说是一种所得税。但汉武帝新赋加的财产税不只包括货币所有量,还包括马车、船舶等各种所有物。

> 商贾以币之变,多积货逐利。于是公乡言:……商贾滋众。贫者畜积无有,皆仰县官……诸贾人末作贳贷卖买,居邑稽诸物,及商以取利者,虽无市籍,各以其物自占,率缗钱二千而一算。诸作有租及铸,率缗钱四千一算。非吏比者三老,北边骑士,车以一算,商贾人轺车二算,船五丈二上一算。匿不自占,占不悉。戍边一岁,没入缗钱。有能告者,以其半畀之。贾人有市籍者,及其家属,皆无得籍名田,以便农。敢犯令,没入田。[④]

汉武帝于公元前 114 年实行了这一提案,实际上是"对于隐瞒或虚假申报进行告发者"采取奖赏"所没收金额的一半"的政策。[⑤]《史记》和《汉书》中对这种没收运动是这样记载的:

---

① 《史记·平准书》,第 4 卷。"米至石万钱,马一匹则百金。"
② 参见《汉书·食货志》,第 4 卷,1132—1133 页和 1137 页。
③ 《史记·平准书》,1429 页;《汉书·食货志》,1164—1166 页。
④ 《史记·平准书》,1430 页;《汉书·食货志》,1167—1168 页。
⑤ 参见《汉书·武帝纪》,第 1 卷,183 页。"(元鼎三年)十一月,令民告缗者,以其半与之。"

卜式相齐，而杨可告缗遍天下，中家以上大抵皆遇告。杜周治之，狱少反者。乃分遣御史廷尉正监分曹往，即治郡国缗钱，得民财物以亿计，奴婢以千万数，田大县数百顷，小县百余顷，宅亦如之。于是商贾中家以上大率破，民偷甘食好衣，不事畜藏之产业，而县官有盐铁缗钱之故，用益饶矣。①

这样，国家一方面抑制商业，另一方面通过优惠的租税政策来鼓励农业，将农地税(田租)减半。

孝景二年，令民半出田租，三十而税一也。②

在创造了这种有利于农业条件的情况下，富豪们摇身一变成了大地主，也就是说豪商们开始对土地进行投资。《史记》中这样记载道：

关中富商大贾，大抵尽诸田，田啬，田兰，韦家，栗氏，安陵，杜陵，杜氏。……与时俯仰，获其赢利，以末致财，用本守之。③

豪商们兼并了贫农的土地。晁错指出，贫农们由于“洪水干旱等天灾、政治压迫和暴政、恣意征税”等因素而不得不将“自己的田地、房屋甚至连子女”也卖掉。④ 所以董仲舒这样记述道：

至秦则不然，用商鞅之法，改帝王之制，除井田，民得卖买，富者田连仟佰，贫者无立锥之地。又颛川泽之利，管山林之饶，荒淫越制，逾侈以相高。邑有人君之尊，里有公侯之富，小民安得不困？……屯戍一岁，力役，三十倍于古；田租口赋，盐铁之利，二十倍于古。或耕豪民之田，见税什五。故贫民常衣牛马之衣，而食犬彘之食。⑤

---

① 《史记・平准书》，1435页；《汉书・食货志》，1170页。
② 《汉书》，1135页。
③ 《史记・货殖列传》，第10卷，3281页。
④ 《汉书・食货志》，1132页。
⑤ 同上，1137页。

商鞅变法以后，商品经济的发达一方面形成了强大的富豪阶层，另一方面随着情况的不同而使无数贫农的零散生计走向没落。连"一块土地"也没有的穷人们为了与生存抗争而不得不"耕种富豪们的土地"，而且还必须从一年下来浸透血汗的收成中拿出一半作为地租交给他们。正如韩非子所暗示的那样，在战国时代已经出现了雇佣劳动者：

> 夫卖庸而播耕者，主人费家而美食，调布而求易钱者，非爱庸客也。[①]

因抑商政策而摇身变为大地主的富豪们现在可以一边缴纳条件优惠的田租（生产物的三十分之一），另一方面还可以从自己的佃户那里收取生产物一半的地租。对那些既不是封建贵族也不是高级官吏出身的富商来说，对土地的投资由于低廉的农地税和高价的地租而可以得到丰厚的收益。另一方面，由于中央政府的政治干涉，商业活动处于极不稳定的状态。也就是说，商品经济的发展被最大的地主即王室的利害所阻止。但是将私有土地租佃给那些因自然灾害、歉收、重税负担而没落的贫农，从中获取利益的土地租赁由于那些强大的富豪而逐渐成为普遍的现象。

随着社会生产力的增加和商业的发展而从底层跻身上来的富豪和地主们进一步通过收买官职与统治阶层勾结在一起。作为一项稳定"王室"物质基础的小规模自耕农户零散农耕的政策，晁错向汉文帝建议应抵制损害百姓农业生产的商业，同时搞活普通百姓的农业经济。此时他主张应该最优先鼓励粮食生产。作为贯彻这项政策的有效措施，晁错提议应按照向官衙捐献粮食的数量授予序品，"赦免犯人"。[②] 根据这一政策，汉文帝以捐献给边防军队的粮食数量为标准，授予了下列序品：

> 六百石爵上造，稍增至四千石为五大夫，万二千石为大庶长。各以多少级数为差。[③]

---

① 《韩非子・外储说左上》（下），638 页。

② 参见《汉书・食货志》，第 4 卷，1130—1134 页。

③ 同上，1134 页。"于是文帝从晁错之言。令民入粟边……"

汉朝原封不动地采用了商鞅确定的秦的序品(等级)体制。① 商鞅为了提高军事和生产效率②而不分世袭贵族的后裔和平民制定了20个序品之后,汉朝特别是汉武帝时给向国库捐献一定数量粮食的人授予了序品和官职,这些在《史记》和《汉书》中有多处记载。③ 通过卖官,汉武帝得以部分地克服了由于屡次的防御或扩张战争以及大规模的灌溉事业引起的国家财政困难。“入物者补官,出货者除罪。”④

另外,多数富豪由于财政首脑孔仅或东郭咸阳等的介绍而加入了官僚机构。⑤ 通过捐献财产或购买官职,除了不能成为立下赫赫战功的最高的大臣或皇帝的兄弟才享有的第一序品彻侯和第二序品关内侯,他们可以一直做到第三序品大庶长。⑥ 因此,如富有农民出身的畜牧业主卜式最开始被授予了助庶长的序品。另外富有的商人和地主们利用这种方式,通过买官得以掌握了保护和改善自己经济利益的政治权力。

还有一点我们不能忽视,那就是在地主中不仅有从下层跻身上来的富商和高利贷业主,还有利用自己的政治权力获得大量土地的高级官僚。

商鞅的社会改革以后,封土体制被废除,其结果是导致了高级官僚和军队将军们,如秦始皇军队的将军王翦,试图尽可能多地占有土地:

> 王翦行,请美田宅园池甚众。始皇曰:“将军行矣!何忧贫乎?”王翦曰:“为大王将,有功终不得封侯,故及大王之向臣,臣亦及时以请园池为子孙业耳。”⑦

在汉代,汉高祖的宰相萧何也为了自己的子孙而强行从百姓那里购买

---

① 参见《汉书·百官公卿表》,第3卷,739—740页。“爵:一级曰公士,二上造,三簪袅,四不更,五大夫,六官大夫,七公大夫,八公乘,九五大夫,十左庶长,十一右庶长,十二左更,十三中更,十四右更,十五少上造,十六大上造,十七驷车庶长,十八大庶长,十九关内侯,二十彻侯,皆秦制,以赏功劳。”刘劭:《爵制》(《后汉书·百官志五》十二),3631—3632页。

② 刘劭:《爵制》(《后汉书》),同上。另外参见《商君书》的《去强》及《靳令》篇,50、103页;《韩非子·定法》,906页。

③ 参见《史记·平准书》,第4卷,21—23,28,29,31,35、1419页;《汉书·食货志》,第4卷,57—59、66—67、75、1133—1135页。

④ 《汉书·食货志》,1157页。

⑤ 《史记·平准书》,1429页;《汉书·食货志》,1166页。

⑥ 《史记·平准书》,1421页;《汉书·食货志》,1167页。

⑦ 《史记·白起王翦列传》,第7卷,2340页。

农田。[1] 因此自商鞅的社会改革以来,到了汉代还继续存在着土地的买卖。甚至连汉武帝也为了避免自己出行如狩猎时的公开露面,下令对阿城以南、盩厔以东、宜春以西的土地大概进行计算之后加以购买。[2]

随着"官僚制"国家政府的成立,官僚们——当然其中的大多数以前是地主——通过他们的俸禄和捕捉政治机会拥有了私有土地。

据颜师古(581—645)记载,国家政府的官僚们根据他们的序品来领取俸禄。譬如,最高宰相三公按照他们的俸禄被称为"万石"(1 石 = 19.4 升),他们每月领取 350 石的粮食,"二千石"每月可领取 120 石。被称为"百石"的最下级官僚每月可领取 16 石。[3] 根据李悝(前 455—前 395)的计算,耕种 100 亩的农户年收入为 150 石。[4] 这 150 石的年收入对五口之家来说显然是不够的,因此 100 石的下级官僚即使每月有 16 石,即年收入达到约 200 石,这也只是刚够维持他们的生计。[5] 也就是说,作为下级官僚的职务与出身底层而拥有庞大私有财产的富豪们相比,在物质上并没有给他们带来可观的财富。

根据司马迁的记载,平民出身的富农、矿山主、冶匠主、贸易商人中由于财产可以与封土所有者相媲美,因此也有人被称为"素封",意思是"庶民封君"(zivile Lehensherren)。商鞅的社会改革以后,封土所有者只享有附加田租和人头税的特权。这两种税每年每户平均大约 200 钱。以管辖 1000 户的封土所有者为例,年收入为 20 万钱,其中有一半要作为贡纳上交给天子。[6] 按照 1 万钱贷款可获得 2000 的年利息来计算,有 100 万钱的高利贷业者每年的利息额也是 20 万钱。当然其中要扣除各种租税和赋役税。[7]

但升到高层的官僚可以名利双收。有一个这样的例子,元帝时任光禄

---

① 《史记·萧相国世家》,第 7 卷,2018 页;《汉书·萧何传》,第 9 卷,2847 页。

② 《汉书·东方朔传》,第 9 卷,2847 页。

③ 参见《汉书·百官公卿表》,第 3 卷,721 页的注。"(颜)师古曰:汉制,三公号称万石,其俸月各三百五十斛谷,其称中二千石者月各百八十斛,二千石者百二十斛,比二千石者百斛,千石者九十斛,比千石者八十斛,六百石者七十斛,比六百石者六十斛,四百石者五十斛,比四百石者四十五斛,三百石者四十斛,比三百石者三十七斛,二百石者三十斛,比二百石者二十七斛,一百石者十六斛。"

④ 《汉书·食货志》,1125 页。

⑤ 同上。

⑥ T' ung-tsu Ch' ü(瞿同祖), *Han Social Structure*, p.91.

⑦ 《史记·货殖列传》,第 10 卷,3272 页。"今有无秩禄之奉,爵邑之人,而乐与之比者,命曰'素封'。封者食租税,岁率户二百。千户之君则二十万,朝觐聘享出其中。庶民农工常贾,率亦岁万息二千,百万之家则二十万,而更徭租赋出其中。"

大夫(王室警卫队队长)的贡禹对自己的情况是这样说的:

臣禹年老贫,家訾不满万钱,妻子糠豆不赡,裋褐不完。有田百三十亩。陛下过意征臣,臣卖田百亩以供车马。至,拜为谏大夫,秩八百石,奉钱月九千二百。廪食太官,又蒙赏四时杂缯绵絮衣服酒肉诸果物,德厚甚深。……又拜为光禄大夫,秩二千石,奉钱月万二千。禄赐愈多,家日以益富,身日以益尊。①

依靠皇帝赐予的厚禄和奖赏,大官僚们拥有了大量的财产。成帝的宰相张禹就是一例。

天子数加赏赐,前后数千万。②

在辅佐皇帝左右的几位官僚——不管是皇帝的外戚还是宫廷中皇帝私人的侍从或宦官——的争夺中,"官僚制"本身越是朝着有利于他们的方面倾斜,就越是需要支付巨额的赏赐。在前汉后期,辅佐年幼皇帝的摄政每每落到了皇帝的外戚手中,因此几个强大的官僚获得了大量的赏金。有一次哀帝没有听从宰相王嘉的忠告,将两千多顷的广阔土地赐予了名叫董贤的高级官僚。③

除此之外,官僚们还依仗自己手中的政治权力来置备财产。例如汉武帝时曾任官僚的甯成利用自己建立的政治关系从国家那里租赁了数千顷的丘陵地。他将这些地租佃给数千户农民,没过几年不但还清了全部债务,还获得了多达数千万的庞大财产。④

担任法务部长(廷尉)的张汤与居住在首都长安的豪商田甲和鱼翁叔结下了交情。田信通过这种亲密关系往往首先知道国家的经济政策,因此囤积居奇进行投机,获得了丰厚的利润,将其中一部分分给了张汤。⑤ 当张汤因其与商人私通的罪名被追究而自杀时,他通过这种方式积累的财产已经

① 《汉书·贡禹传》,第10卷,3073页。
② 《汉书·张禹传》,第10卷,3349页。
③ 《汉书·王嘉传》,第11卷,3488—3496页。
④ 《汉书·酷吏传》,第11卷,3649—3650页。"甯成,南阳穰人也。……乃贳貣陂田千余顷,假贫民,役使数千家。数年,会赦,致产数千万。"
⑤ 《汉书·张汤传》,第9卷,2638—2645页。

达到了500金(1金=1万钱)。[①] 汉代10金被认为是中等的富裕家庭所拥有的财富[②],由此来看张汤的财产相当于中产阶层财产的50倍。

另外我们还应注意的是,功勋显赫的大臣和皇帝的兄弟被授予彻侯或关内侯以及非常高的序品,同时在汉初还被授予了封地。当然这些封地主不享有对百姓和土地的政治权力,只有对自耕农户附加人头税和田租的权力,因此汉代的封地制度与周朝世袭贵族的封建领主们作为自主的统治者而对居民和土地享有直接政治权力的世袭贵族的封地制度是有本质区别的。前面已经讲过,这些封地主的年收入是按照居住在封地区内的家庭数来计算的。被授予封地的不只是功臣和皇帝的家庭,例如相国等处在所有官僚最高职位的帝国的宰相也被授予了封地。汉武帝将丞相公孙弘任命为高成邑650户的平津侯。[③] 从那以后,最高官僚们常被授予大大小小的封地。如果按照被赐予的家庭数来计算年收入(按照司马迁是每户200钱),平津侯公孙弘的年收入是13万钱。这里扣除约一半以上应交给皇帝的贡纳,可以剩下约6万钱的实际收入。

通过以上的方式,高级官僚们随着时间的推移"合法"或"不合法"地积累了庞大的财产。再加上由于当时的土地租佃条件可以获取很多利益,如田蚡[④]、灌夫[⑤]、霍去病[⑥]、张禹等将大部分财产投资了土地。这里让我们来看一下前面提到过的成帝宰相张禹的例子:

> 天子数加赏赐,前后数千万。禹为人谨厚,内殖货财。家以田为业,及富贵,多买田至四百顷,皆泾渭溉灌,极膏腴上贾。[⑦]

东方朔曾说,鄠(今陕西户县)和镐(今陕西西安)之间的地区,也就是首都(今西安)一带周围的地区由于其灌溉设施而"产量很高",因此被称为"沃土"。东方朔认为这些沃土的价格是每亩1金。[⑧] 在前面的引文中张禹购买

---

① 《汉书·张汤传》,2646页。
② 《汉书·文帝纪》,第1卷,134页。"上曰:百金,中人十家之产也。"
③ 《汉书·公孙弘传》,第9卷,2620—2621页。
④ 《汉书·田蚡传》,第8卷,2380页。
⑤ 《汉书·灌夫传》,第8卷,2380页。
⑥ 《汉书·霍去病传》,第8卷,2478页以下。
⑦ 《汉书·张禹传》,第10卷,3349页。
⑧ 《汉书·东方朔传》,第9卷,2849页。"故鄠镐之间号为土膏,其贾亩一金。"

了 400 顷肥沃的农田，因此他应该支付 4 万金。由此便可以看出他拥有雄厚的财产。

现在来概括一下前面叙述的内容。战国中期以来，以及之后随着前汉时代私有制的成立和商业的繁荣，过去属于下层的众多富豪——豪商、商人、冶匠主、高利贷业者——获得了权力和财富。这些富豪借助于自己的财富可以和高级官僚以及封土所有者们进行交往，在地方"独断专行"，作威作福。但国家的物质基础是建立在小农们的经济稳定之上，而这些富豪的财产增加却是以小农们零散农耕的牺牲作为代价的，因此这些富有的贸易商和商人遭到了"最大的地主"王室或国家的政治镇压。

相反，国家通过降低农田税来鼓励自耕农的农业经济。面对国家对商业行为的镇压和对农业经济的鼓励现状，由于偏低的农田税（十五分之一，有时甚至是三十分之一）和极高的租佃费（平均收成的一半）可以使农业产生很高的收入，因此这些来自下层的富豪用他们的财产对土地进行了投资。这些富有的地主为了进一步从政治压迫中保护乃至改善自己的经济利益，通过购买官职和序品与政治权力建立了联系。另一方面，高级官僚们通过俸禄、赏赐、封土收入以及依靠合法或不合法的方式拥有了大量的财产。有权有势的官僚们因为优越的租佃条件而与下层出身的富豪们一样将自己的大部分财产投资到了土地上。

这样，来自两个不同阶层的地主们为了克服王室或国家，即最大的地主施加的"政治干涉"，进一步不惜牺牲国家来提高他们自己的利益，并努力试图掌握政治权力或依靠政治权力。另外，这些——原本就是官僚或官僚培养出的——地主阶层随着时间的推移改变了王室或国家的官僚制度，使其有利于自己的经济利益。总之，"东方专制主义"由于"官僚-地主"而从根本上遭到了破坏。

2.驳"东方专制主义"说并论官僚-地主的支配地位

为了论证以上的命题，特别有必要讨论一下战国时代中叶以来在以绝对君主为中心的"官僚制中央集权政府"（die bürokratische Zentralregierung）的形成过程中出现过的以皇帝为代表的巨大的中央权力。这里首先要探讨的是从公元前 221 年到随着"辛亥革命"爆发而正式降下帷幕的王室的官僚制中央政府。经历 15 年而告终的秦帝国的官僚主义体制被紧接其后的西汉时代全盘接受并得到完成。之后东汉的这一官僚主义体制在后代的各王朝中也构成了皇帝统治制度的根本结构。

换句话说，在中国存在了两千年以上的儒家式社会里，前汉的这一官僚体制成了主要的基础。基于这个原因，笔者认为首先有必要考察西汉时代这一官僚主义体制所具有的各种问题。在这里笔者想将最高的国家统治者，同时又是最大地主的皇帝的“脱权力化”问题作为儒家式社会的本质问题来进行讨论，也就是要阐明皇帝的绝对权力随着时间的推移被其周围的官僚们所压倒，最终变得软弱无力是如何成为惯例的。

传统上被称为“天子”的皇帝在中国皇帝式的中央政府中处在最顶点。在皇帝可以统率自己所有官僚的前提下，皇帝被认为是“所有权力、名誉、社会特权的来源”。① 皇帝的话即被看作所有人必须服从的法律本身。② 换句话说，中国的皇帝在法律上（de jure）是“专制君主”（Despot），或者更恰当地说是“东方式的独裁者”（orientalischer Despot）。

但皇帝绝对的支配权力必然要通过官僚们的职能来体现。因为任何一个统治者也不可能精通可以掌管如此辽阔的中国领土的所有军事和行政问题。因此形成了中国皇帝的官僚中央政府，地方统治者们的地方政府附属于此。在汉代，中央政府的上级机构分化为下列机构或官职：

三公：
相国，即帝国的宰相
太尉，即大元帅
御史大夫，即帝国的秘书长
九卿：
太仓，即礼典官长
郎中令，或光禄勋，即王室警卫队队长
卫尉，即卫兵队队长
太仆，即御车和御马管理长
廷尉，即司法官长
大鸿胪，即外国使节接待长官

---

① Wang Yü-ch'üan（王毓铨），“An Outline of the Central Government of the Former Han Dynasty”，HJAS，vol.12，1–2，1949，p.142.

② 参见《汉书·杜周传》，第9卷，2659页。“客有谓（杜）周曰：‘君为天下决平，不循三尺法，专以人主意指为狱，狱者固如是乎？’周曰：‘三尺安出哉？前王所是著为律，后主所是疏为令。当时为是，何古之法乎？’”

宗正，即王室祭祀总官
大司农，即国库责任长官
少府，即王室财政厅

这种由九卿所组成的行政部门全都是由俸禄标准为"中二千石"以上的高级官僚们来管理，当他们的业务量增多的时候，按照职能又细分出下级机构。这些行政部门由皇帝直接管辖，按照不同职能，也有一部分由相国管辖。

中央政府的三公直属于国家最高统治者皇帝。在三公中太尉（大元帅）是掌管军事事务的职务，不是常设职位。这一职位根据需要可以变动，在公元前139年就被汉武帝废除。[①] 其后太尉的职责附加给了丞相（相国）。[②] 丞相平时负责行政事务，必要时也掌管军事事务。

作为政府负责人的相国在汉代又被称为丞相，后来又称大司徒。[③]《汉书》中记载丞相的任务是"掌丞天子助理万机"[④]，是以德辅助国家、统率所有官僚、保障万国和平的职务，因此责任十分重大[⑤]。

哀帝在解职敕书中是这样谴责丞相孔光的：

丞相者，朕之股肱，所与共承宗庙，统理海内，辅朕之不逮以治天下也。朕既不明，灾异重仍，日月无光，山崩河决，五星失行，是章朕之不德而股肱之不良也。……君秉社稷之重，总百僚之任，上无以匡朕之阙，下不能绥安百姓。[⑥]

这段引文清楚地告诉我们，丞相是皇帝的辅佐者和所有官僚的头目，在皇帝对国家的统治中负有全责。出于这个原因，丞相享有不同于其他官僚的特权。对于不管是中央政府还是地方政府中600石以下的下级官吏，丞相还享有可以不与皇帝商议而首先任用官僚的权力。另外，他还有向中央政

① 《汉书·百官公卿表》（三），725页。
② 《汉书·循吏传》（十二），3634页。"太尉官罢久矣，丞相兼之，所以偃武兴文也。"
③ 《汉书·百官公卿表》（三），724—745页。
④ 同上。"相国，丞相，皆秦官……掌丞天子助理万机。"
⑤ 《汉书·王商传》，第10卷，3374页。"盖丞相以德辅翼国家，典领百寮，协和万国，为职任莫重焉。"
⑥ 《汉书·匡张孔马传》，第10卷，3357—3358页。

府和地方政府非常重要的职位推荐合适人选的权力。①

丞相的义务是掌管由所有地方政府乃至在法律上由王室的官僚们所统治的几个“形式上”的封国。也就是说,是站在皇帝的中央政府的立场上来统治整个帝国的工作。王毓铨对此作了下面生动的描述:

> 他的政务室里堆满了有关土地和人口的图表、国家的地图、地方政府送来的关于秋收与山贼的报告、地方政府的财政报告等。每到年末——按照惯例是十月末——来自各郡的派遣员来到宫中上交年度报告,年度报告中的一份副本交给丞相的政务室,另一份交给御史大夫。丞相过目后在年后核定地方行政官的等级,制作关于行政官升降的推荐书。派遣员回去之前,丞相向派遣员下达行政指示,这样指示就可以传达给郡的行政官。地方行政官无法解决的讼事便委任丞相决定。当问题需要上级解决,或发生某一特殊行政问题时,丞相将自己的一个部下急派到当地。地方行政官不能镇压该地方发生的叛乱时,丞相派遣自己的一名亲信前去平定。这所有的职责和权力是从丞相负责郡的行政中得出的逻辑结论。②

丞相还必须通过在中央政府和地方政府中严格管理官僚来限制形成品阶秩序的官僚的职能。

直属于丞相的司直(监督官)便负责对所有官僚的玩忽职守或滥用职权进行监察的事务。③

在官僚社会内处于最高权力者麾下的丞相府,简单地说就是帝国中央政府的核心机关。丞相府的管辖范围极其广泛,下有与九卿相当的级别非常高的官僚和其他众多的雇员。《汉旧仪》中记录了丞相府所包括的下列常任职位:

> 丞相府中有丞相司直,秩比二千石,举不法;丞相长史,秩千石,领导群吏。以下有丞相征事,比六百石;丞相史,四百石;少史,三百石;属史,百石;令史,斗食。丞相史本为十五人,武帝时增为二十人,少史八

① Wang Yü-ch'üan,前引书,p.145。
② 同上,146页。
③ 《汉书·百官公卿表》(三),725页。“武帝……初置司直,秩比二千石,掌佐丞相,举不法。”

十人，属百人，属史百六十人。[①]

汉武帝在位期间的公元前117年，丞相府的正式官僚人数已经达到382名，另外还有辅助人员282名。这样丞相府官僚的定员是664名。[②] 丞相府分为15个部门，因此各郡的地方政府或县的行政也照此进行了编制。[③]

为了对丞相重大和艰巨的事务进行支持或监视，御史大夫即"帝国的秘书"被任命为副丞相。两人对重大的事件必须互相进行商议。但在俸禄或名誉、权力方面，丞相要大大超过御史大夫。譬如，如果丞相的俸禄是每年10000石，那么御史大夫最多不过是"中二千石"。九卿和郡太守的俸禄为每年2000石。[④] 丞相受到所有大臣以及皇帝很高的尊敬。"丞相谒见皇帝时，皇帝在他面前也要起立。如果皇帝坐轿，要下轿来迎接丞相。丞相生病时，皇帝自然要去丞相的家中慰问，丞相死时皇帝要为他祭祀。"[⑤]作为所有官僚的首脑，丞相的地位是非常高的。御史大夫兼副丞相的萧望之由于对当时的丞相丙吉未行恰当的礼仪而出了问题，被宣帝降职。[⑥] 丞相的权力非常大，甚至可以不与皇帝商议就先对高级官僚进行惩罚。[⑦] 丞相申屠嘉曾对深受文帝宠爱的邓通进行了非常严厉的惩罚，邓通由于文帝私下请求赦免才勉强免于一死。[⑧] 另外一个例子是，哀帝所下的诏书在丞相王嘉看来太过轻率，因此退回了皇帝的诏书。[⑨]

简而言之，笔者认为，正如《后汉书》中陈忠所论证的那样[⑩]，尤其是在前汉初叶皇帝对丞相表现出极大的度量。从公元前194年到公元前141年之间，即在汉武帝以前的时期，皇帝是汉王朝创建者汉高祖的儿子或孙子，丞相们则是从因建国有功已经获得列侯和关内侯序品的汉高祖的功臣中选拔

---

① 〔汉〕卫宏：《汉旧仪》，这里引用自劳干《汉代的政制》，见《中国政治思想与制度史论集》(三)，台北，1955年，9页。

② Wang Yü-ch'üan，前引书，p.137。

③ 劳干，前引书，9—10页。

④ 曾繁康：《中国历史官制》，见《中国政治思想与制度史论集》(二)，14页。

⑤ 参见T'ung-tsu ch'ü，前引书，p.85；另参见《汉书·翟方进传》(十)，3414页，"丞相进见圣主，御坐为起，在舆为下"；《汉书·张汤传》(九)，2641页，"汤尝病，上自至舍视，其隆贵如此"。

⑥ 《汉书·萧望之传》(十)，3281页。"上于是策望之曰：'有司奏君责使者礼，遇丞相亡礼，廉声不闻，傲慢不逊，亡以扶政，左迁君为太子太傅，授印。'"

⑦ 《汉书·晁错传》(八)，2299—2300页；《史记·张丞相列传》(八)，2684页。

⑧ 《史记》，2683—2684页。

⑨ 《汉书·王嘉传》(十一)，3498页。"(王)嘉封还诏书。……王者，代天爵人，尤宜慎之。"

⑩ 《后汉书·郭陈列传》(六)，1565页。"汉典旧事，丞相所请，靡有不听。"

的。如果皇帝们对这些功勋卓著的大臣表示尊敬,那么中央政府的这些功臣丞相或高级官僚就像对待挚友的子女一样对皇帝表示忠诚。① "对皇帝要求尊敬,对大臣们要求献身。这一时期的皇帝们在政治的决策上没有行使明确的主导权。"②

但自公元前140年以后,即汉武帝即位之后,汉武帝努力掌握作为最高统治者的皇帝所享有的绝对权力来与丞相负责运营的"国家政府"相抗衡。因此为了与丞相管理的"国家政府"相对抗,汉武帝集中力量在宫中建立一种核心权力机关。这时汉武帝使用了自己直接控制下的机构(部署),尤其是郎中令(王室警卫队队长)和少府(王室财产厅)。之后中国的历史学家们将皇帝在宫中的"核心权力机关"称为内朝或中朝(内府或宫中政府),将丞相领导下的正常的国家政府称为外朝(外部政府)。

汉武帝为了确保自己的绝对地位,首先大幅度地扩充了郎中令,即一个名为光禄勋(政务室在宫中的王室警卫部门)的小机构。郎中令原来只负责警备宫中出入的任务③,但随着时间的推移,增加了对所有不管是谒见皇帝还是经常和皇帝接触的人进行调查的职责。通过这种方式,在汉武帝的主管下,郎中令这一职务发展成为称作光禄勋的综合性机构。

对于这个机构,我们通过《汉书》可以发现以下几点:④

(1)郎中令即光禄勋的职责在汉武帝在位期间设立,发展成为皇帝权力的据点。

(2)光禄勋职责的比重从隶属于此的官僚和侍从的数目中可以看出。"郎"(宫中侍从)超过1000人,亲卫队(期门和羽林)的人数也超过了1000人。

(3)公元前117年在丞相府工作的官僚为664名,与之相比作为皇帝宫中"个人警卫室"的光禄勋在人员上比丞相府多了4倍。

(4)如前所述,在丞相府中只有"丞相司直"才享有比二千石的序品,下面的"丞相长史"享有比千石的序品。而在光禄勋下面比二千石的序品就有4名,比千石的序品超过了6名。另外还有"大夫"、成百上千的"郎"、享有从八百石到三百石的序品的"期门"和"羽林"等亲卫队。

---

① Wang Yü-ch'üan,前引书,p.163。
② 同上,pp.163-164。
③ 《汉书·百官公卿表》(三),727页。"郎中令,秦官,掌宫殿掖门户,有丞。"
④ 同上,727—728页。

(5)皇帝从两千多名侍从或身边警卫中挑选出的精英(即数十名的“大夫”)作为皇帝的宫中要员,参与政治问题。

这个由汉武帝设立为皇帝权力据点的光禄勋必然导致了丞相权力的萎缩。

汉武帝在“大夫”即宫内参谋们的帮助下,试图给强大的大臣们和丞相以致命的打击。这些宫内参谋即光禄大夫、太中大夫、谏大夫等同时也是皇帝的私人参谋。他们有参加宫廷会议的权利,为了皇帝而和高级大臣或丞相就重大的国事进行争论。汉武帝让数十名宫中参谋(大夫)与大臣和丞相们一起进行讨论,依靠自己身边从“内朝”中选出的精英们的帮助,首先在论辩中压倒了大臣和丞相们。[①] 通过这样方式,汉武帝可以在宫廷内部的权力核心机关(内朝)中按照自己的意志控制所有的大臣。作为专制君主的汉武帝彻底破坏了由大臣和丞相统率的正常的国家统治机构(外朝)。

其中的一个例子是汉武帝在统治了占西汉时代四分之一的53年中,共任命了多达11名丞相。在这11名丞相当中,有6名(即窦婴、李蔡、庄青翟、赵周、公孙贺、刘屈氂)因叛国嫌疑或参与阴谋而被处以死刑,或被判无期徒刑,被迫自杀。[②] 其他的丞相也被迫充当了皇帝傀儡的角色。汉武帝将容易控制、智力低下的平庸之辈——如曾任皇帝的饲马官(太仆)、后于公元前91年至公元前80年任丞相的石庆——任命为丞相。

就这样,为了控制没有个性且无能的丞相和大臣,同时随心所欲地行使作为最高统治者的支配权力,汉武帝将善于争论的人才任命为“大夫”(宫廷参谋)。为了从全国招募这种人才,汉武帝强化了自古以来就存在的“郎”(宫内侍从)官制度。前面已经指出过,“郎”原本是守卫宫廷的大门、当皇帝出行时列队的侍从,但根据不同情况也可以起到亲卫队的作用,保护皇帝的安全。在汉王朝初叶,有不少享有二千石序品的高级官僚的子弟或向国家财政捐献了大量财产的人被选拔为“郎”。[③]

惠帝和文帝颁布诏书,下令各地推荐“诚孝勤劳的农民”(孝弟力田)到郡政府和下面县一级的政府,向王室推荐道德高尚的文士(贤良文学)。“郎”就是这样从地方政府或地方衙门选拔推荐的人当中招募的。但当时这种选拔或推荐还没有形成正规的制度。武帝在公元前134年将这一选拔推

---

① 徐复观:《周秦汉政治社会结构之研究》,229页。

② 同上,225页以下。

③ 翦伯赞主编:《中国史纲要》(一),125页。

荐制度确定为成为官僚的正规程序。[①] 武帝又进一步于公元前124年设立了"太学",接收那些由地方政府和地方官衙推荐的"德高望重而正直者"(贤良方正),让他们继续钻研学业。一年的学业完成后,"王室大学生"们如果在国家考试中合格就被选拔为"郎"。[②] 武帝约有3000名从全国选拔、在太学受过教育的侍从(郎)。[③] 这样,武帝就将全国的人才作为自己的私人侍从安置在身边,亲自评价他们的才能,赋予他们所需要的官职,以捍卫自己的绝对权力。

让我们继续关注一下汉武帝是如何从根本上破坏了正规的国家政府机构而成立了新的宫内权力核心机关的。这要从隶属"少府"的尚书的崛起说起。与担任宫内皇帝身边保卫职务的光禄勋一样,负责皇帝私人消费的财政机构少府与皇帝有着牢固的纽带关系。这个少府在汉初分成16个部门,其中的一个部门就是"尚书"(记录官)。[④] 王毓铨对于这个"尚书"部门是这样描述的:

> 记录官原来是少府所属的下级官吏。记录官负责准备和保存国家文书,被派入宫中。武帝在位期间他们的业务扩大,开始接收官吏上诉的记录。由于他们在宫内工作,参与准备法令和敕令,因此皇帝常常向他们请教一些政治问题,因此尚书逐渐占有了政治的比重。如果丞相(相国)等高级官吏滥用自己的职权,尚书令常被派去对其进行审问。当御史大夫的位置出现空缺时,尚书令必须讨论二千石序品大臣们的记录,决定其中谁是合适人选。另外,为了评价升职,尚书的业务室中保管着立功的地方官吏的名单。巡回监史回到京城写关于自己视察的地方政府的报告时,必须拜见尚书令。尚书的权限曾高至这个程度。因此前将军萧望之于公元前46年说尚书一职是所有职责的基础,尚书是国家的核心机关。尚书超过了丞相和御史大夫并控制着他们。[⑤]

汉武帝即位以前的尚书是少府的下级官僚,职位极其低下,因而不能参

---

① 翦伯赞:《中国史纲要》(一),126页。
② 钱穆:《国史新论》,100页。
③ 同上。
④ 《汉书·百官公卿表》(三),731—732页。
⑤ Wang Yü-ch'üan,前引书,p.170。

与国事。但是从武帝开始,尚书们在宫中作为皇帝的私人秘书进行活动,因而随着时间的推移,他们获得了政治权力。尚书的政治意义和权力是随着丞相府丧失其政治意义而逐渐加强的。在汉武帝执政期间,尚书一职替代了丞相一职而扩大到了可以行使正规的国家政府作用的程度。尚书职包括了下面的下级部门:①

常侍曹:为常任职所设的部门,负责关于丞相和御史大夫的事务;

二千石曹:为二千石序品所设的部门,负责关于九卿和郡太守等二千石序品的高级官吏和部刺史的事务;

户曹:为民间事务所设的部门,负责百姓请愿等事务;

客曹:为外国使节所设的部门,负责外国的问题。

另外,公元前29年成帝又增设了另外一个部门:三公曹。它是为三公而设的部门,负责刑事问题。

这样,尚书府在组织上已经是规格完备的政府,甚至在权力方面行使了作为凌驾于丞相(相国)管理的正规国家政府之上的"超政府"职能。为了不让丞相继续进行国家统治而是由内朝进行控制,汉武帝相当于在宫廷内部建立了新的超政府。这一超政府的"行政"正是放在尚书的手中。

总而言之,为了行使真正的独裁,汉武帝从根本上破坏了正规的官僚主义的国家政府机构。也即是说,"官僚主义的秩序"乃至"管理权力"由于汉武帝的"专制主义的意志"而从本质上崩溃了。

为了更深入地探讨这一事实,有必要关注一下汉武帝的独裁所导致的结果。

汉武帝持续了长达53年的独裁支配到最后变成了"摄政",这种结局可以说是一种历史的嘲弄。继承汉武帝的皇帝们没能拥有汉武帝通过破坏正规的官僚主义中央政府所确保的绝对权力。汉武帝在公元前87年自己临终时所制定的摄政,按照汉武帝的想法只是为了用于辅佐7岁登上王位的年幼的昭帝的统治。② 但摄政却成为了"永久的"制度。也就是说,摄政一直持续到了公元8年,即一直到最后的摄政王莽完成摄政统治后试图自己登上帝位的西汉结束时为止。

"摄政"一般是从年高并立下功勋的大将军中选拔,其面对"名义上"的

---

① Wang Yü-ch'üan,前引书,p.171;徐复观,前引书,232—233页。

② 《汉书·霍光传》(九),2932页。

国家首脑皇帝事实上享有无限的权力。当然摄政按照传统的"形式上"的官僚主义品阶秩序应从属于丞相。① 但最初的摄政霍光自己统治了整个政府，丞相车千秋在现实中也不得不听从于摄政。② 摄政霍光的权力非常大，在昭帝死后即公元前74年是当时最强大的权力所有者，他甚至可以让汉武帝的孙子刘贺登上帝位27日后又令其退位。③

由于摄政的出现而使官僚主义的中央政府产生了根本的变动。这一变动的责任从根本上来说在于专制君主汉武帝。

丞相与九卿下属的正规国家政府在现实中最终从属于在宫廷内为皇帝而形成的核心权力机构。"外朝"只是执行所谓超政府的"内朝"的指示，沦落为单纯的执行组织。

而现在作为最高权力者出现在名义上的国家首脑皇帝面前的已经不是丞相，而是皇帝身边的亲信，也就是摄政。

与汉武帝一样，摄政霍光作为最高权力者所拥有的基础也是作为内朝核心机关的尚书。在强大的摄政霍光死后，宣帝得以自己主导统治国家。但他也是利用了尚书府。④ 从那以后，尚书或尚书令一直被皇帝赋予了对丞相进行批评或弹劾等任务。⑤ 在这种状况下，如前面的引用，尚书的职位成了"所有官吏的基础兼国家的核心机关"。⑥ 尚书令的权力实际上超过了丞相。因此摄政们经常要密切注意尚书的活动。⑦

这样在尚书上升为权力最高峰的同时，另一个被称为宦官的集团也正在崛起。王毓铨对西汉时代的宦官得势是这样记录的：

> 原来武帝在传达文书时利用宦官。因为他喜欢待在宫内，因此将几个宦官任命为宫内尚书（中尚书）或中书，负责将送给皇帝的文件带回宫内。这些"中尚书"们的长后来确定，被称为"尚书令"。宦官们的这些业务是在昭帝，尤其是在宣帝时得到了确立。但他们没有任何政

① Wang Yü-ch'üan，前引书，p.167。

② 徐复观，前引书，247页以下。

③ 《汉书·霍光传》（九），2937—2946页；徐复观，前引书，247页。

④ 徐复观，前引书，254页以下。

⑤ 同上，255—256页。

⑥ 《汉书·贾捐之传》（九），2835页，"尚书，百官本"；《汉书·佞幸传》（十一），372页，"尚书，百官之本，国家枢机"。

⑦ Wang Yü-ch'üan，前引书，p.170。

> 治权力。到了宣帝执政后期,宦官弘恭才被任命为中书令。据说弘恭不但精通法律、敕令、惯例等,还擅长提出周到细致的建议,执行任务非常出色。我们从弘恭的故事中可以得知,至少到了公元前1世纪后半期中书令才将自己的活动范围扩大到了政治。公元前47年弘恭死后,另一个名为石显的有能力的宦官占据了弘恭的位置。由于元帝迷醉于音乐并且身体虚弱,因此自己不参与政治,将政治问题交给了石显。①

其结果是最后石显掌握了所有的权力:

> 事无大小,因显自决,贵幸倾朝,百僚皆敬事显。②

如果有谁与石显进行对抗,那么不管是谁——不管对方处于何种要职,是尚书令还是光禄勋——都被迫自杀或处以死刑。③ 石显为了进一步奠定自己的权力基础,预谋成立一个由中央政府和地方政府身居要职的几个负责人组成的私党。④ 现在到了我们根据前面所叙述的内容来得出结论的时候了。

我们已经知道,皇帝的中央集权式的大权力由于汉武帝对正规的官僚主义国家政府机构的破坏而达到了顶点。但在他死以后,皇帝的绝对支配权便落到了拥有"摄政""尚书令""中书令"等职务的皇帝"个人亲信"们的手中。

皇帝的个人亲信们首先是皇帝的母亲即"皇太后"和她的近亲们,其次是在宫内担任皇帝"个人秘书"的尚书,尤其是中书,即宫内单独服侍皇帝或皇太后的宦官们。按照儒家的习惯,皇帝也必须向自己的母亲尽孝道,另外皇帝的母亲对于皇帝是作为与之有血缘关系的保护者而高高在上,因此皇帝的母亲一般作为"皇太后"享有很高的威严和权力。在这种状况下,皇帝的外戚们可以不按照官僚制的秩序而只是根据皇帝或皇太后的宠爱程度被任命重要的职责。⑤ 例如,汉武帝死后被认为是最强大的官吏的15名摄政

---

① Wung Yü-ch'üan,前引书,pp.171-172。

② 《汉书·佞幸传》(十一),3726页。

③ 同上,3727页。

④ 同上。

⑤ 参见T'ung-tsu Ch'ü,前引书,pp.168-174,210-219。

中有10名是皇帝的外戚。尤其是自第3代摄政中的韩增以后,摄政大多是从皇帝的外戚中选出的。[①] 皇帝的外戚们在政治上进行垄断的结果是,感到自己的权力被他们彻底封锁的皇帝又通过任用另一集团的“个人亲信”们——多数是宦官,来试图改善对自己不利的政治势力关系。但在这种情况得到改善之后,这些皇帝又重新被与自己有很深的个人关系的新的功臣们,即自己的宦官们封住了权力。

自从正规的国家政府被汉武帝彻底破坏以后,在持续了两千年以上的中国儒家式社会里,皇帝式的中央政府大致上来讲已经不再是由皇帝,即名义上的国家首脑进行统治的,而是由与皇帝有密切纽带关系的身边的官僚集团,即皇帝的外戚或宦官等集团所统治的。这是因为,正规的官僚制国家机构常常是被专制的皇帝(大部分是为争夺天下霸权或创建王朝而战斗过的王朝第1代或第2代皇帝)从根本上所破坏。

徐复观认为,光武帝和明帝(58—75在位),即东汉的第1代和第2代皇帝破坏了由丞相统率的官僚主义国家统治。他们为了对抗统治国家的强大官僚们,对担任个人侍从职能的尚书备加宠爱。[②] 国家权力最终从第4代和帝(89—104在位)一直到最后的献帝(189—220在位),被当时与皇帝有密切关系的官僚,即皇帝的外戚和宫内的宦官彻底地破坏了。这一情况很好地反映在各个皇帝登上帝位的年龄上。

例如,第4代和帝登基时是10岁,第5代殇帝(106年)是100日的婴儿,第6代安帝(107—125在位)是13岁,第7代顺帝(126—144在位)是11岁,第8代冲帝(144—145在位)是2岁,第9代质帝(146年)是8岁,第10代桓帝(147—167在位)是15岁,第11代灵帝(168—189在位)是12岁,末代皇帝献帝(190—220)是9岁。[③] 这里我们不难想象,8岁或10岁的小孩以及刚过百日的婴儿是不可能作为最高的权力者皇帝来统治庞大的官僚制政府的。像这样毫无经验的小皇帝们按照他们推荐人的嗜好才得以登上帝位,成了必须为这些强大的官僚乃至党派的利益服务的政治工具或牺牲品。

在这种状况下,所谓的“中华”的“东方式专制君主”不过是虚构的政体。这样捏造的类型的根源最开始应该是孟德斯鸠,并在20世纪的今天依旧在威特伏格的反共意识形态中被宣传。

---

① Wang Yü-ch'üan,前引书,p.169。
② 徐复观,前引书,262—265页。
③ 同上,266页。

到现在为止我们所叙述的官僚主义的国家秩序由于官僚与皇帝之间的紧张和矛盾而被破坏,最终大部分的皇帝因其亲信而变得软弱无能的过程,这也正是持续了两千多年的中国儒家式社会的基本范畴。[①] 中国历史中记载明朝的创建者朱元璋是最后的专制君主。出身于极其贫穷的下层的明太祖朱元璋甚至废除了丞相制,自己一手处理所有的国事,精力十分旺盛。[②] 但继承他的皇帝们由于出生在宫中,接受了儒家思想和理念的教育而长大,因此在大官僚或儒学家们面前几乎大部分没有独自进行独裁统治的能力。从朱元璋的专制支配之后的第3代成祖(1403—1424在位)开始,国家权力几乎被宫内的宦官们垄断。[③] 这种宦官的垄断式掌权不仅导致了农民起义,还带来了明朝本身的没落。最后的清朝也从根本上适用这种王朝的兴衰规则。清朝的国家权力从雍正帝(1723—1735在位)以后便被以皇帝的个人参谋进行活动的军机大臣即文书官们所操纵。[④]

在存在了两千多年的儒家式社会里,确实有过皇帝对官僚乃至大臣们实行专制统治的时期。但大体上皇帝不过是"名义上的"国家首脑,国家权力脱离了皇帝的手心,这时反被皇帝身边的官僚乃至他们的党派所操纵。

最后我们应该注意的是,虽然在法律上官僚们在皇帝面前(大臣的)身份是同等的,但皇帝的国家统治机构内的官僚们全部都是不"同质的"。按照与使他们上升的强大的宗族或大家族(豪族或强族)之间的关系,官僚们结成了各个互相为了压倒对方而进行竞争的党派。王毓铨认为,中国的官僚制一般是"由各个不同党派之间力量的均衡或其中一方的优势"而结合起来的。[⑤] 在这种旋涡中皇帝往往被剥夺了权力,只是被迫充当为占优势一伙势力提供保护的政治盾牌。

王毓铨对由于这种异质性的官僚集团造成的皇帝的脱权力化或无力化过程是这样叙述的:

> 官僚制全都是由为霸权而斗争的几个党派构成。这些党派是以争取权力和地位的个人野心为基础形成的,或者是以某一特定党派所代

---

① 萨孟武:《中国历史中央政制》,参见《中国政治思想与制度史论集》(二),1—36页。

② 任长正:《明清的内阁制度》,参见《中国政治思想与制度史论集》(三),1页。

③ 同上,6页以下。

④ 同上,17页以下。

⑤ Wang Yü-ch'üan,前引书,p.181。

表的社会团体的利益为基础形成的。官僚制是靠各个党派之间力量的平衡或其中某一占优势的一方来维持的。

尽管官僚们处于从仆的位置,但他们并不是常常服从皇帝的意志。尤其是当皇帝的意志与当权的党派所代言的利益发生冲突,或者不利于带领这个党派的宰相的个人野心时更是如此。因此皇帝与内阁以及负责内阁的大臣们之间是敌对的紧张关系。以儒家的政治意识形态武装的官僚们通过与皇帝的权力作斗争并对它进行限制,来争取自己的权力。

为了与这种官僚制对抗,皇帝在内朝选拔与自己亲近的官僚,赋予他们比外朝的官僚更高的权力。摄政的出现、尚书一职的职位加强、外戚与宦官的任用等便是为了达到这个目的。这(最终)是试图用"个人的"人物政治来代替"制度化"的政府(institutional government)的手段。但皇帝并不一定成功。尚书们的机构发展成为一种超政府的瞬间便脱离了内朝,成为另外一种外朝。它并不比以前的外朝(丞相府)更接近皇帝这个人物,也不服从他的意志。①

在各种不同的官僚党派为争夺官僚制国家统治的霸权而造成的这种循环运动中,中国皇帝大部分是被"剥夺了权力",在占据优势的官僚党派的保护和监视下登上了帝位。另外这些占优势的党派也由于变化的势力关系而不断地进行交替和反复。总之,在持续了两千多年的儒家式社会里占支配地位的不是"东方专制主义",而是地主,同时又是官僚的大官僚们位置的循环、交叉支配。

四、"土地私有制生产关系"中"官僚-地主"的支配地位和作为社会变革原动力的农民运动

上一节从与皇帝式国家统治的制度结构有关的皇帝(或国家)和大官僚-地主之间的政治矛盾的角度,论证了非"东方专制主义"的大官僚-地主们的垄断式支配体制。下面为了从根本上阐明中国儒家式社会的结构,必须弄清楚中国传统的生产方式在多大程度上决定于大官僚-地主们的垄断支配。

对此在下面的叙述中,将首先提出有关中国农民阶层最重要的生产手

① Wang Yü-ch'üan,前引书 pp.181-183。

段即土地所有关系的根本性问题。其次要阐述的是，尽管多数的王朝已经没落，但依旧沉淀在底部的根本因素中，直到20世纪初叶依旧保持着生命力的所谓中国儒家式社会的停滞性，究竟以什么为根据。在我们看来，这种安定性乃至停滞性非常奇异。事实上在持续的两千多年时间中，土地的私有起了决定性的作用。但这种私人的大土地所有在发展成资本主义生产方式的道路上却不断地显示出局限性。

对于这一点，我们想强调传统上占人口90%以上的农民阶层不稳定的经济状况。但是在这种停滞性之外，还不能不同时考虑在世界史中被称为"农民起义独一无二的多发性"的社会变革的推动力。笔者也正是想从这些农民起义中来寻找从20世纪20年代到40年代中国的共产主义革命战略的出发点。

1."官僚-地主"引起的土地集中和农民阶层脆弱的经济状况

从社会经济的角度来看，在持续两千年之久的中国儒家式社会中，农民阶层不稳定的经济状态，首先是由于土地这一最重要的生产手段不足，其次还有沉重的纳税负担和自然灾害等。土地不足在过去王朝中清楚地体现在农业人口和耕地整体面积之间的相互关系上。为了将这一问题简单化，我们应该注意一下门泽尔(Ulrich Menzel)所引用的几个事实和他的结论：

> 按1959年的国境来计算，中国整体面积为965.1万平方公里。其中由于地形和气候原因，总面积中只有11%适合作为耕地。尽管如此，这11%在中国的历史进程中也从未被充分地利用过。[①]

表6　19、20世纪的人均耕地面积[②](门泽尔的表)

年度 面积	1770	1873	1893	1913	1933	1949
耕地面积(百万公顷)	63.7	81.1	83.1	90.9	98.6	98.4
整体人口中人均耕地面积(公顷)	0.297	0.233	0.215	0.211	0.196	0.184
按79%的比例计算的农业人口人均耕地面积(公顷)	0.375	0.294	0.271	0.267	0.248	0.233

① U.Menzel，前引书，S.30。
② 同上，S.35。

门泽尔得出了这样的结论：

在1770年到1949年之间，虽然耕地从6370万公顷增加到了9840万公顷，但人均耕地在这个时期却从0.30公顷减少到了0.18公顷，因此这种趋势可以从人口的急速增长中找到原因。这里似乎已经暗示出了中国农业经济的根本问题，即粮食生产怎样才能与人口增长保持步调一致。上面的表6显示人均耕地面积非常少，因此需要非常集中地使用农耕地，这与作为生产要素的土地集中使用这一根本问题是相通的。①

从上面的引用中我们可以清楚地了解到，门泽尔从自然条件，如“地形和气候的原因”和“人口的急速增长”等出发，首先强调了人均耕地面积极少，其次是“最大限度地利用土地这一生产要素”的必然性。从这种自然条件来看，中国农业从一开始在本质上就是劳动密集型的零散农耕。但笔者认为门泽尔的这种推论有受到马尔萨斯理论影响的嫌疑。因为他首先从“必须与人口增长步调一致的”粮食生产中，或直接从“人口的急速增长”导致可用耕地面积规模逐渐萎缩的自然必然性中来看待中国农业的根本问题。为了抛开马尔萨斯式立场，寻找其他新的重要事实，笔者想联系重要的历史、社会变动，用图表来表示中国儒家式社会的人口变动趋势。

表7 “儒家式社会”中的人口变动表②

年度	户数 （百万）	人口数 （百万）	备注
前221以前		约20	秦始皇统一中国前的人口
西汉（前206—25） 2	 12.23	 60	以前的人口只有十分之二到十分之三生存。被持续数年的农民战争完全破坏 西汉末期

① U.Menzel，前引书，S.36。

② 除现代的统计以外，该人口变动表中的人口数是根据负担中国传统王朝纳税义务的户数和人口数得出的。也就是说未包括没有纳税义务的——如奴婢、佃户等未作为独立家户编入中央政府的——人口的数字。因此要说明的是该表不是实际全部的人口数，而是反映了王朝（中央政府）的势力变化，带有对接近于“事实”的人口变化发展的整体概观的性质。

续表

年度	户数（百万）	人口数（百万）	备注
东汉（25—220）			约为西汉人口的三分之一,因农民战争和内乱而人口锐减
57	4.3	21	
75	5.86	34	
88	7.45	43.86	
105	9.24	53.26	
125	9.65	48.69	
144	9.95	49.73	
155	10.68	56.48	
281	2.46	16.13	为数年内乱完全破坏
520 左右	6(±)	37(±)	南北朝时期的整体人口数
隋(581—618) 606	8.9	46	隋的繁荣期(400 年前东汉的人口)
唐(618—907)			隋人口仅有三分之一生存,数年战争造成人口锐减
627—630	3(-)		
652	3.8		
705	6.12	37.14	
726	7.07	41.42	
732	7.86	45.43	＊注意:此前 100 年的人口
740	8.41	48.14	
755	8.91	52.92	
764	2.93	16.9(+)	为安史之乱所彻底破坏,不过是原有人口的三分之一
780	3.81		
807	2.24		黄巢起义引起人口减少
五代十国（907—979）	3.30		战争时期(从 8 世纪中叶到 10 世纪中叶)
北宋(960—1127)			
976	3.09		
997	4.13		
1021	8.68	19.93	
1029	10.16	26.05	
1063	12.46	25.42	
1075	15.68	23.81	
1080	16.73	23.83	
1091	18.65	41.49	
1100	19.96	44.91	
1110	20.88	46.73	＊注意:此前 400 年唐的人口

续表

年度	户数（百万）	人口数（百万）	备注
南宋(1127—1279)	11.09	16.84	南方的方腊起义,北方的宋江起义和游牧民(金)入侵
1159	(+)	(+)	
1160	11.58	19.23	
1166	12.34	25.38	
1193	12.30	27.85	
1223	12.67	29.32	南方最多的人口数
金(1115—1234)			
1162左右	3(+)		
1187	6.78	44.70	
1207	7.68	45.80	北方最多的人口数
	约20	约74	1207年左右南宋与金的总人口合计
元(1206—1368)			蒙古族统治中国
1284	11.63	53.65	
明(1368—1644)			
1381	10.65	59.87	
1403	11.42	66.60	
1434	9.7	50.63	
1504	10.51	60.10	
1567	10.00	62.54	
1620	9.84	51.66	李自成、张献忠的农民起义

续表

年度	户数（百万）	人口数（百万）	备注
清（1644—1911）			农民起义与后金（满族）入侵引起的全面破坏
1661		19.13	
1711		24.62	
1741		143.41	
1749		177.50	人口出人意料地大幅增加
1762		200.47	
1792		307.47	
1801		297.50	
1821		355.54	
1841		413.46	
1893		386.70	* 注意：太平天国农民起义造成人口减少
1913		430.40	
现代			
1933		503.10	
1957		646.50	

注：参见范文澜，《中国通史简编》（二），47 页；《汉书·地理志》，卷 28（下）（六），1640 页；《晋书·地理志》，卷 14（二），414 页；加藤繁，前引书，下卷，317—337 页；张荫麟：《北宋的土地分配与社会骚动》（《中国社会经济史集刊》，第 4 卷，1939，6 月，36—64 页）；梁方仲《明代户口田地及田赋统计》（《中国社会经济史集刊》，第 3 卷，第 1 期，75—129 页）；《元史·食货志》，卷 93（八），2356 页；Li Chiennung（李剑农），*The Political History of China*，1840-1928，p.48；Perkins，*Agricultural Development in China*，1368-1938，pp.207-212 等。

我们试图通过众多的文献来概括中国儒家式社会的人口变动趋势。从前面的统计中可以明确如下几点：

如果去掉最近 200 年（参考 1741 年以后的人口数），尽管曾有过大规模农民起义和内战、游牧民族的入侵、自然灾害等社会和自然障碍因素以及其他两千年间发生过的各种社会混乱，而家庭数和人口数几乎没有什么变化。公元 2 年人口数将近 6000 万，而 17 世纪初叶也与之非常接近（请参考表 7 中 1620 年的人口数）。

以西汉、东汉、安史之乱之前的唐代和北宋的人口发展为例，可以看到

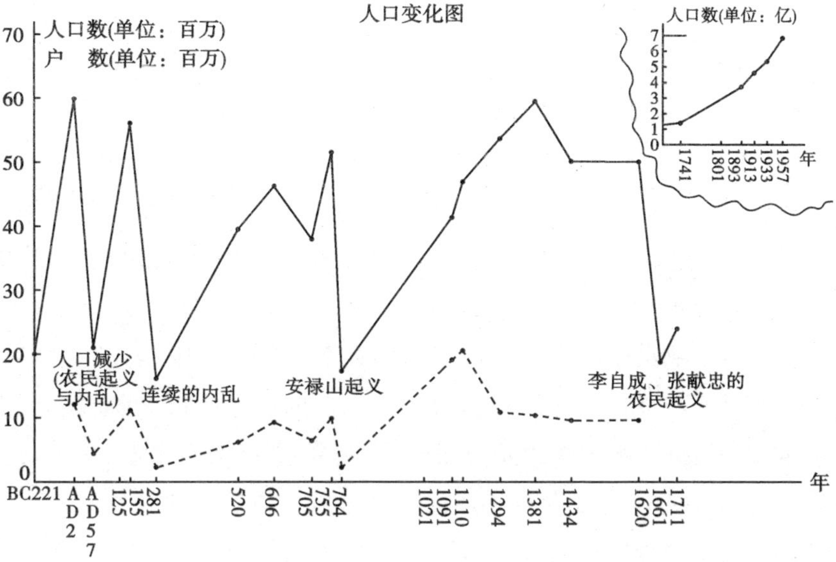

人口的增减是周期性地反复变化的。这一周期的持续时间为 200 年左右。

在这 200 年内人口一般增长 3—4 倍，这可以从东汉、安史之乱之前的唐朝和南宋的人口增长中看到。

我们可以发现一个有趣的事实，即排除最近 200 年内的人口增长，中国儒家式社会中的人口增减在 1600 万至 6000 万或 6500 万之间数次往返，更准确地说是自公元前 3 世纪到 17 世纪中国儒家式社会中人口增减是在 1600 万至 6000 万或 6500 万之间数次往返的。

在人口的增长时期，通常是原有的社会秩序从根本上发生动摇，接着便全面崩溃。这时一般有三分之二的人口丧生，它暗示了各王朝初期的户数。

在由于农民起义或内乱、游牧民族的入侵等因素而没有任何稳定的中央政府能够成立的历史时期，譬如从 2 世纪中叶到 6 世纪中叶为止（从东汉崩溃到隋朝杨坚重新统一天下为止）以及从 8 世纪中叶到 10 世纪末为止（从安史之乱到宋朝创建为止）的时期，人口数为 1600 万左右，创下了最少的纪录。它意味着中央集权式国家统治的政治稳定对人口的急剧增长有着重要的意义。

最后需指出的两个要点：

（1）从 14 世纪到 17 世纪人口几乎没有增加，始终在 5000 万至 6000 万之间。

（2）从 1711 年到 1741 年即 18 世纪的 30 年间，曾有过以前的王朝中从未发生过的、史无前例的人口增长，建立王朝的初期人口（约 2000 万）增长了6倍,达到了1.8亿。这种巨大的人口增长经过其后的100年,到了19世纪中叶时从1.8亿增长到了4.3亿,十分惊人。在没有任何根本的技术进步和社会结构变动的情况下人口却增长了3倍。

从这些事实中我们想要引出下面的结论:

持续了两千多年之久的中国儒家式社会中,人口变动并不总是呈现出增长的特征。相反,它常受农民起义、战乱、中央集权式国家统治的政治稳定性等社会政治因素的强烈影响,因此具有很大的流动性。换言之,由农民起义、内乱或游牧民族的入侵等所引起的社会变动具有限制人口自然增长的重大意义。门泽尔在前面提到的所谓"人口的急速增长"问题在18世纪中叶,也就是最近200年内才成为深刻的社会问题。大致来看,中国社会的根本问题首先在于土地不足或根本没有土地的贫农等普通百姓与大土地所有者(即大官僚与地主们、官衙乃至王室、佛教与道教的寺院等)个人之间社会结构的紧张关系,而不是"人口的急速增长"。我们要考察的正是这一点。

这种围绕土地所有关系产生的本质上的紧张关系达到极限时,就必然地引发内在的需求和农民起义,它一般是以一个王朝的没落而告终。商鞅社会变革以后,通常由4至7人、平均5人构成的小规模自耕农户在中国儒家式社会里一直是社会经济的基本单位。除去王室(或国家)通过租佃皇帝私有的土地、湖泊、园林等所获得的收入以外,中华帝国的国家财政通常是建立在耕种自己私有土地的小规模自耕农户的基础之上的。他们背负着田租、兵役税、赋役或缴纳同等的实物(或金钱)等各种租税。为了征收这些种类繁多的租税,国家从一开始就努力尽可能精确地掌握全国的纳税家庭。因此行政官厅制作了"户籍",其中包括家庭户主的有关记录、财产状况、家庭状况等。例如在从居延(甘肃省)发掘出的"汉简"第230的24.1中有如下的记载:

> 二樵燧长居延西道里公乘徐宗年五十。
>
> ……
>
> 宅一区值三千。
>
> 田五十亩值五千。

妻一人，子男二人，子女二人，男同产二人，女同产二人。①

全国的自耕农户就这样作为“编户”被记录在户籍之中。

这些自耕农户（即“编户”）由于在总耕地面积中所占的比例非常小，因此他们的经济状态非常恶劣。

表 8　汉代的人口与耕地面积

年度	家户数	人口数	总耕地面积（顷）	户均耕地面积（亩）
5	12,223,062	59,594,987	8,270,536	67
105	9,237,112	53,256,229	7,320,170	80
125	9,647,838	48,690,789	6,942,892	72
144	9,946,915	49,730,550	6,896,271	68
146	9,348,227	47,566,772	6,930,123	74

注：范文澜，《中国通史简编》（二），162—163 页；《汉书·地理志》，卷 28 下（六），1640 页。

1 顷 = 100 亩，1 公顷 = 15 亩。

从表 8 可以清楚地看到，汉代总耕地面积中的户均耕地面积从表面上计算也不过 70 亩左右，因此土地非常缺乏。

为了深入了解农民阶层不稳定的经济状态，我们再来看一下前面引用过的魏国法家李悝的叙述：

今一夫挟五口，治田百亩，岁收亩一石半，为粟百五十石，除十一之税十五石，余百三十五石。食，人月一石半，五人终岁为粟九十石，余有四十五石。石三十，为钱千三百五十，除社闾尝新春秋之祠，用钱三百，余千五十。衣，人率用钱三百，五人终岁用千五百，不足四百五十。不幸疾病死丧之费，及上赋敛，又未与此。②

晁错也论证了这一点：

① 劳干：《居延汉简》，台北，1960 年。此处引自刘毓璜《试论西汉时代的小自耕农经济》，参见《中国封建社会土地所有制形式问题讨论集》（下篇），510 页。

② 《汉书·食货志（上）》，1125 页。

今农夫五口之家，其服役者不下二人。其能耕者不过百亩，百亩之收不过百石。春耕夏耘，秋获冬臧，伐薪樵，治官府，给徭役；春不得避风尘，夏不得避暑热，秋不得避阴雨，冬不得避寒冻，四时之间亡日休息……动苦如此，尚复被水旱之灾，急政暴赋，赋敛不时，朝令而暮改。当具有者半贾而卖，亡者取倍称之息，于是有卖田宅鬻子孙以偿责者矣。[①]

尽管在零散的土地里拼命地劳动，但缺乏土地的贫农仍很难维持他们的生计。有时遇上自然灾害和官衙的政治压迫，情况甚至更加恶化。

当农民阶层处于这种不稳定的经济状态时，土地买卖开始变得活跃。据刘毓璜记载，在汉代进行土地买卖时，卖方与买方的买卖契约通常刻在石头上，然后立在土地的分界线处。现存这种"土地买卖契约"碑石中历史最悠久的一块是公元前68年宣帝执政时的。[②] 后汉时的土地买卖契约用红字写在铅块上。例如：

建宁二年八月庚午朔廿五日甲午，河内怀男子王未卿，从河南街邮部男子袁叔威买睪门亭部十三陌西袁田三亩。亩贾钱三千一论，并直九千三百钱，即日毕。时约者袁叔威沽酒半，即日丹铁券为约。[③]

由于不稳定的经济状态和活跃的土地交易，随着时间的推移，零散农民的私有土地落到了少数几个大官僚-地主和与他们相勾结的富有的"商人地主"的手中。

下面有必要联系"官僚-地主"的支配权来考察一下所谓"大家族"或"强大的门阀"(豪族或强族)的出现。

杨联陞对于豪族是这样描述的：

所谓大家族并非由姓氏和血统相同者组成，它是以父系家族为中心扩大并集中的一个集团，包括很多通过政治或经济关系而从属的其他家族和个人。几个大家族首先占据政治地位，然后取得自己的经济力量。相反，也有一些大家族是先取得经济力量，然后再取得政治地

---

① 《汉书·食货志(上)》(四)，1132页。
② 刘毓璜，前引书，512页。
③ 参见《王未卿买地铅券》。这里引用自刘毓璜，前引书。

位，这一政治地位可以使其经济力量更加发展。①

豪族的出现不是“东方式的专制主义”，而是“官僚-地主”们的垄断支配产生的必然结果。我们在前面已经谈到，中国皇帝一般是在占支配地位的官僚党派的监视乃至保护下登上帝位的，没有任何权力。既掌握着所有的权力，同时又是地主的大官僚们竭力想尽可能地占有更多的土地，并且将这些庞大的土地租佃给没有土地的贫穷农民。尤其是自元帝（前48—前33在位）以后，即在西汉最后的60年间，正常的国家统治机构的崩溃和皇帝身边的官僚及其党派的权力垄断使得大家族繁盛一时。如在成帝（前32—前7在位）执政期间，皇帝外戚掌权，因此官职中最重要的大司马大将军一职（即摄政）经常被皇帝的外戚即王氏所占据。②

在这种状况下，红阳侯王立占据了数百顷的荒地进行开垦，之后将开垦地卖给国家，从中获得了1亿钱（铜钱）以上的利润。③

摄政王根独吞了各地出产的珍宝和财物，从而积累了巨大的财产。平阿侯王谭与地方政府经营大规模的高利贷业。④ 众多商人也与这些大家族勾结在了一起。如成都（四川）的大商人罗裒财产达千万，他将自己全部财产的一半用来收买摄政王根。罗裒利用这种关系与地方政府大规模地经营高利贷业，另外他还垄断了盐矿。罗裒从中获得了巨大的利润。⑤ 通过这种方式，商人阶层出身的新兴富豪开始出现：

> 自元、成讫王莽，京师富人杜陵樊嘉，茂陵挚纲，平陵如氏、苴氏，长安丹王君房，豉樊少翁，王孙大卿，为天下高訾。樊嘉五千万，其余皆巨万矣。王孙卿以财养士，与雄桀交，王莽以为京司市师，汉司东市令也。
>
> 此其章章尤著者也。其余郡国富民兼业颛利，以货赂自行，取重于乡里者，不可胜数。故秦杨以田农而甲一州，翁伯以贩脂而倾县邑，张氏以卖酱而隃侈，质氏以洒削而鼎食，浊氏以胃脯而连骑，张里以马医

---

① Yang Lien-sheng（杨联陞），*Great Families of Eastern Han*, *Chinese Social History*, New York, 1966, p.109.

② 翦伯赞主编，前引书，第1卷，151页。

③ 同上。

④ 田昌五，《中国古代农民革命史》，第1册，140页。

⑤ 同上。

而击钟,皆越法矣。[1]

大官吏、地主、豪商们云集的大家族到了东汉时仍继续繁盛。评说王朝创建者光武帝是庞大的地主家族的政治代言人也毫不为过。[2] 皇帝的中央政府无法阻止大官僚-地主们手中的土地集中。尤其是自第4代和帝以后,国家的中央权力不是由皇帝掌管,而是由宫内的宦官或皇帝的外戚们任意摆布,皇帝专制就变得完全不可能了。

豪族们拥有大规模的土地,并且建造庄园。"豪民占田,或至数百千顷。"[3]一般来说,由皇帝兄弟的家族、皇帝的外戚、宦官、大官僚、豪商构成的为数不少的地主和有权势的官僚们拥有无数的奴婢和侍从,经营着他们辽阔的庄园。掌握所有权力的大官僚们利用政治权力随心所欲地实现自己的利益。臭名昭著的梁冀和他的夫人孙寿就是一个例子。梁冀正是顺帝的外戚。

(梁)冀用(孙)寿言,多斥夺诸梁在位者,外以谦让,而实崇孙氏宗亲,冒名而为侍中、卿、校尉、郡守、长吏者十余人,皆贪叨凶淫,各遣私客籍属县富人,被以它罪,闭狱掠拷,使出钱自赎,赀物少者至于死徙。扶风人士孙奋居富而性吝……遂收考奋兄弟,死于狱中,悉没赀财亿七千余万。其四方调发,岁时贡献,皆先输上第于冀,乘舆乃其次焉。吏人赍货求官请罪者,道路相望。冀又遣客出塞,交通外国,广求异物……冀乃大起第舍,而寿亦对街为宅……又广开园囿,采土筑山……深林绝涧,有若自然,奇禽驯兽,飞走其间……又多拓林苑,禁同王家,西至弘农,东界荥阳,南极鲁阳,北达河、淇,包含山薮,远带丘荒,周旋封域,殆将千里。……冀又起别第于城西,以纳奸亡。或取良人,悉为奴婢,至数千人,名曰"自卖人"。[4]

强大的官僚-地主们通过他们拥有的政治权力夺取了国家以及下层农民的土地,利用众多奴婢和佃户来经营庄园。如果说五口的农户一般只能

---

① 《汉书·货殖列传》(十一),3694页。

② 参见Yang Lien-sheng,前引书,p.106~108。

③ 荀悦:《汉纪》。这里再引用自田昌五,前引书,207页。

④ 参见《后汉书·梁冀列传》(五),1181—1182页。

耕种100亩的土地，那么足可以想象出耕种1000顷即10万亩或者更多的耕地需要多少劳动力。

每个庄园就像一个王国一样是独立的经济单位。根据生活在桓帝时代的崔寔描述，庄园里面不但有主人豪华的住宅，还建有蚕场、缫丝厂、铸造厂、马厩、谷仓、地下储藏室等。庄园内以经营农业和手工业为主要经济，但此外还大量从事牧畜业、渔业、林业等。简单地说庄园就是一个自给自足的经济共同体。① 根据崔寔所述，田昌五这样说道：

> 庄园主驱使奴婢、工匠和依附农民在一年四季中种植麦、豆、稻、粱、黍、稷等农作物和各种菜蔬，以及桑、麻和竹、漆、桐、梓、桃、李、枣、杏等经济林木；不要修挖陂池，"以利沟渎"；养鱼放牧，纺织缝纫，酿酒制醋，打制各种农具和武器。②

这些"官僚-地主"豪族同时还大规模地从事商业，将大量的财产据为己有。正如仲长统(180—220)所论证的那样，他们的生活极其奢靡：

> 豪人之室，连栋数百，膏田满野，奴婢千群，徒附万计。船车贾贩，周于四方；废居积贮，满于都城。琦赂宝货，巨室不能容；马牛羊豕，山谷不能受。妖童美妾，填乎绮室……此皆公侯之广乐，君长之厚实也。③

更不用说，这些富豪还同时从事高利贷业：

> 今富商大贾，多放钱货。中家子弟，为之保役，趋走与臣仆等勤，收税与封君比入。④

通过这些方式，大官僚-地主和与他们勾结的商人们利用经营庄园、贸易、高利贷等一切商业机会，积累了巨大的财富。

现在我们应该来分析一下这些由豪族和强族们积累的巨大财富带来了

---

① 参见崔寔《政论》；田昌五，前引书，207—208页。
② 田昌五，前引书，208页。
③ 《后汉书·仲长统列传》(六)，1648页。
④ 《后汉书·桓谭列传》(四)，958页。

哪些后果。与原有的经济水平相比，在农耕占支配地位的情况下，豪族们的经济支配首先表现为大规模的土地集中。若干豪族的土地集中必然伴随着自耕农户们零散土地的合并。也就是说大官僚-地主所引起的土地集中就意味着土地绝对缺乏的贫农经济的全面崩溃。面对这种危机，贫农或没有土地的农民们不得不寻求如下的对策。杨联陞这样说道：

> 第一，卖掉土地步入经商之路对于零散农户来说不过是虚无的空想而已，因为卖地的那一点点钱还不够偿还债务。另外有一个很简单的方案，即成为匪贼。但是周围官府比比皆是，一旦被抓住便难以生存下去。所以农民如果不是真的完全陷入绝望的话，一般都不会选择这两种方案。零散农户一般采取以下两种方案：第一是成为豪族的私属，另外一个是沦为等待政府机构救济的流民，也就是匪贼的预备军。①

豪族们引起的土地集中首先使土地不足的问题变得更加尖锐，其结果是基本上给了大部分零散自耕农以致命的打击。其次是处于没落命运的农民们沦落为豪族的隶农或佃农。土地集中的结果使得承担国家纳税任务的所谓“自耕农”变得越来越少。田昌五指出，在东汉时代，与保持身份独立即自己直接经营的小农相比，隶属于大地主家族的农民即佃户已经占了直接生产者的多数。② 连最后一块土地也丧失殆尽的农民大众们为了维持自己和自己家庭的生计而不得不委身于大地主家族，为他们耕种土地。东汉时代的大地主家族中常常附属有从数百到数千，甚至多达数万名的隶农。例如徐房和李子云等中等地主各拥有一千名左右的隶农。③ 这些隶农实际是作为农奴受到了豪族的束缚。隶农们不仅要向自己的主人缴纳一半以上的年生产物作为地租，还必须无偿地从事各种经济外的服务，如在豪族长的麾下执行军事任务。尤其是在战时隶农被作为私兵编在自己主人家族的军队中。就此瞿同祖指出：

---

① Yang Lien-sheng，前引书，p.112。杨联陞说道：“通过汉代来看有相当多的流民。他们主要是由因饥荒和战争而被迫离开家园的农民们构成。……汉武帝时的公元前 107 年流民超过了二百万。……在（东汉的）桓帝永兴元年（153 年）……有数十万的流民。”

② 田昌五，前引书，221 页。

③ 《后汉书·逸民列传》（十），2761 页。“（徐）房与（李）子云养徒各千人。”

> 刘秀的长兄刘伯升叛乱时，将自己的隶属子弟和春陵的青年组织起来，邓晨和臧宫也带领一群宾客加入。阴氏带了一千多人，耿氏带了两千多人，刘植带了数千名宾客……所有的豪族在权力斗争中都起到能动的作用，即便不是野心勃勃和充满攻击性，为了保护自己的家族和财产，他们也要进行自我防御……并且修筑了坚固的要塞。一些小家族为了得到保护而主动隶属于强族，也有一千多户人主动隶属于一个强族的情形。这种隶属无疑使得强族的势力变得更加强大。……深入各种地方的豪族还拥有坚固的要塞，有的甚至还杀害了地方政府(郡)的官吏。①

由于皇帝的官僚中央政府只能为官僚-地主阶层中占支配地位的一部分人所操纵，因此豪族的这种支配由于其结构的必然性在中国所有世代和王朝的交替中一直持续下来。由于王室和豪族的双重剥削，到1世纪前后的西汉末期自营但缺乏土地的贫农们脆弱的经济状况变得更加恶化，已经开始面临生存的危机。哀帝的大臣鲍宣这样说道：

> 今贫民菜食不厌，衣又穿空，父子夫妇不能相保，诚可为酸鼻。②
>
> 国家空虚，用度不足。民流亡，去城郭，盗贼并起，吏为残贼，岁增于前。凡民有七亡：阴阳不和，水旱为灾，一亡也；县官重责更赋租税，二亡也；贪吏并公，受取不已，三亡也；豪强大姓蚕食亡厌，四亡也；苛吏徭役，失农桑时，五亡也；部落鼓鸣，男女遮迣，六亡也；盗贼劫略，取民财物，七亡也。七亡尚可，又有七死：酷吏殴杀，一死也；治狱深刻，二死也；冤陷亡辜，三死也；盗贼横发，四死也；怨仇相残，五死也；岁恶饥饿，六死也；时气疾疫，七死也。民有七亡而无一得……民有七死而无一生……③

在这种恶劣的情况下，贫穷的农民们只得忍痛卖儿卖女，继而将自己的

---

① 参见 T'ung-tsu Ch'ü(瞿同祖)，前引书，p.208－209；《后汉书》(二)，549 页；《后汉书》(三)，583、692 页；《后汉书》(四)，1129 页；《后汉书》(三)，760 页以下；《后汉书》(四)，1120 页；《后汉书》(一)，66—67 页等。

② 《汉书·鲍宣传》(十)，3089 页。

③ 同上，3087—3088 页。

妻子卖给别人,甚至连自己也只能沦落为奴隶。王莽对其盲目的社会改革这样叙述道:

> 秦为无道……坏圣制,废井田,是以兼并起,贪鄙生,强者规田以千数,弱者曾无立锥之居。又置奴婢之市,与牛马同兰……奸虐之人因缘为利,至略卖人妻子……汉氏减轻田租,三十而税一,常有更赋,罢癃咸出,而豪民侵陵,分田劫假。厥名三十税一,实什税五也。父子夫妇终年耕芸,所得不足以自存。故富者犬马余菽粟……贫者不厌糟糠……今更名天下田曰"王田",奴婢曰"私属",皆不得卖买。①

王莽忽视了共同体所有在很久以前已经被废止、土地私有和相应的商品经济占主导地位这一无可争辩的实际生产关系,而是崇尚过去的"圣制",妄想一下子阻止现有的商品经济,特别是土地和奴婢的买卖,同时使其国有化,以永远地维持自己的中央权力。② 王莽于公元9年宣布的这一盲目的社会改革与他自己的权力基础,即与堕落的官僚-地主相勾结的大商人们的利益发生了正面冲突。

因此王莽的改革在三年后即公元12年便被取消。③ 王莽还朝令暮改地实行了四次货币改革,从而引起了严重的通货膨胀。例如米价一石暴涨至五千到一万钱,一金只能买约五升大豆。④ 不稳定的农民经济彻底崩溃了,其结果是导致陷入水深火热之中的农民们爆发了大规模的起义,如"绿林(今湖北省当阳县大洪山)农民起义"和樊崇领导的"赤眉起义"等。反对王莽统治的豪族们的家族军队加入了这些农民起义,西汉由此没落,新的东汉王朝得以建立。

两个世纪以后,在东汉末年,零散自耕农不稳定的经济形势由于国家与大土地豪族的双重剥削而再一次陷入了与西汉类似的危机中。尤其是在东汉王朝的195年间,接连不断地遭受了洪水、风灾、冰雹、蝗灾、地震等自然灾害的袭击。李剑农指出,在西汉的241年间只有32年有自然灾害的记载,而

---

① 《汉书·王莽传》(十二),4110—4111页。
② 参见李鼎芳,《王莽》,29—37页。
③ 《汉书·王莽传》(十二),4130页。
④ 翦伯赞主编,前引书,第1卷,156页。

在东汉的195年中却有119年有自然灾害的记载。① 由于沉重的纳税和赋役负担以及严重的自然灾害，衰微的农户们逐渐沦落为流民。153年流民的数量已经达到了数十万户。② 下层农民的经济状态在灵帝时变得极度恶化，这首先是因为宦官们的恣意统治，例如灵帝和宦官通过官职买卖来获取利益：

(光和元年)是岁……初开西邸卖官。自关内侯，虎贲，羽林，入钱各有差。私令左右卖公卿，公千万，卿五百万。③

在这一段的注释中附有这种补充说明：

山阳公记载记曰："时卖官，二千石，二千万；四百石，四百万。其以德次应选者半之，或三分之一，于西园立库以贮之。"④

这些便是以牺牲陷入水深火热的普通百姓来满足自己贪欲的官僚们肆无忌惮的受贿和侵吞行为。在这种悲惨的环境中，全国各地出现了无数大大小小的农民叛乱。从安帝到灵帝共发生了67次农民起义。⑤ 当然这些所有的农民起义都被中央集权式国家(或王室)的军队或在地方构筑了自己权力堡垒的豪族们的私人军队所镇压。但这些农民起义通过184年的黄巾起义表现出了社会变革的决定性力量。

黄巾起义是由张角于灵帝熹平年间创立的道教的分支太平道所发动的。出生于巨鹿(今河北省平乡县)的张角为了布教而将他的八个弟子派往全国。经过10年的布教活动，他的信徒们遍布人口密集的八州——青、徐、幽、冀、荆、扬、兖、豫——共有数十万。他们由36个"方"组成，"方"又分为万名以上的"大方"和六千至七千名的"小方"，各个"方"由称为"渠帅"的军事指挥者统率。按照最高指挥者("天公将军")张角的命令，184年2月36个方的信徒从各个地区——颍川、南阳、汝南、东郡、巨鹿、扬州、广阳等

① 参见李剑农，前引书，162—163页。
② 翦伯赞主编，前引书，第1卷，190页。
③ 《后汉书·孝灵帝纪》(二)，342页。
④ 同上。
⑤ 范文澜，前引书，第2册，195页。

地——同时起事反对中央政府和地方政府，口号是“苍天已死，黄天当位”。他们焚烧官衙，处死可憎的贪官酷吏，袭击地主豪族的城堡，使全国产生了根本性的动摇。①

虽然他们的主要势力在一年以后被勉强镇压了下去，但强大的反抗运动持续了20年以上。黄巾起义所具有的历史意义不仅在于它是第一个有组织有纪律的宗教团体，还在于它遍布全国——东至琅邪、西至凉州（今甘肃）、南至交趾（今越南北部）、北至幽燕（今河北和辽宁），持续了20年以上，参加起义的人超过了200万名。由宦官们恣意统治的中央政府从一开始就无法与国内的骚乱匹敌，因此地方上以大大小小豪族们的个人军事力量为基础的将军们——董卓、袁绍、曹操、刘备、孙坚等——不得不卷入内战中去。他们不但与黄巾起义军战斗了20多年，而且还为争夺霸权冒着死亡进行了凄惨的战争。到220年左右，在军阀混战中出现了所谓“三国”（魏、蜀、吴）的战时政府鼎立局面。

现在我们应该来讨论一下这场战争所造成的危局。在持续了长达20多年的残酷内战期间，被视为社会经济和文化中心的整个黄河流域完全荒废，人口所剩无几。② 剩下的人还不到当时人口的十分之一。③ 例如东汉末年的157年，全国人口为5600万，但到了80年后的三国时代，魏的人口只有443万，蜀94万，吴230万，总共只有767万。④ 也就是说三国时代的人口是东汉时代的七分之一。当然在东汉正式告终的220年之前，全国人口比767万还要少得多。《三国志》中很多地方都记载了内战引起的整个国土的荒废化。⑤这里引用《吴书》中的一段：

> 中国萧条，或百里无烟，城邑空虚，道殣相望。⑥

建安年间（196—220）最强大的将军，也是事实上的皇帝曹操这样自述道：

---

① 参见《后汉书·皇甫嵩列传》（八），2299—2300页。

② 李剑农：《魏晋南北朝隋唐经济史稿》，13—19页。

③ 范文澜，前引书，第2册，262页。

④ 萨孟武：《中国社会政治史》（二），28—30页。

⑤ 同上，1—4页。

⑥ 参见《三国志》之《吴书十一》，《朱治传》（五），1304页。

……今四民(士、农、工、商——笔者按)流移,托身他方,携白首于山野,弃稚子于沟壑,顾故乡而哀叹,向阡陌而流涕,饥厄困苦,亦已甚矣……①

简言之,国破家亡的内战使庞大的官僚制中央政府的物质基础全面崩溃,对国家承担纳税义务的自营小农急剧减少。已经被从根本上破坏的农民阶层的经济状态由于处于战争状态的三国的持久战而更加恶化。在这种疲惫的状况下,不可能再出现稳定的中央集权政府。从3世纪到7世纪,即到隋朝创建时为止,中国处于分裂时期。这一时期突出的特点是进行统治的是几个世族而不是稳定的中央集权政府。

长年战争带来的问题除了人口的急剧减少,还有大片土地荒废。由于人口大幅减少而大量土地被弃为荒地,因此国家可以进行大规模的土地租赁。为了促进生产,最高权力者曹操首先实施了所谓的屯田制。② 屯田的耕作开始是流浪的农民,后来士兵也投入其中。由于魏坐落在完全变成废墟的黄河中下游,因此在广阔地区内各郡都实行了中央政府管辖的"民屯制"。③ 屯田的佃户(即屯田客)按照不同的耕作条件缴纳不同等级的地租。例如使用自己的牲畜进行耕作的农民向国家缴纳产出的十分之五,而使用国有牲畜进行耕作的农民要缴纳产出的十分之六。④

但前面已经讲过,政治分裂时期的特点是几个世族的统治,因此在强大的官僚-地主们看来,国营"屯田"的佃户们显然是轻而易举的争取对象。除了少数的军屯即士兵的集体农田,所有国营集体农田(民屯)和其中的佃户们都赏赐给了强大的官僚们。其结果是导致了大量的土地集中于几个世族和士大夫家族,同时由成百上千的隶农和佃户们进行租佃耕作的现象盛行。

这些世族之一的司马氏最后在司马炎时代通过将自己的家族与其他的豪族联合而夺取了天下,创建了晋,又称西晋。司马炎即晋武帝在短暂地再次统一之后,于280年采用了以国家的土地分割为基础的"占田制"。"13至16岁以上的所有男女都拥有使用由于长年的战争而荒废的土地的、对一定

---

① 参见《三国志》之《魏书八》,《陶谦传》(一),249页。

② 参见《三国志》之《魏书》(一),《武帝纪》(一),14页。

③ 李剑农,前引书,23页。

④ 同上,24页。

土地的权利。"[①]但我们应该清楚,王朝的创建者司马炎在建国以后不得不将广阔的土地作为封地分给自己的同盟者和家族成员们,同时还要赋予这些封地诸侯特别的优惠。这些封地诸侯不但有向居住在自己管辖封地内的民户征收贡物的通常的征收权,而且国家还允许其享有独立的固有的统治权并保留军队。在这种状况下,势力强大并相对独立的诸侯们必然要卷入内战。301年,司马炎死去一年以后爆发了持续至306年才结束的所谓"八王之乱"。在这一内战中,不但本来的中国民族,连邻近的游牧民族也卷了进来。因此尤其是在中国北方,匈奴和羯等游牧民族的起义和入侵接连不断,西面是羌、氐、賨等,东面是鲜卑。因此被认为是中国中心的中国北方在其后的300年间(即从4世纪到7世纪)落入了各个游牧民族的统治之下,尤其是由于这些游牧民族的短期建国(北魏和拓跋国除外)而彻底分裂。由于北方战乱而背井离乡的贫苦农民,以及被野蛮的游牧民族的侵略和战争驱逐的大官僚-地主(豪族)们带领他们成百上千户的隶农,大规模地迁移至尚未开垦、人口稀少的长江以南地区。因此从4世纪到7世纪,中国南方成立了五个王朝,即东晋(317—420)、宋(420—479)、齐(479—502)、梁(502—557)、陈(557—589)。这五个王国的基本结构特点无一例外都是"世族"们的统治,因此由于这些强大的世族之间的权力斗争而使王朝无法持久,频繁更换。

承担国家纳税义务的民户人口数在南朝是最低的,即按照正式的统计在300年内国家财政上没有任何人口增加的记录[②],这意味着国家(王室)是按照大官僚-地主家族(豪族)的利益关系而被操纵的。因此在南朝,自东汉以来发展的大官僚-地主支配下强大的世族们自给自足的庄园经济(die autarke Latifundienwirtschaft)十分繁盛。

但自2世纪后期以来,由于无休止的农民起义、内战和边疆游牧民族的侵入,国土变得四分五裂,日益荒废。因此在人口减少、无数耕地被废弃的北方尽快组织农民大众耕种荒废的土地成为国家的燃眉之急。考虑到这种背景,我们才可以理解三国时代所大力提倡的"屯田"乃至之后西晋实行的

---

① R.Lorenz,"Die traditionale Gesellschaft",R.Lorenz(hrsg.),*Umwälzung einer Gesellschaft*,S,51;参见李剑农,前引书,29—35页;翦伯赞主编,前引书,第2册,25—28页。

② 580年家户数为52万,人口数为230万;464年家户数为90万,人口数为468万;589年(南朝最后的陈在被杨坚灭亡时)户数不过50万,人口数为200万。参见韩国磐:《隋唐的均田制度》,31—32页。

"占田法"的意义。

与此相联系,下面来探讨一下在北魏和拓跋国实行的"平均分配土地"的有名的均田制。[①] 来自满洲东北地区(即大兴安岭)的游牧民族鲜卑拓跋族占领中国北部以后,才使得一直持续的氏族共同体宣告解体。国家创建者拓跋珪(386—408 在位)在建国之后将农耕作为主要经济形式,通过放宽纳税来鼓励农民生产。[②] 398 年征服东北地区以后,道武帝(即拓跋珪)不仅设置了京邑(即王畿),还将山东、徒河(今辽河以南)和高丽等地数十万被征服的农民移民到此地。这些被称为"新民"的移民按人口数分配给牲畜和耕地。[③] 不仅当时,在之后如 446 年和 474 年在北部和南部的国境地带大规模地设置了用于军事目的的"屯田"。[④] 由于人口稀少,因此将大片广阔的休耕地利用起来,分配给小农。这是因为,国家的财富与实力取决于承担纳税和赋役义务的自营小农们经济上的稳定。为了给小农提供稳定的生产条件即耕作的土地,让他们耕种荒废的土地,孝文帝于 485 年颁布了有名的"均田"敕令。万国鼎将这一土地法令的大体内容概括如下:

> 土地被分为下面两种范畴:露田是进行一般耕种的土地,这一土地属于(从政府)那里领到的、需要归还的土地范畴。桑田不必永远只种桑树,还可以用来栽种榆树、枣树以及其他果树,这种土地死后也不必归还,是世袭的占有地。……另外一种与此不同的土地叫做"麻田",是广为人知的范畴,麻田也和露田一样,需按照法律领取和归还。……15 岁及 15 岁以上的成年男子可以领到 40 亩的露田,女子可以领到 20 亩。此外,第一次领到土地的成年男性每人可以领到 20 亩桑田,在领到的土地上需种植 50 棵桑树、5 棵枣树和 3 棵榆树。……这些植树任务需在 3 年之内完成,到期之后没有植树的土地要(被政府)收回。到了纳税的年龄,男人可以领到 10 亩,女人可以领到 5 亩麻田用来栽培棉花。
>
> 上面关于露田、桑田和麻田的大小是分给一般人的量,奴婢也领到

---

① Wan Kuo-ting(万国鼎),"The System of Equal Land Allotments in Medieval Times," CHS, pp.157-158;参见《魏书·食货志》,卷 110,(八),2849—2866 页;张耀煊:《北魏土地制度》,见《中国封建经济关系的若干问题》,84—128 页;唐长孺:《均田制度的生产及其破坏》,参见《中国封建社会土地所有制形式问题讨论集》(下),542—587 页等。

② 张耀煊,同上,88 页。

③ 同上,89 页。

④ 同上,102 页以下。

了同样的土地。有牲口的农民以4头为限,每头具有露田30亩的资格。在各家各户中,如果所有的家庭成员全部过于年幼或年纪过大,没有劳动能力或身体虚弱,并且之前没有领过土地,则所有11岁以上的人和体弱者可以领到成年男子一半的土地,超过70岁的人不必将自己领到的土地还给政府。没有再婚的寡妇虽然免税,但仍领到了女性可以正常领到的土地。①

桑田的分配一般是"按其人口数"。"诸桑田皆为代业,身终不还。恒从现口有盈者,无受无还,不足者受种如法。盈者得卖其盈,不足者得买所不足。不得卖其分,亦不得买所足。"②

另一方面由于大官僚-地主的支配,国家无论在物质上还是政治上都非常虚弱,因此,如果违背特权化的上层阶级的利益,是绝对无法贯彻这一"均田法"的。如皇帝的姻亲或功臣、世族、佛教僧侣等所享有的大土地所有等特权不受国家干涉。国家甚至还赏赐给这一特权阶层大量的耕地和劳动力。③ 由于必须给特权阶层实际的优惠,所以隋文帝(杨坚,581—604在位)这样修改了均田法的敕令:

永业田要分给所有人,从太子到将军,最多100顷,最少40顷。④

在土地法决不违反上层利益的前提下,国家才得以顺利地实行均田法。因此在北朝、隋、唐中均田法经常被反复采用,又常常由于没有意义而再次被放弃。在这种情况下,均田自然不能在较长的时间内得以成功实行。但从485年北魏颁布以后到唐朝采用按相应的所有土地征收租税的新的征税法为止,均田法在法律上是一直存在的。不管怎样,由于在法律上从5世纪到8世纪持续存在的这一"均田法",尤其在中国北方,土地所有关系在一定程度上得到了改善,这对于土地不足的受压迫的农民大众非常有利。范文澜认为,这正是隋唐时代远远高于两汉时代和三国分裂时代以及南北朝时

① Wan Kuo-ting,前引书,pp.160-161。
② 《魏书·食货志》(八),2854页。
③ Wan Kuo-ting,前引书,pp.172-173。
④ 同上,166页。

代水平的经济文化全盛期得以实现的基础。①

但"均田制"失败的原因首先还是在于土地的缺乏。表面上来看土地缺乏起因于人口的急速增长。对此万国鼎指出：

> 王朝之间的战争之后，人口的减少使均田制的实施变得容易。但是和平的长期持续使人口增加了三四倍，而土地和原来相比，似乎只增加了两倍。（可开垦的）荒地消失之后，所有的土地都成为个人的私有地，均田法的实施变得困难起来了。……均田法无法长期实施并不是怪事。②

笔者认为，解释"均田法"失败的另一个决定性根据是土地集中于特权上层手中的现象。③"由于贵族和皇帝的官僚们分到了大大超过平均量的广阔的土地，所以到了唐代，大土地所有已经成为合法的既成事实。土地买卖也是国家的限制措施，所以无法完全得到控制。此外土地越来越集中于道教僧侣，尤其是佛教寺院的手中。国家机关也分到了土地，供公共支出和官吏们个人使用。"④

说明这一均田法崩溃的最后一个原因是过重的租税引起农民大众土地的流失。对此万国鼎指出：

> 随着均田法的出现，由于每户的租税急剧增加，所以土地分配只能在极为有限的时期，即国家行政公正、土地富裕时才能实行。一般来说，富人无论如何都会兼并土地，穷人则失去自己的土地。百姓土地流失的原因是过重的租税负担，而不是土地分配。⑤

贫困的人们为了躲避沉重的租税负担而脱离土地流亡，或沦落为豪族的佃户。贫农的流亡从国家的角度来看最终意味着租税来源的减少。为了填补流亡引起的财政亏损，国家给剩余的农户以更沉重的租税负担。755 年

---

① 范文澜，前引书，第 3 册，500 页。

② Wan Kuo-ting，前引书，pp.179。

③ 张耀煊，前引书，106—126 页；参见郭士浩《唐代的庄园》，见《中国封建经济关系的若干问题》，129—186 页；Wan Kuo-ting，前引书，pp.172-176 等。

④ R.Lorenz，前引书，S.53。

⑤ Wan Kuo-ting，前引书，pp.177-178。

的安史之乱就是在这种情况下爆发的。这次动乱是500年前的黄巾起义之后规模最大的一次。在持续了10多年的内乱期间,中央集权统治国家的物质基础被彻底破坏,这首先表现在人口数目的变化上。755年负担国家租税的家庭数约为900万,人口总计约5300万。但在764年平息安史之乱之后,家庭数只约有300万,人口数仅约有1700万。[①] 不到10年,国家的租税来源便减少到只剩下三分之一而已。而大土地所有者们的庄园经营却达到了全盛期,与还要同内忧外患进行斗争的虚弱的国家形成了对照。生活在"均田制"最终被破坏以后的陆贽(754—805)对富人的土地兼并和贫农的可怜处境做了这样的记录:

> 今制度弛紊,疆理隳坏,恣人相吞,无复畔限。富者兼地数万亩,贫者无容足之居。依托强豪,以为私属,贷其种食,赁其田庐,终年服劳,无日休息,罄输所居,常患不充。有田之家,坐食租税,贫富悬绝,乃至于斯。厚敛促征,皆甚公赋,今京畿之内,每田一亩,官税五升,而私家收租,殆有亩至一石者,是二十倍于官税也。降及中等,租犹半之,是十倍于官税也。[②]

与过去的东汉一样,土地集中在8世纪以后也是在大官僚-地主们的垄断支配下以这种方式得以实现的。大官僚-地主们极度的土地垄断最终引发了农民起义,并最终导致了唐朝的崩溃。

唐朝以后的各王朝,即宋、元、明、清等,土地所有关系也大体上与以前的王朝一样,经常因大官僚-地主支配下特权上层的大土地私有而导致不平衡。劳伦兹对后代王朝的土地所有关系做了这样简洁的叙述:

> 一般来说,8世纪以后中国的经济和社会发展是受与土地利用的小规模经营形态密不可分的大土地私有支配所决定的。地主的土地分割为零散的小块地,由佃农们耕种,因此出现了大范围的人的隶属与剥削关系。新王朝们虽然试图依靠传统的君主上级所有权根据农民的利益来重新分配土地,但并没有给所有关系带来任何本质的变化。在以后

---

① 参见本书表7。

② 陆贽:《韩苑集》,卷二十二,《均节赋税恤百姓》第六条。这里引用自唐长孺,同上书,585—586页。

> 的几个世纪虽然依然存在着各种形态的国家所有,但据苏联学术界的推断,在总耕地面积中所占的比例连寺院田也包括在内不过10%—20%。另外80%—90%的耕地属于地主和自耕农。尤其是在南方一直只租佃土地的各种地主集团平均拥有40%—50%的私有土地。负担国家纳税义务的相当多的小农阶层主要生活在北方。当然个别的所有形态之间的相关关系经常发生变化,到时又会出现新的隶属和租借形态,但这种农业体制一直持续到了1949年的革命。①

最后笔者想强调一点,根据到现在为止的论证,在战国时代以后约2500年的时间内,财产私有制决定了社会经济状况。在庞大的农业社会走过的漫长历史中,土地(即最重要的生产要素)依据一定的商品经济的水平,以及由于大官僚-地主们的支配,随着时间的推移必然地集中到官僚-地主、士大夫-地主以及与他们联合的商人-地主们手中。随着上部阶层的土地集中,隶属的农民大众则经常突出地表现出对土地的绝对缺乏。因此与土地集中的加速化相比,土地租佃体制越来越普及。劳伦兹这样说道:

> 但无法期待原有农业体制的变革。尤其是由于急速的人口增长与持续的土地集中造成的无地农民和贫农的增多,地主们的地位到(中国)帝国的末年为止反而继续得到改善。对于地主来说,与自己以租金劳动为基础经营大规模的自立经济(eine eigene großbetriebliche Wirtschaft)相比,将土地分成零散的小块地进行租佃收益更高,更加符合目的。土地租佃既不需要自己承担生产风险,还可以保障高收入。由于地主们可以基于他们的土地垄断来任意地提高剥削程度,因此虽然分割成零散土地产生了劳动力的损失,但地主们的租佃收入并没有减少。②

构成中国儒家式社会根本的生产关系从一开始就注定是土地租借关系永久的扩大再生产。这里也反映出了无地农民阶层和贫农阶层不稳定的经济状态。

---

① R.Lorenz,前引书,S.54。

② 同上,S.68。

笔者认为，皇帝的中央政府（即国家）想要在大官僚-地主和与他们勾结的商人-地主们的压迫与兼并中保护无地农民层和贫民层不稳定的经济状态的试图最终都以失败告终。在几个非常强大的皇帝如汉武帝、女皇帝武则天、朱元璋等的统治下，大土地私有的扩大也确实曾在短时间内被抑制。但是在大官僚-地主们的垄断支配之下，国家使农民阶层本来就不稳定的经济状态进一步受到威胁。国家本身不是由皇帝，而实际是由皇帝身边的官僚-地主们为了他们自己的利益所操纵，因此国家的财政经常亏空。为了填补这种财政上的不足，国家一般不得不实行各种税收。因此作为国家物质基础的没有权力的下层小农们只能凄惨地被大肆掠夺，根本无法顾及他们再生产的能力。结果便出现了由悲惨的农民大众所发起的大规模的暴力抵抗运动。

2.“停滞性”的问题与农民起义的历史作用

（1）社会经济的停滞性

在持续了两千多年的中国儒家式社会里，大官僚-地主家族和与他们联合的商人-地主以及道教与佛教的寺院等大土地私有者积累了庞大的财富。这些富有而强大的大土地所有者不但进行大规模的土地租赁，一般还从事高利贷业，并根据情况从事商业和手工业商品（农机具、绸缎等）的制造。如果暂时先不考虑贫民阶层、无土地农民阶层悲惨的经济状态，他们所生产的剩余生产物首先是作为“租税”交给了国家，其次是以地租、利息、消费开支等形式流到了地主、高利贷业者以及商人手中，并通过这种方式被积累。1933年里斯金（Riskin）评价说，“农业所产的剩余生产物的82%具有地租、利息、租税的形态”。[①]

我们现在应该想一想，这种以土地私有为核心实现的庞大的财产积累（资本）为什么一次也没有越过土地私有的生产方式？在笔者看来，以大土地私有和私有财富（财产）为特征的中国儒家式社会的土地私有生产方式已经达到了直接领先资本主义生产方式的程度。为了准确地解释资本主义生产方式近在眼前而社会经济陷入停滞的原因，下面我们来考察三种社会结构方面的根本问题：大官僚-地主支配下农民阶层不稳定的经济状态；国内、国外市场的相对缺乏；土地不足和劳动力过剩造成的土地租赁的高收益。

第一，前面已经讲过，持续了两千多年的中国儒家式社会中农民阶层不

① U.Menzel，前引书，S.121。

稳定的经济状态首先归因于土地的不足。这种不稳定性由于特权上层的土地集中而恶化。在自己拥有的零散土地上进行劳动密集型耕作的农户,即承担国家租税和赋役义务的自耕农大部分由于过重的租税负担和由此产生的负债而自己得不到任何剩余生产物。如果再加上任意征收租税的贪婪征收、自然灾害、疾病等,处于这种逆境的农户只能陷入破产。他们或成为大地主家族的佃户,或成为土匪。在这种环境下,土地租赁关系持久的扩大再生产被确立为根本的农业体制。张荫麟指出,在宋朝初叶即976年到983年间,佃户在总人口中所占的比例为41%,租赁土地占总耕地面积的比例共有70%以上。① 通过这种方式,大部分贫农和没有土地的农民经常是在生计的最低限度(Existenzminimum)徘徊。总之,在土地租赁关系持久的扩大再生产这一根本的生产方式中,中国农民阶层的特征一开始就是为了生存的生产和再生产。这正是意味着一般大众的最小购买力。

第二,资本主义生产方式发展的前提是商业和货币经济的繁荣。前面已经指出,在中国儒家式社会里农民阶层不稳定的经济状态决定了一般百姓的最小购买力,从而出现了萧条的国内市场。在中国,不但国内市场十分萧条,而且不可能实际存在"国外市场"。因为国外市场只有在经济水平相似的国家之间才可以形成。"虽然这种情况适合于欧洲,但中国被游牧半游牧甚至'原始的'种族所包围。"②与邻近的民族进行国际贸易从经济上来看,对于文化高度发达的庞大的农业国家从一开始就是一件不可思议的事情。对于国家间的水准来说,对中国皇帝的贡纳和作为其回报的皇帝的礼物这种形式中的国际贸易从政治上来说只是为表现中国皇帝名誉和政治权威做出了贡献。在缺乏强大的国内外市场的条件下,以"大土地私有"为中心,有了一定发展的货币经济,如高利贷业、大规模贸易的经营、手工业商品的制造等永远只会必然地遇到土地私有的生产方式这一自然的局限。在中国历史上,庞大的财富事实上不时通过地租、利息、从消费者那里获取利润等方式,根据不同情况流入高利贷业主,同时又是大规模贸易和手工业工场所有主的大官僚-地主那里。但由于"贫乏的投资可能性"③,这些庞大的财富几乎全部用于非生产的使用目的,如奢侈的生活方式、建豪华住宅或建塔、收

---

① 张荫麟:《北宋的土地分配与社会骚动》,见《中国社会经济集刊》,第6卷,第1期,1939年6月,59—61页。

② Franker/Trauzettel,前引书,S.84。

③ U.Menzel,前引书,S.122。

集名人字画等。在这些庞大的财富中极低的比例被再投资到大土地的扩大中。对此门泽尔指出,“对于这种局限性来说,在乡绅们拒绝投资的主观意志背后是源于微薄的投资可能性的,而客观上投资不可能”①。

第三,在农业——家庭内部男耕女织的生产——而不是商业被看作保障社会剩余生产物为主要经济的社会里,国家经常通过一般是年生产物的十五分之一,有时为三十分之一的低田租来鼓励种田。

但土地租佃费即地租却经常超过年生产物的50%。这样一来国家永远保障了土地租佃的收益性。首先由于大官僚-地主的土地集中和人口的增加,土地不足的问题随着时间的推移逐渐变得越来越严重,由此土地租赁关系得到了普遍的实现。在(第一)土地不足、(第二)无地农民的增加常常占支配地位的客观状况下,“中国的土地所有者们根本感觉不到有必要瞄准城市市场而使自己土地里的生产活动变得合理化”,“即使自己的土地比较接近大城市,但如果将自己的土地租佃给农民,农民会争着去获得租借地,因此悠闲地去等待自己不用动一根手指头就可以获得更高收益对于地主来说更方便,更轻而易举”②。劳伦兹又这样说道:“原有的各种关系切断了向资本主义的经济运营或近代化过渡的途径。在农业经济内外几乎没有对劳动力的需求,因此大多数没有土地的农民只能靠租佃一块地来维持勉强度日的生计基础。中国中部和南部地区多得可怕的农业剩余人口通过这种方式使土地租赁关系持久的扩大再生产变得可能,这种土地租赁关系持久的扩大再生产也正是中国农业体制的基础。”③

(2)中国儒家式社会中农民起义的历史作用

前面已经多次强调过,自商鞅的社会改革以来,土地不足的问题由于在大官僚-地主们的支配下达到顶点的土地集中而一直非常尖锐。农民阶层和一般百姓悲惨的经济状态从根本上来讲是由于土地集中造成的土地不足。另外,悲惨的农民阶层和一般百姓从总体上来看将自己完全托付给了行政官衙的恣意暴政和地主们经济的和经济外的剥削。但国家和上流阶层“在农民们自己看来从来没有行使过看起来是自己生存的最根本的职能”,“因此统治者与被统治者之间的结合是脆弱的,是非常人为的,在负担增加

① U.Menzel,前引书,S.122。

② Barrington Moore,前引书,S.215。

③ R.Lorenz,前引书,S.68。

时潜在着这种结合随时会破裂的危险"①。为了论证巴灵顿的这种主张，下面再引用一下前面已经提过的董仲舒的话：

> 用商鞅之法，改帝王之制，除井田，民得卖买，富者田连仟伯，贫者亡立锥之地。又颛川泽之利，管山林之饶……邑有人君之尊，里有公侯之富，小民安得不困？又加月为更卒，已，复为正一岁，屯戍一岁，力役三十倍于古；田租口赋，盐铁之利，二十倍于古。或耕豪民之田，见税什五。故贫民常衣牛马之衣，而食犬彘之食。重以贪暴之吏，刑戮妄加，民愁亡聊，亡逃山林，转为盗贼，赭衣半道，断狱岁以千万数。②

董仲舒所说的两千年以前即西汉初农民阶层这种悲惨的状况在持续了两千多年的中国儒家式社会中一直是非常相似的。为了维持自己和家庭的生计，贫穷的农民们大部分不得不沦落为豪族的佃户，甚者更凄惨的时候将子女或妻子也卖给了别人，沦落为奴婢。在这种状况下，悲惨的农民们甚至成为了盗贼和土匪。当达到极限时，像这样流浪的农民大众便号召进行暴力的抵抗运动。"中国的历史适合产生可以很容易用起义的火花点燃的干柴，即大块的人类残骸。"③

在大官僚-地主们的垄断支配下，经济状况极其悲惨的农民构成社会底层。在这种社会结构下，在过去两千年的时间内发生了数百起大大小小的农民起义。大规模的起义如秦代陈胜和吴广发动的农民起义、项羽和刘邦之战，西汉的绿林起义、"赤眉"起义，东汉的"黄巾起义"，隋朝李密与窦建德的起义，唐代王仙芝与黄巢起义，北宋王小波与李顺起义、方腊起义，南宋的钟相与杨么起义，元代朱元璋的起义，明代的李自成起义，以及末代王朝清朝洪秀全发动的太平天国起义等。除了刘邦和朱元璋的起义，其他所有大大小小的农民起义都被当时的国家以暴力镇压下去了。但在数十年时间内可以将数十万甚至数百万悲惨的农民动员到强大的抵抗运动中的大规模农民起义给了当时王朝原有的支配关系以沉重的打击，并且毫无例外地导致了该王朝的没落。因此农民起义在持续了两千多年的中国儒家式社会中成了王朝变动的契机和手段。

---

① Barrington Moore，前引书，S.244。

② 《汉书·食货志》（四），1137 页。

③ Barrington Moore，前引书，S.254.

从社会史的角度来看,农民起义的责任应该由将悠久传统的中国帝国按照自己的利益进行统治,同时又是官僚和地主的保守的儒学者来承担。原有的生产关系,即将私人的土地尽可能地大量租佃给没有土地的农民可以保障最大的利润,因此从根本上来看,掌握着政治权力的大官僚-地主们根本不关心有利于改善农民阶层悲惨的经济情况的社会经济改革。"王室"(国家)的中央政府为了从小所有主即自营小农那里增加国家收入而试图限制权贵们的土地集中,普及提倡小农耕地的所有社会经济改革都毫无例外地遇到了保守强大的官僚-地主的干涉而受挫。这种受挫的代表性例子如北宋时代著名的王安石变法和1898年康有为的变法。

在持续了两千多年的中国儒家式社会里,由于以占全国人口不到10%的地主和超过90%的贫农及没有土地的农民之间不合理的土地所有关系为中心所产生的社会结构性的紧张,这种大规模的农民起义在历史上层出不穷地反复,但从来没有一次发展成为革命。

笔者认为,农民起义注定受挫的根本原因是暴动中典型的——从缺乏严格的纪律和管理中产生的——破坏行为。如在"均平""均贫富""均田"等过激的口号下,奋起的农民大众为了哪怕避免一次饥饿而去破坏和掠夺官衙和大地主的住宅。但是这使储备很快地被用尽,之后叛乱军不得不陷入了物质匮乏的境地。在这种情况下,农民叛乱军一般不能在占领地区给农民大众以持久的物质优惠,因此无法继续加强自己的力量。也就是说破坏与掠夺阻止了建立取得最后胜利的长期的物质基础。农民起义一般都受到了官军或从东汉时代到南北朝时代在政治上担任统治职能的"世族"们私军的攻击而最终被平息。但长时间大规模的农民起义使"王室中央政府"(国家)变得非常虚弱,因此它一般就像可以信手拈来的食物一样落到了新的权力者手中——不管是大官僚-地主出身的权贵或入侵的游牧民族的统治者。漫长的战争使人口急剧减少到原来的三分之一以下,同时在广阔的地区出现了大量荒废闲置的土地,在这种新的官僚-地主的帮助下又重新组成了一个官僚主义的中央集权政府。

那么在中国儒家式社会中农民起义所具有的历史作用到底是什么呢?笔者认为,在中国历史上发动的无数次农民起义——虽然没有一次发展为革命——是社会动力的变革力量,它可以给过度集中于地主阶层的土地所有表现出的原有的支配关系以决定性打击。可以说19世纪20年代的中国共产主义者们在漫长的中国历史上第一次将这悲惨的农民大众中潜在的巨大的变革力量投入到了"革命"之中,从而获得了成功。

五、中国儒家式社会结构论

官僚中央集权国家登场的儒家式社会的成立否定了"灌溉假说"。儒家式社会的这种本质的特征在于持续了2500多年的对土地的私有财产权。也就是说儒家式社会的特征是土地私有制的生产方式。社会经济的基本单位不是牧歌式的村社共同体,而是自家经营的小农,即平均由5口人构成、耕作零散私有土地的自耕农户。农民阶层没有将国家的经济职能看作自己生存中本质的东西。水利设施的建设是有关地区社会的利益团体——王室或豪族——私人的事情。

这种中央集权式的国家或王室的经济基础是自己的私有财产["公田"(国有土地和王室私有土地),皇帝所有的湖泊、狩猎场、园林等]和直接生产者(主要是自耕农民)的剩余生产物(即公共税收),但国家的统治经常是以官僚们的职能为前提的。作为最大地主的皇帝所拥有的无限的中央权力必然只能通过那些也是官僚-地主们的职能才能够得以体现。但随着时代的推移,官僚-地主们根据自己的利益操纵了王室的官僚制。当然在持续了两千多年的儒家式社会里也出现过皇帝对官僚-地主进行专制统治的时期。但一般来说皇帝被看作名义上的国家首脑,国家权力从他的手中脱离了出去,被皇帝身边的官僚和他们的党派所操纵。皇帝被要求为某一占优势的官僚党派行使职能,这种占优势的党派也由于变化无常的权力关系而不断反复出现被其他党派替代的现象。总之,"东方式的专制主义"被大官僚-地主们的垄断支配而破坏。

官僚-地主们的大家族的成立是由于官僚-地主的垄断支配,而不是"东方式的专制主义"。融合了官僚、地主、商人这一豪族自东汉以后迎来了全盛期。尤其是在皇帝的外戚和宦官们的恣意统治下,国家财政陷入了破产的境地。不管是哪个王朝的初期,作为该王朝重要物质基础的大量国有土地在大官僚-地主的支配下往往成为容易被掠夺的目标而落入强大的官僚们的手中。大官僚-地主们就是这样只顾追求自己的利益,从而破坏了中央政府的经济基础。例如他们牺牲国家财产来修建庄园,将无数贫农完全吸收为自己纯粹的佃户,因此造成了国有土地的减少和国库税收来源的萎缩。

国家或中央政府一旦到了不得不将自己的势力基础依存于在地方和中央政府都极其强大的官僚-地主层恣意垄断统治的阶段,便只能走上自己破灭的道路。在这一阶段,国家和中央政府为了继续生存下去,必须依靠这种“豪族”“强族”家族来填补财政不足,因此只能残酷地破坏弱小的直接生产者,即行使国家经济基础职能的农民的零散农业。也就是说国家就这样走上了自取灭亡的道路。国家或中央政府毫不顾及农户的再生产能力,除了田租,还在各种附加税的名目下大肆搜刮农民。其结果是导致了农民经济破产,同时国家存在的经济基础遭到毁坏。有关的王朝或“中央政府”由此而违背了保护农民阶层的所谓“天命”,因此必然会激起农民大众强大的抵抗运动,他们有时甚至可以颠覆王朝。当国内状况因官衙贪虐的统治所引起的农民起义而陷入混乱时,换句话说,从根本上来看因官僚-地主的统治而动摇的中央政府最终无法克服内忧时,临近解体的中央政府或王朝便被游牧民族的统治者或强大的官僚-地主的豪族们所推翻。这些新的权贵一般可分为下列三种范畴:

以前王朝的大地主兼强大的官僚;

来自下层的农民起义的领袖;

异民族的游牧民族的君主。①

这些新的当权者必然在原来就是地主或后来变为地主的、有能力的官僚和他们正统的儒家意识形态的帮助下重新建立官僚主义的中央政府。也就是说,从根本上来看他们所建立的是同样的王朝,只是名字不同、人物不同。

总之,汉代以后王朝的社会发展是由大官僚-地主的统治和土地私有的生产方式所决定的,它一般都面临与以前王朝同样的社会结构性的问题而走向灭亡。这种王朝交替的机制在持续了两千多年的中国儒家式社会里周期性地反复进行,这种现象一直持续到了 19 世纪中叶以来欧洲资本主义开始使中国社会的这种经济基础解体,最后连民族的独立性也危在旦夕的近代。

---

① 儒家式社会中大部分的王朝创建者出自第一种范畴。王莽的新、刘秀的后汉(或东汉)、曹丕的魏、孙坚的吴、司马炎的晋、杨坚的隋、李渊的唐、赵光胤的宋等属于第一种范畴。第二种范畴中只有刘邦的西汉(或前汉)和朱元璋的明。在第三种范畴中西北、东北游牧民族君主出身的有拓跋珪的北魏、耶律阿保机的辽、完颜阿骨打的金、忽必烈的元和努尔哈赤的清等。

第三章　马克思"亚细亚生产方式"理论和欧洲中心主义之批判

1853年6月14日，马克思在《中国革命与欧洲革命》一文中指出，"太平天国之乱"这一"惊心动魄的革命"必将给欧洲资本主义社会带来决定性的影响。①

马克思在这里所说的东方社会的"惊心动魄的革命"具有非常重要的战略意义，因为马克思认为它与一定程度上试图再次促进欧洲"迟缓的"革命状况的意图有着密切的联系。

另一方面，几乎是同一时期，在1853年6月25日，马克思在分析印度村社制度时指出，东方社会在文化上是一种不变的"半野蛮半文明的小规模共同体"②。根据他的见解，这一共同体具有不存在"自主个人"的私有财产的特征。从这种意义上，马克思描述说"土地所有的缺乏才是到达东方天空的实际钥匙"③。马克思根据这种"私有财产的缺乏"的内容所确立的概念即所谓的"亚细亚生产方式"理论。其内容在前面已经提到过，下面来分析一下其本质的特征：

土地私有的缺乏。以"氏族财产、共同体财产"为基础的自给自足的村社共同体才是东方社会不变的社会经济基本单位，同时也是东方社会不变性和停滞性的决定原因。

东方社会经济规模停留在小农和家庭手工业结合的水平上。

作为唯一所有者的独裁者即国家负责"东方农业的基础"，即巨大的灌溉设施。

阶级关系的微弱发展。相对于独裁者（即国家），存在着"东方普遍的奴隶状态"。因为作为唯一所有者的独裁者（即国家）之外，法律上不存在任何可以任意处理自己财产的阶级。一般来说，村社的居民不拥有私有土地，因

---

① Marx, *Die Revolution in China und in Europa*, MEW, Bd.9, S.85.

② Marx, *Die britische Herrschaft in Indien*, MEW, Bd.9, S.132.

③ "Der Brief von Marx an Engels am 2.6, 1853," MEW, Bd.28, S.254.

此只能依附于共同体所有的、独裁者或国家的财产来维持生计。有时候存在着极少数事实上的土地所有者高级官吏。

自然发生的、不存在私有财产的共同体、阶级关系微弱等都使“亚洲式”社会在阶级社会中成为历史最悠久的社会，即最接近于原始共产主义状态的社会。

马克思欧洲中心主义的态度直接表现在他的“亚细亚生产方式”理论中。他以“私有财产”作为“文明”社会本质的标志，划分了一系列具有不同所有方式的人类历史阶段。但马克思没有将“亚细亚”社会划归到欧洲地区历史发展的最初阶段。例如他没有将其与希腊、罗马的“奴隶社会”或“封建制”联系在一起。这是因为缺乏“奴隶主”或“封建领主”这种自主的所有阶级是“亚细亚”社会的典型现象。根据马克思的观点，“亚细亚”社会不过是原始社会，是人类文化的开端。这就像“蜂窝里的蜜蜂一样，是个人还没有从部族或共同体的脐带上断开的社会”①。

在马克思看来，“亚细亚”社会的特征首先是在经济上不存在任何私有财产和任何个人自由的田园式的村社共同体，在文化上是隶属于“自然”的人的“被动性”或“顺从”。东方社会在欧洲“文明”的资本主义用暴力侵略时才开始解体，按照马克思的说法是“亚细亚人迎来了前所未见的社会革命”②。马克思在分析印度社会时对东方社会的这种特点和文明是这样叙述的：

> 但是我们不能忘记，这种田园风味的农村公社不管看起来怎样祥和无害，却始终是东方专制制度的牢固基础，它使人的头脑局限在极小的范围内，成为迷信的驯服工具，成为传统规则的奴隶，表现不出任何伟大的作为和历史首创精神。我们不应该忘记那些不开化的人的利己主义，他们把全部注意力集中在一块小得可怜的土地上，静静地看着一个个帝国的崩溃、各种难以形容的残暴行为和大城市居民的被屠杀，就像观看自然现象那样无动于衷；至于他们自己，只要哪个统治者肯于垂顾他们一下，他们就成为这个侵略者的驯顺的猎获物。我们不应该忘记，这种有损尊严的、停滞不前的、单调苟安的生活，这种消极被动的生

① *Das Kapital*, Bd. Ⅰ, MEW, Bd.23, S.353-354.

② Marx, *Die britische Herrschaft in Indien*, MEW, Bd.9, S.132.

存,在另一方面反而产生了野性的、盲目的、放纵的破坏力量,甚至使杀生害命在印度斯坦成为一种宗教仪式。我们不应该忘记,这些小小的公社带着种姓划分和奴隶制度的污痕;它使人屈服于外界环境,而不是把人提高为环境的主宰;它把自动发展的社会状态变成了一成不变的自然命运,因而造成了对自然的野蛮的崇拜,从身为主宰的人向猴子哈努曼和母牛撒巴拉虔诚地叩拜这个事实,就可以看出这种崇拜是多么糟蹋人了。①

从上面引文中也可以了解到,马克思关于"亚细亚"社会的见解从"田园风味的农村公社"的野蛮、自私、"有损尊严的、停滞不前的、单调苟安的生活"等描述,以及这种固定不变的社会中"消极被动"的价值观,宗教仪式般的杀人害命、"身为主宰的人"在动物面前下跪的"对自然的野蛮的崇拜"等描述中得到了清楚的体现。马克思指出,它全面地违背了"人道主义"。马克思"对宗教的批判最后归结为人是人本身最高的本质这样一个学说,从而也归结为这样的绝对命令:必须推翻那些使人成为被侮辱、被奴役、被遗弃、被蔑视的东西的一切关系"②,而给这一社会带来"革命变化"的、"文明"的资本主义的大肆入侵,在马克思看来是合理的:

的确,英国在印度斯坦造成的社会革命完全是受极卑鄙的利益所驱使的,而且谋取这些利益的方式也很愚蠢。但是问题不在这里。问题在于如果亚洲的社会状态没有一个根本的革命,人类能不能实现自己的命运。如果不能,那么,英国不管犯上了多少罪行,它造成这个革命毕竟是充当了历史的不自觉的工具。

总之,无论一个古老社会的崩溃情景对我们个人的感情来说是怎样难过,但是从历史观点来看,我们有权同歌德一起高唱:

我们何必因这痛苦而伤心,
既然它带给我们更多欢乐?
难道不是有千千万万生灵
曾经被帖木儿的统治吞没?③

---

① Marx, *Die britische Herrschaft in Indien*, MEW, Bd.9, S.132-133.

② *Zur Kritik der Hegelschen Rechtsphilosophie*, Einleitung, MEW, Bd, 1, S.385。

③ Marx, *Die britische Herrschaft in Indien*, MEW, Bd.9, S.132-133。

马克思就是这样坚信，文化上最悠久，但是半文明半野蛮的亚细亚人过着没有任何私有财产和个人自由的村社共同体的生活，并且在数千年的岁月里丝毫没有变化地隶属于自然，只能过着“被动的”、植物一样的生活，而这只有依靠“文明的”欧洲资本主义野蛮的侵略才宣告结束。因此作为坚决的“人道主义者”的马克思不顾自己沉痛的心情，主张“（英国）不管犯上了多少罪行”，“文明的”资本主义破坏“亚细亚”社会具有着人类社会发展的世界历史意义。

马克思长期滞留在英国，比起中国来他更了解印度。① 他在 1853 年也将中国看作是“东方式的”国家。1859 年 12 月 3 日马克思在《对华贸易》一文中指出中国社会经济结构是以小农与家庭工业相结合为基础的。② 马克思引用了额尔金勋爵（Lord Elgin）的一段话：

> 我已得出这样的结论：他们大都拥有极有限的从皇帝那里得来的完全私有的土地，每年须缴纳不算过高的一定税金；这些有利情况，再加上他们特别刻苦耐劳，就能充分满足他们衣食方面的简单需要。③

马克思通过额尔金的这番话推测，中国农业的特征——至少在 19 世纪的清朝——是劳动密集型的零散自耕农。也就是说他认为当时的中国不存在“东方典型的”“国家控制下的村社共同体所有”④。但马克思在《资本论》第 3 卷中谈到中国时，指出中国是“以作为‘亚细亚生产方式’为经济基础”的“土地共同所有为基础的、原始形态的村社共同体”。

> 在这里（印度和中国），生产方式的广泛基础是由小农和家庭手工业的结合构成的。如印度依然存在着以土地公有为基础的村社共同体，而这“对于中国来说也是原始的”形式。⑤

---

① *Die Kreigsfrage-Parlamentsränke-Indien*, MEW, Bd.9, S.216.

② 同上，S.544。

③ *Der Handel mit China*, MEW, Bd.13, S.540.

④ K.A.Wittforgel, *Die orientalische Desposite*, S.463.

⑤ *Das Kapital*, Bd.Ⅲ, Bd.25, S.346.

威特伏格(K.A.Wittforgel)以《资本论》的这段话为基础,公然宣称"按照马克思的见解,在中国决不会因为'土地共同所有'消失而使得'亚细亚生产方式'削弱"①。

"亚细亚生产方式"的大力拥护者除了威特伏格,还有匈牙利的马克思主义者托奇(F.Tökei)。托奇认为"马克思关于'亚细亚生产方式'的见解是马克思业绩中不可缺少的一部分,没有它就不能想象《资本论》"②。他确信亚细亚的所有形式是"部族所有的形式"③,指出"到达农耕阶段的社会发展只有在家长式的共同所有消失、土地或奴隶的私有出现以后才可以进行"④,在没有出现这种私有的"亚细亚"社会只能是停留在"奴隶社会"的前一阶段。⑤ 对于"亚细亚"社会的停滞性,托奇这样说道:

> 亚细亚生产方式的发展趋势(但是)不是前进而是后退。那里只有停止与停滞。……那种停滞并不是单纯地意味着某一过渡阶段典型发展的停止,而是同时偏离了典型的道路。因此等于说选择了一条独特的道路。其结果只有资本主义的发展,更进一步说是到了社会主义发展阶段后才使这种半野蛮半文明的亚细亚文明加入到了全人类发展的过程中。⑥

总的来说,托奇对以所谓的"氏族所有"为基础的"亚细亚生产方式"是这样理解的:

> 亚细亚生产方式从其整体来看是过渡的形式,并且是介于原始共同体与古代生产方式之间的过渡形式。从所有关系的角度来看,它虽然与原始共同体的结构有着紧密的联系,但从生产方式和整体社会分化的观点来看,它既不属于原始共同体,也不属于奴隶制或封建制的范畴。⑦

---

① K.A.Wittforgel,前引书,S.463。

② F.Tökei,*Zur Frage der asiatischen Produktionsweise*,S.22.

③ 同上,S.85。

④ 同上,S.37。

⑤ 同上。

⑥ 同上,S.85-86。

⑦ 同上,S.86。

除原始共同体、奴隶制、封建制这三种众所周知的形式外，托奇还特别强调这种“亚细亚生产方式”是“第四个”前资本主义的“基本”结构。[①] 最后他主张：

> 亚细亚生产方式这一范畴在马克思的发现中不仅是有机的，而且是极其重要的部分。如果忽视了这一范畴，就会使马克思的政治经济学和历史哲学的基础受到损害。[②]

为了表明这一论旨的正确性，托奇在我们所引用的他的著作第三部中试图将“中国社会作为‘亚细亚生产方式’的古典范例”[③]，同时竟敢自诩为“中国学学者”[④]。但笔者认为，混杂着他的无知和成见的歪曲解释让人怀疑他作为学者的素质。他没有提出任何可以进行具体证明的史料，而只是依靠极其思辨式的“想象”讲述自己的故事。他指出，“过渡性质的‘亚细亚生产方式’在周朝时开始扎根”[⑤]。中国“几乎在3000年的时间里处于‘彻底的’孤立之中”[⑥]，因此“中国社会的停滞现象一直持续到帝国主义侵略时期，自然地维持着中国社会低级、残缺的发展”[⑦]。

但在别的地方——关于作为“资本主义发展的前提”，即在中央集权国家封建所有的压迫下——托奇曾提到过“领先欧洲数世纪左右的”“中国初期资本主义”的发生。[⑧] 尽管他认为“自足的村社共同体”一直持续存在[⑨]，但他的这个提及还是值得注意。他这样写道：

> 它们（亚洲国家——笔者按）充分运用了使农民私有财产不可能存在的特殊历史条件。因此中国王朝对于封建因素的抑制尽管有其“矛盾性”，但还是应该评价为“进步的”。因为对封建因素的抑制在“孤立”

① F.Tökei, *Zur Frage der asiatischen Produktionsweise*, S.86.
② 同上，S.87。
③ 同上，S.89。
④ 同上，S.88。
⑤ 同上，S.82。
⑥ 同上，S.89。
⑦ 同上，S.82。
⑧ 同上，S.108。
⑨ 同上，S.109。

中也可以尽可能地保障最大限度的发展。[1]

虽然托奇评价中国国家权力反封建的中央集权化努力是“进步的”，但他认为中国“低级、残缺的发展”无法破坏“自足的村社共同体”。按照托奇的见解，对“零散小农的私有”的发生起决定作用的是“19世纪帝国主义的侵略和与‘封建’自立的加强同时出现的资本主义的流入”[2]。他指出小农的土地私有过程“大约是在1911年之后，即满族的中心权力没落以后结束的”[3]。

如果要从托奇这些众多的言论中得出一个结论，那就是在从周朝到1911年的所谓“持续了三千年‘彻底的’孤立”[4]的历史时期内，中国的氏族共有制占据了支配地位，“中国社会低级、残缺的发展”也大致是停留在古代“奴隶社会”的前一阶段。而只有“资本主义的发展，更进一步是到了社会主义发展阶段后”，“这种低级的、半野蛮半文明的亚细亚文明才加入到了全人类发展的过程中”[5]。

现在笔者想根据对中国儒家式社会的分析来否定由马克思构想、托奇完成的“亚细亚生产方式”理论。为此首先有必要以前面对儒家式社会结构的考察为基础，概括一下儒家式社会的特征。

1.约2500年期间土地私有和儒家式社会官僚制中央集权政府的物质基础

笔者认为，官僚制中央集权政府即儒家式社会产生的物质基础是在春秋时期，尤其是战国时期出现的土地私有。第一部第一章中已经做了说明，这一时期生产力经过了五六百年时间的发展通过铁制农机具、肥料、水利设施等的使用得到了根本提高。地理位置上相距较远、经济发达程度不一的大小领主国家之间的贸易非常繁荣，从而使从前周朝封建制的经济基础解体。例如劳动地租，即农民（或农奴）们在他们的氏族或封建领主的共同耕地上进行集体劳动的现象几乎已经消失，取而代之的是新的实物地租的盛行。这种实物地租的前提是农户在自己所有的土地上自主地从事劳动。随

① F.Tökei, *Zur Frage der asiatischen Produktionsweise*, S.109.
② 同上，S.112。
③ 同上。
④ 同上，S.89。
⑤ 同上，S.86。

着实物地租的广为普及,有时有些农户可以生产出剩余生产物。这种变得富有的农户与大商人一样成为新的地主。

早期的商业仅仅局限于为封建领主们提供所需的奢侈品和消费品,而到了战国时期开始变得非常繁荣。由于社会生产力的提高和人口的增加,商业必须为农民阶层提供更多的生活必需品,如盐、香料、鱼、铁制农机具、麻布、染料等。在这种情况下,战国时期出现了被当作交换手段使用的众多货币,随着商品经济的发达,牲畜业、渔业等与农业一起得到了发展。不仅如此,生产盐、铜、铁和其他矿物(即金、锡、铅等的采集、提炼等)的产业部门也极为发达。

这一阶段,以前的公有土地,即原来的氏族共同体周围的山林薮泽等具有了非常重要的经济意义。当时对矿业尤其是盐矿的需求量极大。有些君主们更进一步借助铁制农具、家畜、水利设施等开垦了沼泽和荒地,获得了广阔的新耕地。君主们将以前的公有土地变成了私有财产。

以上所概括的春秋战国时期生产关系的变化同时也使得政治权力关系发生了变化。生产关系的变化最终使西周封建制解体。周朝所有的当权者们不管是君主还是高级官僚,都以祖先崇拜和家长式的氏族支配为媒介,在血缘和政治上结合在一起。人们按照自己的身份获取领地,而身份是按照与周王的血缘关系来决定的品阶。借助于天命思想,只有最高统治者周王才享有对土地的所有权和对百姓的统治权,因此没有土地的私有。但由于生产关系的变化,诸侯和大夫(贵族)们试图将他们的领地变成私有财产。因此诸侯们不断寻求征服即合并的政策,通过牺牲其他诸侯来尽可能扩大自己的支配领域。为此封建贵族们将有学问的文官(士)起用到政治上来。这些文官(士)虽然开始时是封建领主的顾问,但由于这些领主的支配能力强大得足以压倒自己原有世袭的姻亲贵族的势力,他们渐渐地变为官僚。封建贵族们为了生存和击败对手,不得不以他们原有的物质和军事力量为基础招募有能力的官僚。这样随着由几个强大诸侯及其雇用的官僚们进行统治的中央集权化的发展,世袭贵族主义开始崩溃,官僚中央集权政府开始酝酿。这样的政府经过商鞅的社会改革,最终由最早的皇帝秦始皇完成。儒家式社会的官僚中央集权政府——以土地私有为物质基础——的根本基础一直持续到1911年清朝覆亡。

2."官僚中央集权政府"的财源

官僚中央集权政府即王室的财源有两个:一个是"国有土地"和"王室私

有土地”的租佃以及使用池塘和狩猎场等皇帝私有财产所交的租税；另一个是从自营的，即拥有私有财产的农户、商人和手工业者那里收来的公共租税。

3.社会经济单位

社会经济单位不是“田园式村社共同体”，而是自营家庭，主要是小农。在中国，每个家庭不仅是生产单位，而且是纳税单位。公共租税通常是根据家庭人口，即成人男子、妻子及子女的数量册定。因此人口增加在两千年内尽可能地停留在最低水平，即一个家庭为 4 至 7 名，平均为 5 名。

4.封建关系的解除

这时，从中央集权“国家”或“王室”独立出去的，世世代代直接统治自己领地，对居住在那里的百姓横征暴敛的世袭贵族领主消失了。在儒家式社会初期，按照贾谊和晁错的建议，封建领主们不管是皇帝的兄弟姐妹还是忠仆只能得到领地内百姓的田租和人头税的征收权。其全部遗产必须公平地分配给所有——不管是正房的还是妾的——子女。从 1 世纪到 6 世纪担任统治职能的世族与欧洲的封建领主是不同的。因为“世族”不是依靠贵族这一身份，而是依靠中央集权国家或王室里的权势维持存在的，其权势是世族用自己的经济和政治力量获得并加以巩固的。简而言之，在中国，封建关系被儒家式社会的官僚中央集权政府所克服。

5.地主阶级的垄断支配

出于经济目的想要垄断政治权力并成为官吏的人不是贵族，而是一般地主。因此，官吏不是原来的地主就是在经济上依附于地主的文人。官吏主要的收入来源绝不是以粮食或货币的形式得到的俸禄。这是因为如果不是像皇帝的宰相或大官僚等最高的官吏，依靠这种俸禄是成不了富豪的。官吏主要的收入来源是通过他们以公开活动为由获取的私人大土地所有。

6.劳动密集型的零散经营

由于“官僚-地主”的支配以及随着商品经济的发达，土地集中到了几个大官僚-地主手中。由于这种土地集中，自营小农最重要的生产手段——土地的不足，成为严重的问题。这一问题随着人口日益增多而变得更加严重。因此，土地不足的问题在儒家式社会里从一开始按照李悝的观点从战国时代就已经是不可避免的问题。农民整体上处于非常不稳定的经济状态，一方面劳动密集型的零散土地经营是最典型的，另一方面不断进行再生产的租佃关系则持续成为根本生产关系。

7.作为根本生产关系的租佃关系的不断再生产

韩非子认为在战国时期已经有佃农。这可以说是以前的共同耕地消失的结果。他指出在春秋时期已经出现了土地私有。西汉时期特别是东汉时期,出现了土地严重不足的问题。这个问题是由于与强大的官僚-地主勾结的富有商人对大土地的占有以及日益增加的人口等所造成的。因此土地不足或没有土地的贫困农民的数量逐渐增多,租佃关系也逐渐得到发展,最终这种根本的生产关系得到持续再生产。土地的严重不足、闲散的农业劳动力、土地租佃的高利润率使得租佃制度开始盛行。虽然国家的农业政策尽可能地制定低的(如一年收获的十五分之一,甚至有时为三十分之一)田租,但佃农们却要将一年收获的一半以上交给地主作为"地租"。在中国,土地最终集中于大官僚-地主手中,失去土地,即缺乏最重要生产手段的农民不断增加,佃农们甘愿接受可怕的剥削。但在这样的中国,没有像古代"奴隶制"或日尔曼的"农奴制"那样的任何形态的"强制劳动"发生的必然性。当然在儒家式社会里"可以从佃农那里抽取很多租佃费,像从奴隶那里抽取的一样"①。对此爱克斯(Eduard Erkes)是这样说的:"这时佃农需要流大量的汗水。因为佃农越是提高收获,除了支付高昂的租佃费,自已也可以得到相应多的多余部分。"②值得注意的是,应该将在中国作为根本生产关系不断再生产的租借关系与所谓"奴隶制""农奴制"等前资本式的生产形态区分开来。

8.大官僚-地主鲸吞土地引起的中央集权政府物质基础的崩溃和大规模农民起义造成的社会颠覆

从人口发展来看,中国的人口自公元前3世纪到18世纪从1600万增加到了6000万至6500万。一般来说,经过大约200年人口增加时期即"和平时期"之后,接着便会出现大规模农民起义,原有社会关系全面瓦解。这个时期大约减少三分之二的人口。这一点一般在王朝初期家庭数量上表现出来。我们认为极其贫困的农民团体发动声势浩大的抵抗运动,其原因在于社会结构的紧张关系。这一紧张关系是从占人口不到10%的大官僚-地主和超过90%的没有土地或极其贫困的农民之间的不合理关系中引发的。借助大官僚-地主的支配,王室的官僚中央集权政府很容易被控制,结果导致

---

① W.Eberhard, *Das Tobareich Nordchinas*, S.220.

② E.Erkes, *Das Problem der Sklaverei in China*, S.25.

了王室中央集权政府经济基础的崩溃。作为国家财政决定性来源的国有土地和"皇帝的私有土地"成为强大官僚-地主轻易获取的对象。官僚-地主越强大,国家财政就越困难。为了补充财政亏空,国家以名目繁多的税收对弱小的普通百姓们——主要是自营小农、小商人、小手工业者——进行残酷的掠夺,根本不顾及他们的再生产能力。

最终,国民经济遭到彻底破坏,中央集权政府经济基础开始崩溃。因此暴力抵抗运动必然从极其贫困的百姓中出现。从中我们可以看出儒家式社会的客观结构特征,即当大官僚-地主对大土地私有的盲目扩大达到某一决定性时刻时,总是引起原有社会经济关系的全面崩溃。当然不能认为这是新的"资本主义"社会结构的"成熟发展"。

9.中国资本主义生产方式的萌芽

虽然通往资本主义生产方式的全面发展经常受到阻碍,但毫无疑问,在个别所有者财富作为生产关系基础的中国,资本主义生产方式原始形态的萌芽领先了欧洲封建制几个世纪。由于关于中国资本主义生产方式萌芽的详细研究超出了本书的主题,因此这里尽量做一下简要的叙述。[①]

从社会经济角度来看,一个重要的历史事实是,在持续两千年的儒家式社会里,社会经济中心逐渐从北方以黄河为中心但并不肥沃的小麦产区扩张至南方更加肥沃的水稻产区。因此社会经济中心从黄河流域扩大到了长江流域以南,经宋代到明代以后终于转移到了中国南方。前面已经讲过,两汉中期的2年,作为中心地区的北方人口要比边远地区的南方人口多15倍,但面积却比南方少很多。因此与北方相对狭小、人口密集的麦作地区相比,面积辽阔、人口稀少的南方稻作地区没有得到什么开垦。六朝时期第一次对人口稀少的中国南部进行了大规模开垦。607年大运河完工以后,才使南方肥沃的水稻产区与北方中心地区(即洛阳)直接连在一起。因此唐朝的经济和文化非常发达。毫无疑问,由于经济繁荣,在7、8世纪的唐朝最早开始出现资本主义生产方式的原始形态。它随着中国南方经济开发程度的加深而得到进一步发展。商品经济和商业在宋代,尤其是南宋繁荣一时。之后在明代和清代虽然遇到了很多困难,但资本主义生产方式还是达到了一定程度。我们已经在前面根据司马迁《史记》、班固《汉书》、范晔《后汉书》等

---

① 关于中国对于资本主义萌芽问题的集中讨论参见:《中国资本主义萌芽问题讨论集》(上、下编,北京,1957年)及其续编(北京,1960年);《明清资本主义萌芽研究论文集》,上海,1981年;Balazs,前引书,特别是290—312页。

史书分析了商业与商品经济在春秋战国时期出现以后在两汉时期得到的进一步发展。在儒家式社会初期阶段，虽然有众多大商人、高利贷业者、矿山业者等富豪，但他们还没有进入到商品经济的环节，即商业不是投资到商品生产而是投资到了大土地私有的购买中。生产部门的资本也未能支配商业或商品经济。因此高利贷业虽然很繁荣，但它还是停留在原始水平上，完全没有在商品生产和商品交易之间起到媒介作用。这样由于商品经济处于很低水平，大部分富豪成了大地主，只是从土地租佃中收取很高的利润。他们逐渐与贵族官僚阶级站到了一起。一言以蔽之，在儒家式社会的初期阶段还谈不上资本主义生产方式的萌芽。

另一方面，在7、8世纪的唐代，商品经济和商业由于经济的繁荣而非常繁盛。那时除奢侈品外，日常消费品也成了交易对象。在大城市的市场上出现了众多零售商（“行”）——如销售肉类、鱼类、衣服、丝织品、药材、金银制品等的商店——和大大小小的地摊（“肆”）。例如在当时西都长安有两个各有220个“行”（零售商）的市场，在东都洛阳有120个“行”和3000多个“肆”（地摊）。[①] 在同一时期的其他地方，到处都有在特定场所开办的称为“草市”[②]的定期地方市场。在零售业者中有不少是直接将自己的生产物作为销售品出售的手工业者，即制造工厂（Manufaktur）的所有者。由于商品经济的发达，除了众多零售商，还出现了支配他们的称为邸店的大批发店。邸店在全帝国大大小小的城市里设有分店，控制着巨大资本。邸店所有者还同时经营生产者与交易业者之间的中介业与银行业。他们先大量储存各种商品，再将它们转运出去。他们还先为顾客保管货币和物品，然后通过分店转交给该顾客指定的第三者。除了大“邸店”，还出现了“柜坊”。这种柜坊是近代银行的原始形态，只负责交易业者的金融业务。作为私人银行的邸店与柜坊发行了一种汇票或商品证券（Gutschein）作为支付手段。它又称为“飞钱”（会飞的钱）或“便钱”（交换钱票）。银在公共生活和私生活中成为主要货币手段。[③]

在唐代私人大企业中，茶的栽培和制造业最为繁盛。这是因为茶本来

---

① 傅筑夫、李竞能：《中国封建社会内资本主义因素的萌芽》，见《资本主义萌芽问题讨论集》，上编，299页。

② 关于唐代的“草市”，参见加藤繁《唐宋草市及びその发展》，见《支那经济史考证》第1卷，387—421页。

③ 傅筑夫、李竞能，前引书，300页。

就是作为商品在特定地区栽培和制造的，到了这个时代作为日常消费品其消费量很大。例如在祁门（安徽）地区有七八成的人口与茶有关系。茶企业支付给他们相当的收入，他们以此来支付租税，维持生计。[①] 很多茶企业中——如九陇（四川）张守珪的茶农场——每年雇用数百名男女劳动力并支付工钱。[②]

另外，在官营手工业制造所中不生产商品，而是生产王室和朝廷的消费品。它们无论在规模还是质量上都超过了个人制造所。官营制造所的劳动力一般由管户——即官衙奴婢、外国人、兵卒等——来充当。但由于管户不足，另外为了调节官营制造所对大量劳动力的突然需求，还雇用了称为和雇（根据协商的劳动者）的临时劳动者。"协商的劳动者"分为日付劳动者（日佣人）和月付劳动者（月作人）。[③] 城市市场里的个人零售业（行）不再是小农家庭工业式的副业，而是依靠独立生产单位来经营的。他们还结成了自己固有的"组合"（"行"）。因此技术和地理分工发展到了相当的程度。这样在规模上虽然是小企业，但属于各领域"组合"的各种衣类——如绢丝、大麻、羊毛等——的制造业尤其发达。

这种在国内市场发达的商品经济也影响到了海外贸易。通过"丝绸之路"与中亚的交易，与韩国、日本、印度、波斯，特别是阿拉伯等地的海上贸易也非常发达。在南方广州周围有很多被指定为外国商人居住地区的"藩坊"。这一时期对外国船舶和商品征收的关税在国家财政中占有极大的比例。[④] 通过以上叙述，笔者想指出，中国在土地私有生产方式的支配下，在唐代就已经出现了资本主义生产方式的萌芽。

在其后的宋代，尤其是南宋时代的繁荣期，商品经济比唐代有了更进一步的发展。宋代茶糖农场栽培和各种工场制手工业——如糖、衣服、家庭用品、笔、化妆品、装饰品、玩具等——以及冶金业、矿业、织造业、印刷业（于1041年到1048年发明了人类历史上最早的活字印刷）、陶瓷业、造船业等非常发达。随着工场制手工业特别是官营工场制手工业的发展，雇用劳动力变得更加普遍。商品经济——尤其在南宋——使大规模个人工场和由此产

---

① 傅筑夫、李竞能，前引书，301页。
② 参见《太平广记》。
③ 傅筑夫、李竞能，前引书，305页。
④ 同上，300页。

生的分工成为可能。大工场主要依靠大型水力机来运转。①

由于交易的繁荣而出现了大城市，南宋的首都杭州便是这样的城市。威尼斯的马可·波罗（Marco Polo，1254—1324）留下了相关记载。马可·波罗作为蒙古统治者忽必烈汗的特使，在元朝创建（1279）之后曾访问过蒙古统治下的杭州，并在当地逗留。

> ……行在（指杭州——笔者按）市的周长足有100英里。那里共有一万二千座很高的石桥，大的船只可以从下面穿行。如此众多的桥并不足为奇。因为整个城市都被水所包围。这个城市中劳动者居住的房屋有一万二千间。……富有的商人很多，他们所经营的商品数量多得说不过来……城市里的房子周围砌有高高的石墙，由于担心火灾而将贵重物品放在那里，因为他们的房子是木制的。……所有道路都是用石头铺成的。……距离城市约25英里是大海，那就是（杭州的港口）澉浦。有很多从印度和其他国家来的船只来来往往，通过各种方式进行商品交易，城市以此获利。②

对于马可·波罗的杭州之行，巴拉兹（É.Balazs）讲了下面一段有意思的话：

> ……我们不能忽视马可·波罗此行的目的，他是为了了解当时蒙古可汗统治地区的财政来源。当时南宋的总收入由下列项目构成：盐税收入50%，酒税收入35%，茶专卖收入7%，通行税、关税、商业税收入7%。收入来源主要由盐和消费品构成，因此不用说当时税收的决定性份额由杭州承担。
>
> 由于同时也是蒙古的密使，因此让人怀疑作为双重外国人的马可·波罗到底和平民们进行了哪些接触。杭州人……依然沉浸在自己王朝没落的悲伤之中。尽管如此……杭州……无疑还是给马可·波罗留下了极其深刻的印象。因此他走在城市里，还是会赞不绝口地说着“真是了不起的财富”（Questa ricchezza），这并不是凭空想象。我认为……

---

① 傅筑夫、李竞能，前引书，309页。

② É.Balazs，*La Bureaucratie céleste*，pp.213-214.

在这位世界旅行家访问的当时,大概(grosso modo)(杭州)是远东最大的城市。①

总而言之,笔者认为,在宋代,尤其是南宋时期,杭州(浙江省)和苏州(江苏省)等几个商品经济繁荣一时的大城市,出现了资本主义的生产关系。徐一夔证实了这一点,他于14世纪明代初期生活在杭州附近的钱塘江边。他说:

余僦居钱塘之相安里。有饶于财者率居工以织。每夜至二鼓,一唱众和,其声欢然,盖织工也。余叹曰,乐哉。旦过其处,见老屋将压,杼机四五具,南北向列,工十数人,手提足蹴,皆苍然无神色。进而问之曰:余观若所为,其劳也亦甚矣,而乐何也? 工对曰:……吾业虽贱,日佣为钱二百缗,吾衣食于主人,而以日之所入,养吾父母妻子,虽食无甘美,而亦不甚饥寒。……于凡织作,咸极精致,为时所尚。故主之聚易以售,而佣之直亦易以入。……倾见有业吾同者,佣于他家,受直略相似。久之,乃曰:吾艺固过于人,而受直与众工同,当求倍直者而为之佣。已而他家果倍其直佣之。主者阅其织果异于人,他工见其艺精,亦颇推之。主者退自喜曰:得一工,胜十工,倍其直不吝也。②

大企业的工场制手工业——如前面所说的丝织品制造业等——的出现意味着"小农业与家庭工业统一"的崩溃。这种统一才是马克思所认为的亚洲社会的根本特征。自南宋以来,特别是在织造业,雇用劳动力,也就是"作为商品的劳动力"的生产形态——即资本主义生产方式的本质特征——在中国进一步扩大。下面是关于16世纪苏州织造工情况的两个记录:

机户出资,机工出力,相依为命久矣。……浮食奇民,朝不谋夕,得业则生,失业则死……染坊罢而染工散者数千人,机房罢而织工散者又

① É.Balazs, *Chinese Civilization and Bureaucracy*, pp.99-100.

② 徐一夔:《始丰稿》,卷一,"织工对",这里引用自吴海若《中国资本主义生产的萌芽》,见《中国资本主义萌芽问题讨论集》下编,838页。

数千人。①

郡城之东皆习机业……工匠各有专能。匠有常主,计日受值……无主者黎明立桥以待。缎工立花桥,纱工立广化寺桥,以车纺丝者曰车匠立濂溪坊。什百为群,延颈而望……若机房工作减,此辈衣食无所矣。②

随着棉花栽培的普及,棉织业非常发达。棉花栽培于13世纪初,从南方广东传来,14世纪在今天上海地区的松江流域尤其繁盛。当时松江流域的棉花制品要满足全国的需求。根据林则徐(1785—1850)的记载,在当时江苏地区的太仓、嘉定、宝山等地棉花栽培占整个农业经济的70%~80%,约60%的人口从事此业。③

到了明清,除织造业外,矿业和冶炼、盐、糖、油、烟、酒、茶的制造业,染料、陶瓷、造纸、造船等各个行业,按照资本主义的生产方式在各地盛行。④在中国儒家式社会里已经建立了这样的资本主义生产方式。

笔者想暂时对"19世纪中叶以来,即使没有所谓西欧资本主义的侵略,儒家式社会是否也会进行自己的工业革命?如果这样,其时期应该是何时?"这几个思辨式的问题进行保留。笔者已经在前面提到过,社会经济的停滞或儒家式社会中阻碍向"资本主义"社会发展的根本原因,有下面三个社会结构因素:

大官僚-地主统治下的不稳定的农村经济;

国内、国外市场的相对缺乏;

土地不足和劳动力过剩造成的土地租佃的高收益保障。

但现在笔者想根据以上提出的儒家式社会的特殊性,来强调儒家式社会与欧洲封建制所不同的进步性。这是因为,这一社会的特征正是拥有私有财产的个人或家庭、自立的地主阶级、官僚的中央集权国家对贵族式封建关系的克服。

笔者认为,儒家式社会的这种面貌否定了马克思、托奇等所主张的"亚

① 《明神宗实录》卷三六一。这里引用自吴海若文,见《中国资本主义萌芽问题讨论集》下编,846页。

② 《苏州府部风俗考》,见《古今图书集成》之《织方典》。这里引用自吴海若文,见《中国资本主义萌芽问题讨论集》下编,846页。

③ 傅筑夫、李竞能,前引书,第320页。

④ 《中国资本主义萌芽问题讨论集》,参见上编315—335页和下编842—887页。

细亚生产方式”论。他们的理论不过是欧洲中心主义思考的变形。托奇将中国社会看作是“亚细亚生产方式的典型范例”完全违背了中国的实际情况。他虽然是20世纪的中国学学者,但与19世纪的马克思一样没能正确理解中国的土地所有关系和社会结构。笔者认为,他们的误解和错误的解释不但源于对中国社会的无知,而且还起因于包含着18世纪以来在资产阶级思想家们意识形态中浓缩的欧洲中心式思考。在欧洲中心主义看来,所谓“东方”社会,即在地理上属于非欧洲地区的亚洲、中南美洲和非洲社会,不顾他们的文化与社会差异,全都看作是区别于“文明的”欧洲的“野蛮”社会。欧洲中心主义认为,东方在政治上由残暴的“东方式专制主义”“一成不变”地统治了数千年时间;在经济上由于缺少私有财产,因此停留在“人类文化原始阶段”的“氏族共同体”状态中;在文化上支配东方社会的是隶属于“自然”的“被动精神”,即与人道主义背道而驰的、崇拜自然的、顺从恭顺的风土人情。

笔者认为,儒家式社会不能用这种欧洲中心的世界观进行解释。儒家式社会是直接先行于资本主义社会的。换句话说,它在前资本主义的社会结构中是最进步的社会。历史唯物论所规定的人类历史阶段——即原始共同体、奴隶制、封建制、资本主义、社会主义社会——绝不是人类历史的普遍发展史,它只是解释了欧洲社会的历史发展历程。如果一定要按照它来解释人类历史的普遍发展,那么儒家式社会从其发展程度上来看应该放在封建制与资本主义的生产方式之间。从所有关系的观点来看,儒家式社会与资本主义生产关系有着密切的联系。但从生产方式和社会分工的观点来看,按照托奇的话,这个社会不属于奴隶制、封建制、资本主义社会中的任何一个。

第三部　儒家思想的破坏与马克思主义的中国化

引　言

第一部和第二部对儒家思想和儒家式社会的详细考察本来是作为彻底研究中国革命所需预备知识而做的叙述。因为笔者将中国革命的根本特点理解为一种脱儒家化和马克思主义的中国化过程。第三部结论部分将讨论在落后的半殖民地状态下的中国社会中的人与他们有意识的“社会”行动，即他们的“革命”。19世纪末以来中国知识分子必须面对传统儒家式社会的没落。这里特别要探讨的是这些与试图改变中国现实世界的“社会实践”(革命)不可分割的知识分子们的各种现代思想。为了在中国革命的“脱儒家化和马克思主义的中国化”这一视域上来具体地理解这些思想,需要对以下三个问题进行基本探讨:

“新中国”理想和传统儒家制度及其价值观的破坏;

民族主义知识分子向马克思主义的转换;

中国社会的具体变化和由此产生的马克思主义中国化(即马克思主义在中国社会的运用)。

关于马克思主义的中国化我们将要研究毛泽东的革命实践和他的辩证唯物主义。这一研究的目的在于具体理解在非市民社会中国发生的所谓无产阶级革命的本质,同时进一步阐明由此产生的问题。

第一章　中国革命与儒家思想的破坏

舒兰(Stuart R.Schram)将从19世纪后半期开始的中国革命按照领导者的精神向往分成三个阶段。第一是"向往传统的民族主义"阶段,第二是"极端的西欧化"阶段,第三是"革命的民族主义"阶段。① 因为我们一开始就是在从儒家式社会向社会主义社会转换的视角下分析中国革命的,因此首先遇到的便是"极端西方化"问题。尤其是五四运动期间出现的西化运动,他们由于对传统儒家式社会价值观和制度感到深深失望,用"赛先生"和"德先生"这两个象征性词语所表现的启蒙主义理念,对儒家世界观和伦理等进行了彻底批判。"极端西方化"试图果断地使支配旧中国两千多年的传统儒家思想走向崩溃。在"极端西方化"的立场上,问题不仅在于对旧社会的破坏,还在于新中国的建设。市民社会的基本秩序即市民势力的基本秩序应该成为新中国建设的基础。当时的中国,虽然希望实现"青年一样"崭新的市民社会,但这种希望在第一次世界大战以后,尤其是由于殖民势力国家(市民社会)对中国表现出的态度而被判定是"幻想"。再加上1917年十月革命以后布尔什维克政府对于中国政府以及西南与北京的军伐政府的第一次宣言(1919年6月)和第二次宣言(1920年9月)给了中国极大的"触动"。在这种情况下,"民族主义"革命家们不由得选择了"马克思列宁主义"的革命路线。毛泽东对于当时的革命过程是这样说的:

> 在这个反抗运动中,在一个很长的时期内,即从1840年的鸦片战争到1919年的五四运动的前夜,共计70多年中,中国人没有什么思想武器可以抗御帝国主义。旧的顽固的封建主义的思想武器打了败仗了,抵不住,宣告破产了。不得已,中国人被迫从帝国主义的老家即西方资产阶级革命时代的武器库中学来了进化论、天赋人权论和资产阶级共

① Stuart R.Schram, *Das politische Denken Mao Tse-tungs*, München, 1972, S.17.

和国等项思想武器和政治方案，组织过政党，举行过革命，以为可以外御列强，内建民国。但是这些东西也和封建主义的思想武器一样，软弱得很，又是抵不住，败下阵来，宣告破产了。

1917年的俄国革命唤醒了中国人，中国人学得了一样新的东西，这就是马克思列宁主义。中国产生了共产党，这是开天辟地的大事变。孙中山也提倡“以俄为师”，主张“联俄联共”。总之是从此以后，中国改换了方向。①

从以上的叙述中，我们可以将中国革命理解为在意识形态或“精神”层次上脱儒家化的过程，同时也是将“进口”的马克思主义变为自己东西的过程。为了“正确地”领会中国革命中传统儒家在意识形态和精神层次上向马克思主义的转换，我们首先来探讨由陈独秀、吴虞、鲁迅等站在“极端西方化”立场上的知识分子对儒家思想进行的破坏，然后来阐明这种“革命”破坏的背后所隐藏的冷静精神，即来自儒家的向往“现世”的世界观的“人本主义”或“伦理性”，清晰地描绘了马克思主义中国化中所固有的中国精神特征。“因为陈独秀等革命知识分子们即使否定了中国整个传统，但他们——当然他们自己没有意识到——还是受到了以特别是向往现世（现实）的社会政治影响力为目标的儒家思维方式根深蒂固的影响。”②因此为了理解中国革命，有必要具体地理解中国人的精神态度。中国人不但必须掌握来自外来文化的普遍的革命原理，还必须投身于当时中国特殊的状况之中，还要通过与传统和现在无法分离的语言、自己的习惯、道德等来摸索和实践他们的革命道路。为了具体地考察这些问题，先来概括地分析一下使中国人对儒家秩序进行破坏的社会历史原因。

一、儒教破坏运动的社会历史原因

前面讲过，从社会结构关系来看，由于大官僚-地主的长期支配，特别是宦官们极度垄断的结果，明朝终于因浩大的农民叛乱（如李自成起义和张献忠起义等）而崩溃，之后进入了末代王朝清朝。1582年，在进入清朝之前不久，利玛窦带着世界地图来到了中国。“他必须通过小心地向中国人展示这

---

① Mao Zedong, *Ausgewählte Werke*, Bd.Ⅳ, S.486.

② Wolfgang Franke, *Chinas kulturelle Revolution*, S.50.

幅世界地图,用事实来证明‘中国’即是中心之国只是中国人自己的一厢情愿而已。”[①]17世纪对清朝统治举起反叛大旗的郑成功率领叛军用性能优良的大炮船在台湾击退了当时号称世界强国的荷兰海军。在17世纪清朝初期——尤其是在康熙帝和雍正帝等强大皇帝的领导下——中国的势力非常强大,足以封锁俄罗斯的远东进军。于是1689年中俄两国签订了《尼布楚条约》,即“中国皇帝与欧洲强权国家之间最早的条约”,1727年的《布连斯奇条约》“到19世纪有效”。[②] 通过利玛窦和随后来的很多天主教神父们的介绍,中国这种儒家式社会的特点,尤其是儒家精神给了17、18世纪的欧洲“学者”们“几乎是启示一般”[③]的影响。据弗兰克(Wolfgang Franke)记载,不仅倍尔(P.Bayle,1647—1775)、马勒伯朗士(Malebranche,1638—1715)、费纳隆(Fénelon,1651—1715)、孟德思鸠(Montesquieu,1689—1775)、伏尔泰(Voltaire,1694—1778)等杰出的思想家,还有法国所谓的重农主义者们,尤其是重农主义化的创始人奎耐(Quesnay,1694—1774)、德国的莱布尼茨(Leibniz,1646—1716)和沃尔夫(C.Wolff,1679—1754)等哲学家们,“他们思想的形成部分地受到了中国的影响”[④]。弗兰克进一步说道:

> 因此比如启蒙主义者试图从中国人的“实践哲学”和以此为基础的社会政治体制中来认识清楚他们(欧洲启蒙主义思想家们——笔者按)渺茫的理想。去过中国的天主教传教士们所描述的中国图景是一个在富裕中洋溢着和平与稳定的庞大而强有力的国家。在国家的最上端是贤明的启蒙君主,这个启蒙君主按照理性的规定和崇高的国家伦理进行统治。百姓们由高贵而纯粹的道德法则管理。艺术与学问非常发达,不论身份贵贱,为所有人共同崇尚。生活在稳固而明确的形式体系中进行。所有的战争和斗争都被摈弃,和平与融洽是最高的戒律。与之相比,四分五裂、受持续的战争煎熬的欧洲经历了30年(1618—1648)战争之后,在贫困与悲惨之中是一片可怜的景象。事实上17世纪后期和18世纪初期的传统中国在康熙帝统治下无论在政治还是文化

---

① P.Opitz(hrsg.),*Vom Konfuzianismus zum Kommunismus*,S.8.

② Franke/Trauzettel,*Das chinesische Kaiserreich*,S.290.

③ Wolfgang Franke,*China und das Abendland*,S.53.

④ 同上。

上都达到了最高的全盛期,中国所有社会状态从各方面都大大优于欧洲。①

成立于17世纪中国的“相对更好”的社会(清朝)在大约200年之后即19世纪初由于不可避免的社会结构问题而与历代王朝一样陷入了没落危机。由于大官僚-地主的强大支配而变得软弱的中央权力,必然会面临贫穷民众的大规模抵抗运动,如1796年到1804年的白莲教起义、1813年天理教起义等,逐渐走向崩溃。因此面对殖民势力的武力侵略,已经开始解体的清政府再也无法保护自己。1840年鸦片战争以后,中国这个具有丰富传统的“文化”之国便由于西洋这些特殊的“野蛮人”而经受了屈辱。

1870年俄罗斯占领了中亚的伊犁地区。1880年日本占领了琉球岛。1885年法国强迫中国割让了其朝贡国安南(越南),1886年英国强迫中国割让了相当于其朝贡国的缅甸。甲午中日战争(1894—1895)战败后,中国将台湾和澎湖岛割让给了日本,并且承认曾在中国影响圈之内的朝鲜的自主宣言,最后还必须容忍日本对朝鲜的合并。1897年德国以微不足道的借口占领了青岛和胶州湾,第二年俄罗斯占领了旅顺和大连,法国占领了广州湾,英国占领了威海卫。……因此长江周边中部地区被认为是英国的势力范围,南部和西南部地区是法国的势力范围,福建则成为日本的势力范围。俄罗斯势力范围包含了整个满洲,最后扩大到了直隶即河北地区,山东则由德国人控制。因此19世纪末的中国按照非洲的先例被外来势力分割占领几乎已经固定下来。②

为了摆脱屈辱的败亡,增强自己的实力,旧中国(清朝)不得不实行改革或进行革命。因此,1860年在中国近代史上具有特殊的意义。王业健这样说道:

1860年是中国历史的一个转折点。在这之前的时代,传统享受着最高权威,所有的外国人都被认为是落后的、未开化的民族。对于这些

① Wolfgang Franke, *China und das Abendland*, S.53-55.

② 同上, S.60-61。

外国人来说，最大的幸运便是成为中国的家臣。中国社会的变化始于1839年至1842年，这一时期清政府在与大英帝国挑起的鸦片战争中失败。虽然当时是极其耻辱的，但这一战争的失败还不足以唤醒清政府，不久之后，这一失败几乎被忘掉了。尽管如此，变化的时代到来了。10年之后，国内接二连三地爆发了叛乱。1853年太平天国占领了南京，清帝国几乎一分为二。此外，1856年爆发了和英国、法国之间的新的战争。4年后外国军队长驱直入到了中国首都的门槛，皇帝逃到了热河。皇帝的夏宫圆明园这一圣地也被侵略者们完全掠夺并烧毁，他们向清政府表现出了强大的压力，即使是不平等条约，一点儿也不能违反。这一事件给中国造成的伤痕实在太深，因而无法被忘却。以此为契机，改革之路渐渐开创出来。①

为了与在军事上占优势的“野蛮”民族进行对抗，按照恭亲王奕䜣(1833—1898)的提案，1861年1月废除了原来的“理藩院”(与“野蛮”国家打交道的官府)，设立了更加重要的机关总理各国事务衙门(或称总理衙门，负责外国问题的中央官府)。总理衙门必须执行作为从属于政府内阁的常任审议机关或行政机关的职能。在太平天国之乱被镇压之后，1864年，曾国藩(1811—1872)、李鸿章(1823—1901)、左宗棠(1812—1885)等强大的军阀官僚掀起了洋务运动。1872年曾国藩死后，李鸿章在这场洋务运动中起到了特别重要的作用。李鸿章是河北(直隶)地区强大的军阀首领，他不但促进了西欧军备技术的引进和武器的购买，对外国势力还扮演了中国“国家代表”的角色。通过引进西欧的技术与武器，他一方面控制国内的不稳定和骚乱，维护儒家式社会持续的支配关系；另一方面以对外国势力的侵略进行防守为目标。这就是李鸿章的梦想。他虽然对“近代化”国家的军事优越性有着清楚的自信，但他的思想离创造近代化所需的根本条件，即儒家式社会的根本改革还相差很远。30年后，在中日战争期间大中国惨败于原本“落后”的日本小国之后，他的梦想破灭了。

从1862年6岁的皇太子载淳登上帝位，即同治帝(1862—1874在位)即位之后，皇帝的中央政府便不再是由皇帝，而是由皇帝的生母西太后(1835—1908)和她的内部宫廷派所控制。特别是1875年，在西太后为了自

---

① Y.C.Wang, *Chinese Intellectuals and the West 1872-1949*, p.41.

己的利益而拥立4岁的德宗光绪帝（1874—1908在位）即位之后，西太后派飞扬跋扈的垄断政治达到了巅峰。李剑农对这种状态有如下叙述：

> 皇太后不仅为了个人享乐而私自动用了政府军的基金，而且还允许王室内的宦官和宫女卖官职。不仅高级官吏如此，下级官吏也一样。所以行贿受贿之风蔓延，处于政府各种官职上的人为了取得或维持其地位而忙于行贿受贿。①

很显然，在西太后和追随她的极其保守的儒家官僚政治家们盲目而任意的政治统治下，官僚主义中央政府的正常职能是得不到发挥的。不仅如此，作为由极端保守主义势力所委任的官吏，李鸿章从一开始就不可能有效地实行自我强化政策，即以“野蛮人”优良的军备技术来对付这些危险的“野蛮人”的政策（以夷制夷）：

> 与此形成对照的是，日本只有一名首相和外相，他们只要面对一个议会就可以了。中国的李鸿章既非首相，又非外相，他必须要面对无责任感的、难以管教却又握有权力的众多小官吏。在中国，常常连皇帝和西太后也分辨不出谁的想法是对的。在中国和日本发生矛盾和冲突时，也没有任何人能够承担起重担决定出下一阶段应该采取什么对策。也就是说，自始至终就没有过坚定不移的政策。②

无论如何，中国惨败于日本对当时儒家知识分子们的冲击不亚于晴天霹雳。中国人的名誉和自豪感彻底倒塌了。李鸿章于1895年4月在日本与日本的总理大臣伊藤博文（1841—1909）签订了屈辱的《马关条约》，当时对此的悲愤扩散到了全国，特别是年青一代儒家们的愤怒更是达到了极点。当时作为举人（乡试的及第者）来到北京参加重要殿试（皇帝面前的考试）的37岁的康有为（1858—1927）于1895年5月2日发起了有名的“公车上书”，由1300多名应试者签名的请愿书呈给了皇帝。他在里面呼吁废除与日本的屈辱条约，首都迁至中国内陆，创建新的军队并进行根本的社会政治改革。

---

① Li Chien-nung, *The Political History of China, 1840-1928*, p.140.

② 同上，p.141；关于李鸿章与伊藤博文的对话，参见 S. Teng/S. Fairbank, *China's Response to the West*, Cambridge, 1961, pp.126-127。

这时接受了西方新学影响的孙中山(1866—1925)等知识分子已经在准备共和主义革命。

一方面康有为周围深受日本明治维新(1868)影响的人物试图依靠皇帝的敕令在一朝一夕之间突然对沉寂了数千年的儒家政治家们的国家统治机构进行改革。另一方面以孙中山为首的势力开始推动革命运动,试图用暴力革命一下子推翻走向灭亡的清朝政府,建立共和国。但由于中国人还将正统的儒家保守秩序看成是牢固的人生理想,因此无论是康有为和梁启超(1873—1929)等领导的 1898 年的改革(戊戌变法)还是在孙中山、黄兴(1874—1916)等领导下于 1911 年发动的共和主义革命(辛亥革命)只能遭到失败。

我们先来看一下"戊戌变法"。前面讲过,皇帝的国家统治机构不是由 4 岁即位的光绪帝控制的,而是由最高权力者西太后和她周围极其保守的党派所领导的,因此新的势力集团围绕着无权的皇帝所进行的改革尝试无法抵挡这些保守势力的强烈抵抗。对儒教秩序的改革,让那些对处于领导地位的儒家政治家和儒家国家机构充满期望而应试科举的众多大大小小的儒林士子们,感到对自己生存的威胁。正是由于此,1898 年勇敢的改革(戊戌变法)在 100 天后遭到失败。以顽固的权力所有者西太后为首脑、通过军事政变掌握权力的极其保守的势力试图用暴力来赶走外来侵入者,向这些"野蛮人"展现存在了数千年的中国的优越性。在 1900 年的义和团运动中,陷入儒家保守世界观的政治家们试图用训练有方的拳术和神力来赶走用近代武器武装的侵略者。八年后,可怜的 37 岁的光绪帝与面临崩溃的清朝最强大的当权者西太后几乎同时死去。毫无疑问,清朝在两岁的小皇帝宣统帝(1909—1912 在位)统治下已经没落。1911 年创建中华民国的辛亥革命只是成功地实现了其形式上的目标即将已经处于死地的清朝打倒而已。即使这也是借助了阴险的军阀头目袁世凯(1859—1916)的力量才实现的。1912 年 2 月 12 日,末代皇帝宣统帝退位后,1912 年 4 月袁世凯接着在北京成立了中华民国政府。该政府在形式上是替代 1912 年 1 月 1 日由孙中山出任临时大总统的南京政府。但新的极权总统袁世凯首先利用军事力量麻痹了参议院的职能,1913 年 3 月杀害了 1912 年 8 月刚创建的国民党①的重要组织

---

① 1912 年组织的国民党发展成为最初由孙中山领导,后来由蒋介石领导的中国国民党或国民党。因此 1912 年组织的早期国民党在成分上是与后期国民党不大一样的。

家和代表议长、31岁的宋教仁(1882—1913)。

刚成立的国民党依靠宋教仁卓越的作用,在1913年春举行的第一次议员选举中获得了众议院定员596席中的269席和参议院定员274席中的123席,占据了压倒性的多数。① 因此对宋教仁的野蛮杀害于1913年7月激起了对袁世凯军伐集团的战争。1914年以后,保守势力出人意料地试图将1905年科举制度废除以后被认为彻底没落的传统儒教恢复为新共和国的国家意识形态。独裁者袁世凯进一步推动正统儒教的复活,最终于1915年至1916年之间做了皇帝。扮演袁世凯的保护势力的日本利用这个机会,趁第一次世界大战(1914—1918)中西方势力影响力的削弱,不但将德国租界(青岛和胶州湾)和周围的山东地区占为自己的殖民地,还试图将袁世凯统治的中国置于只属于日本的殖民地统治圈内。1915年1月18日,作为殖民地化的第一步,日本秘密地提出了计划已久的"二十一条"。"二十一条"激起了强烈的反日民族感情。"冒牌共和国(Schein republik)"在袁世凯死后由于各大小军伐的利益冲突而分裂,基本上呈南北两大军阀势力对立的状况。这些军阀势力之间注定要发生冲突。改革运动和共和主义革命,注定要受到持续了两千多年的儒家秩序的抵抗,并且只能以失败而告终。因此,如果没有儒家精神的革命,纯粹的政治运动只会遭到失败,这种失败也只会带来痛苦的挫折体验和国家悲惨的分裂。

在近代中国最黑暗的时期,勇敢的革命思想家李大钊(1889—1927)于1916年9月公开地宣布了旧儒家式社会的死亡和依靠青年的新中国的诞生:

> 夫人寿之永,不过百年,民族之命,垂五千载,斯亦寿之至也。……陵夷至于今日,残骸枯骨,满目黤然,民族之精英,澌灭尽矣,而欲不亡,庸可得乎?……然而吾族青年所当信誓旦旦,以昭示于世者,不在龈龈辩证白首中国之不死,乃在汲汲孕育青春中国之再生。吾族今后之能否立足于世界,不在白首中国之苟延残喘,而在青春中国之投胎复活。遥望喜马拉雅山之巅,恍见印度革命之烽烟一缕,引而弥长,是亦欲回其民族之青春也。吾华自辛亥首义,癸丑之役继之,喘息未安,风尘澒洞,又复倾动九服,是亦欲再造其神州也。而在是等国族,凡以冲决历

① Chün-tu Hsüeh(薛君度),*Revolutionary Leaders of Modern China*,p.266.

史之桎梏,涤荡历史之积秽,新造民族之生命,挽回民族之青春者,固莫不惟其青年是望矣。[1]

因此为了依靠"新青年"来诞生"新中国",就必须破坏保守、"复古"的正统儒家精神和儒家秩序。这也正是为什么儒家的破坏,也就是文化或精神的革命依靠站在"极端西方化"立场的知识分子,特别是在五四运动期间进行的社会历史原因。

二、"新中国"的理念和儒教的破坏

1."新文化"与"新中国"

在"新中国"的建设中最重要的知识分子是陈独秀。对于以前发动的三次改革或革命运动,即洋务运动、戊戌变法、辛亥革命的失败原因,他认为一方面是由于对"旧中国"即"旧制度"的铲除不彻底,另一方面最决定性的失败原因在于中国人极其窠臼而腐朽,即到目前为止没有"精神革命"的意识。

吾苟偷庸懦之国民,畏革命如蛇蝎,故政治界虽经三次革命,而黑暗未尝稍减。其原因之小部分,则为三次革命,皆虎头蛇尾,未能充分以鲜血洗净旧污;其大部分,则为盘踞吾人精神界根深蒂固之伦理道德文学艺术诸端,莫不黑幕层张,垢污深积,并此虎头蛇尾之革命而未有焉。此单独政治革命所以于吾之社会,不生若何变化,不收若何效果也。[2]

因此陈独秀明确提出了文化即"精神革命"的必然性。与其他领头的知识分子一样,陈独秀也受到了尤其是18、19世纪西欧市民社会诸多社会政治理念很深的影响。他们特别对于"美国革命和法国革命的理念"[3]给予很高评价。周策纵这样说道:

在1919年以前的20年间,各种哲学思想传入中国。功利主义、进化论、经验主义通过严复翻译的书籍被介绍进来。其中包括托马斯·

---

① 李大钊:《青春》,《李大钊选集》,北京,1962年,71页。

② 《文学革命论》(1917年1月4日),《独秀文存》(上),135页。

③ Chow Tse-tsung, *The May Fourth Movement*, Standford, 1967, p.284.

> 赫胥黎(T.H.Huxley)的《真理与伦理》(《天演论》,1894—1895年译,1898年刊行),亚当·史密(A.Smith)的《国富论》(《原富》,1897年末至1900年秋译,1901年末刊行),穆勒(密尔)(J.S.Mill)的《自由论》(《群己权界论》,1899年译,1903年10月刊行),《逻辑学体系》(《穆勒名学》,前半部,1900—1902年译,1903年5月刊行),甄克斯(Edward Jenks)的《政治学略史》(《群学肄言》,1898—1902年译,1904年2月刊行),孟德思鸠的《法的精神》(《法意》,1900—1905年译,1904—1909年刊行),杰文斯(W.S.Jevons)的《逻辑学入门》(《名学浅说》,1908年秋译、刊行)等。五四运动时期的知识分子领导者正是受到了这些著作的极大影响。法国的革命思想是在20世纪初由梁启超首次介绍到中国的,罗素由于梁启超明快的论文而广为人知。1906年以后拉马克的《动物哲学》、克鲁泡特金的《相互扶助论》以及其他法国哲学书籍经吴稚晖、李石曾、蔡元培、张继、汪精卫等介绍进来。叔本华、尼采、康德是由王国维等介绍进来的。伯特兰·罗素的几部著作与由约翰·杜威介绍进来的笛卡儿式的方法一道成为中国数理逻辑学研究的基础。在五四运动初期,这些思想对中国知识分子领导者的批判思考起到了各种各样的影响。但是写实主义和功利主义流传最为广泛,形成了支配的思潮。①

在务实和功利主义的观点上,陈独秀无疑也受到了进化论强烈的影响。他于1915年9月在上海发行了划时代的杂志《新青年》,树立了"新"中国的里程碑。他在该杂志刊首的《敬告青年》一文中呼吁中国的年轻人从现在开始要这样行动:

(1)自主的而非奴隶的
(2)进步的而非保守的
(3)进取的而非隐遁的
(4)世界的而非锁国的
(5)实利的而非虚饰的
(6)科学的而非空想的②

---

① Chow Tse-tsung, *The May Fourth Movement*, Standford, 1967, p.284.
② 参见《敬告青年》,《新青年》第1卷第1号,《独秀文存》(上),1—10页。

在上面青年人的六项活动原则提出之前，陈独秀提出了下面的主张：

> 新陈代谢，陈腐朽败者无时不在天然淘汰之途，与新鲜活泼者以空间之位置及时间之生命……社会遵新陈代谢之道则隆盛，陈腐朽败之分子充塞社会则社会亡。准斯以谈，吾国之社会，其隆盛耶？抑将亡耶？非予之所忍言者。彼陈腐朽败之分子，一听其天然之淘汰……充塞社会之空气，无往而非陈腐朽败焉，求些少之新鲜活泼者，以慰吾人窒息之绝望，亦杳不可得……欲救此病，非太息咨嗟之所能济……决择人间种种之思想……利刃断铁，快刀理麻，决不作牵就依违之想，自度度人，社会庶几其有清宁之日也。①

受进化论影响的其他知识分子，特别是聚集在《新青年》周围的知识分子和陈独秀认为，破坏中国的所有传统尤其是打上儒家和儒家理念烙印的制度和习惯等是建设"新"中国必需的前提工作。他们还总是将中国和西欧之间的关系看作是一种"对立"，即理解成旧与新、被动与积极、独裁与民主主义、空想主义与科学主义等的对立。② 用一句话说，他们为了树立新的里程碑，试图将他们称为偶像的一切传统的价值尺度一道破坏不遗。因此陈独秀呐喊道：

> 破坏！破坏偶像！破坏虚伪的偶像！吾人信仰，当以真实的合理的为标准；宗教上，政治上，道德上，自古相传的虚荣，欺人不合理的信仰，都算是偶像，都应该破坏！此等虚伪的偶像倘不破坏，宇宙间实在的真理和吾人心坎儿里彻底的信仰永远不能合一！③

因此儒家的破坏是由《新青年》周围传达西方思想的知识分子们为创造新的中国而开始的。传统"偶像"的破坏还引起了文学革命（或文学改良）。文学革命，也就是说废除以儒教经典和优秀的古典文章为基础，只作为书面表达的难于理解的"文言体"，主张采用日常使用的由"民众"创造的"民众语

① 参见《敬告青年》，《新青年》第1卷第1号，《独秀文存》（上），1—3页。

② 关于中国与西方之间的文明差异参见陈独秀《东西民族根本思想之差异》《今日中国之政治问题》与李大钊《东西文明根本之异点》等。

③ 《偶像破坏论》（1918年8月15日），《独秀文存》（上），230页。

言”，而不是皇帝和他的大臣为控制国家而使用的文言文。《新青年》还介绍了西方和东方的进步理念。其中西方思想家有达尔文、赫胥黎、塞涅伯斯(Seignobos)、托尔斯泰、萨门霍夫(L.L.Zamenhof)、海克尔(Haeckel)、马克思、杜威、罗素等，还有日本思想家武者小路实笃和印度诗人泰戈尔等。“文化领域中有易卜生、莫泊桑、斯特林堡(Strindberg)、泰戈尔、契诃夫(Anton Chekhov)、托尔斯泰、屠格涅夫、奥斯卡·王尔德(Wilde)等作家的翻译作品……对国内和国际政治日程和政治事件进行批判的讨论。《新青年》的影响力和陈独秀、胡适等崭新、令人振奋的作者对求学青年们的影响力是巨大的。”①毛泽东后来(1936)对埃德加·斯诺说，他当时是二十三四岁的青年，深受《新青年》的影响，于1917年和1918年之间和他的朋友们一起在长沙创办“新民学会”。让我们来看一下毛泽东的话：

这些团体的大部分或多或少是受陈独秀编辑的有名的文艺复兴杂志《新青年》的影响组织起来的。我从普通学校学生时开始读这本杂志，尤其佩服胡适和陈独秀的文章。②

笔名茅盾的作家沈德鸿(1896—1981)对《新青年》的影响力是这样说的：

我在那时看到《新青年》时，感到一种非常强的魅力。之前我们原来生活在完全愚昧无知的状态下，那时光明的光线突然照射了进来。③

《新青年》自然受到了严复、林纾(1852—1924)等保守文学家的攻击。1919年1月，陈独秀作为《新青年》杂志的“精神支柱”(spritus sector)④和编辑者，提倡“民主主义”和“科学”这两个近代西方的产物，来回击保守主义者的这种非难：

他们所非难本志的，无非是破坏孔教，破坏礼法，破坏国粹，破坏贞

---

① Wolfgang Franke, *Chinas Kulturelle Revolution*, S.39.

② E.Snow, *Red Star over China*, Penguin Books, 1973, p.174.

③ Wolfgang Franke, *Chinas Kulturelle Revolution*, S.40.

④ 同上，S.37。

节,破坏旧伦理(忠、孝、节),破坏旧艺术(中国戏),破坏旧宗教(鬼神),破坏旧文学,破坏旧政治(特权人治),这几条罪案。

这几条罪案,本社同人当然直认不讳。但是追本溯源,本志同人本来无罪,只因为拥护那德莫克拉西(Democracy)和赛因斯(Science)两位先生,才犯了这几条滔天的大罪,要拥护那德先生,便不得不反对孔教、礼法、贞节、旧伦理、旧政治;要拥护那赛先生,便不得不反对国粹和旧文学。大家平心细想,本志除了拥护德、赛两先生之外,还有别项罪案没有呢?若是没有,请你们不用专门非难本志,要有气力有胆量来反对德、赛两先生,才算是好汉,才算是根本的办法。[①]

2.儒家思想的破坏

我们下面要来考察一下儒教是如何被主张"民主主义"和"科学"的人们特别是陈独秀、吴虞、鲁迅等实际上加以破坏的。

为了正确理解对正统儒教的批判,首先有必要整理一下被儒教打上了深深烙印的、儒教习俗的本质内容。在由少数的支配(阶)层知识分子——"知识分子地主"或乡绅——和多数的被支配(阶)层农民构成的儒家式社会里,儒家最重视五伦或五常,即父子、君臣、夫妇、长幼、朋友之间的关系。即父亲对子女要慈爱,但子女对父母绝对不能不孝或不服从。君主要以"义"对待大臣,但大臣绝对不能对君主不忠。……为了保障这种"不平等的"关系或秩序原理,采用了所谓"三纲"的"家长式秩序"伦理,即臣子要服从君主,子女要服从父亲,妻子要服从丈夫。这一伦理秩序首先重视君主、父亲、丈夫的权力。按照这种"家长式秩序",臣子、子女、妻子原本在忠、孝、悌等德的名义之下,被遗弃到了受"非人"的伦理压迫的现实当中。这两个阶层在社会上行使不同的"职能",因此享受不同的"待遇"。为了像高贵的天与卑贱的地之间的融洽一样,在这两个阶层之间创造一种人的融洽,就要求按照家长式伦理享受特权的阶层对于没有特权的下层行使一种"人间爱"或"宽容"的德,作为道德的义务。但当这种融洽被忽视时,没有特权的一方可以为自己保证这种"融洽"的力量在制度上就被否定了。不管怎样,在中国所谓"三纲五常"的不平等的家长式社会秩序从公元前2世纪以来就作为正统国家统治意识形态,对所有的人——不管是支配(阶)层的知识分子地主

① 《〈新青年〉罪案之答辩书》(1919年1月15日),《独秀文存》(上),361—362页。

还是被支配(阶)层的一般百姓——进行了支配和约束。

另外,正统儒教的另一个特征是以人的根本的道德性为媒介的"天人合一"的儒家世界观与"阴阳五行"机械论的世界运动理论融合。第一部中详细谈论过,"德治"在孔子、孟子、荀子等的政治理论中构成了核心思想。在春秋战国时期,保守的儒家特别是孟子对于以"绝对的"统治者为中心的支配势力的中央集权化这种当时社会政治变革倾向表示了根本怀疑和否定。但进步的法家们积极推动了支配势力的中央集权化。为了阻止这种绝对的支配和国家统治者的独裁,孔子正式提出了"德治"的主张,即"具备德性"的知识分子应该参与到国家机构,实行以他们为主宰的统治。在前面的第一部中已经讲过,知识分子-地主支配的意识形态"德治"通过强调统治者的道德责任,可以说从统治者的一方禁止了被支配的百姓提出的参与权力的要求。

为了强制实行儒家官僚的意识形态"德治",从根本上与提倡专制君主"独裁"的法家进行对抗,董仲舒首先将《孟子》《中庸》等原典中出现的"天人合一"的世界观进行了体系化。王毓铨对于这一意识形态的影响是这样说明的:

> 从本质上看,天人合一的世界观主张由于天具有意识,因此天总是参与地的事情,特别是统治者的活动。统治者所行的恶在自然现象中会有所反映。因此日食和月食等怪异的自然现象或洪水干旱、地震、蝗虫群的出现等,被视为上天对人间统治者的胡作非为或政治失误进行警告的标志。不只董仲舒和其他朝廷中的儒家官僚,连帝王也令人惊讶地相信这种天人合一理论的正确性。自然的灾难和异常现象让帝王非常吃惊。因此他们常常采取回避政事的方式来自我惩罚,而回到自己的内殿仔细地检省自己的失误,经常向自己的宰相颁布敕令,要求他对自己可能犯下的错误坦率地进行讨论,并寻求合适的解决办法。自然异常现象或灾难具有的意义一般被解释为对帝王行为或政策进行的批判。①

---

① Wang Yü-ch'üan, *An Outline of the Central Government of the Former Han Dynasty*, HJAS, vol.12.1-2 (1949), pp.164-165.

由于天命总是被看作支配天下的合理性根据，因此以天的权威为依据的儒家官僚们强迫“名义上”的专制君主（天子）实行“德治”，即由“官僚-地主儒家”进行的统治。尤其是董仲舒为了更加信服地解释天的意志运动，试图将邹衍（前305-前240）思想中出现的“阴阳五行”这一机械的世界运动理论与“天人合一”的儒家理念合而为一。① 为了实行“德治”，借助阴阳五行理论，试图一开始就规定出宇宙的秩序，以及人与历史的秩序，董仲舒关于天的思想就这样产生了。董仲舒在《春秋繁露》中说道：

> 天地之气，合而为一，分为阴阳，判为四时，列为五行。行者行也，其行不同，故谓之五行。五行者五官也。比相生而间相胜也。②

在《春秋繁露》的其他地方又有如下表述：

> 天有五行。一曰木，二曰火，三曰土，四曰金，五曰水。木，五行之始也；水，五行之终也；土，五行之中也。此其天次之序也。木生火，火生土，土生金，金生火，火生木，此其父子也。木居左，金居右，火居前，水居后，土居中央，此其父子之序，相受而布。是故木受水，而火受木，土受火，金受土，水受金也。诸授之者，皆其父也。受之者，皆其子也。常因其父以使其子，天之道也。是故木已生而火养之，金已死而水藏之。火乐木而养以阳，水克金而丧以阴。土之事天竭其忠，故五行者，乃孝子忠臣之行也……③

这里没有必要对董仲舒的理论进行更仔细的讨论。但值得我们注意的是，“非科学的”阴阳五行论在两千多年正统儒教的影响下，不仅在理论领域，而且在实践领域尤其是中国医学领域也得到了应用，这一理论就像是不

---

① 关于董仲舒的阴阳五行说参见宋荣培的《董仲舒的历史哲学》，《哲学》第23号，1985年春。

② 参见《春秋繁露》，《五行相生》第59编。这里的五行即木、火、土、金、水，这些本来是人类日常生活所需的生活资料，具有“五材”的意思。水和火是形成生活的基本条件，木主要是指树木和木制家具、工具，金是指青铜的铁片（尤其是武器等），土是指作为人从事农耕生活基础的土地。到了汉代，“五行”这些基本物质间的发展顺序被说成是木、火、土、金、水，即木摩擦生火，火烬中生土，土中有矿物质，因此土中生金，金熔化生水的“相生”顺序，同时按照邹衍的“五德终始说”，在“木、火、土、金、水”的顺序中如果跳过一个，便可以说成木破土、火熔金、土淹水、金伐木的“相克”关系。

③ 董仲舒：《春秋繁露》，《五行之道》第42编。

会倒塌的信仰一样发挥了巨大的影响力。

(1)陈独秀

下面再来考察一下陈独秀对正统儒教的批判。陈独秀以“民主主义”和“科学”这两个主导概念为基础,批判了“三纲五常”的传统伦理以及传统中国社会的迷信思想。这一批判正是对儒家秩序与儒家非科学的独断进行破坏。

首先来看一下对社会政治秩序的批判。他对儒家伦理的批判清楚地表现在《一九一六年》(1916年1月15日)中:

> 儒者三纲之说,为一切道德政治之大原:君为臣纲,则民于君为附属品,而无独立自主之人格矣;父为子纲,则子于父为附属品,而无独立自主之人格矣;夫为妻纲,则妻于夫为附属品,而无独立自主之人格矣。率天下之男女,为臣,为子,为妻,而不见有一独立自主之人者,三纲之说为之也。缘此而生金科玉律之道德名词——曰忠,曰孝,曰节——皆非推己及人之主人道德,而为以己属人之奴隶道德也。人间百行,皆以自我为中心,此而丧失,他何足言?①

陈独秀认为东方与西方的本质区别是,在西方“个人”是社会的基本单位,而在东方“家庭”构成了社会的根本单位。②

> 西洋……举一切伦理、道德、政治、法律、社会之所向往,国家之所祈求,拥护个人之自由权利与幸福而已……东洋……宗法社会,以家族为本位,而个人无权利……宗法制度之恶,果,盖有四焉:一曰损坏个人独立自尊之人格;一曰窒碍个人意志之自由;一曰剥夺个人法律上平等之权利;一曰养成依赖性……③

因此陈独秀确信,从根本上反映家庭秩序的儒教已经不再适合“个人”成为社会单位的“现时代”生活。这正是陈独秀反对重新将儒教作为中华民国国家意识形态的根本原因。他主张说:

① 陈独秀:《一九一六年》,《独秀文存》(上),45页。
② 陈独秀:《东西民族根本思想之差异》,《独秀文存》(上),35—40页。
③ 同上。

现代生活，以经济为之命脉，而个人独立主义，乃为经济学生产之大则，其影响遂及于伦理学。故现代伦理学之个人人格独立，与经济学上之个人财产独立，互相证明……中土儒者，以纲常立教。为人子为人妻者，既失个人独立之人格，复无个人独立之财产。父兄畜其子弟，子弟养其父兄。《坊记》曰："父母在，不敢有其身，不敢私其财。"此甚非个人独立之道也。

……现代立宪国家，无论君主共和，皆有政党。其投身政党生活者，莫不发挥个人独立信仰之精神，各行其是：子不必同于父，妻不必同于夫。律以儒家教孝教从之义——父死三年，尚不改其道；妇人从父与夫，并从其子。岂能自择其党，以为左右袒耶？

……中国礼道，有"夫死不嫁"之义。男子之事二主，女子之事二夫，遂共目为失节，为奇辱。

……而孔子之道则曰："男女授受不亲"；"男不言内，女不言外，非祭，非丧，不相授器"；"妇人，从人者也"。是盖以夫为妇纲，为妇者当然被养于夫，不必有独立生活也。

……西俗于成年之子，不甚责善，一任诸国法与社会之制裁。而孔子之道则曰："父母怒不悦，而挞之流血，不敢疾怨，起敬起孝。"此中国所以有"父要子死，不得不死；君要臣亡，不得不亡"之谚也。

……孔子生长封建时代，所提倡之道德，封建时代之道德也；所垂示之礼教，即生活状态，封建时代之礼教，封建时代之生活状态也；所主张之政治，封建时代之政治也。封建时代之道德，礼教，生活，政治，所心营目注，其范围不越少数君主贵族之权利与名誉，于多数国民之幸福无与焉。①

(2)胡适

胡适(1891—1962)赞同陈独秀基于"个人主义"的儒家伦理批判。胡适深受易卜生(Henrik Ibsen，1828—1906)的《玩偶之家》《人民公敌》《亡灵》《野鸭》《社会栋梁》等作品的影响，他就男女和夫妇问题对儒家习俗进行了批判：

---

① 陈独秀：《孔子之道与现代生活》，《独秀文存》(上)，117—121页。

做丈夫的便是自私自利的代表。他要快乐，要安逸，还要体面，所以他娶一个妻子。正如娜拉戏中的郝尔茂，他觉得同他妻子有爱情是很好玩的。他叫他妻子作“小宝贝”，“小鸟儿”，“小松鼠儿”，“我的最亲爱的”等等肉麻名字。他给他妻子一点钱去买糖吃，买粉搽，买好衣服穿。他要他妻子穿得好看，打扮得标致。做妻子的完全是一个奴隶。他丈夫喜欢什么，他也该喜欢什么，他自己是不许有什么选择的。他的责任在于使丈夫欢喜。……丈夫要妻子守节，妻子却不能要丈夫守节，正如《群鬼》(*Ghosts*)戏里的阿尔文夫人受不过丈夫的气，跑到一个朋友家去；那位朋友是个牧师，很教训了他一顿，说他不守妇道。但是阿尔文夫人的丈夫专在外面偷妇人，甚至淫乱他妻子的婢女，人家都毫不介意，那位牧师朋友也觉得这是男人常有的事，不足为奇！

据易卜生看来，社会上所谓“道德”不过是许多陈腐的旧习惯。合于社会习惯的，便是道德；不合于社会习惯的，便是不道德。正如我们中国的老辈人见少年男女实行自由结婚，便说是“不道德”。为什么呢？因为这事不合于“父母之命，媒妁之言”的社会习惯。但是这班老辈人自己讨许多小老婆，却以为是很平常的事，没有什么不道德。为什么呢？因为习惯如此。又如中国人死了父母，发出讣忆，人人都说“泣血稽颡”，“苫块昏迷”。其实他们何尝泣血？又何尝“寝苫枕块”？这种自欺欺人的事，人人都以为是“道德”，人人都不以为羞耻。为什么呢？因为社会的习惯如此，所以不道德的也觉得道德了。[①]

胡适赞成易卜生的个人主义，因此对“道德上”看起来像那么回事儿的传统中国的习惯和正统儒教的“非道德的”习俗举起了反旗。当时流行的“打倒孔家店”[②]的口号最开始就是从他这里产生的。

(3)陈独秀的西欧合理主义与迷信批判

对儒教习俗的批判家，尤其是陈独秀不仅拥护法律面前个人权利和政治平等，还非常关注经济和社会平等的问题。在《法国人与近代文明》(1915年9月15日)一文中，陈独秀按照时代的顺序，指出“人权平等论”“进化论”

① 参见《胡适文存》(台北，1975年)第1集卷4，631、635—636页。
② 同上，797页。

"社会主义"是18世纪以来欧洲文明最杰出的成果。[①] 他在这里强调社会主义是欧洲近代文明"最新的"倾向：

> 欲去此不平等与压制，继政治革命而谋社会革命者，社会主义是也。可谓之反对近世文明之欧罗巴最近文明。……十九世纪之初，此主义复盛兴于法兰西。圣西孟(Saint-Simon)及付里耶(Fourier)，其最著称者也。……其后数十年，德意志之拉萨尔(Lassalle)及马克思(Karl Marx)，承法人之师说，发挥而光大之，资本与劳力之争愈烈，社会革命之声愈高。欧洲社会，岌岌不可终日。[②]

即使面临这样的危险状况，陈独秀并没有主张"废除私有财产"。但他支持需要为消除"贫富之间的巨大差距"、实现"资本家与劳动者之间的和解"、"保护劳动者权利"等各种事项做出贡献的社会政治措施。[③] 这些社会主义理念在中国通过孙中山和其他众多的社会主义者以及无政府主义者得到普及，尤其在1919年以后对"年轻的"知识分子产生了很深的影响。

另一方面陈独秀拥护和主张"科学"，为了从根本上消除迷信思想——如"阴阳五行思想"，他向青年人宣传科学精神：

> 士不知科学，故袭阴阳家符瑞五行之说，惑世诬民；地气风水之谈，乞灵枯骨。农不知科学，故无择种去虫之术。工不知科学，故货弃于地，战斗生事之所需，一一仰给于异国。商不知科学，故惟识罔取近利，未来之胜算，无容心焉。医不知科学，既不解人身之构造，复不事药性之分析，菌毒传染，更无闻焉；惟知附会五行生克寒热阴阳之说，袭古方以投药饵，其术殆与矢人同科；其想象之最神奇者，莫如"气"之一说；其说且过于力士羽流之术；试遍索宇宙间，诚不知此"气"之果为何物也！
>
> 凡此无常识之思，惟无理由之信仰，欲根治之，厥维科学。[④]

陈独秀又进一步批判了关于各种鬼神的传统迷信。因为对鬼神的迷信

---

① 陈独秀：《法国人与近代文明》《独秀文存》(上)，11—15页。

② 同上，14页。

③ 同上。

④ 陈独秀：《敬告青年》，《独秀文存》(上)，9—10页。

深深地扎根在朴素的中国人尚未得到启蒙的意识里。陈独秀所看到的问题是，中国人的"自律思考"和"自律行动"的发展受到了对鬼神的畏惧和与各种鬼神结合的众多禁忌很大的阻碍。为了解放被恐惧所缠绕和被奴隶化的人的精神，以及向中国灌输"合理"与"科学的思考"，陈独秀认为打破对鬼神的迷信是新知识分子必须做的最重要的课题之一。因此他为否定鬼神的存在而提出了八个问题。这八个问题可以概括为如下几点：

①"鬼神"如果没有（物质的）身体，那么鬼神便不为人所知觉。因此鬼神不能成为科学的对象。那么鬼神的形态与声音是如何被人所知觉的呢？

②"鬼神"与看不到的微生物一样具有形态和质吗？不是。鬼神应该是灵魂而不是事物。那么事物与灵魂的二元论如何可以证明呢？

③如果"鬼神"没有物质的质，怎么能知道鬼神实际存在呢？"鬼神"像活着的人一样穿衣吃饭，甚至像具有肉体的人一样有的鬼神是男人、有的鬼神是女人，是如何可能的呢？

④如果"鬼神"属于"灵魂"的世界而不属于事物的世界，那么两个世界是不是本来就完全不同呢？有的鬼神的声音和笑声怎么会与在世的人相似呢？灵界里的鬼神的性格和行动与事物界里的在世的人相似在逻辑上怎样进行证明呢？等等。[①]

一句话，陈独秀认为人的"真正的确证和实践"应该依靠"科学"从"逻辑上"加以证明。[②] 陈独秀从这种观点出发，不仅否定了"鬼神"的存在，还反对宗教。他向新青年们大力呼吁偶像的破坏：

> 天地间鬼神的存在，倘不能确实证明，一切宗教，都是一种骗人的偶像：阿弥陀佛是骗人的；耶和华上帝也是骗人的；玉皇大帝也是骗人的；一切宗教家所尊重的崇拜的神佛仙鬼，都是无用的骗人的偶像，都应该破坏！[③]

陈独秀宣布科学与合理的理性是区分真理与非真理的准绳。彻底信奉民主主义和科学的陈独秀不但要求中国的青年们要果断地破坏传统的——他认为是"专制的""奴隶的""迷信的""保守的"——中国的一切制度和价

---

① 陈独秀：《有鬼论质疑》，《独秀文存》（上），231—233页。
② 陈独秀：《再论孔教问题》，《独秀文存》（上），129页。
③ 陈独秀：《偶像破坏论》，《独秀文存》（上），228页。

值观,还要求进行以个人主义为基础,建设“民主主义”和“合理地、科学地”思考与行动。他认为“新青年”应该“自立地”“进步地”行动起来。[①]

(4)吴虞的儒教批判

除陈独秀外,传统儒教的伟大批判家还有吴虞(1871—1949)。吴虞不但精通古典,还因为曾在日本学习法律,因此非常了解近代欧洲的社会政治思想。在1917年1月1日寄给陈独秀的信中,吴虞阐述了自己有关儒教批判的研究过程:

> 不佞丙午游东京,曾有数诗,注中多非儒之说。归蜀后,常以六经,五礼通考,唐律疏义,满清律例,及诸史中议礼议狱之文,与老、庄、孟德斯鸠、甄克思、穆勒约翰、斯宾塞尔、远藤隆吉、久保天随诸家之著作,及欧、美各国宪法,民法,刑法,比较对勘。十年以来,粗有所见。[②]

通过这些研究,吴虞能够比陈独秀更加批判地分析与儒教伦理密切相关的法律和制度。吴虞一开始对于以儒教重要德目之一的“孝”为媒介维持家族制度和国家制度的问题进行了研究。在持续了两千年以上的儒家式社会里,“家族”形成了社会“基本单位”。在规定家族关系的正统儒教伦理中——这里非常有特点的是“家长式秩序”,父母的权威,特别是在父亲面前的“子女绝对奴隶化”的“孝”本来就被强调为重要的“德”。因为国家的制度或王室制度从根本上来看正是王为父、臣为子的“扩张的家族制度”。从“孝”的德目中导出臣子对统治者的德——“忠”。对此吴虞对古典特别是《孝经》多有引用:

> 子曰:孝,德之本也,教之所由生也……夫孝,始于事亲,中于事君,终于立身。[③]
>
> 资于事父以事君,而敬同……故以孝事君则忠。[④]
>
> 子曰:“君子之事亲孝,故忠可移于君,事兄悌,故顺可移于长。居

---

① 陈独秀:《敬告青年》,《独秀文存》(上),1—10页。

② 《吴虞文录》(上),成都,1936年,8页;《胡适文存》第1集,795页。

③ 《孝经·开宗明义》;《家族制度为专制主义之根据论》,《吴虞文录》(上),16页。

④ 《孝经·士》。

家理，故治可移于官。”①

由于家族制度是国家制度的根本，因此孝的职能并非仅仅在于在家族关系内部保证父亲的权威，还在于维持现存的支配关系。

可以看出，孝中含有真正统治百姓者，即以皇帝为首的官僚-地主，使卑贱者对统治者服从和顺从的权力手段的意义。《大戴礼记》中对“孝”是这样描述的：

故居处不庄，非孝也。事君不忠，非孝也。莅官不敬，非孝也。朋友无信，非孝也。战阵无勇，非孝也。②

即“孝”是指统治者为了向皇帝和上级以及大臣证明自己的本领和价值而应具备的所有的“德”。另一方面孔子的嫡系弟子有子（前518—前457）与消除反抗心相联系，对“孝”的影响是这样说的：

有子曰：“其为人也孝悌，而好犯上者鲜矣。不好犯上，而好作乱者，未之有也。……孝悌也者，其为仁之本与！”③

吴虞也重新引用了《大戴礼记》中孔子的嫡系弟子曾子的话：

是故未有君而忠臣可知者，孝子之谓也。未有长而顺下可知者，弟弟之谓也。……故曰：“孝子善事君，弟弟善事长。君子一孝一弟。可谓知终矣。”④

儒家一方面强调维持现存的国家制度，另一方面强调根除反抗的精神。为了达到这一目的，强调“孝”是所有德的根源，其次是“忠”和“悌”。因此“忠”与“悌”对于维持和保存家长式社会制度和国家制度是两个重要的德目，这两个德目可以从前面的“孝”中推论出来。吴虞对儒教进行了如下批

① 《孝经·广扬名》。
② 《大戴礼记·曾子大孝》，第52篇。
③ 《论语·学而》。
④ 《大戴礼记·曾子立孝》，第51篇。

判：

他们教孝，所以教忠，也就是教一般人恭恭顺顺的听他们一干在上的人愚弄，不要犯上作乱，把中国弄成一个"制造顺民的大工厂"。"孝"字的大作用，便是如此！①

尽管作为家族德性的"孝"得到了保守儒家们极高的评价，但吴虞等儒教批判者还是认为"孝"在极端的时候甚至会破坏人性。吴虞引用了一个例子，两个人为了节省养育费以更好地服侍父母，将刚出生吃奶的婴儿活埋了。这两个人在儒家的史书中被赞扬为孝顺者的好例子。② 更进一步，对于儒家们来说——尤其对于孟子——男人的传宗接代被看作是孝子最重要的事情，因此许多男性具有以给父母尽孝的名义在本室之外将更年轻的女子纳为妾的倾向。在大部分贫穷家庭中也根本不考虑是否能健康地养育众多子女这一财政问题，为了一定要生一个儿子而尽可能地生了很多孩子。这时候妇女沦落为生育机器。在对祖先和父母"孝"的名义下，许多妇女和孩子的人格受到了残酷压迫。③

通过这些讨论，吴虞指出"孝""忠""悌"等儒教的德只是为君、父、长、上而采用的。④ 吴虞认为，儒教借助"孝"这一重要的家庭伦理，为使支配者与被支配者之间的不平等权利合理化和巩固化做出了贡献。吴虞辛辣地批判了这种事实：

夫为人父止于慈，为人子止于孝，似平等矣。然为人子而不孝，则五刑之属三千，罪莫大于不孝。于父之不慈者，固无制裁也。君使臣以礼，臣事君以忠，似平等矣。然为人臣而不忠则人臣无将，将而必诛。于君之无礼者，固无制裁也。……其流毒诚不减于洪水猛兽矣。⑤

吴虞进一步对按照儒教伦理中的阶级差别而确立的"礼"的秩序进行了

① 吴虞：《说孝》，《吴虞文录》（上），第9篇，1b页。
② 同上，4b—5a页。
③ 同上，5b—6b页。
④ 吴虞：《家族制度为专制主义之根据论》，《吴虞文录》（上），第1篇，14a页。
⑤ 吴虞：《家族制度为专制主义之根据论》，《吴虞文录》（上），第1篇，4b页。

批判的考察：

> 孔氏主尊卑贵贱阶级制度。由天尊地卑，演而为君尊臣卑，父尊子卑，夫尊妇卑，官尊民卑。尊卑既严，贵贱遂别。①

由儒教守护的“礼”无疑对巩固互不相同的阶级之间的“不公平的”支配秩序做出了贡献。“礼”原本是“支配秩序”或“法律”。吴虞为了使他的论证合理化，引用了宋代几个儒家，如司马光、苏洵、苏轼、吕祖谦等诸家所说。其中苏洵的讨论非常有意思，对于“礼”他是这样说的：

> 彼圣人者，必欲天下之拜其君父。何也？其微权也。彼为吾君，彼为吾父，彼为吾兄，圣人之拜，不用于世。吾与之皆坐于此，皆立于此，比肩而行于此，无以异也。吾一旦而怒，奋手挺而搏逐之可也。何则？彼其心常以为吾侪也，不见异于吾也。圣人知人之安于逸而苦于劳，故使贵者逸而贱者劳。且又知坐之为逸而立且拜之为劳也。故举其君父兄坐之于上，而使之立且拜于下。……刻木而为人，朝夕而拜之，他日析之以为薪而犹且忌之。彼其始木焉，而已犹且不敢以为薪。
>
> 故圣人以其微权，而使天下尊其君父兄。②

苏洵认为，支配秩序反映在其中的“礼”本来是比喻人雕刻出来的“木刻”即“偶像”。因此只要“权力的秘密”（微权）继续得到保存，“礼”就是所有人必须经常表示敬意的偶像。因此为了巩固君主、父亲、长辈，即年长的官僚或兄、丈夫、老人等地位高的人的“家长式”支配，“礼”被儒家们给予了很高的评价。为了将“礼”更进一步确立为一种社会规范的秩序，在本来的“礼”上又被加上了“法律的”力量。换句话说，违背“礼”的人被处以严格的刑罚，有时甚至被处死。吴虞引用了汉和帝政府中任刑曹判书的陈宠的例子。陈宠这样说道：

---

① 吴虞：《儒家主张阶级制度之害》，《吴虞文录》（上），第5篇，1a—b页。

② 吴虞：《礼论》，《吴虞文录》（上），第3篇，7a—b页。

臣闻礼经三百，威仪三千，故甫刑大辟二百，五刑之属三千。礼之所去，刑之所取，失礼则入刑，相为表里者也。①

吴虞阐述了儒教伦理为维持家长式秩序所做出的制度性贡献，同时试图对这种作用进行批判。从鲁迅《狂人日记》中直接受到刺激的吴虞在《吃人与礼教》一文中列举了“关于吃人的具体事例”②，指出“在历史发展中由上层支配者进行的儒教道德理论与实践之间”③的错误关系。上层支配者们不仅牺牲了他们的夫人和妾、儿子及无数的百姓，甚至实际上还将人的肉身作为粮食来吃。因此对于高层统治者来说，最重要的首先只是儒教经常主张的、持续赞扬的“忠”和男人的功名心。吴虞对儒教伦理的批判在下面引用的文章中达到了顶点：

孔二先生的礼教讲到了极点就非杀人吃人不成功。真是惨酷极了。一部历史里面，讲道德说仁义的人时机一到，他就直接间接的都会吃人肉来了。就是现在的人或者也有没做过吃人的事，但他们想吃人、想咬你几口的心总未必打扫得干干净净。

到了如今我们应该觉悟，我们不是为君主而生的，不是为圣贤而生的，也不是为纲常礼教而生的。什么“文节公”呀“忠烈公”呀，都是那些吃人的什么人设的圈套来诳我们的。我们如今应该明白了，吃人的就是讲礼教的！讲礼教的就是吃人的呀！④

儒教伦理在吴虞看来是这样的危险，因此现在他大声疾呼：

儒教不革命，儒学不转轮，吾国遂无新思想新学说。何以造新国民？悠悠万事，惟此为大已！吁！⑤

(5)鲁迅的儒教批判

---

① 《后汉书·陈宠传》，1554 页。参见吴虞：《礼论》，《吴虞文录》（上），第 3 篇，9a—b 页。

② 吴虞：《礼论》，《吴虞文录》（上）。

③ Wolfgang Franke, *Chinas Kulturelle Revolution*, S.44.

④ 吴虞：《吃人与礼教》，《吴虞文录》（上），第 4 篇，6a—b 页。

⑤ 吴虞：《儒家主张阶级制度之害》，《吴虞文录》（上），第 5 篇，5b 页。

在对儒教批判者中间，鲁迅，特别是通过他那富有讥讽而才气无双的小说以及辛辣的杂文，可以说是最具影响力的作家。

1915年5月的《新青年》杂志第一次发表了成功的白话小说《狂人日记》。在这部小说中，象征着鲁迅对儒教批判的"狂人"这样说道：

> 古来时常吃人，我也还记得，可是不甚清楚。我翻开历史一查，这历史没有年代，歪歪斜斜的每页上都写着"仁义道德"几个字。我横竖睡不着，仔细看了半夜，才从字缝里看出字来，满本都写着两个字是"吃人"！①

鲁迅又说道：

> 有了四千年吃人履历的我，当初虽然不知道，现在明白，难见真的人！②

最后他悲痛欲绝地呼吁道：

> 没有吃过人的孩子，或者还有。
> 救救孩子……③

这个《狂人日记》的故事就像早春的晴天霹雳一样给了中国以强烈的震撼。从那以后"礼教吃人""救救孩子"等标语逐渐开始流行。

对于受进化论影响的鲁迅，中国的"生存"乃至"存续"成为现实问题。对此他首先主张要抛弃所谓中国的"国粹"：

> 什么是"国粹"？照字面看来，必是一国独有，他国所无的事物了。换一句话，便是特别的东西。但特别未必是好，何以应该保存？
>
> 譬如一个人，脸上长了一个瘤，额上肿出一颗疮，的确是与众不同，显出他特别的样子，可以算他的"粹"。然而据我看来，还不如将这"粹"

---

① 鲁迅：《狂人日记》，《鲁迅小说集》，15页。

② 同上，25页。

③ 同上。

割去了，同别人一样的好。

倘说：中国的国粹，特别而且好；又何以现在糟到如此情形，新派摇头，旧派也叹气。

……我有一位朋友说得好：要我们保存国粹，也须国粹能保存我们。

保存我们，的确是第一义。只要问他有无保存我们的力量，不管他是否国粹。①

鲁迅以进化论为基础，对于传统价值观从批判立场出发，试图深入剖析儒教道德的“非人性”。他与陈独秀、吴虞等人一样，非常关心在“家长式”伦理道德下面被无情践踏的女人和孩子的问题。鲁迅清楚地记述了这种恐怖的状况，结婚后的妇女和订婚后的年轻妇女在“妇德”的名义下，在她们的丈夫（或未婚夫）死后为了给亡人守节而不能再婚，甚至被强奸后也被迫为恪守贞节而必须牺牲自己，为做烈女只能放弃自己的生命。而这种杀人的现场越是凄惨，这个女子便越会被称赞为忠贞的烈女。② 儿女们也必须为了“孝”而在父母或老人的面前率先牺牲自己。③

因此在儒教道德中，妇女和子女的感情与人格从一开始就完全不是考虑的对象。这里鲁迅介绍了一首从相识的青年那里寄来的诗：

爱情

我是一个可怜的中国人。爱情！我不知道你是什么。

……

我年十九，父母给我讨老婆。于今数年，我们两个，也还和睦。可是这婚姻，是全凭别人主张，别人撮合；把他们一日戏言，当我们百年的盟约。仿佛两个牲口听着主人的命令：“咄，你们好好的住在一块儿罢！”

爱情！可怜我不知道你是什么！④

---

① 鲁迅：《随感录》，三十五（1918年10月15日），《热风》，14—15页。

② 鲁迅：《我之节烈观》，《坟》，90—101页。

③ 鲁迅：《我们现在怎样做父亲》，《坟》，102—115页。

④ 鲁迅：《随感录》，四十，《烈风》，26—27页。

在1918年到1925年之间,鲁迅共发表了25篇小说作品。这些作品描写了迷信、城市与农村的各种不幸的人的典型、中国传统中药的欺诈性、儒教伦理的非人性等。

作品《孔乙己》描写了苦学一生却连地方初试也未合格的可怜的儒生“孔乙己”。为了生存,这个可怜的老夫子没有办法,只好不时地小偷小摸。最终他被有权有势的地主抓住,因偷窃受到惩罚,脚成了残废。孔乙己没落成了身负残障的乞丐。即使在这种悲惨的情况下,他并没有将自己的不幸归咎于学习儒学。他反而为自己的学问而自豪,扬扬自得。小说反映了尽管由于儒学而葬送了自己的人生,却临死也没有认清儒学毒害的极其固执的道学者不幸的人生。《白光》(1922)描写了一个名为陈士成的悲剧人物。他为了当官参加了16次县考。在此期间他已是满头白发,老态龙钟。在第16次落榜之后,陈士成终于疯了,在满月的“白光”中投湖结束了自己的人生。

在鲁迅的小说中最具悲剧性的故事应该是《祝福》(1924)中出现的、自己连名字也没有的年轻寡妇祥林嫂的悲剧。被接受过儒教式教育的文质彬彬的地主蔑视的寡妇“祥林嫂”,约26岁,还很健康,做事勤快,非常聪明。在比自己小10岁的丈夫死后,她来到富有的乡绅鲁四爷家里做佣人。但却被她30多岁的婆婆背着她卖给了别人。尽管她极力反对,但还是被迫与来找她即买她的男人结婚。但她的第二个丈夫也“年纪轻轻地得热病死了”。她的年幼的孩子也“被狼叼走了”。“刚开春,根本没想到狼会到村子里来。现在她只剩下了自己。小叔子过来抢走了房子,把她也赶了出去。”[①]这个女人最终连寡妇最重要的“德”,即对第一个丈夫的贞节也没有守住。这个可怜的女人祥林嫂由于儒家伦理,尤其受到了高尚的“儒学家”鲁四爷变本加厉的虐待,在道德上经常受到驱赶和谴责而走向破灭。她再也忍受不了自己的不幸,道德上的良心谴责和压迫感,别人的嘲笑、蔑视、虐待等,被满口“仁义礼智”高尚的“道学者”鲁四爷当作“垃圾”,被残忍地赶到大街上。

现在作为“乞丐”在大街上徘徊的她却依然被死后的“地下世界”追赶和煎熬。按照她所知道的迷信,她死后必定要在地下世界里遇到她的两个丈夫。那样的话,两个丈夫就会分别要她的身体,因此他们肯定要将她的身体锯成两半。她被这种恶梦所折磨。

---

① 鲁迅:《祝福》,《鲁迅小说集》,215页。

从这种迷信中产生的心理恐惧使这个女人破灭,她最终在正月初一拂晓的时候自杀了。高尚的"道学者"鲁四爷厌烦地说,她"不早不晚偏偏是这个时候",即在祥和的正月初一死掉,正说明她是个"孽种"。[①] 因为这个可怜的女人不是人,只不过是"人们扔在垃圾堆上的、连看一眼都会恶心的腐烂的玩具"。她"先前还将形骸露在尘芥里,从活得有趣的人们看来,恐怕要怪讶他何以还要存在,现在总算被无常打扫得干干净净了"。[②]

年轻的寡妇祥林嫂的故事可以说是对儒教道德和迷信的一种强烈抗议。尽管她贫穷、不幸,但如果没有儒教道德的压迫,这个会做所有农村的事情,勤劳、聪明的女人是可以充分自立地维持自己的生活的。但在"家长式"儒教道德的支配下,她因为是个女人而不能成为自立的人。她只不过是一个只能经常听从她的主人们(丈夫、父母、文质彬彬的道学者等)的命令,必须为他们牺牲自己的附属品和奴隶。这些可怜的女人们正是"家长式"道德秩序的牺牲品,这种"家长式"秩序可以毁掉这些附属品,甚至还可以强迫她们自杀!1927 年鲁迅讲了下面一段关键性的话:

> 中国的文化,都是侍奉主子的文化,是用很多的人的痛苦换来的。无论中国人,外国人,凡是称赞中国文化的,都只是以主子自居的一部分。[③]

因此 1935 年鲁迅再次强调,"中国的孔子"从一开始就被那些"有权势"或"想获得权势"的知识分子们捧为他们的"圣人"或他们的"敲门砖",即被奉为出人头地的手段而加以利用。总之,"圣人"孔子与接受统治的"普通民众没有任何关系"。也就是说,他决不是贫穷的、社会地位低下的"愚民"们的朋友。[④]

(6)《古史辨》学派的儒教批判

关于儒教的批判,我们最后应关注的是著名中国学者钱玄同(1887—1939)和当时年轻的历史学家顾颉刚对当时墨守传统方法的旧派学者的批判研究成果。

---

① 鲁迅:《祝福》,《鲁迅小说集》,206 页。

② 同上,208 页。

③ 鲁迅:《老调子已经唱完》,《集外集拾遗》,185 页。

④ 鲁迅:《在现代中国的孔夫子》,见《且介亭杂文二集》,83、85 页。

《新青年》杂志编辑负责人之一的钱玄同和当时批判性的学生杂志《新潮》编辑负责人之一的顾颉刚都是精通古典文献的中国学者，他们受新的批判精神的影响，将当时胡适主张的新的“科学的”“批判的”学问研究方法论作为自己新的研究视角。

1919 年 11 月胡适在就重新评价“国故”（中国的传统）的“批判态度”所发表的《新思潮的意义》中这样说道：

> 据我个人的观察，新思潮的根本意义只是一种新态度。这种新态度可叫做“评判的态度”。
>
> 评判的态度，简单说来，只是凡事要重新分别一个好与不好。仔细说来，评判的态度含有几种特别的要求：
>
> ①对于习俗相传下来的制度风俗，要问：“这种制度现在还有存在的价值吗？”
>
> ②对于古代遗传下来的圣贤教训，要问：“这句话在今日还是不错吗？”
>
> ③对于社会上糊涂公认的行为与信仰，都要问：“大家公认的，就不会错了吗？人家这样做，我也该这样做吗？难道没有别样做法比这个更好，更有理，更有益的吗？”[①]

钱玄同和顾颉刚从胡适这种对中国传统思想的批判立场出发，试图对儒家经典的“六经”和尚未区分历史与神话的中国古代史进行批判的验证。事实上按照儒家的正统说教，“六经”全部是孔子自己的著作，按照儒家“保守”或“怀古的”历史社会观，中国的上古时代在数千年间被儒学者们高度评价为由几个圣人统治的“太平盛世”。

顾颉刚于 1923 年指出，儒学者们经常誉为“太平盛世”的中国上古史不过是一个想象的产物，即“神话”。在寄给钱玄同教授的文章（《与钱玄同先生论古史书》，1923 年 4 月 27 日）中，顾颉刚论证了有关中国上古史历史内容的变化。[②] 为了掌握历史内容随着时代的变迁而变化的过程，他通过细致地研究中国古代史中传说的历史，提出了下面一个非常值得关注的假说。

---

① 《新思潮的意义》，见《胡适文存》第 1 集第 4 卷，728 页。

② 《古史辨》第 1 卷，《与钱玄同先生论古史书》，60 页。

这就是“时代越晚，传说中出现的上古史的时期就具有相应（向上追溯的）长的历史”和“时代越晚，传说中出现的中心人物也相应地更豪放、身躯更庞大”。[①] 对于这一点，顾颉刚说道：

> 周代人心目中最古的人是禹，到孔子时有尧舜，到战国时有黄帝、神农，到秦有三皇，到汉以后有盘古等。……于是春秋初年号为最古的禹到这里真是近之又近了。自从秦灵公……祭黄帝……于是黄帝立在尧舜之前了。自从许行一辈人抬出了神农，于是神农又立在黄帝之前了。自从易系辞抬出了庖牺氏，于是庖牺氏又更立在神农之前了。自从李斯（前 280—前 208）……于是天皇、地皇、秦皇更立在庖牺氏之前了。……自从汉代交通了苗族，把苗族的始祖传了过来，于是盘古成了开天辟地的人，更在天皇之前了。时代越后，知道的古史越前，文籍越无征，知道的古史越多。汲黯说“譬如积薪，后来居上”，这是造史很好的比喻。[②]

顾颉刚经批判的研究之后，断定儒家所说的众多圣人不是实际存在过的历史人物，而是“神话式”加工后的人物。因此原来推测具有所谓五千年历史的中国，其实际历史最终缩短为三千年左右。另外为儒家们所经常称颂的中国上古时代的“太平盛世”，现在已经被明确地解释为不再是现实的历史，而只不过是后世儒家们创造加工过的“神话”。

在关于“六经”文献学的批判研究上，钱玄同和顾颉刚都同样是继承发展了以姚际恒（1647—1715）、崔述（1740—1816）、康有为等为代表的清朝今文学派的优秀研究成果。[③] 关于儒家“六经”——《诗》《书》《易》《礼》《乐》和《春秋》，钱玄同通过自己科学的文献批判研究，阐明了下列几个事实：

> 1.孔丘无删述或制作“六经”之事。
>
> 2.《诗》《书》《礼》《易》《春秋》，本是各不相干的五部书。（《乐》绝无此书）
>
> 3.由于《论语》中提到了《诗》《书》《礼》《乐》，《孟子》中提到了《春

---

① 《古史辨》第 1 卷，《与钱玄同先生论古史书》，60 页。

② 同上，60、65 页。

③ 同上，《自序》，77—79 页；《答顾颉刚先生书》，《论今古文经学及〈辨伪丛书〉书》，30 页。

秋》,所以儒家便把"五书"和孔子联系到了一起。惟何以配入易经,钱玄同本人也不知道。

4."六经"的配成,当在战国之末。

5.因为"六经"之名成立,于是《荀子·儒效篇》《商君书·农战篇》等战国时代末期的作品才出现,并且与"五常""五行"等战国时代末期的思想理念相提并论。

6.《诗》类似孔子将学过的古诗汇编而成的总集。……《书》似乎是三代时的文件类编或档案汇存之类的东西,应该认它为历史。但对于它是否是一本完成的书尚有很多疑问。……《礼》概括了三书。第一,《仪礼》是战国时代的伪书;第二,《周礼》是刘歆的伪作;第三,《大戴礼记》和《小戴礼记》(即《礼记》)中十有八九都是汉儒所作的。《乐》本无经。《易》中卦是生殖器崇拜时代的东西。"乾""坤"卦即是两性生殖器官的记号。最演为八,再演为六十四,大家拿它来做卜筮之用。……孔丘以后的儒者借它来发挥他们的哲理。《春秋》是春秋时代诸侯国的"断烂朝报"。……只有《左传》是战国时代一个文学家编的一部国别史。①

顾颉刚关于"六经"的批判研究成果,从根本上来看与钱玄同的观点是一致的。顾颉刚对钱玄同是这样说的:

我认为孔子只与《诗经》有关。他只是劝人们学《诗》,但绝没有编辑《诗》。《易》《书》《礼》和《春秋》可以说与孔子没有关系。如果说有关系,只是用过,但决没有"著作"过。同样道理,不能因为看过报纸就成为主编,不能因为看过话剧就成为演员。②

钱玄同和顾颉刚提出了在科学上严密而正确的证明,对"六经"的文献批判给了正统儒教以决定性的打击。因为这一批判研究可以使作为春秋时期人物的孔子同汉代以后建立的正统儒教永远地分离开来。从公元前2世纪以来,从汉代儒学家贾谊、董仲舒到近代的康有为、梁启超等的两千多年

---

① 《古史辨》第1卷,《答顾颉刚先生书》(钱玄同,1923年5月25日),67—82页。

② 《古史辨》第1卷,《论〈诗经〉经历及老子与道家书》(顾颉刚,1923年5月25日),67—82页。

里，孔子常被尊奉为“万世师表”或圣人，每年接受有势力或想获得势力的无数知识分子的祭祀，享有最高的荣誉和权威，而在他们的批判研究之后却突然沦落成为春秋末期一个寒酸而不幸的儒生。

事实上，孔子不过是一个“有意义的”知识分子，在他的一生中，为了从有势力的诸侯和贵族那里得到一官半职而 14 年流浪天下，有时还要遭受污辱和饥饿，没有好运气。

由于保存了数千年的儒教的神秘性从根本上被揭开了面纱，因此正统儒教现在已经丧失了其神圣的基础。自前汉以来，与儒家知识分子和官吏们的利害关系（或权力掌握）有着密不可分关系的正统儒家现在被彻底破坏，因此在中国历史上不得不永远地让出其作为支配意识形态的位置，即儒教作为传统儒家式社会国家意识形态的职能现在已经结束了。

由于拥有西方合理主义和市民社会的历史视野的中国新式知识分子，对于正统儒教的“家长式”伦理所做的批判，以及对正统儒教的经典“六经”和被它理想化的中国上古史进行的批判研究成果，传统中国的名誉和自尊被彻底破坏了，再也无法恢复。笔者认为，这种正统儒教的破坏正是梦想着“新中国”的知识分子们掀起的文化和“精神”革命的最大成果。

然而，这些由 18 世纪到 19 世纪之间支配西方市民社会的社会政治思想武装起来的知识分子们到 19 世纪 20 年代正统儒教破坏的时候为止，一直没能将“新中国”现实化。

第二章　民族主义知识分子向马克思主义的转换

如果说“极端西方化”倾向强烈的知识分子们,如陈独秀和胡适等,试图从以“个人主义”为基础的西方国家社会秩序中寻找“新中国”的理想,而随着第一次世界大战的爆发,白人们的“优秀文明”开始逐渐让中国的民族主义知识分子们感到失望。世界大战使中国人对西方的“人道主义”产生了怀疑,另外,“基督教徒们的战争方法开始激起中国人对基督教文明的轻蔑感情”①。在这种情况下,“曾是西方文明最热烈崇拜者之一的”梁启超于1900年从欧洲旅行回来之后,对于以“科学”为基础的西方文明缺陷高喊道:

> 当时讴歌科学万能的人满望着科学成功黄金世界便指日出现。如今功总算成了,一百年物质的进步比从前三千年所得还加几倍。我们人类不惟没有得着幸福,倒反带来许多灾难,好像沙漠中失路的旅人,远远望见个大黑影,拼命往前赶,以为可以靠他向导,那知赶上几程,影子却不见了。因此无限凄惶失望。影子是谁?就是这位“科学先生”。欧洲人做了一场科学万能的大梦,到如今却叫起科学破产来。这便是最近思潮变迁一个大关键了。②

很多中国人对西方文明中的“人道主义”毫不怀疑,反而怀着坚定的信任关注着第一次世界大战的进展,但由于《华沙条约》完全无视中国的要求和主张,裁定日本对山东的占有权,从而承认了“二十一条”的合法性,忍无可忍的愤怒终于爆发了。③ 陈独秀和李大钊将“巴黎和会”称为“分赃会

---

① T'ang Leang-li(汤良礼),*China in Aufruhr*(Leipzig,1927),S.204.
② 梁启超:《欧游心影录节录》,台北,1960年,12页。
③ T'ang Leang-li,*China in Aufruhr*(Leipzig,1927),S.210.

议”①。对西欧势力和日本侵略挑衅的失望激愤，最终促使中国青年们爆发了自1900年义和团事件惨败之后西方殖民国家从未经历过的、针对帝国主义和他们所操纵的中国傀儡政府进行的大众运动，即类似于“民众起义”的全国性抵抗运动。这种“大众运动”从作为近代中国决定性转折点的1919年的五四运动开始，到在上海租界反对外国企业主对中国劳动者们虐待和剥削而发动的1925年5月30日的“五州运动”达到了最高潮。这种大众运动一开始是由“民族主义”知识分子领导，后来逐渐发展成为中国的共产主义运动。这一共产主义运动在后来最终取得了对帝国主义的民族主义的胜利。

中国民族主义的共产主义者们的精神足迹大致表现在民族主义知识分子们的精神姿态上。这些民族主义知识分子们共同的特征是，不管在他们向马克思主义转变之前还是之后，都始终坚持反对完全西方化的立场，同时主张加强中国人的自我信赖或“精神的自立性”。他们一边考虑当时中国“具体的”社会关系，一边试图将“新中国”诞生所需的价值尺度和力量融合在一起，从这一点上区别于采取极端西方化倾向的知识分子。事实上那些具有极端西方化倾向的知识分子们并没有特别地关心中国特殊的情况。可以说他们的“战略”是错误的，不仅如此，由于他们只将自己原封不动吸收过来的西方世界观作为自己的信念，因此使中国人的自我信赖和“精神自立性”变得岌岌可危。当然，他们在中国内部是西方文明一流的解释家和拥护者，但实际上在有意无意之间没能正确地看待中国固有的问题和与之有关的、知识分子们最具体和现实的问题。

他们中有从“赛先生”（科学）和“德先生”（民主主义）万能权威信念下转变为极端教条主义的马克思主义者的陈独秀，怀着信念追随杜威（John Dewey）的胡适，社会主义者同时是罗素（B.Russell）的追随者的张东荪，另外还有徐志摩、林语堂、梁实秋等文学家。与他们对立的民族主义的进步知识分子、革命家有鲁迅、李大钊、郭沫若、毛泽东、茅盾等。

在无可奈何的灭亡之路上，清朝的当权者由于对野蛮的西方人强烈的心理憎恶而最后愤然支持义和团的事件（1900）以失败而告终。它的余波从根本上破坏了中国人的自信和自古以来的自尊。由于西方列强的强大武

① 参见陈独秀：《两个和会都无用》，《每周评论》，第20号；李大钊：《秘密外交与强盗世界》，《每周评论》，第22号。

力，中国从那时起“只能将外国人当作半神来侍奉，给予他们荒诞的特惠”①。中国人尤其在租界里受到歧视，他们几乎像“狗”一样被轻视。当时不满12岁的雇佣男孩和女孩（如法国工厂占47%，意大利工厂占45%，而中国的工厂占不过13%）和年轻的妇女（如中国人的工厂中在12岁以上的工人中占57%，但所有外国人工厂中女性占70%）有着令人吃惊的高就业率。在这些外国人的工厂里②，中国人实际上被当作“纯粹的劳动动物，即没有灵魂的生产工具”③而受到虐待和剥削。从殖民列强势力那里受到的这种虐待和剥削让中国知识分子开始清醒。他们开始是对城市的劳动者，后来是农村数百万悲惨的农民层进行启蒙，首先试图将他们组织起来，从殖民列强势力手中争取“民族的自由”。

在中国革命中，如上所述，基本上是民族主义知识分子们的伦理和革命的努力。这些民族主义知识分子们在19世纪20年代到30年代中国的特殊情况下接触到马克思主义这一外来意识形态，为了实现他们的民族主义和革命目的，就必须将马克思主义，即“彻底西方思想的一种形态”（une forme de pensée foncièrement européenne）④，进行改变。正是这些民族主义知识分子才使中国革命的具体目的，即废弃儒家式社会秩序和争取民族自由，得以设定并付诸实践，因此我们首先来具体地叙述一下民族主义知识分子们的精神姿态是什么。因为下一章里最后要讨论的关于“马克思主义的中国化”问题中，“首先被认为是对欧洲和北美洲最发达资本主义国家问题的解答的”⑤马克思主义基本上不是问题，问题是中国革命所打出的具体的目标设定。因此下面我们首先来分析（非常“现实”，因此可以正确掌握中国的“实际问题”的）鲁迅和李大钊的精神态度。我们对于他们精神态度的研究一直到他们对任何“反动”势力都采取“不妥协”的姿态或将俄罗斯革命（1917）作为“新时代的开始”采取欢迎态度的精神姿态清楚地表现出来那一刻为止。之后作为对马克思主义的中国化的入门理解，我们将引用和介绍郭沫若的诙谐作品（《马克思进文庙》，1925）。

---

① T'ang Leang-li，前引书，S.252.

② 同上，S.250—251。

③ 同上，S.225。关于对中国人的歧视参见 Chow Tse-tsung, *The May Fourth Moverment*, p.202 以下。

④ H.C.d'Encausse/S.Schram, *Le Marxisme et l'Asie 1853-1864*, p.8.

⑤ 同上，p.7。

一、鲁迅精神和奴性批判

1.鲁迅精神

下面是1937年10月19日鲁迅逝世1周年时陕北公学发表的毛泽东的谈话内容：

> ……鲁迅出身于正在崩溃的封建社会,但他回过头来击打了对方的后脖梗。他向自己所处的腐朽社会发起攻击,向帝国主义的坏势力发起进攻,用辛辣、诙谐而又锐利的笔锋描绘了黑暗社会凶恶的脸孔,他实际上是一位卓越的画家。……鲁迅先生的第一个特点是他的政治远见。他用显微镜和放大镜来看社会,因此看得远,(而且)看得正确。他于1936年大胆地指出了托洛茨基派的危险倾向,今天的事实证明了他的见解是多么的正确和清晰。……鲁迅先生的第二个特点正是他的斗争精神。刚才讲过,他是黑暗和暴力的狂风中耸立的大树,而不是倒向两边的小草。……鲁迅先生的第三个特点是他的牺牲精神。他(只)向着憎恶的一切不露锋芒地伸出匕首一样的笔锋。他有时坚定地站在战争的血迹中进行反抗,呐喊着前进。鲁迅是彻底的现实主义者。他决不妥协,他永远有牢固的决心……
>
> 这是伟大的"鲁迅精神"的特点。鲁迅在他的一生中决没有违背这种精神。这正是他在文艺界是伟大的作家,在革命的队伍中成为不屈的而且卓越的先驱者的理由。纪念他就是学习他的这种精神。①

这种鲁迅精神首先表现在他的爱国心。1902年,年满21岁的鲁迅赴日本公费留学。1903年,他在用旧诗体写成的《自题小像》中吐露了自己的心境。

> 灵台无计逃神矢,
> 风雨如磐暗故园。
> 寄意寒星荃不察,

---

① Lu Xun, *Die große Mauer*(19世纪20—30年代鲁迅的作品21篇的德文编译本——编者F.Mausbach)的附录"Mao Zedong über Lu Xun",Worms,1980,S.133-135。

我以我血荐轩辕。[①]

从这首诗中我们可以看到青年鲁迅强烈的爱国心。

2.思想出发点

鲁迅出生于绍兴一个衰微的官吏家庭，早年在儒家教育的熏陶中长大。1898年，他17岁时进入位于南京的路矿学堂之后才开始接触西方学问。[②]在那里他开始阅读当时严复翻译的划时代的《天演论》。[③] 在留学日本初期，深受进化论影响的鲁迅可以将严复翻译的书的很多句子背诵下来。[④] 出于爱国的热情，为了唤醒中国人沉睡的意识，1903年翻译了《斯巴达之魂》[⑤]一文。22岁的鲁迅认为，如果不觉醒，衰弱的中国就会在"生存竞争"中输掉，最后在世界上消失。鲁迅的朋友许守裳指出，他当时还阅读了拜伦（Byron，1788—1824）的诗、尼采（F.Nietzsche，1844—1900）的作品、希腊罗马神话和屈原的诗等。[⑥]

其后，鲁迅从反对清王室的民族主义革命家章炳麟（1869—1936）——尤其是从他为拜访孙文来到东京时的1906年以后——受到很大影响。章炳麟属于古文学派，他部分地受到了巴枯宁（M.A.Bakunin，1814—1876）无政府主义的影响，因此对进化论持否定态度，提倡中国富强需要道德和宗教以及"国粹"主义。[⑦]

由这些不同思想源泉形成了初期的鲁迅思想，这点清楚地表现在他的论文《文化偏至论》（1907）、《摩罗诗力说》（1907）、《破恶声论》（1908）等中。

3.进化论

鲁迅首先根据"进化论"，对中国传统思想的"时代错误的"和"复古的"

---

① 《自题小像》，《集外集》（1935）。

② 他虽然原来在免收学费的江南水师学堂入学，但马上转入了陆军学校附设的路矿学堂。

③ 甲午中日战争中清朝的败北整个震撼了中国这个古代帝国传统的体面与自尊。严复通过引入当时欧洲流行的"进化论"的"弱肉强食"的社会理论，从根本上动摇了当时被儒家价值观所迷惑的儒生们不现实的历史意识，使社会改革快马加鞭，其效果非常显著。可以毫不夸张地说，当时在中国几乎没有不受到进化论影响的知识分子。参见《严复と西欧思想》，《近代中国の思想と文学》，东京，1967年，3—20页。

④ 许守裳：《亡友鲁迅印象记》，香港，1974年，8页。

⑤ 鲁迅：《集外集》（1935）。

⑥ 许守裳：《亡友鲁迅印象记》，香港，1974年，8页。

⑦ 关于章炳麟对鲁迅的影响，参见李泽厚：《略论鲁迅思想的发展》，《鲁迅研究集刊》，上海，1979年，35—36页。

历史观进行了辛辣的批判：

> 吾中国爱智之士，独不与西方同，心神所注，辽远在于唐虞，或迳入古初，游于人兽杂居之世；谓其时万祸不作，人安其天，不如斯世之恶浊阽危，无以生活。其说照之人类进化史实，事正背驰。盖古民曼衍播迁，其为争抗劬劳，纵不厉于今，而视今必无所减；特历时既永，史乘无存，汗迹血腥，泯灭都尽，则追而思之，似其时为至足乐耳。……欲致人同归于朴古，老子之辈，盖其枭雄。老子书五千语，要在不撄人心；以不撄人心故，则必先自致槁木之心，立无为之治；以无为之为化社会，而世即于太平。其术善也。然奈何星气既凝，人类既出而后，无时无物，不禀杀机，进化或可停，而生物不能返本。使拂逆其前征，势即入于苓落……而不幸进化如飞矢，非堕落不止，非著物不止，祈逆飞而归弦，为理势所无有。①

但在另一方面，鲁迅强烈反对按照进化论使强者对弱者的支配合理化。他将打着“弱肉强食”的进化论口号对弱者任意蹂躏和剥削的人称为“兽性爱国之士”②。鲁迅精神不允许像强盗那样暴力的爱国心。

4.西方化与冒牌的知识分子

鲁迅更进一步认为当时主张极端西方化的知识分子们是有问题的。当时一些冒牌知识分子根本不考虑西方与中国之间存在的文化发展条件的不同，而只是浅薄地——事实上不少是为了满足自己的私人野心——积极主张从西方引进军备，即洋务运动或引进西方的经济政治制度。鲁迅对他们进行了锐利的批判：

> 昔者帝轩辕氏之戡蚩尤而定居于华土也，典章文物，于以权与，有苗裔之繁衍于兹，则更改张皇，益臻美大。其蠢蠢于四方者，胥蕞尔小蛮夷耳，厥种之所创成，无一足为中国法……屹然出中央而无校雠，则其益自尊大，宝自有而傲睨万物……虽然，惟无校雠故，则宴安日久，苓落以胎，迫拶不来，上征亦辍，使人荼，使人屯，其极为见善而不思式。

---

① 《摩罗诗力说》，见《坟》，北京，1927年，49—50页。

② 《破恶声论》，见《集外集拾遗补编》，北京，1973年，29页。

有新国林起于西，以其殊异之方术来向，一施吹拂，块然踣僵，人心始自危，而辁才小慧之徒，于是竞言武事。……夫以力角盈绌者，于文野亦何关？远之则罗马之于东西戈尔，迩之则中国之于蒙古女真，此程度之离距为何如，决之不待智者。然其胜负之数，果奈何矣？苟曰是惟往古为然，今则机械其先，非以力取，故胜负所判，即文野之由分也。则曷弗启人智而开发其性灵……而喋喋誉白人肉攫之心，以为极世界之文明者又何耶？……嗟夫，夫子盖以习兵事为生，故不根本之图……而干禄之色，固灼然现于外矣！计其次者，乃复有制造商估立宪国会之说……顾若而人者，当其号召张皇，盖蔑弗托近世文明为后盾，有佛戾其说者起，辄谥之曰野人……第不知彼所谓文明者，将已立准则……指善美而可行诸中国之文明乎，抑成事旧章，咸弃捐不顾，独指西方文化而为言乎？物质也，众数也，十九世纪末叶文明之一面或在兹，而论者不以为有当。①

从当时要求极端西方化的知识分子们的华丽主张中，纯朴的鲁迅感到了他们道德精神姿态的堕落。② 在年轻的鲁迅看来，这种“辁才小慧之徒”不过是借新文明之名极力满足自己私欲③的政治煽动家。鲁迅指出，他们大部分是将红豆当作珍珠的瞎子，少数是试图用小鱼饵来钓鲸鱼的愚蠢的奸商之辈。④

鲁迅立足于中国当代的现实，认为向往西方的知识分子们想要积极引进到中国的所谓“民众主义”（Demokratie）只是几个无赖误导纯朴民众的政治形态。因此他一方面承认“物质主义”和“民众主义”在近代西方中发挥了积极影响，但同时又认为这并不是西方文明的本质，而是其文明的“弊端”。他指出，西方近代文明的这两大弊端已经被尼采指出并进行了批判：

（中世）教权庞大，则覆之假手于帝王，比大权尽集一人，则又颠之以众庶。理若极于众庶矣，而众庶果足以极是非之端也耶？（罗马人）宴安逾法，则矫之以教宗，递教宗淫用其权威，则又掊之以质力。事若

① 《文化偏至论》，见《坟》，北京，1927 年，29—31 页。

② 《破恶声论》，见《集外集拾遗补编》，北京，1973 年，20 页以下。

③ 《文化偏至论》，见《坟》，北京，1927 年，32 页。

④ 同上。

> 尽于物质矣,而物质果足尽人生之本也耶?平意思之,必不然矣……文明无不根旧迹而演来,亦以矫往事而生偏至,缘督校量,其颇灼然,犹孑与躄焉耳。特其见于欧洲也,为不得已,且亦不可去,去孑与躄,斯失孑与躄之德,而留者为空无。不安受宝重之者奈何?……大士哲人,乃蚤识其弊而生愤叹,此十九世纪末叶思潮之所以变矣。德人尼佉(Fr.Nietzsche)氏,则假察罗图斯德罗(Zarathustra)之言曰,吾行太远……返而观夫今之世,文明之邦国矣,斑斓之社会矣。①

鲁迅对于"精神"价值因"物质主义"而逐渐失去意义的西方文明非常警惕。因此最终来看,他对所有危害人类精神"启蒙"和"觉醒"的企图都举起了反旗。

5.对麻木精神的改造

鲁迅为了建立一个自主、崭新的中国所做的努力,一言以蔽之,就是唤醒"没有感觉的"或"麻木"的中国人的精神。1906年,他在日本中断了仙台医学专门学校的医学学习而转向文学生涯,对此他讲了自己有名的体验:

> 有一回,我竟在画片上忽然会见我久违的许多中国人了,一个绑在中间,许多站在左右,一样是强壮的体格,而显出麻木的神情。据解说,则绑着的是替俄国做了军事上的侦探,正要被日军砍下头颅来示众,而围着的便是来赏鉴这示众的盛举的人们。
>
> 这一学年没有完毕,我已经到了东京了,因为从那一回以后,我便觉得医学并非一件紧要事,凡是愚弱的国民,即使体格如何健全,如何茁壮,也只能做毫无意义的示众的材料和看客,病死多少是不必以为不幸的。所以我们的第一要著,是在改变他们的精神,而善于改变精神的是,我那时以为当然要推文艺……②

正是幻灯机放映的这个耻辱的场面唤醒了年轻的鲁迅,到那时为止还模糊不清的中国面貌变成了清晰的现实。这就是数亿中国人的真实面目,他们的精神就像"枯木"一样失去了生命力,毫无知觉地被践踏。鲁迅感觉

---

① 《文化偏至论》,见《坟》,北京,1927年,34—35页;F.Nietzsche,*Also Sprach Zarathustra*,*Stuttgart*,1976,S.111-113。

② 《呐喊》(《鲁迅小说集》收录),"自序",香港,1972年,5页。

到,这些中国百姓是这样的存在,他们默默地生长,萎黄,枯死了,像压在大石底下的草一样,已经有四千年。事实上他们不过是被剥夺了自立和“挑战”精神的可怜的“奴隶”。他们就像死去的“枯木”一样,是对所有的羞辱和压迫都没有感觉、无动于衷、没有感情的奴隶。鲁迅在下面讲述了这些奴隶般的中国人没有感情的精神状态:

> 因为古代传来而至今还在的许多差别,使人们各各分离,遂不能再感到别人的痛苦;并且因为自己各有奴使别人,吃掉别人的希望,便也就忘却自己同有被奴使被吃掉的将来。①

鲁迅冷静而透彻地认识到当时的中国人所具有的奴隶本性,并将它生动地描绘出来。一方面,他“哀其不幸”;另一方面,又对于他们不知如何解放自己因而自暴自弃,而“怒其不争”。

6.“阿Q”的奴性

为了根除中国人的“奴性”,鲁迅首先将被数千年儒家式社会“支配阶层”所践踏的“丑陋”人性用日常生活中典型的人物形象描绘出来。这正是鲁迅寻找和解决中国实际(因此是根本的)问题的第一个课题。

这里他首先针对那些盲目相信西方文明价值观及其优越性,轻率地将西方文明引进中国而仍然对前途迷茫的知识分子们,使他们直视中国的“现实”,又同时不对现实抱有“幻想”,为此,鲁迅于1921年发表了有名的《阿Q正传》。

阿Q——也就是在儒家地主社会里连“极其宝贵的”他自己的“姓”都不能说是自己的的短工——的故事讲述的不单纯是一个可怜的乡下人。鲁迅在“阿Q”中要说明的正是中国悲惨的农村生活本身和中国人根深蒂固的奴性。数千年来,软弱可怜的中国人从土里生出来,“无声无息地长大”,同时还要在生活优越的儒家地主官吏们残酷的虐待和压迫下无可奈何地“凋谢”,最后“贫穷而死”。鲁迅正是将他们的奴性看作是中国的实际状况。

除累赘的“身子”外没有任何财产和家人的阿Q,正是因为他那“可恶的”身份而不得不将自己托付给“文雅的”——至少是生活有稳定基础的——人们不断地虐待和嘲笑。但令人吃惊的是,尽管他受到了这些“主人

---

① 《灯下漫笔》,第180页。

老爷们”残酷的虐待和蔑视，但在这个卑贱的阿Q的脑子里也满是与老爷们完全一样的极其“保守反动的”想法。他只要可以压迫别人，就会压迫比自己更弱的人。

这个可怜的阿Q四处被驱赶，最后能够再活下去的所有手段都被剥夺了，心中空空如也，终于被当时闹得人心惶惶的叫作“革命”的东西吸引住了。但问题是阿Q通过革命所希望的却是：第一，要找所有自己讨厌的“家伙”——压迫过他的“地主老爷”以及不侍奉自己，只让自己伤心的比自己更渺小的“弱者”们——一下子进行“报仇”和“出气”；第二，搜刮些财产，捞些“大本钱”，像“老爷”们一样盛气凌人地过日子。他的脑子中只有这些“落后”、陈腐的想法。

实际上在辉煌的辛亥革命（1911）爆发时，像阿Q这种构成落后的大中国实际基础的人们被干脆排斥在这一革命之外。通过这种方式，远离民众，一开始就注定必然失败的辛亥革命无可奈何地像“阿Q”一样，以与革命毫无关系的几个可怜的“乡下人”的行刑而告结束。阿Q在行刑的最后一刻才意识到自己要死，顿时对自己“喜剧性的”命运绝望了。他在拉往刑场的马车上“呆呆地张着嘴”，看着“路两边站着的看客”①。

鲁迅这样描写这个场面：

> 这刹那中，他的思想又仿佛旋风似的在脑里一回旋了。四年之前，他曾在山脚下遇见一只饿狼，永是不近不远的跟定他，要吃他的肉。他那时吓得几乎要死，幸而手里有一柄砍柴刀，才得仗这壮了胆，支持到未庄；可是永远记得那狼眼睛，又凶又怯，闪闪的像两颗鬼火，似乎远远的来穿透了他的皮肉。而这回他又看见从来没有见过的更可怕的眼睛了，又钝又锋利，不但已经咀嚼了他的话，并且还要咀嚼他皮肉以外的东西，永是不远不近的跟他走。
>
> ……
>
> “救命……”
>
> 然而阿Q没有说。他早就两眼发黑，耳朵里嗡的一声，觉得全身仿佛微尘似的迸散了。②

---

① 《阿Q正传》（《鲁迅小说集》收录），146页。

② 同上，148页。

从这个场面中,我们看到了在那时(1906年仙台)的画面里出现的完全一样的看客们。

这种看客正是数亿的中国民众。他们没有精神,没有感觉。不,他们可能在内心还将别人的不幸当成万幸。因为幸亏这一瞬间自己还没有遇到这不幸。他们没有勇气与自己“不合理”的不幸进行斗争,只会服从“主人”的命令。他们没有将自己从“主人”的压迫中解放出来的“反抗精神”。他们不是自立的人,而只是隶属于“主人”的奴隶。

7.奴性与第三条路

出于上面这个原因,鲁迅发表了有名的关于中国人奴性的宣言(1925),要求青年人要有开拓第三个——也就是从“奴性”中解放自己的——新时代的勇气。

> 但实际上,中国人向来就没有争到过“人”的价格,至多不过是奴隶,到现在还如此,然而下于奴隶的时候,却是数见不鲜的。中国的百姓是中立的,战时连自己也不知道属于那一面,但又属于无论那一面。强盗来了,就属于官,当然该被杀掠;官兵既到,该是自家人了罢,但仍然要被杀掠,仿佛又属于强盗似的。这时候,百姓就希望有一个一定的主子,拿他们去做百姓——不敢,是拿他们去做牛马,情愿自己寻草吃,只求他决定他们怎样跑。
>
> 假使真有谁能够替他们决定,定下什么奴隶规则来,自然就“皇恩浩荡”了。可惜的是往往暂时没有谁能定。举其大者……宋末元末时候,除了老例的服役纳粮以外,都还要受意外的灾殃。张献忠的脾气更古怪了,不服役纳粮的要杀,服役纳粮的也要杀,敌他的要杀,降他的也要杀:将奴隶规则毁得粉碎。这时候,百姓就希望来一个另外的主子,较为顾及他们的奴隶规则的,无论仍旧,或者新颁,总之是有一种规则,使他们可上奴隶的轨道。
>
> “时日曷丧,予及汝偕亡!”愤言而已,决心实行的不多见。实际上大概是群盗如麻,纷乱至极之后,就有一个较强,或较聪明,或较狡猾,或是外族的人物出来,较有秩序地收拾了天下。厘定规则:怎样服役,怎样纳粮,怎样磕头,怎样颂圣。而且这规则是不像现在那样朝三暮四的。于是便“万姓胪欢”了;用成语来说,就叫作“天下太平”。
>
> 任凭你爱排场的学者们怎样铺张,修史时候设些什么“汉族发祥时

代”“汉族发达时代”“汉族中兴时代”的好题目，好意诚然是可感的，但措辞太绕湾子了。有更其直捷了当的说法在这里——

一，想做奴隶而不得的时代；

二，暂时做稳了奴隶的时代。

这一种循环，也就是“先儒”之所谓“一治一乱”；那些作乱人物，从后日的“臣民”看来，是给“主子”清道辟路的，所以说：“为圣天子驱除云尔。”

现在入了那一时代，我也不了然。但看国学家的崇奉国粹，文学家的赞叹固有文明，道学家的热心复古，可见于现状都已不满了。然而我们究竟正向着那一条路走呢？百姓是一遇到莫名其妙的战争，稍富的迁进租界，妇孺则避入教堂里去了，因为那些地方都比较的“稳”，暂不至于想做奴隶而不得。总而言之，复古的，避难的，无智愚贤不肖，似乎都已神往于三百年前的太平盛世，就是“暂时做稳了奴隶的时代”了。

但我们也就都像古人一样，永久满足于“古已有之”的时代么？都像复古家一样，不满于现在，就神往于三百年前的太平盛世么？

自然，也不满于现在的，但是，无须反顾，因为前面还有道路在。而创造这中国历史上未曾有过的第三样时代，则是现在的青年的使命！①

鲁迅从1906年以来就一直从实践上呼吁开拓这“第三个”时代。1906年的“画面”事件使数亿中国人缺乏情感像奴隶般的实际精神状况这一事实深深地扎根在他的内心深处，因此鲁迅的当前课题，不，而是他所认为的中国根本问题正是恢复中国人的“自立”精神。

因此他反对“物质文明”和伪善的西方化。鲁迅与经常只是被几个谋利之辈利用的“民主主义”和认为只要积极地引进它——被西欧殖民势力们践踏的——中国就会重新复兴而不会灭亡的当时“伪善的”知识分子们的主张勇敢地进行了面对面的战斗。在他看来，重要的不是从西欧引进什么的问题，中国人的“绝对至上命令”正是打倒“奴性”的“自立精神”的启蒙与“自律人”的培养。

今敢问号称志士者曰，将以富有为文明欤，则犹太遗黎，性长居积，

① 《灯下漫笔》，见《坟》，175—177页。

> 欧人之善贾者，莫与比伦，然其民之遭遇何如矣？将以路矿为文明欤，则五十年来非澳二洲，莫不兴铁路矿事，顾此二洲土著之文化何如矣？将以众治为文明矣，则西班牙波陀牙二国，立宪且久，顾其国之情状又何如矣？……然欧美之强，莫不以是炫天下者，则根柢在人，而此特现象之末，本原深而难见，荣华昭而易识也。是故将生存两间，角逐列国是务，其首在立人，人立而后凡事举；若其道术，乃必尊个性而张精神。①

在这种观点上，鲁迅认为1870年落后国德国从先进国家法国的路易·拿破仑三世(1808—1873)那里取得的胜利不是因为德国的“国家、皇帝或军队”，而应归功于德国“国民”的精神。②

8.自立的人与英明的哲人

为了改造“没有感情”的中国民众的精神，鲁迅不顾来自社会的任何压力，将自己坚信的“真理”坚守到底，并高度评价了能够为人道主义(Humanismus)果断进行斗争的“自立的人”：

> 伊勃生……如其《民敌》一书，谓有人宝守真理，不阿世媚俗，而不见容于人群，狡狯之徒，乃巍然独为众愚领袖……一梭格拉第也，而众希腊人鸩之，一耶稣基督也，而众犹太人磔之，后世论者，孰不云缪，顾其时则从众志耳。设留今之众志，迻诸载籍，以俟评骘于来哲，则其是非倒置，或正如今人之视往古，未可知也……是故布鲁多既杀该撒，昭告市人，其词秩然有条，名分大义，炳如观火；而众之受感，乃不如安多尼指血衣之数言。于是方群推为爱国之伟人，忽见逐于域外。夫誉之者众数也，逐之者又众数也……故是非不可公于众，公之则果不诚；政事不可公于众，公之则治不郅。惟超人出，世乃太平。苟不能然，则在英哲。③

在奴隶般的中国民众这一现实面前，鲁迅顶住了所有压力，对因袭至今的——非人的，并被几个奸商之辈误导的——腐朽制度和道德观念愤然举起了反旗，对为了“人道主义”而以批判和破坏的精神果断进行斗争的“英明

---

① 《文化偏至论》，见《坟》，43—44页。
② 《摩罗诗力说》，见《坟》，54页。
③ 《文化偏至论》，见《坟》，38—39页。

的精英”充满了期待。

因此他对于可以唤醒中国人内心、给中国人提供精神自立性的“英明哲人”的出现进行了探索。

> 故今之所贵所望，在有不和众嚣，独具我见之士，洞瞩幽隐，评骘文明，弗与妄惑者同其是非，惟向所信是诣，举世誉之而不加劝，举世毁之而不加沮，有从者则任其来，假其投以笑骂，使之孤立于世，亦无慑也。则庶几烛幽暗以天光，发国人之内曜，人各有己，不随风波，而中国亦以立。①

9.对“假知识分子”的批判

鲁迅认为，这些照亮内心之火的勇敢的启蒙者的任务是要与伪善者——尤其是无知地批判迷信和“武力主义”(Militarismus)赞扬者——进行正面对峙：第一，要引起朴素民众们对恢复痛苦身心所必需的心灵上的兴趣；第二，要对充满吞噬弱小民族的贪欲的“兽性爱国之士”们的反人道主义暴行进行批判。②

出于这种观点，鲁迅对于华南地区一伙“知识分子”以财政紧缩的理由禁止农民举行秋收庆典一事表示非常愤怒。因此他对那些“冒牌知识分子”进行了激烈的批判：

> 倘其朴素之民，厥心纯白，则劳作终岁，必求一扬其精神。故农则年答大戬于天，自亦蒙庥而大酺，稍息心体，备更服劳。今并此而止之，是使学轭下之牛马也，人不能堪，必别有所以发泄者矣。况乎自慰之事，他人不当犯干，诗人朗咏以写心，虽暴主不相犯也；舞人屈申以舒体，虽暴主不相犯也；农人之慰，而志士犯之，则志士之祸，烈于暴主远矣。③

从这里我们可以得知年轻的鲁迅是多么高度地评价纯朴民众可以满足的“人的”精神启发，同时他是多么地憎恶对民众的这种心情从根本上加以

① 《破恶声论》，《集外集拾遗补编》，21页。
② 同上，21—31页。
③ 同上，26页。

否定的冒牌知识分子。为了正确地启发和发展民众(或农民)纯粹的朴素之心,他这样呐喊道:"伪士当去,迷信可存,今日之急也。"①

前面讲过,为了复兴中国而抛弃一切价值观念并盲目地接收西方文明不是问题所在,最重要的是要首先启蒙和开发中国人的精神,这是鲁迅的看法。他指出:"则国人之自觉至,个性张,沙聚之邦,由是转为人国。"②从现在起为了建立"人的国家"而不是在中国大地持续了数千年的"奴隶国家",勇敢的启蒙家首先要与"伪士"们(他们大部分其实与数千年来享用"吃人宴席"的过去儒家式社会的支配者③完全一样)进行正面较量。而勇敢的启蒙家或"英明的哲人"把那些冲着白人"奴隶般"地点头哈腰,靠西欧文明的几点"浅薄知识"来显示自己的这些伪善的知识分子们虚构的精神彻底地——也就是到他们完全屈服,最后再也不能毒害朴素的民众时为止——打碎。④

10.精神界之战士

勇敢的启蒙家首先应该与冒牌知识分子进行斗争,因此年轻的鲁迅称自立精神的启蒙家或"英哲"为"精神界之战士"。作为这种战士的典型,鲁迅举出了英国的拜伦(George G.Byron)和 雪莱(Shelley)、俄罗斯的普希金(Pushkin)和莱蒙托夫(Lermontov)、波兰的密茨凯维奇(Mickiewicz)、斯劳瓦奇(Slowachi)和克拉辛斯基(Krasinski)、匈牙利的裴多菲(Petöfi)等。同时鲁迅最后问自己:"现在在中国,这样的'精神界的战士'何在?"⑤但非常遗憾的是他没有听到从这种战士心中发出的,将中国人冰封的心从严冬的寒冷中解放出来,最终带到春天灿烂的阳光下的"至诚之声"⑥。因此 27 岁的无名作家鲁迅将自己隐藏在了孤独之中。

1909 年鲁迅从日本回到自己的家乡绍兴,在杭州的浙江两级师范学堂教生理学和化学。他在家乡迎来了辛亥革命(1911)。但十几年来无数知识分子斗争的结果即发动的这场伟大革命从本质上来看没有带来任何变化:

> 未庄的人……据传来的消息,知道革命党虽然进了城,倒还没有什么大异样。知县大老爷还是原官,不过改称了什么,而且举人老爷也做

① 《破恶声论》,《集外集拾遗补编》,24 页。
② 《文化偏至论》,见《坟》,43 页。
③ 《灯下漫笔》,见《坟》,178—181 页。
④ 《论"费厄泼赖"应该缓行》,见《坟》,222—230 页。
⑤ 《摩罗诗力说》,见《坟》,88 页。
⑥ 同上。

了什么——这些名目,未庄人都说不明白——官,带兵的人也还是先前的老把总。①

然而貌虽如此,内骨子是依旧的,因为还是几个旧乡绅所组织的军政府,什么铁路股东是行政司长,钱店掌柜是军械司长……②

如上所述,鲁迅的观点,如果不是中国民众的"自立精神"苏醒过来,自发地、积极地参与革命,那么中国革命就不会带来引人注目的实质变化。袁世凯旗下的"中华民国"政府的政治状态越来越恶化。在梦想当皇帝的共和国总统袁世凯死后,中国陷入了大小军阀进行的长期内战中。

辛亥革命后的第二年即1912年3月,鲁迅被任用为教育部官吏,开始在临时政府所在地南京工作,两个月后的5月调到袁世凯的"中央"政府,开始在北京定居。

在赤裸裸地表现了现代中国"过渡期"混乱的1909年到1918年,他为孤独感困扰,保持着沉默。但从1918年开始终于从没有希望的漫长孤独中苏醒过来。他加入了杂志《新青年》小组,描绘中国的"现实",努力将其公布于万人的眼前。由于他正确地了解中国的现实,在头脑中对其有清晰的意识,因此在19世纪20年代到30年代的混乱时期,他作为青年开始了他认为是改革中国的"第一步"的、作为"精神界战士"的活动。他把所有"伪士"看作是国家与民族的敌人进行挑战,"毫不妥协、执着地"进行斗争。从这种意义上他写出了诗篇《这样的战士》③:

要有这样的一种战士——

已不是蒙昧如非洲土人而背着雪亮的毛瑟枪的;也并不疲惫如中国绿营兵④而却佩着盒子炮。他毫无乞灵于牛皮和废铁的甲胄;他只有自己,但拿着蛮人所用的,脱手一掷的投枪。

他走进无物之阵,所遇见的都对他一式点头。他知道这点头就是敌人的武器,是杀人不见血的武器,许多战士都在此灭亡,正如炮弹一样,使猛士无所用其力。

---

① 《阿Q正传》,见《呐喊》,135页。

② 鲁迅:《范爱农》,《朝花夕拾》,北平,1928年,第72页。

③ 鲁迅:《这样的战士》,《野草》,第52—53页。

④ 绿营兵是指被清朝招募的汉族部队。他们与满族军队不同,以蓝旗表示。

那些头上有各种旗帜，绣出各样好名称：慈善家，学者，文士，长者，青年，雅人，君子……。头下有各样外套，绣出各式好花样：学问，道德，国粹，民意，逻辑，公义，东方文明……。

但他举起了投枪。

他们都同声立了誓来讲说，他们的心都在胸膛的中央，和别的偏心的人类两样。他们都在胸前放着护心镜，就为自己也深信心在胸膛中央的事作证。

但他举起了投枪。

他微笑，偏侧一掷，却正中了他们的心窝。

一切都颓然倒地；——然而只有一件外套，其中无物。无物之物已经脱走，得了胜利，因为他这时成了戕害慈善家等类的罪人。

但他举起了投枪。

他在无物之阵中大踏步走，再见一式的点头，各种的旗帜，各样的外套……。

但他举起了投枪。

他终于在无物之阵中老衰，寿终。他终于不是战士，但无物之物则是胜者。

在这样的境地里，谁也不闻战叫：太平。

太平……。

但他举起了投枪。

一九二五年十二月十四日。

二、李大钊的新“儒家”、新“道家”的世界观

1.悲痛的政局

如果说鲁迅是“精神界的战士”，那么比他小 8 岁的李大钊便是卓越的思想家和革命家。他联系西方近代思想对中国传统思想进行了批判。他虽然和所有中国知识分子一样受到了“进化论”影响，但在他的思想深处，尤其是在他向马克思主义转换之前的 1912 年到 1919 年之间，是中国的传统思想，更准确地说是儒家的人论和道家尤其是庄子的世界观居于支配地位。

22 岁的青年李大钊迎来了渴望已久的辛亥革命，也经历了其后非常

令人悲观的政局。面对中国“民族的不幸”,连国家存亡本身也从根本上变得岌岌可危的当时的状况,李大钊于 1913 年这样讲述了中华民族的不幸:

> 嗟呼!斯民何辜!天胡厄之数千年而至今犹未苏也!暴秦以降,民贼迭起,虐焰日腾,陵黔首,残毁学术,范于一尊……抑塞士气,摧折人权,莫敢谁何!……然自满清之季,仁人义士,痛吾民之憔悴于异族专制之下,相率奔驰,昭揭真理之帜……掷无数头颅、骸骨、心思、脑血,夙兴夜寐,无时不与此贼之徒,相激战于黯黯冤愁之天地中,以获今日之所谓共和者又何如也?……呜呼!吾先烈死矣!豪暴者亦得扬眉吐气,击柱论功千烂然国徽下矣。共和自共和,幸福何有于吾民也!
>
> ……试观此辈华衣美食……酒地花天……果谁之脂膏耶?归而犹绐吾蠢百姓曰:“吾为尔作代表也,吾为尔解痛苦也。”然此辈肥而吾民瘠矣。
>
> ……昔则一国有一专制君主,今一省有一专制都督。
>
> ……夫今之为政者,匪不纲其政缔以示斯民,若社会政策也,保护制度也,是又徒炫耀其名以贾吾民之欢心已耳。钻营运动争权攘利之不暇,奚暇计及民生哉?然则所谓民政者,少数豪暴狡狯之专政,非吾民自主之政也;民权者,少数豪暴狡狯者之窃权,非吾民自得之权也;幸福者,少数豪暴狡狯者掠夺之幸福,非吾民安享之幸福也。此少数豪暴狡狯者外,得其所者,有几人哉?吾惟衣吾民而已矣!尚奚言![1]

当在袁世凯的统治下中华民国的政治滑向衰败时,日本在第一次世界大战开始后,也就是西方列强对中国的影响力开始衰减的新局面下,通过向脆弱而又失去民心基础的袁世凯政府提供援助许诺并同时施加压力,妄图作为垄断的殖民势力来掌握霸权。袁世凯政府与大隈重信内阁之间就拥护袁世凯当皇帝秘密商定了日本的援助[2],同时作为交换条件,日本强迫袁世凯政府在意味着日本对中国吞并的“二十一条”上签字。也就是说古代帝国中国将要被小帝国主义国家日本所灭亡在中国人眼前成了最为紧迫的问

---

① 《大哀》,《李大钊选集》,人民出版社,1962 年,1—3 页。

② 李剑农:《中国近百年政治史》(下),440—441 页。

题。1915年5月,袁世凯被迫在耻辱的"二十一条"上签字,声势浩大的反日运动便爆发了。在日本的爱国青年李大钊向中国的全体父老号召道:

> 呜呼同胞!亦知今世亡国之痛乎?印度之灭也,英人役之以充兵,驱之以赴敌,出印人之血肉,为英族之牺牲,吁天无路,牛马长沦。乃若安南亡于法,朝鲜并于日,其墐户无天,避秦无地之惨剧,尤为见者心酸,闻者发指。……犹太遗民,梦怀故国。文豪富贾,屡出其热烈之文章,宝贵之黄金,以求一地,聚族而居,累世远谋,卒无所成。韩社既屋,安重根以哈宾之弹,当博浪之椎,虽此一滴刚正之血,未尝不足以点缀其黯淡无光之亡国痛史。然而枯藤可断,十三道之江山不可复保矣。呜呼,同胞!值此千钧一发之会,当怀死中求活之心,最后五分,稍纵即逝,过此以往,皆凄凉悲惨之天地也……
>
> ……智者竭其智,勇者奋其勇,富者输其财,举国一致,众志成城。[①]

2.厌世心与自觉心

在袁世凯统治下的中国危机的令人悲观的状况中,许多知识分子自然陷入了厌世主义中。这里引用的陈独秀的文章《爱国心与自觉心》[②]中,清楚地表现了这种"厌世的批判论"。陈独秀认为,现代国家应该保障自己国民的权利,努力增进国民的幸福。但当时的中国政府却不能执行这些职能。中国的所谓"国家"只是耻辱地隶属于外部殖民势力,并且在国内只是以对国民极度压迫的暴政来维持体制。陈独秀对这样的中国国家和政府进行全盘否定。对他来说重要的是使具有批判性的知识分子对这种矛盾现实的自觉心。如果没有理性的反省和考察,也就是说不对当时袁世凯统治下的中国政府和国家现实问题进行冷静的、"批判的认识",而只是以"民族主义的"热情去承认国家、政府和"爱国"。陈独秀认为,这不过是"盲目的"或"危险的"行为。虐待民众这种不幸的事态正是这种"反动的"国家存在所造成的,因此陈独秀指出,使这种国家"延续"下去"不是光荣",丢弃了也"不会后悔"。

---

① 《警告全国父老书》,《李大钊选集》,26—27页。

② 陈独秀的这篇文章发表在1914—1915年章士钊流亡日本东京时发行的杂志《甲寅》第1卷第4号(1914年10月)上。另外关于该文章的说明参见丸山松幸:《陈独秀と李大钊》,《近代中国の思想と文学》,东京,1967年,59—75页。

爱国心,情之属也。自觉心,智之属也。爱国者何?爱其为保障吾人权利谋益吾人幸福之团体也。自觉者何?觉其国家之目的与情势也。是故不知国家之目的而爱之则罔,不知国家之情势而爱之则殆,罔与殆,其蔽一也。……其或激于事变,过涉悲观,怵瓜分之危,怀亡国之痛,以为神州不振,将下等于印度、朝鲜之列,此其人用心良苦,而所见则甚愚也。穷究中国之势人心,瓜分之局,何法可逃;亡国为奴,何事可怖;此予之所大惑也。……今吾国之患,非独在政府。国民之智力,由面面观之,能否建设国家于二十世纪,夫非浮夸自大,诚不能无所怀疑。……且平情论之,亡国为奴,岂国人之所愿。惟详察政情,在急激即亡国瓜分,亦以为非可恐可悲之事。国家者,保障人民之权利,谋益人民之幸福者也。不此之务,其国也存之无所荣,亡之无所惜。……国家实不能保民而致其爱,其爱国心遂为其自觉心所排而去尔。①

如果说陈独秀在上面《爱国心与自觉心》一文中联系当代中国危机四伏的政治状况对从“盲目的”热情中产生的民族主义的爱国心提出质疑,强调以对现实的、理性的、批判的“认识”为基础的“自觉心”,而李大钊正是从陈独秀的这种思考方式中感到了知识分子强烈的厌世主义。他不能不指出这种思考的错误。他为了克服厌世主义,同时恢复“爱国的自觉心”,通过《厌世心与自觉心》(1915)②一文对陈独秀的推论提出了反论:

然若所思及此而止,将由兹自堕于万劫不复之渊,而以亡国灭种之分为可安,夫又安用此亡国灭种之自觉心为也。③

接着李大钊在下面展开了鼓舞的宣言:

自觉之义,即在改进立国之精神,求一可爱之国家而爱之,不宜因其国家之不足爱,遂致断念于国家而不爱。更不宜以民从未享有可爱之国家,遂乃自暴自弃,以侪于无国之民,自居为无建可爱之国之能力

---

① d' Encausse/Schram,前引书,pp.282-283。
② 李大钊的《厌世心与自觉心》原先发表在1915年8月10日的《甲寅》杂志第1卷8号。
③ 《厌世心与自觉心》,《李大钊选集》,28页。

者也。夫国家之成,由人创造,宇宙之大,自我主宰,宇宙之间,而容有我,同类之人,而克造国。我则何独不然?吾人苟不自薄,惟有本其自觉力,黾勉奋进,以向所志……若夫国家兴亡,民族消长,历史所告,沧桑陵台,迁流罔极……

……秦皇、元代之雄图,波斯、罗马之霸业,当其盛时,丰功伟烈,固莫不震赫于当世。曾几何时,江山依旧,人事全非,英雄世主之陈迹,均已荒凉沦没于残碑断阙之间,杳如烟雾,不可复识,所谓帝国宏规者,而今安在哉!是故自古无不亡之国,国苟未亡,亦无不可爱之国,必谓有国如英、法、俄、美而后可爱,则若而国者,初非与宇宙并起,纯由天赐者。初哉首基,亦由人造,其所由造,又罔不凭其国民之爱国心,发挥而光大之,底于有成也。……吾民今日之责,一面宜自觉近世国家之真意义,而改进其本质,使之确足福民而不损民。……惟奋其精诚之所至以求之,慎勿灰冷自放也。……日人中江兆民,晚年罹恶疾不治,医言一年有半且死。兆民曰:"命之修短,宁有定限,若以为短,则百年犹旦夕耳。若以为修,则此一年有半,亦足为余寿年之丰年矣。"遂力疾着书不稍倦。……吾国今日所中之疾,是否果不可为,尚属疑问。即真不可为,犹有兆民之一年有半,为吾民……利此余年,尽我天职,前途当发曙光,导吾民于光华郅治之运,庸得以目前国步之崎岖,猥自沮丧哉!①

3.儒家的人间观与庄子的世界观

从上面可以看出,年轻的李大钊所关注的主要是爱国的热情。为了加强爱国心,他必须首先克服厌世主义。因此他有意识地给人的意志赋予了决定性的意义,又进一步联系不断发展变化的世界历史的潮流,尤其是兴亡盛衰的无常,来鼓舞当代中国颓废厌世的知识分子,特别是青年人。李大钊的这种初期思想在他的《民彝与政治》(1916)、《青春》(1916)、《今》(1918)等文章中达到了顶峰。

对于李大钊的初期思想,笔者想更明确地阐明一点,笔者与到目前为止研究李大钊思想的许多东西方学者如本杰明·史华兹、毛里斯·麦斯诺、郭

---

① 《厌世心与自觉心》,《李大钊选集》,29—32页。

湛波、丸山松幸①等的见解是不同的。因为笔者与他们不同的是,认为李大钊初期思想是以中国的传统思想尤其是儒家的"道德意志论"和道家尤其是庄子的"道"的世界观为基础的。笔者认为,在本质上扎根于中国传统思想的李大钊,通过重新解释儒家、道家的思维,不仅对于当代的"复古和保守的"思想,而且对于所有"外来的"思想都得以维持自己独特的、独立的思想体系。笔者这种立场正好与毛里斯·麦斯诺的看法相反。麦斯诺这样指出:

> 他(李大钊——笔者按)对人的有意识的、积极能力的强调与其说是变革中国传统的世界观,即人的行为,更不如说是表现了他从根本上与使之屈从于自然与传统的世界观进行诀别。对于中国面临的问题因此必须要经历决定性的转换。②

如果说麦斯诺将李大钊的精神立场理解为"与中国传统世界观的根本诀别",那么这正是他自己没有理解李大钊基于传统思想第一次就政治所发表的论文《民彝与政治》的意思。③ 论文中使用了传统用语和概念,用古风流利的文言体写成,内容对于不精通中国古典的人来说是很难理解的。在他的这篇重要论文(《民彝与政治》)中,李大钊第一次提出了自己固有的,也就是来自"儒家的、道家的"理念,并将其进行了现代改革的政治理论。

为了否定麦斯诺的见解,对笔者理解的正确性进行论证,有必要首先对儒家尤其是孔子的人论,其次是道家的世界观尤其是庄子相对主义的认识理论进行简略的叙述。

(1)孔子的人论

中国的古代社会,即使在春秋时代人们一般相信自然现象甚至连社会现象都是由各种鬼神或上帝所主宰的。但孔子作为当时开明的知识分子,

---

① Benjamin I.Schwartz, *Chinese Communism and the Rise of Mao*, Introduction, 尤其是 pp.10-13; Maurice Meisner, *Li Ta-chao and the Origins of Chinese Marxism*, Harvard, 1967; 郭湛波:《近代中国思想史》(香港,1973),第 14 章;丸山松幸:《李大钊の思想とその背景》,《历史评论》,1957 年 8 月号和《陈独秀と李大钊》,《近代中国の思想と文学》(收录于前书),pp.59-75。

② M.Meisner,同上,p.24。

③ 同上,pp.31-32。

对自己的弟子说要“远鬼神”①。他一生都潜心于“现世”的“人”与“生”的问题。② 孔子本人作为对冷静的“人类精神”的信奉者，与上天的意志（也就是对上天的盲目的迷信）相比，他对于“主观的、伦理的”人类意志给予了更高的评价。总之，孔子提出了针对“人类秩序”的人本主义世界观。因此他这样说道：“人能弘道，非道弘人。”③

由于孔子站在人本主义的立场，因此从根本上来看，他将社会问题与在社会上起指导作用的知识分子们的“伦理、道德”问题几乎当成了一个问题。因此，为了解决社会问题，他特别强调了君子，即知识分子和为政者们道德精神的作用。最终对于社会问题的解决，他赋予了“人类道德因素”以决定性的意义。

孔子所说的“人本主义”可以理解为对人的“自立精神”的自我信赖。孔子的大弟子颜渊（约前521—前481）阐述了人如果下决心甚至可以成为跟舜一样的圣人的自我信赖。“舜何人也？予何人也？有为者亦若是！”④

李大钊有段话证明他接受了儒家的这种自我信赖，大意如下：

孔子说“舜何人也？予何人也？有为者亦若是”。孔子以此曾强调人的“自我信赖”。孟子说“当今之世，舍我其谁”⑤。通过这点孟子也想来强调人的自我信赖。想学习孔孟并将他们的思想加以实践的人们的确应该学习他们的自我信赖和自立的精神。他们还应该以自主的行动来自立，在学问或政治中表现自己的自立性。孔子和孟子什么时候说过要牺牲自己而成为隶属于他人的傀儡吗？⑥

（2）庄子的世界观

现在简要地叙述一下庄子（庄周）的“无限变化”的哲学思想和他的相对主义的认识理论。

庄子对于自己哲学的内容自述如下：

---

① 《论语·雍也》。“樊迟问知。子曰：务民之度，敬鬼神而远之，可谓知矣。”

② 《论语·先进》。“子路问事鬼神。子曰：未能事人，焉能事鬼？曰：敢问死。曰：未知生，焉知死？”

③ 《论语·卫灵公》。“子曰：人能弘道，非道弘人。”

④ 《孟子·滕文公上》。“颜渊曰：舜何人也？予何人也？有为者亦若是！”

⑤ 《孟子·公孙丑下》。“（孟子）曰：……夫天，未欲平治天下也，如欲平治天下，当今之世，舍我其谁？……”

⑥ 原文见《民彝与政治》，《李大钊选集》，43页。

芴漠无形，变化无常，死与生与？天地并与？神明往与？芒乎何之，忽乎何适？万物毕罗，莫足以归。古之道术有在于是者，庄周闻其风而悦之。以谬悠之说，荒唐之言，无端崖之辞，时恣纵而不傥，不以觭见之也。以天下为沈浊，不可与庄语。以卮言为曼衍，以重言为真，以寓言为广。独与天地精神往来而不敖倪于万物，不谴是非，以与世俗处。……上与造物者游，而下与外死生无终始者为友。其于本也，弘大而辟，深闳而肆。其于宗也，可谓稠适而上遂矣。虽然，其应于化而解于物也，其理不竭。其来不蜕，芒乎昧乎，未之尽者！①

为了更清楚地理解庄子的这种哲学，我们来继续原样引用庄子的话：

北冥有鱼，其名为鲲。鲲之大，不知其几千里也。化而为鸟，其名为鹏。鹏之背，不知其几千里也。怒而飞，其翼若垂天之云。是鸟也，海运则将徙于南冥。……蜩与学鸠笑之曰：我决起而飞，抢榆枋，时则不至，而控于地而已矣。奚以之九万里而南为？……小知不及大知，小年不及大年。奚以知其然也？朝菌不知晦朔，蟪蛄不知春秋，此小年也。楚之南有冥灵者，以五百岁为春，五百岁为秋。上古有大椿者，以八千岁为春，八千岁为秋。而彭祖乃今以久特闻，众人匹之，不亦悲乎！……而宋荣子犹然笑之。且举世而誉之而不加劝，举世而非之而不加沮。……若夫乘天地之正，而御六气之辩，以游无穷者，彼且恶乎待哉！

故曰：至人无己，神人无功，圣人无名。②

秋水时至，百川灌河，泾流之大，两涘渚崖之间，不辩牛马。于是焉河伯欣然自喜，以天下之美为尽在己。顺流而东行，至于北海。东面而视，不见水端。于是河伯始旋其面目，望洋向若而叹曰："野语有之曰：'闻道百以为莫己若者'，我之谓也。……今我睹子之难穷也，吾非至于子之门，则殆矣，吾长见笑于大方之家。"

北海若曰：井蛙不可以语于海者，拘于虚也；夏虫不可以语于冰者，笃于时也；曲士不可以语于道者，束于教也。今尔出于崖涘……乃知尔

① 《庄子·天下》。
② 《庄子·逍遥游》。

丑,尔将可与语大理矣。天下之水,莫大于海……春秋不变,水旱不知。此其过江河之流,不可为量数。而吾未尝以此自多者……吾在于天地之间,犹小石小木之在大山也……又奚以自多?计四海之在天地之间也,不似礨空之在大泽乎?计中国之在海内,不似稊米之在大仓乎?……又何以知天地之足以穷至大之域!……以道观之,物无贵贱。以物观之,自贵而相贱。……以差观之,因其所大而大之,则万物莫不大;因其所小而小之,而万物莫不小。知天地之为稊米也,知毫末之为丘山也,则差数睹矣!……万物一齐,孰短孰长?道无终始,物有死生。不恃其成,一虚一满,不位乎其形。年不可举,时不可止,消息盈虚,终则有始。……物之生也,若骤若驰,无动而不变,无时而不移。何为乎,何不为乎?夫固将自化![①]

这样,庄子将"无限的变化"说成是万物的本来面目,从这种"道"的层次上来看,人所拥有的知识只具有相对的大小和意义。因此他指出与宇宙森罗万象的无穷变化相比,人看重从常识中得出的相对的知识和大小是多么的"可悲"啊!

庄子通过根据"道"的无穷无尽的变化提出人类知识的相对认识理论,来试图"将所有存在(万物)同等看待(齐物)"。他在他广为人知的《齐物论》中讲述了这种原理:

物无非彼,物无非是。自彼则不见,自知则知之。故曰:彼出于是,是亦因彼。彼是方生之说也。虽然,方生方死,方死方生。方可方不可,方不可方可。因是因非,因非因是。……是亦彼也,彼亦是也。彼亦一是非,此亦一是非。果且有彼是乎哉?果且无彼是乎哉?……请尝言之!有始也者,有未始有始也者,有未始有夫未始有始也者。有有也者,有无也者,有未始有无也者,有未始有夫未始有无也者,俄而有无矣!而未知有无之果孰有孰无也。今我则已有谓矣,而未知吾所谓之其果有谓乎?其果无谓乎?天下莫大于秋毫之末,而大山为小。莫寿于殇子,而彭祖为夭。天地与我并生,万物与我为一。既已为一矣,且得有言乎?既已谓之一矣,且得无言乎?一与言为二,二与一为三。

① 《庄子·秋水》。

……故自无适有以至于三，而况自有适有乎！无适焉，因是已！……民湿寝则腰疾偏死，鳅然乎哉？木处则惴慄恂惧，猨猴然乎哉？三者孰知正处？民食刍豢，麋鹿食荐，蝍蛆甘带，鸱鸦耆鼠，四者孰知正味？猨猵狙以为雌，麋与鹿交，鳅与鱼游。毛嫱丽姬，人之所美；鱼见之深入，鸟见之高飞，麋鹿见之决骤。四者孰知天下之正色哉？……吾能知其辩！……至人神矣！大泽焚而不能热，河汉冱而不能寒，疾雷破山飘风振海而不能惊。若然者，乘云气，骑日月，而游乎四海之外。死生无变于己，而况利害之端乎！①

从“道”即“永远生成的宇宙的实体”（le’ réalité cosmique en perpétuel devenir）②的观点出发，庄子对所有的存在都一视同仁。由此他自觉地拒绝和否定了所有价值概念体系，试图与“道”合而为一。也就是说，他摆脱了世俗一切规范的约束，试图在自己幻想的世界里无限地享受精神上的自由。

这里庄子所说的是所有存在（万物）的“自然秩序”或“自由”。因此他拒绝和批判了那些打破了一个个万物所固有的“自然性”或“自由”的所有“人为的”控制和秩序：

凫胫虽短，续之则忧。鹤胫虽长，断之则悲。故性长非所断，性短非所续。③

昔者海鸟止于鲁郊，鲁侯御而觞之于庙，奏九韶以为乐，具太牢以为膳。鸟乃眩视忧悲，不敢食一脔，不敢饮一杯，三日而死。此以己养养鸟也，非以鸟养养鸟也。夫以鸟养养鸟也，宜栖之深林，游之坛陆，浮之江湖，食之鳅鲦，随行列而止，委蛇而处。彼唯人言之恶闻，奚以夫哓哓为乎！咸池九韶之乐，张之洞庭之野，鸟闻之而飞，兽闻之而走，鱼闻之而下入，人卒闻之，相与还而观之。鱼处水而生，人处水而死，彼必相与异，其好恶故异也。故先圣不一其能，不同其事。④

① 《庄子·齐物论》。

② Liou Kia-Hway, *L’esprit synthétique de la Chine*, Paris, 1961. 参见 Chap. Ⅱ与Ⅳ, p.126 以下和 p.153 以下。

③ 《庄子·骈拇》。

④ 《庄子·至乐》。

因此庄子为了加深对人的理解，对于不但违背自然，而且对之进行破坏的人的一切"文明的利己的"行为，即"有为"，提出了保障人的自然的本性和自由的"脱文明的行为"或"自然的行为"，即"无为"。

牛马四足，是谓天也。落马首，穿牛鼻，是谓人。故曰：无以人灭天！①

庄子这种人生哲学的顶点正是以这种"无为"，即对摆脱文明的制度和权威及一切价值规范的"自然行为"或"自由行为"的强调来结束的。

天下是非，果未可定也。虽然，"无为"可以定是非。……天，无为以之清；地，无为以之宁。故两无为相合，万物皆化。芒乎芴乎，而无从出乎！芴乎芒乎，而无有象乎！万物职职，皆从无为殖。故曰：天地无为也而无不为也。人也孰能得无为哉？②

对于拒绝将人的行动方式按一定的框架加以规定的庄子来说，如果有什么可以成为行为和"是非"的指针，那便是"无为"。他所追求的是摆脱所有文明桎梏的自由人的自然的行为，即作为精神存在的至人所享受的广大无边的自由精神的逍遥游。

4.《民彝与政治》

李大钊在他的《民彝与政治》一文中特别强调了庄子所说的"人的自然性"。他是这样说的：

过此以往，即确信一己所持之术足以福利斯民，施之实际亦信足以昭其福利，极其越俎之害，必将侵及民彝自由之域，荒却民彝自然之能，校量轻重，正不足与其所被之福利相消，则毋宁于牗育之余，守其无为之旨，听民之自器其材，自踏其常，自择其宜，自观其成，坦然以趋之至当之途之为愈也。一以见民彝者，吾民衡量事理之器。③

在阐明了"人的自然秩序"的自然发展之后，李大钊接着对单一教条的

① 《庄子·秋水》。
② 《庄子·至乐》。
③ 《民彝与政治》，《李大钊选集》，36—37页。

独裁主义进行了批判：

> 吾国求治之君子，每欲以开明之条教，绳浑噩之编氓，依有方之典刑，驭无方之群众。己所好者，而欲人之同好，己所恶者，而欲人之同恶。有诸己矣，而望人之同有，无诸己矣，而望人之同无。抑知此一身之好恶非通于社会之好恶也，此一身之有无非通于社会之有无也。今以一身之好恶有无，制为好恶有无之法，以齐一好恶有无不必相同之人，是已自处于偏蔽之域，安有望于开明之途也！任其好同恶异之性，施其强异从同之权，擅权任性……争攘遂起，同者未必皆归，异者从此且远，而政以乖方，民以多事矣。……但求其同，不容其异，专制之源而立宪之反。①

李大钊就是这样反对极权主义支持立宪民主政治的。他认为立宪民主政治的基础正是在于建立“民彝”，即“人的自然秩序”。保障和维持这种自然秩序对他来说就意味着争取“自由”。因此理想的政治是“民彝”，即自由的启发与发展。以此为根据，李大钊说，在20世纪的发达国家中，没有一个国家的国民不渴求“自由”并争取自由。②

李大钊明确地强调了历史和社会的进化发展，同时他认为问题在于中国人缺乏精神的自立性。从这一点，他对正统儒家思想的“教条主义的”一面进行了尖锐批判。他指出，正统儒家“家长式的”保守主义和“复古主义”的历史、社会观经常否定和破坏年轻人争取“通向自由的意志”和“精神的自立”的斗争。因此他认为，中国人的精神如果被以前的儒家圣人们（尧、舜、禹、汤、文王、武王，以及周公、孔子等）的旧思想所束缚，就会成为奴隶，再也不能自立地发展。

> 惟以今日吾之国民，几于人人尽丧其为我，而甘为圣哲之虚声劫夺以去，长此不反，国人犹举相讳忌噤口而无敢昌说，则我之既无，国于何有？若吾华者，亦终底于亡耳……且吾民尝以夸耀于世者，固莫不曰：吾有四千余年之历史也。……而抑知其崇奉之专，即其庸愚之渐……

---

① 《民彝与政治》，《李大钊选集》，38—39页。
② 同上，40页。

> 理之创于古者不必其宜于今也,法之适于前者不必其合于后也,夏葛之不宜于冬裘也……巢穴之居不能用于宫室轮奂之美也,茹毛饮血之生活不能代烹调珍错之生活也,弓矢之器不能施于飞潜炮火之战也……斯固天演之迹,进化之理……国于天地莫或可逃,莫或能抗者。即以吾人所能为光荣之历史观之,已足示人以迁流之迹,有进无退,不可淹留。而吾民族思想之固执,终以沿承因袭,踏故习常,不识不知,安之若命。言必称尧、舜、禹、汤、文、武、周、孔,义必取于诗、礼、春秋……究因一群风习之气压,一国历史之尘积,为势绝重,为力綦宏,弗克一己意志之自由,冲其网罗而卓自树立,破其勒軎而奕自解放,举一切迷蔽民族之死灰陈腐,摧陷而澄清之,以畔夫旧贯而畅育其新机。……学以造乡愿,政以畜大盗,大盗与乡愿交为狼狈,深为盘结,而民命且不堪矣。[①]

"民彝",即人的自然秩序和自由被伪善的学者和压迫民生的政治家等大盗贼完全破坏了,李大钊正是想对这样的旧中国进行改革和革命。

李大钊认为,旧的中国可以说是压迫民众的黑暗时代,假学者和政治家们为了获取自己的"个人"利益而固守正统儒家的"家长式"的秩序体系,以这种"保守的"政治理念为根据,试图从根本上扼杀来自民众的"自立的""反抗的"精神。

李大钊为了否定正统儒家思想家长式的极权社会秩序,一开始就非常重视道家的开放思想家。看起来他是想把摆脱个别存在的所有人为束缚而宣扬无限自由的庄子传统的民彝概念发展出现代政治的意义。可以说他正是以"民彝"这一传统概念,否定所有的"极权体制",试图实现到目前为止只受到压迫的民众们固有的、自然的自由和秩序。他正是将这一民彝作为国家法令和制度可以没有任何摩擦得以实现的阶段树立为他的理想政治的目标。[②] 他认为,伴随着这种理想国家的实现,"新历史"和"新民"就会开始诞生。[③]

5.《青春》的意志和新中国

作为"新历史"和"新民"创造的前提条件,李大钊强调民众的绝对的"自立精神"。他指出,民众决不能期待可以为他们提供福利与和平的英雄和天

---

① 《民彝与政治》,《李大钊选集》,42—44 页。

② 同上,40 页。

③ 同上,46 页。

才。因为民众的自我信赖一旦变弱，就有可能出现独裁者。对此他说道："专制国民服事英雄与立宪国民驱使英雄。"[1]

他在下面又指出了创造"新中国"的课题：

> 当知今日为世界再造之初，中华再造之始。……以革我之面，洗我之心，而先再造其我，弃罪恶之我，迎光明之我；弃陈腐之我，迎活泼之我；弃白首之我，迎青年之我；弃专制之我，迎立宪之我；俾再造之我适于再造中国之新体制，再造之中国适于再造世界之新潮流。[2]

李大钊将这种革命工作交给了中国的青年们。因此李大钊主张，顺从原来的利害、势力关系和价值判断的，即随时"准备妥协"的旧时代的精神，必须被向这些原有的"物理的"或"精神的"关系进行挑战的"青年们的斗争精神"所代替。[3]

而为了在当时中国最悲观的情况下树立乐观的世界观，李大钊在他有名的《青春》(1916)一文中有意识地从新的角度引入了庄子的变化无穷的道，或者说引入了以"永远生成的宇宙实体"为基础，不为世上万物造成的无数短暂现象所动摇的绝对"自由精神"。

> 块然一躯，渺乎微矣。于此广大悠久之宇宙，殆犹沧海之一粟耳。其得永享青春之幸福与否，当问宇宙自然之青春是否为无尽。如其有尽，纵有彭、聃之寿，甚且与宇宙齐，亦奚能许我以常享之福？如其无尽，吾人奋其悲壮之精神，以与无尽之宇宙况进，又何不能之有？而宇宙之果否为无尽，当问宇宙之有无初终。宇宙果有初乎？曰，初乎无也。果有终乎？曰，终乎无也。……无初无终，是于空间为无限，于时间为无极。……此绝对之说也。若由相对观之，则宇宙为有进化者。既有进化，必有退化。于是差别之万象万殊生焉。惟其为万象万殊……个体之积，如何其广大，而终于有限。一生之命，如何其悠久，而终于有涯。于是有生即有死，有盛即有衰……有青春即有白首……庄周有云："朝菌不知晦朔，蟪蛄不知春秋。"又云："小知不如大知，小年不如

---

① 《民彝与政治》，《李大钊选集》，50页。

② 同上，56页。

③ 《"晨钟"之使命》，《李大钊选集》，58—63页。

大年。"夫晦朔与春秋而果为有耶,何以菌蛄以外之有生,几经晦朔几历春秋皆知之,而菌蛄独不知也?其果为无耶,又何以菌蛄虽不知,而菌蛄以外之有生,几经晦朔几历春秋者,皆知之也?是有无之说,亦至无定矣。以吾人之知,小于宇宙自然之知,其年小于宇宙自然之年,而欲断空间不能超越之宇宙为有为无,是亦朝菌之晦朔,蟪蛄之春秋耳!

推而言之,乃至生死、盛衰、阴阳、否泰、剥复、屈信、消长、盈虚、吉凶、祸福、青春白首、健壮颓老之轮回反复,连续流转,无非青春之进程。……青年锐进之子,尘尘刹刹,立于旋转簸扬循环无端之大洪流中,宜有江流不转之精神,必然独立之气魄,冲荡其潮流,抵拒其势力,以其不变应其变……故能以宇宙之生涯为自我之生涯,以宇宙之青春为自我之青春。宇宙无尽,即青春无尽,即自我无尽。此之精神,即生死肉骨、回天再造之精神也。此之气魄,即慷慨悲壮、拔山盖世之气魄也。惟真知爱青春者,乃能识宇宙有无尽之青春。①

关于上面的文章,笔者想强调的是,与其说这里讲的是同庄子的情形一样个别的人们获得无限"自由",倒不如说是叙述了青年们的"刚韧性和自立的意志",即不管看起来多么悲观,也不要将"生命与死亡、繁荣与衰退、青春与老年"等现世的现象,即眼前的事态放在心上,而只要坚定"意志"。正是从这一点上,李大钊再次重视了儒家人本主义即"主观的、伦理的"人类意志。在自然和世界历史无限变动中,他高度评价了引起这个世上"新事物"的"人类意志"。这里关键的是青年有意识的历史参与所创造的旧中国的再生,即"新中国的诞生"这一问题的提出。李大钊这样说道:

人类之成一民族一国家者,亦各有其生命焉。有青春之民族,斯有白首之民族,有青春之国家,斯有白首之国家。吾之民族若国家,果为青春之民族、青春之国家欤,抑为白首之民族、白首之国家欤?苟已成白首之民族、白首之国家焉,吾辈青年之谋所以致之回春为之再造者,又应以何等信力与愿力从事,而克以著效。此则系乎青年之自觉何如耳!……粤稽西史,罗马、巴比伦之盛时,丰功伟烈,彪著环宇,曾几何时,一代声华,都成尘土矣。祇今屈指,欧土名邦,若意大利,若法兰西,

① 李大钊:《青春》,《李大钊选集》,65—67页。

若西班牙,若葡萄牙,若和兰,若比利时,若丹马,若瑞典,若那威,乃至若英吉利,罔不有积尘之历史,以重累其国家若民族之生命。回溯往祺,是等国族,固皆尝有其青春之期,以其畅盛之生命,展其特殊之天才。而今已矣,声华渐落,躯壳空存,纷纷者皆成文明史上之过客矣。……吾之国族,已阅长久之历史,而此长久之历史,积尘重压,以桎梏其生命而臻于衰敝者,又宁容讳?然而吾族青年所当信誓旦旦,以昭示于世者,不在龈龈辩证白首中国之不死,乃在汲汲孕育青春中国之再生。①

为了使老年的中国获得再生,李大钊特别在这一点上将强调人的意志的儒家人本主义人论作为自己主张的根据。他进而引用爱默生(R.Emerson,1803—1882)和博格森(H.Bergson,1859—1941)的见解进一步强调了他的这种观点。麦斯纳(M.Meisner)对于这一点的看法截然相反,其见解看起来缺乏说服力。② 因为李大钊所强调的"人"的意思所蕴含的内容,在爱默生或博格森看来它是无法从形式逻辑上与西方市民社会里讨论"个人意志"问题所使用的关于"人"的状况联系起来进行理解的。从根本上来看,李大钊所讨论的与其说是"个人意志"或"自由",不如说是中国民族整体的"意志"和"自由"这一事实。而他对社会整体问题的问题意识应该说正是源于"君子",即道德高尚的知识分子们理应具备的、传统儒家的"主观的、伦理的"责任意识。

李大钊正是从年青的君子(知识分子)应该具有社会责任的儒家思想意识出发,满怀着对青年们应该重新创造"今天"的现世奋斗精神的期望说道:

夫青年安心立命之所,乃在循今日主义以进,以吾之人生……特为时间所执之无限而已。无限现而为我,乃为现在,非为过去与将来也。苟了现在,即了无限矣。……耶曼孙曰:"尔若爱千古,当利用现在。昨日不能呼还,明日尚未确实。尔能确有把握者,惟有今日。今日之一日,适当明晨之二日。"斯言足发吾人之深省也。盖现在者吾人青春中之青春也。青春作伴以还于大漠之乡,无如而不自得,更何烦忧之有焉。……惟有昂头阔步,独往独来,何待他人之援手……青年之自觉,

① 李大钊:《青春》,《李大钊选集》,70—71页。

② 参见 M.Meisner, *Li Ta-chao and the Origins of Chinese Marxism*, p.28。

一在冲决过去历史之网罗,破坏陈腐学说之囹圄,勿令僵尸枯骨,束缚现在活泼泼地之我……禅让明日青春之我。一在脱绝浮世虚伪之机械生活,以特立独行之我,立于行健不息之大机轴。袒裼裸裎,去来无罣,全其优美高尚之天,不仅以今日青春之我,追杀今日白首之我,并宜以今日青春之我,豫杀来日白首之我,此因人生惟一之蕲向,青年惟一之责任也矣。①

6.形而上学与俄国革命

通过上面的叙述我们了解到,李大钊联系当时中国的悲观的政治状况,通过重新解释有关人类意志和世界观的“儒家和道家的”理念,表明了他具有鼓舞青年们的奋斗精神和乐观的世界观的思想。

李大钊阐明了老衰的存在经新的青春的力量再生是自然的必然法则②,因此他又带着落后的“年轻”国家可以即刻进步,即可以超越“老的”国家的乐观的世界观,预告了新的世界的出现。李大钊带着这种形而上学和对历史发展的个人信念迎来了1917年的俄国革命。他立足于他“自然现象的无穷循环”的形而上学的世界观,1918年在中国第一个将俄国革命当作“世界新文明的曙光”,并表示欢迎。

由文明史观之,一国文明,有其畅盛之期,即有其衰歇之运。欧洲之国,若法若英,其文明均已臻于熟烂之期,越此而上之进步,已无此实力足以赴之。德之文明,今方如日中天……过此以往,则当入盛极而衰之运矣。俄罗斯虽与之数国者同为位于欧陆之国家,而以与上述之各国相较,则俄国文明之进步,殊为最迟……亦正惟其文明进步较迟也,所以尚有向上发展之余力……林士论东西文明之关系,有曰:“俄罗斯这精神,将表现于东西二文明之间,为二者之媒介而活动。果俄罗斯于同化中国之广域哉则能成功,则东洋主义,将有所受赐于一种强健之政治组织,而助之以显其德性于世界。二力间确实之接触,尚在未来,此种接触,必蓄一空前之结果,皆甚明显也。”林氏之为此言,实在一九〇〇年顷……所言未必一一符中,而俄罗斯之精神,实具有调和东西文

① 参见M.Meisner, *Li Ta-chao and the Origins of Chinese Marxism*, p.28。“Spring”, pp.16-18;《青春》,《李大钊选集》,71—75页。

② 《青春》,《李大钊选集》,70页。

明之资格,殆不为诬。历史者,普遍心理表现之纪录也。……盖人间之生活,莫不于此永远实在之大机轴中息息相关。……俄罗斯之革命,非独俄罗斯人心变动之显兆,实二十世纪全世界人类普遍心理变动之显兆。……勿徒以其目前一时之乱象遂遽为之抱悲观也。[①]

这里重要的一点是,使李大钊不顾当时俄国极度的混乱,用真实的欢喜欢迎俄国革命的根据并非唯物论的观点,而是自己为了克服当时的悲观主义来创造新中国所提出的固有形而上学。他在《Bolshevism 的胜利》(1918)中这样欢呼道:

由今以后,到处所见的,都是 Bolshevism 战胜的旗,到处所闻的,都是 Bolshevism 的凯歌的声。人道的警钟响了!自由的曙光现了!试看将来的环球,必是赤旗的世界![②]

总而言之,不仅当时中国大部分有着代表性和影响力的知识分子们(如陈独秀、胡适等),连 1917 年 10 月突然以武力推翻了帝俄的列宁自己也不敢对成功一直乐观,在 1918 年这种混乱的情况下,李大钊按照从他的新儒家和道家的世界观中产生的形而上学信念,毫不迟疑地将"布尔什维克的胜利"接受为世界历史的新纪元。从这种形而上学世界观中,他在中国成为了最早的坚定的马克思主义者。

三、郭沫若的《马克思进文庙》

如果说李大钊在 1918 年几乎是独自一人欢迎俄国革命并称之为"新的世界文明的曙光"的话,那么大部分中国知识分子们还在坚信西方国家的"人道主义"。陈独秀便将第一次世界大战的结束解释为"正义对暴力的胜利"[③]。"1919 年被派往巴黎和会的中国全权大使们所具有的乐观主义,事实上是大部分中国国民所具有的。而这种乐观主义特别因为美国总统威尔

---

① 李大钊:《法俄革命之比较观》,《李大钊选集》,102—104 页。
② 李大钊:《Bolshevism 的胜利》,《李大钊选集》,117 页。
③ 陈独秀:《〈每周评论〉发刊辞》,《独秀文存》(上),583 页。

逊许诺对所有殖民地问题进行'自由的、没有偏见的公正的调停'而更加膨胀。"[①]但英国、法国、美国裁定,德国对中国所享有的权利和特权转让给日本。这一事实,像欧匹兹(P.Opitz)在下面所指出的那样,诱发了严重的事件。"从北京开始,抗议的声讨大会很快遍及全国,由主导这场运动的学生们扩散到了(中国)民众的各个阶层。但当时还不能认为爆发了直接而宏伟的、能够赋予属于中国现代史最重要的'五四运动'意义的事件。它之所以比在与日本的条约中负有责任的部长级人物被解职和中国代表拒绝在《华沙条约》上签字更为重要,比拒绝日货运动和全国性统一的示威运动更具影响力,是因为人们明确了(中国人)对西方列强背信弃义的愤怒与逆反的感情。"[②]

中国人到现在才从西方列强的"正义"梦中醒来。在《每周评论》创刊号(1918 年 12 月 22 日)中称赞"盟"国的胜利是"正义对暴力的胜利"的陈独秀,于 1919 年 5 月 4 日最终谴责"巴黎和会"是"分赃会议",为了与之对抗,呼吁"全世界的人类行动起来,必须马上撤回"[③]。直到此前还被看作是西方"民主主义"和"科学"的极端拥护者领袖的陈独秀开始准备从自己一直坚持的路线中摆脱出来。在五四运动激动人心的发展过程中,陈独秀从 1920 年春天——更准确地说是 9 月——开始接受了马克思主义。[④]他与李大钊一起拥护马克思主义,并献身于将其在中国的实践中。通过中国共产党的成立,"布尔什维克"关于马克思主义和革命的理念进入中国得到了更加显著的加强。其结果是引起了为相互矛盾的理念体系和利害关系的所有方面代言的知识分子之间激烈的讨论。[⑤]

西方列强势力们不顾新觉醒的"民族主义感情",一如既往地持续对中国进行压迫和污辱。相反,莫斯科新成立的"布尔什维克"政府却对中国正在形成的"民族主义"运动表现了充分的同情,因此事实上民族主义知识分子们向马克思主义的转换在很短的时间内得以完成。[⑥] 但殖民势力国家们

① P.Opitz, "Die Kommunistiche Bewegung", P. Opitz (hrsg), *Chinas große Umwandlung*, München, 1972, S.228.

② 同上,S.229。

③ 陈独秀:《两个和会都无用》,《独秀文存》(下),39—40 页。

④ 关于这一点参见陈独秀:《谈政治》(1920 年 9 月 1 日),《独秀文存》(上),541—556 页;丁守和:《陈独秀和〈新青年〉》,《历史研究》,1979 年 5 月号,47 页以下。

⑤ 参见郭湛波:《近代中国思想史》第二十篇,《关于思想论战》,450—475 页;丁守和、殷叙彝:《从五四启蒙运动到马克思主义的传播》,特别是《马克思主义在中国传播的胜利》,288—320 页。

⑥ 关于向马克思主义转变根据的仔细说明,参见 P.Opitz, *Chinas große Umwandlung*, S.233-235。

从一开始就试图破坏这一民族主义运动。他们不顾当时(尤其是从1916年)中国由于军阀林立而四分五裂、内战不断、统治混乱的状况,而根据自己的利害关系向反动军阀们直接提供军备扩充所需的贷款和战争武器。他们为了追求自己的利益,让中国的军阀们互相发动战争,自相残杀。与此形成对照的是,五四运动成功之后,准确地说是在1919年7月26日,苏联政府的外务委员代理卡拉汗(Leo M.Karakhan, 1889—1937)对中国发表了第一个政府公开声明。声明中暗示:"要归还占领的中国领土,而且还在考虑废除不平等条约,放弃义和团事件的赔款,以及无偿转让中东(俄罗斯铺设的东北满洲的)铁路。"①这一声明在1920年春天才传到中国。1920年9月苏联政府发表了第二个声明。② 这两个声明触动了备受西欧列强殖民势力羞辱的中国人的心。对于这一声明,"包括学生、老师、商人、产业家、工人及妇女团体在内的各种团体和中国各报纸均以热烈的感谢来应答"③。从这一瞬间起,莫斯科的布尔什维克政府赢得了中国民族主义知识分子充满忠诚的同情心。此外,双方还进行了直接的接触。继而马克思、恩格斯和列宁等人的著作开始大量地被翻译成中文。④ 从此这些共产主义革命家的名字,尤其是马克思的名字开始经常被中国人提到。站在这一角度,梁启超对过去(1922年以前)四十多年来中国人的精神态度的突然转变是这样说的:

> 记得光绪二年有位出使英国大臣郭嵩焘,做了一部游记,里头有一段,大概说,"现在的夷狄和从前不同,他们也有二千年的文明",嗳哟,可了不得,这部书传到北京,把满朝士大夫的公愤都激动起来了,人人唾骂,日日奏参,闹到奉旨毁板才算完事。曾几何时,到如今"新文化运动"这句话,成了一般读书社会的口头禅。马克思差不多要和孔子争席,易卜生差不多要推倒屈原,这种心理对不对,另一问题,总之这四十几年间思想的剧变,确为从前四千余年所未尝梦见。⑤

---

① P.Opitz,前引书,S.225。

② 关于这两个声明的中文译文,参见中国社会科学院近代史研究所编:《五四运动文选》,北京,1979年,395页以下及366页以下。

③ Chow Tse-tsung, *The May Fourth Movement*, p.212.关于欢迎俄罗斯的第一个声明的各种团体的宣言文和重要报纸的社论,参见《五四运动文选》,373—399页。

④ 丁守和、殷叙彝,前引书,205页以下。

⑤ 梁启超:《五十年中国进化概论》,《饮冰室文集》,第十四册,43页。

此处我们有必要考虑到这一事实：当时的中国知识分子在他们少年的时候都或多或少地学习过几年中国古典（尤其是对儒教的“人本主义”伦理观及“现世”的实践生活表现出强烈关心的儒家人生观）。因此可以说，在马克思主义即“极端的欧洲主义的一种形式”刚刚进入中国之后，曾有很多中国人依旧想结合现世中心的、实践的儒教世界观来解释马克思主义，这是十分明显的事实。下面我们来看一下郭沫若（1892—1978）这个例子。

深受五四运动的民族主义倾向影响，于1919—1920年以诗人和文学家出现的郭沫若从1924年起开始学习马克思主义。当时他开始翻译日本的马克思主义者河上肇博士的《社会组织与社会革命》。[①] 1925年5月30日，在上海发生了英国警察镇压抗议学生和工人的惨剧，其后1925年11月，由此引起了全国规模的抗议运动。此时，郭沫若以短篇小说的形式进行了一个有趣的尝试，发表了《马克思进文庙》（原名为《马克斯进文庙》）一文，即马克思与孔子的假想对话。在这个故事中，郭沫若试图阐明在儒家思想的深层蕴含着对“现世的生活”的实践的关心、社会的正义以及大同社会的理想等。在这一点上，他引出了儒教和马克思主义之间的共同点。但是他最后没有忽视在自己看来也是最危险的一点，这就是儒教企图将世上所有的妇女都当作男性的共有物的“父权制性的无理要求”。他以对儒教的这种诙谐的批判结束了马克思与孔子之间有趣的假想对话。为了初步理解受儒家教育的人想象出来的马克思主义，下面我们来引用一下郭沫若的《马克思进文庙》：

十月十五日丁祭过后的第二天，孔子和他的得意门生颜回、子路、子贡三位在上海的文庙里吃着冷猪头肉。有四位年青的大班抬了一乘朱红漆的四轿，一直闯进庙来。

子路先看见了，便不由得怒发冲冠，把筷子一掼，便想上前去干涉。孔子急忙制止他道：“由哟，你好勇过我，无所取材呀！”[②]

子路只得把气忍住了。

回头孔子才叫子贡下殿去招待来宾。

朱红漆的四轿在圣殿前放下了，里面才走出一位脸如螃蟹，胡须满

---

① 郭沫若：《学生时代》，北京，1979年，182页。

② 《论语·公冶长》。

腮的西洋人来。

子贡上前迎接着，把这位西洋人迎上殿去，四位抬轿的也跟在后面。

于是宾主九人便在大殿之上分庭抗礼。

孔子先道了自己的姓名，回头问到来客的姓名时，原来这胡子螃蟹才就是马克思卡儿。

这马克思卡儿的名字，近来因为呼声太高，早就传到孔子耳朵里了。孔子素来是尊贤好学的人，你看他在生的时候向着老子学过礼，向着师襄学过琴，向着苌弘学过乐；只要是有一技之长的人，他不惟不肯得罪他，而且还要低首下心去领教些见识。要这样，也才是孔子之所以为孔子，不像我们现代的人万事是闭门不纳，强不知以为知的呀。孔子一听见来的是马克思，他便禁不得惊喜着叫出：

"啊啊，有朋自远方来，不亦乐乎呀！马克思先生，你来得真难得，真难得！你来到敝庙里来，有什么见教呢？"

马克思便满不客气地开起口来——不消说一口的都是南蛮鴂舌之音；要使孔子晓得他的话，是要全靠那几位抬轿子的人翻译。孔子的话，也是经过了一道翻译才使马克思晓得了的。

马克思说："我是特为领教而来。我们的主义已经传到你们中国，我希望在你们中国能够实现。但是近来有些人说，我的主义和你的思想不同，所以在你的思想普遍着的中国，我的主义是没有实现的可能性。因此我便来直接领教你：究竟你的思想是怎么样？和我的主义怎样不同？而且不同到怎样的地步？这些问题，我要深望你能详细地指示。"

孔子听了马克思的话，连连点头表示赞意，接着又才回答道："我的思想是没有什么统系的，因为你是知道的，我在生的时候还没有科学，我是不懂逻辑的人。假如先把我的思想拉杂地说起来，我自己找不出一个头绪，恐怕也要把你的厚意辜负了。所以我想，还是不如请你先说你的主义，等我再来比付我的意见罢。你的主义虽然早传到了中国，但我还不晓得是怎样一回事，因为你的书还一本也没有翻译到中国来啦。"

"怎么，我的书还一本也没有翻译过来，怎么我的主义就谈得风起云涌的呢？"

“我听说要谈你的主义用不着你的书呢，只消多读几本东西洋的杂志就行了。是不是呢？你们几位新人！”（孔子公然也会调皮，他向着那四位大班这样问了一句；不过这几位新人也很不弱，他们没有把孔子的话照样翻译出来，他们翻译出来的是：“不过大家都能够读你的原书，就是这几位大班，德文和经济学都是登峰造极的啦。”就这样，马克思和孔子也就被这四位学者大班瞒过去了。）

“那也好，”马克思说，“只要能够读原书也就好了。”

“难得你今天亲自到了我这里来，太匆促了，不好请你讲演，请名人讲演是我们现在顶时髦的事情啦，至少请你作一番谈话罢。”

“好的，好的，我就先作一番谈话，谈谈我的主义罢。不过我在谈我的主义之先，不得不先说明我的思想的出发点。我的思想对于这个世界和人生是彻底肯定的，就是说我不和一般宗教家一样把宇宙人生看成虚无，看成罪恶的。我们既生存在这个世界里面，我们应当探求的，便是我们的生存要怎样才能够得到最高的幸福，我们的世界要怎样能够适合于我们的生存。我是站在这个世间说这个世间的话。这一点我和许多的宗教家，或者玄学家不同，这一点我要请问你：究竟你的思想和我是什么样？假使这个出发点我们早就不同，那么我们根本上走的是两条路，我们的谈话也就没有往下继续的必要了。”

马克思刚好把话说完，子路不等孔子开口便先抢着说道：

“是呀，我夫子也是注重利用厚生之道的人；我夫子最注重民生，所以说‘天地之大德曰生’[①]的呀。”

“是的，”孔子又才接着说下去，“我们的出发点可以说是完全相同的。不过你要想目前的世界适合于我们的生存，那么要怎样的世界才能适合，要怎样的世界才能使我们的生存得到最高的幸福呢？你定然有这样一个理想的世界的。你的理想的世界是怎样的呢？”

“你问我的理想的世界吗？好啊，好啊，你真问得好啊！有许多人都把我当成个物质主义者，他们都以为我是禽兽，我是只晓得吃饭，我是没有理想的人。其实我正如你所问的一样，我是有一个至高至远的理想的世界，我怕是一个顶理想的理想家呢。我的理想的世界，是我们生存在这里面，万人要能和一人一样自由平等地发展他们的才能，人人

① 《周易·系辞》。

都各能尽力做事而不望报酬，人人都各能得生活的保障而无饥寒的忧虑，这就是所谓'各尽所能，各取所需'的共产社会。这样的社会假如是实现了的时候，那岂不是在地上建筑了一座天国吗？"

"啊哈，是的呀！"这回连庄重的孔子也不禁拍起手来叫绝了。"你这个理想社会和我的大同世界竟是不谋而合。你请让我背一段我的旧文章给你听罢：'大道之行也，天下为公。选贤与能，讲信修睦。故人不独亲其亲，不独子其子，使老有所终，壮有所用，幼有所长，矜寡孤独废疾者有所养。男有分，女有归。货恶其弃于地也不必藏于己，力恶其不出于身也不必为己；是故谋闭而不兴，盗窃乱贼而不作。故外户而不闭，是谓大同。'①这不是和你的理想完全是一致的吗？"

孔子拉长声音背诵了他这段得意的文章来，他背到"货恶其弃于地也不必藏于己，力恶其不出于身也不必为己"的两句，尤为摇头摆脑，呈出了一种自己催眠的状态。但是马克思却很镇静，他好像没有把孔子这段话看得怎么重要的一样，孔子在他的眼中，这时候，顶多怕只是一个"空想的社会主义者"罢？所以他又好像站在讲坛上演说的一样，自己又说起他的道理来。

"不过呢，"马克思在这一个折转的联接词上用力地说，"我的理想和有些空想家不同。我的理想不是虚构出来的，也并不是一步可以跳到的。我们先从历史上证明社会的产业有逐渐增殖之可能，其次是逐渐增殖的财产逐渐集中于少数人之手中，于是使社会生出贫乏病来，社会上的争斗便永无宁日。"

"啊，是的，是的。"孔子的自己陶醉还未十分清醒，他只是连连点头称是。"我从前也早就说过'不患寡而患不均，不患贫而患不安'②的呀！"

孔子的话还没有十分落脚，马克思早反对起来了。

"不对，不对！你和我的见解终竟是两样，我是患寡且患不均，患贫且患不安的。你要晓得，寡了便均不起来，贫了便是不安的根本。所以我对于私产的集中虽是反对，对于产业的增殖却不惟不敢反对，而且还极力提倡。所以我们一方面用莫大的力量去剥夺私人的财产，而同时

① 《礼记·礼运》。
② 《论语·季氏》。

也要以莫大的力量去增殖社会的产业。要产业增进了,大家有共享的可能,然后大家才能安心一意地平等无私地发展自己的本能和个性。这力量的原动力不消说是赞成废除私产的人们,也可以说是无产的人们;而这力量的形式起初是以国家为单位,进而至于国际。这样进行起去,大家于物质上精神上,均能充分地满足各自的要求,人类的生存然后才能得到最高的幸福。所以我的理想是有一定的步骤,有坚确的实证的呢。"

"是的,是的!"孔子也依然在点头称是。"我也说过'庶矣富之富矣教之'①的话,我也说过'足食足兵民信之矣'②的为政方略(说到此处来,孔子回头向子贡问道:'我记得这是对你说的话,是不是呢?'子贡只是点头)。我也说过'世有王者必世而后仁'③,我也说过'齐变至鲁,鲁变至道'④,我也说过'欲明明德于天下者先治其国'⑤呢。尊重物质本是我们中国的传统思想:洪范八政⑥食货为先,管子也说过'仓禀实而知礼节,衣食足而知荣辱'⑦。所以我的思想乃至我国的传统思想,根本和你一样,总要先把产业提高起来,然后才来均分,所以我说'货恶其弃于地也不必藏于己'啦。我对于商人素来是贱视的,只有我这个弟子(夫子又回头指着子贡)总不肯听命,我时常叫他不要做生意,他偏偏不听,不过他也会找钱啦。我们处的,人要晓得,是科学还没有发明的时代,所以我们的生财的方法也很幼稚,我们在有限的生财力的范围之内只能主张节用,这也是时代使然的呀。不过,我想就是在现在,节用也恐怕是要紧的罢?大家连饭也还不彀吃的时候,总不应该容许少数人吃海参鱼翅的。"

"啊,是的!"马克思到此才感叹起来,"我不想在两千年前,在远远的东方,已经有了你这样的一个老同志!你我的见解完全是一致的,怎么有人曾说我的思想和你的不合,和你们中国的国情不合,不能施行于

① 《论语·子路》。
② 《论语·颜渊》。"子贡问政,子曰:足食,足兵,民信之矣。"
③ 《论语·子路》。"子曰:如有王者,必世而后仁。"
④ 《论语·雍也》。"子曰:齐一变,至于鲁,鲁一变,到于道。"
⑤ 参见《大学》。
⑥ 八政:一曰食,二曰货,三曰祀,四曰司空,五曰司徒,六曰司寇,七曰宾,八曰师。此处"祀"是指祭祀祖先、天及其他鬼神,"司空"是指关于民事和农土的行政,"司徒"是指教育,"司寇"是指管理盗贼和犯罪者的刑事行政,"宾"是指管理诸侯租贡和聘问的外交行政,"师"是指军事业务。
⑦ 参见《管子·牧民》。

中国呢?"

"哎!"孔子到此却突然长叹了一声,他这一声长叹真个是长,长得来足足把二千多年闷在心里的哑气一齐都发泄出了。"哎!"孔子长叹了一声,又继续着说道:"他们那里能够实现你的思想,连我在这儿都已经吃了二千多年的冷猪头肉了!"

"什么?你的意思是中国人不能实现你的思想吗?"

"还讲得到实现!单只要能够了解,信仰你的人就不会反对我,信仰我的人就不会反对你了。"

"啊,是那么我要……"

"你要做什么?"

"我要,回去找我的老婆去了。"

在这儿假使是道学家眼中的孔子,一定要大发雷霆,骂这思念老婆的马克思为禽兽了。但是人情之所不能忍者,圣人不禁,我们的孔圣人他不惟不骂马克思,反而很艳羡地向他问道:

"马克思先生,你是有老婆的吗?"

"怎么没有?我的老婆和我是志同道合,而且很好看啦!"

满不客气的马克思,一说到他的老婆上来,就给把他的主义吹成了理想的一样,把他的老婆也吹到理想的了。

夫子见马克思这样得意,便自喟然太息而长叹曰:"人皆有老婆,我独无呀!"

子贡的舌根已经痒了好半天了,到这时候才赶快插说一句道:"四海之内皆老婆也①,夫子何患乎无老婆也?"

到底不愧是孔门的唯一的雄辩家的子贡,他把孔子的话改用过来,硬把孔子说笑了。

没明其妙的是马克思。他盘问了一回,才知道孔子是自由离了婚的人,他觉得孔子这个人物愈见添加了几分意义。

回头孔子又接着向马克思说道:"不过我是老吾老以及人之老,幼吾幼以及人之幼②,妻吾妻以及人之妻,所以你的老婆也就是我的老婆了。"

---

① 这是郭沫若从《论语·颜渊》中"司马牛忧曰:人皆有兄弟,我独亡。子夏曰:……四海之内,皆兄弟也。君子何患乎无兄弟也"一段话改编而来的。

② 《孟子·梁惠王上》。

马克思听了骇得大叫起来："喂,孔二先生,我只是提倡共产,你公然在提倡共妻!你的思想比我更危险啦!好,我不敢再惹你了!"

马克思说了这几句话,赶快把四位大班招呼着,匆匆地便临阵脱逃起来,真好像他留在欧洲的老婆立刻就要被孔子共了的一样。

师弟四人立在殿上,看见马克思的大轿已经抬出西辕门了,自始至终如像蠢人一样的颜回到最后才说出了一句话:

"君子一言以为智,一言以为不智①,今日之夫子非昔日之夫子也,亦何言之诞也?"

夫子莞尔而笑曰:"前言戏之耳。"②

于是大家又跟着发起笑来。笑了一会,又才回到席上去,把刚才吃着的冷猪头肉从新咀嚼。

如果说马克思从辩证唯物主义的观点解释了"人"与"自然"的"辩证法"关系,那么这种辩证唯物主义同讲究人与自然的融洽(Harmonie)的儒家的世界观从根源上是相异的。因此,尽管这两种思想互相不同,但是在希望从"现世"的"生活"中来追求"公共福利"这一点上,可以说郭沫若的《马克思进文庙》是将焦点放在了试图寻找它们的共同点上。

---

① 《论语·子张》。"君子一言以为知,一言以为不知,言不可不慎也。"

② 《论语·阳货》。"子之武城,闻弦歌之声,夫子莞尔而笑曰:割鸡焉用牛刀?子游对曰:昔者偃也闻诸夫子曰:君子学道则爱人,小人学道则易使也。子曰:二三子,偃之言是也,前言戏之耳。"

第三章 马克思主义的中国化和毛泽东的革命论

哲学家只是用不同的方式解释世界,问题在于改造世界。

——卡尔·马克思《关于费尔巴哈的提纲》

在五四运动时,毛泽东还没有对中国的未来进行展望,仅仅是追随众多的思潮而已。他是到了1920年11月才认同马克思列宁主义的。[①] 但是如果我们想正确评价毛泽东的革命思想,就必须先认清一点,他立足于固有体验认识到了20世纪20年代至40年代中国的"特殊情况"所具有的内在客观法则,正是以这种认识为根据,他才改变了中国社会。1962年他曾经说过这样的话:

> 中国这个客观世界,整个地说来,是由中国认识的,不是由共产国际管中国问题的同志们认识的。共产国际的这些同志就不了解或者说不很了解中国社会、中国民族、中国革命。[②]

为了正确地认识中国社会所具有的"实际"问题和中国革命,毛泽东不是将马克思列宁主义看作"教条",而是看作"行动方针"。[③] 他将马克思列宁主义当作"革命的科学"[④]进行了研究,进而认为"马克思列宁主义的中国化"是必然的。因此对于毛泽东来说,马克思列宁主义意味着以下内容:

> 马克思主义必须和我国的具体特点相结合并通过一定的民族形式

① 令人意外的是,五四运动时毛泽东竟处于胡适的"实用主义"影响之下。关于青年时代毛泽东精神转变过程,参见汪澍白、张慎恒:《青年毛泽东世界观之转变》,《历史研究》1980年第5号。

② 毛泽东《在扩大的中央工作会议上的讲话》,《毛泽东思想万岁》,1969年(东京翻版),410—411页。

③ Mao Zedong, *Der Plata der KPCh im nationalen Krieg*, MAW, Bd. Ⅱ, S.245.

④ 同上。

才能实现。马克思列宁主义的伟大力量,就在于它是和各个国家具体的革命实践相联系的。对于中国共产党来说,就是要学会把马克思列宁主义的理论应用于中国的具体的环境。成为伟大中华民族的一部分而和这个民族血肉相联的共产党员,离开中国特点来谈马克思主义,只是抽象的空洞的马克思主义。因此,使马克思主义在中国具体化,使之在其每一表现中带着必须有的中国的特性,即是说,按照中国的特点去应用它,成为全党亟待了解并亟须解决的问题。①

毛泽东认为,由于与具体的全体即"历史的-社会的"关联相隔绝,因此那种绝对的"抽象的马克思主义"是不存在的。从这一角度看,对中国共产主义者最有效的只有具体的马克思主义,即"中国化的马克思主义"。这种马克思主义是由中国的特殊性所决定的,并且在贯通其特殊性时,其中内存的"特殊的矛盾"实际上可以被消除。毛泽东为将"具体的马克思主义"运用到社会的改革中而做出了努力。由于其内在的、必然的结构矛盾和传统的儒家式社会秩序在19世纪初已经开始没落,并且由于太平天国和捻军等大规模农民起义和帝国主义的侵略从根本上产生了动摇,处于即将解体的局面。

在讨论马克思主义中国化问题时,最重要的前提是讨论中国革命具有哪些与其他革命相区别的固有特性。而且此处应该阐明的是,在通过毛泽东的革命理论和实践所形成的马克思主义中国化里面恰恰存在着他自己对中国特殊性的认识。很明显,他的认识基础是唯物辩证法。马克思认为,在市民社会中,唯物辩证法不仅可以揭露出人与人之间以及人与自然之间的"物化"现象的本质,而且可以使这些"悲惨的"人通过"有意识的""集团"行动即革命使"物化"现象的扬弃成为可能。毛泽东正是以这种唯物辩证法为媒介,讨论了他对中国革命的直接体验,并由此客观地推论出了中国"特殊"情况中内存的"主要"矛盾。这一矛盾的扬弃是通过1927年至1949年漫长的革命斗争才得以实现的。这一点正是毛泽东领导的革命极其重要的特征。但是这一事实,即毛泽东在"非市民社会"中实现的"无产阶级革命"使马克思主义革命战略中极其重要的一个要素,即"无产阶级"的作用发生了

---

① Schram所引用的原文与毛泽东的话有所不同,中间一部分为:"抽象的马克思主义是不存在的,只有具体的马克思主义。所谓具体的马克思主义是采取民族形式的马克思主义,更正确地说,是适用于中国的具体条件下的具体斗争的马克思主义,它不是抽象地引用的马克思主义。"

疑问。因为“产业工人”即无产阶级在“马克思式”的革命中所起的决定作用——当然毛泽东在口头上承认自己也信奉这一最高的命题——在中国革命的具体过程中，也就是在与南京国民党和帝国主义（尤其是日本帝国主义）的漫长而艰苦的革命斗争中在一定程度上暴露出其“幻想”的性质。

为了解毛泽东领导的革命的固有特性和问题，我们将主要对下面两个核心问题进行考察。这两个问题是：(1)毛泽东的中国革命论——对斯大林路线的否定和“新民主主义”论。(2)马克思和毛泽东对唯物辩证法的基本范畴即实践的看法。

一、毛泽东的中国革命论——对斯大林路线的否定和“新民主主义”论

马克思主义在本质上是从市民社会出发并以批判地接受这种市民社会为目标的。这种扬弃是通过市民社会的必然产物“无产阶级”实现的。马克思说道：“就在于形成一个被戴上彻底锁链的阶级，一个并非市民社会阶级的市民社会阶级，形成一个表明一切等级解体的等级，形成一个由于自己遭受普遍苦难而具有普遍性质的领域，这个领域不要求享有任何特殊的权利，因为威胁着这个领域的不是特殊的不公正，而是一般的不公正，它不能再求助于历史的权利，而只能求助于人的权利，它不是同德国国家制度的后果处于片面的对立，而是同这种制度的前提处于全面的对立，最后，在于形成一个若不从其他一切社会领域解放出来从而解放其他一切社会领域就不能解放自己的领域，总之，形成这样一个领域，它表明人的完全丧失，并因而只有通过人的完全回复才能回复自己本身。”①马克思主义的根本目标是“自觉”行动的无产阶级扬弃“市民”社会。也就是说，通过扬弃在市民社会中极度“普遍”的“异化”的劳动和“私有关系”，使过度“物化”的人恢复成本然的“类的存在”（Gattungswesen），其目标在于恢复为那种通过人本来自由的、有意识的劳动创造出的自我存在。此处通过人自由的、有意识的固有劳动来创造出自我存在“不仅是创意的、自然支配的、丰饶的，而且是全面的”存在。② 从根源上由马克思自己构想的这种人文主义理念对欧洲社会是具有现实意义的。尤其是在18、19世纪，违背“资产阶级”利益的所有要素被彻

---

① Marx, *Zur Kritik der Hegelschen Rechtsphilosophie*, Einleitung, MEW, Bd, Ⅰ, S.390.

② I.Fetscher, *Der Marxismus: Seine Geschichte in Dokumenten*, Ⅰ, S.65.

底铲除,因而它的统治秩序得到强行贯彻。这种人文主义在英国和法国更具有现实意义。

在马克思看来,资产阶级世界乃至其生活方式的独特之处在于由资产阶级进行的“普遍化作用”。这是在这之前的历史上没有过的,是由资产阶级实现的最早的普遍化。换句话说,这是资本主义生产方式一贯追求劳动过程“合理化”的结果,其结果是使其他生产方式——资本主义以前的生产方式乃至非资本主义社会的生产方式——不得不屈从于它。

> 通过迅速地改善生产手段和大规模地促进通信,资产阶级将所有的国家,甚至于连最野蛮的国家也纳入了文明圈。资本主义的廉价商品成为重炮,粉碎了中国所有的城墙,迫使其对外国人的那种极其顽固的野蛮人的憎恶心屈服了。资产阶级强迫所有的国家,如果不希望灭亡,就要接受资本主义生产方式。……总之,资产阶级按照自己的想法创造了世界,资产阶级将农村放在了城市的支配下。城市人口的增加远远高于农村,通过这种大规模城市的形成,资产阶级使大部分居民摆脱了愚蠢的农村生活。正如使农村从属于城市一样,他们进而又使野蛮和半野蛮国家从属于文明国,使农业国从属于工业国,使东方从属于西方。随着时间的推移,资产阶级为生产手段、所有权和人口的分散画上了休止符。资产阶级使人口高度密集,并且集合了生产手段,使所有权集中到了少数人的手中。与此同时,政治的集中也必然紧随其后。具有不同的利害关系、法律、政府和海关独立的或几乎没有约束的地区联合统一成为“一个”国家、“一个”政府、“一个”法律、“一个”国家的阶级利益和“一个”海关区域。①

马克思又指出,在资本主义支配的社会中,他们的掘墓人无产阶级也同时登场了。资产阶级越是发展,资本越是积累,无产阶级也就越壮大。这一近代的工人阶级必须劳动才能生存。但只有在使资本增殖的时候他们才有劳动。这些工人们不得不将自己劈成一块一块地卖掉,他们本身就是商品,像东西一样被买卖。所以工人这一商品也不得不全部听任于竞争的浮沉和

---

① Marx/Engels, *Manifest der Dommunistischen Partei*, MEW, Bd.4, S.466-467.

市场的景气变动。[1] 马克思预言说,由于这一异化集团的登场,市民社会必然要灭亡。

> 到目前为止,所有社会……均以压迫阶级和被压迫阶级的对立为基础。但是如果想使对一个阶级的压迫变为可能,就必须保障其能够维持奴隶生存的最低条件。在农奴制度下,农奴们通过劳动而成为共同体(Commune)成员。同样,在封建专制主义的压迫下小市民成为资产阶级。但是随着工业的发展,现代的工人不但没有向上,反而逐渐落后,他们的生存条件甚至于没落得达不到他们自己相应的(最低的)水平。工人变成了贫民,贫民大众的增加速度甚至比人口和财富增加速度还要快。这如实地反映出,资产阶级再也无法停留在社会的支配阶级上,再也无法以整个社会的规范法律来强迫保障他们自身的生活条件。由于资产阶级没有能力保障奴隶们(无产阶级)奴隶般的生存,他们不得不陷入这样一种状态之中:不但不能被这些奴隶所供养,反而只能供养无产阶级,所以资产阶级再也无法支配他们的社会。因为社会决不能存在于无法维持自己生命的情况之下。这也就意味着资产阶级的生命不能与其社会的生命并存。[2]

在这里,有一个明显的事实,马克思主义在市民社会内部不可避免地与人及其相互关系的问题联系在一起。马克思认为,这一“市民社会”只存在于欧洲,而且是“文明”的标准。换句话说,马克思主义在本质上是“欧洲中心的”。马克思主义只不过为“非欧洲的”“半野蛮半文明”(马克思的表达)社会赋予了被动的意义而已。这一社会“如果不想没落”,就应该被欧洲的资本主义进行市民社会化,即欧化。[3]

出于这个原因,1919 年以前的中国知识分子大部分都不想为了解决中国的迫切问题而引进马克思主义。从纯粹理论方面看,是通过列宁的“帝国

---

① *Manifest der Dommunistischen Partei*, MEW, Bd.4, S.468.

② 同上, S.473.

③ 见本书第二部第三章。

主义论”①才引起了对马克思主义和俄罗斯“布尔什维克”革命的关心。“不管列宁式的帝国主义论正确与否,他提倡了帝国主义论这一事实(当然其后又有很多人推导出了帝国主义论),以及他注意到了19世纪和20世纪西欧帝国主义引起的憎恶和怨恨并且把这些当作自己的问题这一事实,使他和那些认为人类所有的中心问题都是从西欧发生并由西欧解决的、陷入自我幻想式的西欧自由主义者和西欧的马克思主义者区别开来。列宁的这种洞察不是源于马克思主义的信念,而是源于俄罗斯的背景。这种洞察似乎反映了他对西欧的双重态度,大概连他自己也觉得西欧以自我为中心很荒唐。无论如何,列宁的这种洞察使得他和政治上崭露头角的亚洲知识分子之间的结合成为可能。”②

1920年7月21日到8月6日在彼得堡召开的共产国际第二次会议上,第一次就对“在先进资本主义国家进行革命的无产阶级与不存在无产阶级或几乎没有无产阶级的国家的人民群众联合,也就是与东方殖民地被压迫的群众联合的问题”③展开了激烈的讨论。对于民族资产阶级与帝国主义进行战斗的国家在革命过程中的政权问题产生了不可避免的争议。④ 最终在列宁的影响下,共产国际采取了这样的路线:“对于存在着民族资产阶级或是一部分民族资产阶级抵抗外国势力进行战斗的国家,共产主义者应该同他们(民族资产阶级)联合起来,在初级阶段,政权也应该给他们。”⑤

从1924年,努力将列宁的遗产付诸实践的斯大林通过对共产国际的命令指导了中国革命。他首先提供了强化民族资产阶级政党国民党所急需的军事援助,甚至于为了将国民党掌握在手中,还加强了他们的政权。另一方面,中国共产主义者不仅要按照共产国际的命令抛弃政权要求,而且还要服从国民党的领导。结果1927年4月12日发生了残酷的上海大屠杀,这给了共产主义者以沉重的打击。⑥

---

① 早在“俄罗斯败给日本之后”(1905),列宁就已经产生了将处于帝国主义的半殖民地和殖民地统治下的亚洲国家动员到对全世界帝国主义的“欧洲”无产阶级革命斗争中去的想法。S. Schram, *Das politische Denken*, S.34; Schram/d' Encausse, *Le Marxisme et l' Asie 1853-1964*, pp.173-174.

② B.Schwartz, *Grundzüge d.Maoistischen Strategie*, P.Opitz, hrsg., *Maoismus*, Stuttgart.

③ d' Encausse/Schram, op, cit., p.195.

④ 同上, pp.195-221, pp.41-48。

⑤ S.Schram, *Das Politische Denken*, S.37.

⑥ 关于斯大林的中国政策,参见 C.Brandt, *Stalin' s Failure in China 1924-1927*, Harvard University Press, 1958。

1927年,对于中国共产主义来说是具有划时代意义的一年。从此,他们"实际上"被从城市中赶了出来,也就是被从无产阶级最重要的生活基地城市中放逐了出来。由于法西斯式的镇压,在城市和码头的工人活动只能衰退。再加上持续不断的内战和急剧增加的失业引起的最低生活条件的威胁,工人运动终于迅速破灭了。1927年,在上海、南昌、长沙和广州等地,共产主义者接二连三地遭到了致命的失败。①

这使得他们根本无法顾及胜利,而只能寻找活命的路。毛泽东正是在这种危急情况下发挥其历史作用的。笔者认为,毛泽东成功地将中国革命引入轨道是由于不仅在"战略"方面与俄罗斯革命不同,而且通过有意地否定和克服或多或少地按照"俄罗斯式"的经验与利害关系来决定的斯大林错误路线才取得成功的。为了更加明确这一点,有必要将毛泽东的中国革命路线尽可能与斯大林中国政策进行对比考察。

先来看一下1924年至1927年间斯大林所采取的中国政策的特点。首先,他无视强调"武装起义"②的中国共产主义者的见解,也就是说他站在国民党一边,不但不支持共产主义者的"独立的"武装革命,而且也不想理解中国的"现实",一味陷入幻想,认为只有国民党的强化和蒋介石领导下的国民党军队的北伐才能打倒中国的帝国主义势力。结果1926年在共产国际执行委员会第七次全会(1926.11—12)上,他不顾中国共产主义者的反对,排除了蒋介石的反革命可能性,而断定在蒋介石领导下的打倒军伐是"武装革命对武装反革命"。

> 广东军(即蒋介石领导的国民党军队——笔者按)的进攻是对帝国主义势力的一击,也是对中国帝国主义走狗的一击。它意味着结社、罢工和议论自由以及中国内部所有革命势力,尤其是工人组织化的自由。中国革命军的特殊性和重大意义正在于此。早在18、19世纪就有过很多起义,这时民众以非武装状态或恶劣的武装状态起义与旧制度的军队对抗。民众试图粉碎旧制度的军队,如果不行,就设法把他们的一部分拉到自己这一边来。这是过去革命的典型形式。我们俄罗斯在1905年也运用过几乎同样的方式。但是现在中国的事态进展不同,今天中

---

① 关于这一主题,参见B.Schwartz,*Chinese Communism and the Rise of Mao*(Harvard University Press,1968)。

② C.Brandt,前引书,pp.96-101。

国与旧体制军队对抗的不是非武装民众，而是以革命军为代表的武装群众。这是与武装反革命势力相对抗的武装革命斗争。这正是中国革命的特殊性和特征之一。中国的革命军所具有的独特意义也正在于此。①

一言以蔽之，斯大林强调依靠国民党军队进行反帝国主义"武装革命"，却无视中国共产主义者的提案，即通过武装来摆脱国民党政权的战略。② 斯大林的战略是首先支援国民党，通过强化的国民党压制军阀，然后再除掉国民党。"斯大林在莫斯科的共产党工人大会上说，蒋介石不仅容易控制，而且是个'忠实地服从'纪律的人。在与军阀作战期间，蒋介石会'像柠檬一样发出酸味'，然后马上会被'抛进'垃圾桶里。"③斯大林的这种利己的计划是可笑的幻想，这很快就被证明了。但是到这一步为止，中国共产主义者们付出了惨重的代价。民族资产阶级政党国民党，这个与大土地所有的利害关系密不可分的国民党怎能屈服于没有任何独立军队和力量的共产主义者，何况接受否定自己的革命的呢？④

共产主义者从 1927 年 4 月 12 日起开始遭到蒋介石的屠杀。1927 年 7 月 15 日以后，又被国民党内的左派、武汉的汪精卫政府所迫害。1927 年 6 月 1 日，汪精卫政府听到了斯大林关于国民党左派内部共产主义者应该用暴力夺取政权的传闻后大吃一惊，于是开始后退。但是在这种困境中斯大林仍然一如既往地"陷入了幻想之中"⑤，主张与武汉国民党左派结成同盟（当然这次汪精卫被排除在外了）。中国共产主义者需要服从"斯大林关于要劝解农民不要和国民党左派发生矛盾的指示"⑥。无论如何斯大林就是不允许共产主义者进行武装起义。因为他认为还不到用这种方式可以取得胜利的时候。但是，共产主义者与其被毫无抵抗地全歼，不如另寻生路。1927 年 8 月 1 日，他们终于违抗了斯大林的指示在南昌一带，（虽然多少有些缺乏一

---

① Stalin, "Über die Perspektiven der Revolution in China (30, 11, 1926)," *Stalin und die Chinesische Revolution*, Verlag 20.Mai, München, 1971, S.20.

② C.Brandt，前引书；陈独秀：《告全党同志书》（1929.12.10）；王健民：《中国共产党史》，台北，1965，第 2 卷，104-114 页。

③ C.Brandt，前引书，p.116。

④ Brandt ，前引书，尤其是第 5 章"A defeat out of victory and a civil out of the machine，"pp.102-153。

⑤ 同书，pp.132-142；Stalin, "Vereinigtes Plenum des ZK und ZKK der KPdSU (Rede am 1,8,1927)," *Stalin und die chinesische Revolution*, S.99-100.

⑥ S.Schram, *Das politische Denken*, S.52, S.55.

贯性)[①]又在南京(蒋介石)和武汉(汪精卫)第一次掀起了反对国民党的“武装起义”。这一起义超出了预想,持续了几周,于是斯大林突然开始对此表示欢迎。但这一起义正是由于斯大林而发生得太晚,结果失败了。到1927年年底为止,在很多城市都发生了一系列共产主义者的起义,但都被强有力的国民党歼灭了。曾一度坚信“如果执行以城市无产阶级为基础的城市占领战略,莫斯科一定会支持”[②]的中国共产主义者们就这样在城市里落败下去了。

斯大林从一开始就将中国民族资产阶级的反帝国主义武装革命放在心上,尽管共产主义者受到了两股国民党势力的残酷迫害,但他们仍对国民党在中国革命的“资产阶级-民主主义革命阶段”所起的决定性作用坚信不疑。他认为中国革命最重要的是1905年式的俄罗斯革命。所以斯大林固执地坚持中国共产主义者们应该努力“将武汉的国民党变成革命-民主专政的核心”。1927年8月1日在莫斯科,面对反对派的攻击,斯大林辩解说:

> 共产主义者们根本就不试图鼓励那些属于武汉国民党的有影响力的、从国民党一(左)派中过来的一般党员将武汉国民党变成革命-民主专政的核心,他们到底有什么价值呢?我可以毫不犹豫地说,这样的共产主义者是一钱不值的人。当然这种努力也不会成功。因为中国现阶段帝国主义者和封建领主比革命势力更强大,所以中国革命短期内只能失败。但是能因为这样就说共产党的这种政策是错误的吗?俄罗斯共产党不是也曾经试图将当时现存的苏维埃变成无产阶级和农民领导的未来的革命-民主专政的核心吗?当然那时这种试图也失败了。因为阶级力量的关系很不利,旧俄国的沙皇主义(Czarism)和封建领主的力量要比革命势力的力量强大。但能因为这样就说共产党的政策是错误的吗?[③]

1927年8月7日,相当于鲍罗廷(M.Borodin)的继任者诺米纳泽(V.Lominadze)手下的瞿秋白主持召开了中国共产党中央委员会紧急会议。尽管参加会议者没有达到规定的人数,但还是戏剧性地解除了陈独秀党的总书

① S.Schram, *Mao Tse-tung*, Penguin Book, 1975, pp.116-118.

② S.Schram, Das politische Denken, S.55.

③ Stalin, “Vereinigtes Plenum des AK und der ZKK der KPdSU,” *Stalin*, S.206.

记一职，并选出了新的中央委员会。这一会议看来是受了共产国际的委托，将中国革命失败的责任全部归结于共产党领导人的机会主义路线，并选出能够将斯大林的路线彻底地付诸实践的新领导人。[①] 1927年5月底，面对托洛茨基责问中国革命责任的强烈批判，斯大林在共产国际执行委员会第八次会议上仍坚持其原来的立场。他的纲领是，哪怕默认民族资产阶级的"反革命性"，中国革命也基本上是向往"反帝反封建"的，因而应该是"资产阶级民主主义"革命。为了证明这一现在已经明显陷入困境的纲领的正确性，斯大林向中国的共产主义者提出了无理的要求。要求他们在国民党左派的旗下，与小资产阶级联合，在短期内掀起工人和农民革命的巨大力量，通过这一革命暴力不仅要粉碎国民党右派的反革命，并且通过赶走帝国主义者和封建领主，最终在小资产阶级的国民党左派内建立工人-农民-民主专政（非"苏维埃权力"）。这一内容出现在"八七"会议的重要记录之中。尤其是在《中国共产党的政治任务与策略的决议案》中得到了极好的体现。[②]

前面提过毛泽东反对斯大林和中国共产党中央委员会的路线，并自己探索了"独创的"革命战略。虽然他的独创性是在"八七"紧急会议之后才开始体现出来的，但很快他的革命成果开始累积，其独创战略也受到了极大的重视和尊敬。为了理解毛泽东的这种独创性[③]，首先有必要来概括地看一下"八七"紧急会议的决议内容：

（1）从1927年4月12日到7月15日国民党所进行的清共意味着：资产阶级"已走入反革命的营垒"。现在形成了两个完全独立、互相仇视而不可调和的势力：一是资产阶级军阀的反动势力，而另外是工农革命势力。

（2）然而中国革命现阶段的任务仍是搞反封建反帝的"资产阶级的民权革命"。"只有工农的革命民权独裁制才能够实行"，并且它会"直接生长而成社会主义的革命"。

（3）中国共产党的任务是，"在有可能的地方，立刻组织暴动，推翻资产

---

① 关于这一紧急会议的性质，参见其会议的重要文件之一《中央执行委员会告全体党员同志书》（1927.8），王健民，前引书，第1卷，504—524页；C.Brandt，前引书，pp.147-152等。

② 王健民，前引书，503—528页；Brandt/Schwartz/Fairbank，*A Documentary History of Chinese Communism*，N.Y.，1973，pp.97-123.

③ 关于这一主题，参见S.Schram的文章"On the Nature of Mao Tse-tung's 'Deviation' in 1927"，China Quarterly，No.18，1964，pp.55-66。但该文对"八七"紧急会议中决议的关于斯大林路线的考察并不充分，因此也没有明确地将毛泽东路线具有的意义标示为对斯大林路线的"有意识的"对立。

阶级军阀政权，建立无产阶级农民政权”。

（4）中国共产党的总方针是“准备并组织农民在各省之武装暴动”。要精细地准备，“我们要征调最大限度力量到新、旧军阀的军队中去工作，民众工农暴动胜利后……实行革命的独裁”。

（5）中共应“于国民党左派旗帜之下”组织暴动，这是因为“（一）国民党是各种革命阶级的政治联盟之特殊形式，是中国历史上所累积生长出来的；（二）国民党是民族解放运动的旗帜；（三）可以吸引小资产阶级的知识分子”。中国共产党不但应该秘密地加入国民党党部，而且应保证自己的指导作用。在国民党旗帜下暴动胜利时，要以团体加入国民党，使国民党成为群众联合的党。

（6）中国共产党目前不提出组织苏维埃口号，在左派国民党旗帜之下，只限于宣传苏维埃之意义。中国共产党为指导暴动，各地应建立“革命委员会”，可让国民党左派加入，而变成“临时的革命政府之性质”。“全省范围之内，应当成为某省临时革命政府”，乡村中暴动成功后，革命委员会应当组织农民协会而将政权交给它。城市革命委员会暴动胜利后，即组织新政权，设由工人、手工业工人或店员、学生、小商人、士兵等团体选举代表所组织的“平民代表会议”。

（7）中国共产党创造新的革命军队，由志愿的征调进于义务的征兵，建立工农革命军。目前应改组雇佣军，武装工农。

（8）增强反帝宣传，领导经济斗争，但避免与帝国主义直接冲突（夺回租界，没收外国工业等）。[①]

这一决议的特征是，中国共产党与带有多样阶级利害的、广泛的大众政党国民党左派相决裂“为时尚早”，对于这一点不能再说三道四。尽管1926年9月到1927年3月北伐期间农民和工人暴动十分高涨，其后还发生了南京和武汉国民党的反革命事件，但“中国革命的现阶段”应该是“资产阶级民主主义革命”。当时共产党正在广东、江西、湖南、湖北等地准备的农民武装也要和小资产阶级革命势力联合起来，以进行“资产阶级民主主义”革命为目标，力争建立共产党领导的“临时革命政府”。斯大林和中央委员会认为，由于中国的工人阶级发展得较弱，除了国民党的旗帜，对于共产党来说不会

① 这一决议的全文登载在中央委员会的《中央通信》No.2（1927年8月23日）上，本概要是以王健民的概要文为基础的。王健民，前引书，第1卷，524—525页。

有其他的革命机会。中国共产党的课题是在即将建立的"临时革命政府"内部行使领导权,保护并扩大他们的革命成果,为此,目前革命工人和农民大众的武装很重要。

最后要注意的一点是,"八七"紧急会议的所有决定在本质上都是以1905年俄罗斯社会民主主义劳动党(SDAPR)第三次党代会的"决议"为根据的。在党代会上,列宁写了题为《在民主主义革命中社会民主主义的两种战术》(1905)的文章。其后第三次俄罗斯党代会的决议是以列宁的这篇文章为基础的。总之,无论是斯大林指导下的共产国际,还是中国共产党中央委员会对中国革命的决议(1927),都认为1927年当时落后的中国革命最重要的是应该继承1905年俄罗斯共产主义者的革命任务和战术。①

另一方面,毛泽东出席"八七"紧急会议并再次当选为中央委员会代表委员,会议一结束,他立刻作为中央委员会的专员前往湖南监督和指导计划的秋收起义。其后他在现场又有了新的经验,于是开始与斯大林和党中央委员会的路线对立。1927年8月27日写给中央委员会的信很好地体现了他的见解:

> ……中国客观上早已到了(俄罗斯)1917年,从前却总以为这是在1905年,这是以前极大的错误。工农兵苏维埃完全与客观环境适合,我们此刻应有决心立即在粤湘鄂赣四省建立工农兵政权;此政权既建立,必须迅速地取得全国之胜利。……在工农兵苏维埃时候,我们不应再打国民党的旗子了。我们应高高打出共产党的旗子以与蒋唐冯阎等军阀所打的国民党旗子相对,国民党的旗子已成军阀的旗子,只有共产党的旗子才是人民的旗子。……到湖南来这几天,看见唐生智的省党部是那样,而人民对之则是这样,便可以断定国民党的旗子真不能打了,再打则必会再失败。从前我们没有积极地取得国民党领导权而让汪蒋唐等领导,现在即应把这面旗子让给他们,这已经完全是一面黑旗,我们则应立刻坚决地树起红旗,至于小资产阶级,让他完全在红旗领导之下,客观上也必定完全在红旗领导之下。②

---

① 王健民,前引书,《中央执行委员会告全体党员同志书》(1927.8.7),第1卷,520—521页。

② 竹内实编:《毛泽东集》,《中央通信》No.3(1927年8月30日),东京,第2卷,11—12页。此处引自S.Schram,"On the Nature of Mao Tse-tung's 'Deviation' in 1927",CQ,No.18,1964,pp.58-59。

由于毛泽东对中国革命情况的评价从根本上不同于中国共产党中央委员会和斯大林,所以基本上反对中央委员会以1905年俄罗斯经验为根据的战术。他主张应该在中国共产党的红旗下进行"独立的"革命,立即建设工农兵"苏维埃"。毛泽东这样对斯诺(E.Snow)讲述了当时在湖南等地坚持的这种主张:

> 我到长沙之后便组织了广为人知的秋收起义,在那里我的计划是实现下面五件事:①将地方党完全同国民党分离;②组织农民、工人革命军;③没收大地主和中小地主的财产;④在湖南建立不同于国民党的共产党政权;⑤组织苏维埃。当时这五件事中,第五项遭到了共产国际的反对,到了后来才打出这个标语。[①]

毛泽东的要求立刻被中央委员会否决了,直到南昌暴动和秋收起义失败之后,在1927年11月9日到10日上海的中央委员会紧急会议上,这一要求才被通过。但是由于暴动的失败,赋予组织斗争力以战略意义的毛泽东的战术被中央委员会猛烈批判为"军事机会主义"[②]。11月14日,党中央委员会终于剥夺了毛泽东的党内地位,剥夺了他的中央委员会临时委员和湖南省委员会委员的职务。[③]

据舒兰(S.Schram)记载,与当时"自生自发"的大众起义相比,毛泽东赋予了有组织、受训练的革命军以决定性的意义。中央委员会对毛泽东的战略是这样批判的:

> 毛泽东实际上是断然拒绝了"军事冒险"的指责,固执地试图运用自己麾下的4个连队来"补充工人和农民不足的力量"。但是他的战术方案却明显地暴露出这样一个事实。他早就已经得出了这样一个结论:只有以群众的名义战斗的革命军才能有效地对抗反共的军阀,并将革命引向胜利。[④]

---

① E.Snow, *Red Star over China*, Penguin Books, 1973, p.192.

② S.Schram, "On the Nature of Mao Tse-tung's 'Deviation' in 1927", 前引书, p.60。

③ 参见《中央通信》No.13(1927年11月30日),此处请参考王健民,前引书,第1卷,559—560页。

④ S.Schram, *Das politische Denken*, S.53.

很明显,当时驻扎在长沙的国民党军队力量很强大,足以粉碎任何武装起义。因此为了与国民党军队相对抗①,与其说毛泽东准备组织自发的群众起义,倒不如说似乎为集结革命军而努力。当时被称作"枪杆子运动"②的毛泽东及其追随者的革命活动的确违背了马克思列宁主义的一般路线。按照马克思列宁主义的一般战略,在无产阶级革命中,革命的中心势力是工人和农民,而不是军队。军队只不过在必要时是"革命的催化剂和助产士"而已,并非"革命的中心工具"③。

对于中国革命战略中的两个相对立的路线,即中央委员会和斯大林的路线与毛泽东的路线之间的差异,舒兰做出了这样一个确切的判断:

> 在1927年秋天毛泽东带着他的部下上井冈山的时候,中国共产党中央委员会的立场很明确。他们主张的所谓"武装起义"只不过是工人和农民自发的起义。当然群众也以小规模单位进行秘密的军事训练,为将来的角色做准备。当然在信号发出时,如果有共产主义者领导的正规军,那么他们自然会有他们的作用。但是这一作用只能仅仅停留于辅助作用。这种主张在1927年底到1928年初批判毛泽东和他的同事以及南昌起义的领导人时曾反复出现。他们受到的批判是,他们过于重视他们麾下的军队,但却忘记了只有人民武装了才能进行革命这一事实。南昌起义报告中出现的李立三极端立场说明了这一点。他认为,工农兵军队的起义只是冒牌起义,工人和农民"应该自然行动起来"。当然主张有组织的武装军队应该在中国革命中起到中心作用的革命战略的人不只毛泽东一个。但是很明显,认为他是主导了这种倾向的创始人之一并非歪曲历史。④

舒兰认为,毛泽东战略的特征是在战略上重视"革命军队",胜过工人农民的"自觉的群众起义"。这种战略无疑是从根本上违背了称得上是欧洲式的列宁的想法。所以依赖列宁主义和俄罗斯经验的中国和苏联的共产主义

---

① 王健民,前引书,第1卷,558页。

② E.Snow,前引书,p.194。

③ S.Schram,"On the Nature of Mao Tse-tung's 'Deviation' in 1927",前引书,p.62。

④ 同上,pp.62-63。

者们批判这一战略也是理所当然的。[①] 但是舒兰认为,与其"政治"色彩无关,毛泽东的战略是适合亚洲国家和落后的"非欧洲"国家的。[②]

笔者想要超越舒兰的这些主张,首先提出下列事实来说明毛泽东战略的特征。毛泽东战略的特征首先是主张应该在远离城市的地方组织能够与"反革命"军队相对抗和战斗的革命势力和革命军。1928 年 10 月,在井冈山新基地,毛泽东指出了最近共产主义者惨败的原因:

> 从广东出发向长江发展的 1926 年的革命,因为无产阶级没有坚决地执行它的领导权,被买办豪绅阶级夺取了领导,遂改变了革命的性质,资产阶级民主革命乃遭遇到历史性的失败。这个失败大体相当于 1905 年俄罗斯革命的失败。[③]

毛泽东是最早反对"八七"紧急会议和共产国际路线的中国共产主义者之一,他致力于立即创建"苏维埃军队",即由工人、农民和武装军队组成的独立军队。中国革命,尤其是 1927 年下半年几个月间革命中出现的问题并不适合采用列宁的战略,尤其不适合采用 1905 年俄罗斯革命的课题和战术。

1926 年到 1927 年间中国革命的失败给了毛泽东很大的教训,即共产主义者一定要独立,并将政权掌握在手中。中国共产党中央委员会和斯大林一直不承认这种必要性,直到 1927 年 9 月 19 日才承认。中国共产主义者没有任何独立的权力和正规军队,败给实力雄厚的国民党军队也是无可奈何的事。很多共产主义者十分悲观和失望,他们预感到了即将被强大的国民党军队歼灭的危险。[④] 为了避免这种危险,毛泽东选择了剩下的唯一一条路,这条路就是领导少数"红色"势力(即共产主义势力),同统治全国的国民党势力及其军队进行的反革命歼灭战展开危险而坚韧不拔的持久战。这样他便在自己关于处于半殖民地状态下的中国的两大敌对——赤与白——势力和军队的纲领中批判地扬弃了由于敌对的"阶级斗争"原理狭隘地限定了的马克思列宁主义战略,即城市无产阶级革命。毛泽东纲领修正了斯大林

---

① 同上,p.63。

② 同上,p.66。

③ 毛泽东:《湘赣边界各县学的二次代表大会决议案》(1927 年 10 月 25 日),竹内实编:《毛泽东集》,第 2 卷,16 页。

④ 关于中国共产主义者对 1927 年惨败的心理反应,参见野村浩一:《中国革命の思想》,东京,1971,85—90 页。

“错误的”诊断(1926.9),强调了可以对抗武装反革命势力的武装红军“存在”和“发展”的可能性。

毛泽东对于中国红色势力“存在”和“发展”的根据是这样说的:

> 一国之内,在四周白色政权的包围中,有一块或若干小块红色政权的区域长期地存在,这是世界各国从来没有的事。这种奇事的发生,有其独特的原因。……必然是在帝国主义间接统治的经济落后的半殖民地的中国。因为这种奇怪现象必定伴着另外一件奇怪现象,那就是白色政权之间的战争。帝国主义和国内买办豪绅阶级支持着的各派新旧军阀,从民国元年以来,相互间进行着继续不断的战争,这是半殖民地中国的特征之一。……这种现象产生的原因有两种,即地方的农业经济(不是统一的资本主义经济)和帝国主义者划分势力范围的分裂剥削政策。……我们只须知道中国白色政权的分裂和战争是继续不断的,则红色势力的发生、存在并且日益发展,便是无疑的了。……现在中国革命形式是跟着国内买办豪绅阶级和国际资产阶级的继续的分裂和战争,而继续地向前发展的。所以不但小块红色区域的长期存在没有疑义,而且这些红色区域将继续发展,日渐接近于全国政权的取得。
>
> 相当力量的正式红军的存在,是红色政权存在的必要条件。若只有地方性质的赤卫队而没有正式的红军,则只能对付挨户团①,而不能对付正式的白色军队。所以虽有很好的工农群众,若没有相当力量的正式武装,便决然不能造成割据局面,更不能造成长期的和日益发展的割据局面。②

毛泽东认识到了处于半殖民地状态的中国的白色势力和帝国主义者的决定性弱点,其根据是“中国的白色势力圈内的矛盾与战争会不断地进行下去”。毛泽东利用白色势力的这一弱点,制定了可以进行弱者(红色势力)对强者(白色势力和帝国主义者)的革命战争战略。1931 年 11 月 3 日在江西

---

① “挨户团”是当时湖南农村武装的一种,它分常备队和非常备队两部分。“挨户”是形容几乎每一户人家都要参加的意思。在 1927 年革命失败后,许多地方的挨户团被地主所夺取,变成了反革命武装组织。

② 野村浩一,前引书,17—19 页;Mao Zedong,“Warum kann die chinesische Rote Macht bestehen,” MAW,Bd.I,S.69-71.

基地,在毛泽东和朱德的领导下,中华苏维埃共和国即共产党战时政府诞生了。但是这一政府的主导权马上落入了共产国际的忠实委员们的手中。

由于盲目追随共产国际的中央委员(如王明、秦邦宪、张闻天等)认为再也无法抵御蒋介石的大规模包围歼灭战,尤其是在1933年10月开始的第五次"围剿",红军不得不放弃江西根据地逃跑,毛泽东的革命路线成为指导路线正是1934年10月,即所谓长征开始之时。1935年1月4日,毛泽东在贵州遵义召开的中国共产党紧急会议中掌握了权力,之后他在险峻的西北边区重建了共产党战时政府。扎营于边区的这一红色政府要做的第一件事就是批判王明根据共产国际第七次全会(1935.7.25—8.20)决定起草并在上海大量散布的"八一宣言"①。因为王明在这一宣言中以中国共产党和党中央委员会的名义主张立即与南京的蒋介石国民党中央结成抗日统一战线,而红色势力从1933年起就已经开始反对蒋介石了。②

除掉了强有力的对手托洛茨基(L.Trotsky)以后,斯大林开始在俄罗斯着手大规模建设"社会主义"国家,努力试图尽可能不受资本主义国家干涉地贯彻第一个五年经济计划(1928—1933)。这一时期俄罗斯外交政策的特点是,对资本主义国家也表现出了友好姿态。但是对于斯大林来说,西欧的意大利、德国等反共法西斯是危险的势力。斯大林尤其畏惧纳粹政府,纳粹政府在以德国为中心的社会民主主义者和苏联的共产国际之间的相互敌对竞争关系中得到了一些好处,并于1933年掌握了政权。在东方,斯大林也同样害怕日本,日本的反共主义在1931年将满洲殖民地化以后,又威胁到中国其他地区和俄罗斯。斯大林时期的俄罗斯不愿意和日本直接对立。1932年,斯大林和南京的国民党政府又恢复了1928年以来中断了的外交关系。1935年1月1日,在莫斯科举行共产国际第七次全会时,意大利、德国和日本等法西斯政府已经渐渐接近,而中国的红色势力却由于蒋介石彻底的"围剿"而受到了极为沉重的打击。在这种情况下召开的共产国际第七次全会将建立"反帝国主义人民战线"作为殖民地、半殖民地国家共产主义者的主要任务。

> 在殖民地、半殖民地国家共产主义者的主要任务是努力建立反帝国主义统一战线。为了实现这一目标,应该尽可能地将更多的群众拉

① "八一宣言"全文参见王健民,前引书,第3卷,42—45页。

② 关于毛泽东和斯大林路线的差异,参见新岛淳良的分析。新岛淳良:《毛泽东の思想》,东京,1976,73—127页,特别是75—80页。

到与渐渐增加的帝国主义剥削相对抗、追求国家独立的民族解放运动中来。……还应该主动参与民族改良主义者领导的反帝国主义群众运动,并且以具体的反帝国主义为基础,为实现通过民族革命家与民族改良主义者的有机结合进行的共同行动而努力。①

对于中国,斯大林几乎没有对红色势力抱有任何希望。因为中国的红色势力已于1935年被蒋介石完全粉碎,正处于逃亡途中。所以斯大林着眼的是将南京政府强大的军队拉到抗日统一战线中来:

中国共产党应该竭力扩大民族解放斗争战线,吸收凡是决意抵抗日本及其他帝国主义侵略行为的民族势力,来参加民众解放战争。②

于是在共产国际第七次会议中,王明起草了“八一宣言”,他并没有取得中国苏维埃政府的认同便公开宣布了应该和南京国民党建立抗日统一战线的提案。此处问题的核心在于王明忽视了中国共产主义者的主导权(Hegemonie)要求。③

另一方面,尽管蒋介石穷追不舍,毛泽东还是为巩固红色势力和掌握政权而浴血奋战,刚刚结束著名的长征。但毛泽东和他的追随者等于已经被斯大林抛弃了,因为斯大林实际上并没有太注意中国共产主义者锲而不舍的斗争。1935年12月25日,中国共产党在陕北瓦窑堡召开了中央委员会。在这里,1933年以来执行至今的共产党和民族主义势力的统一战线被强调为反对“民族反革命战线”的“民族革命战线”。这一会议的决议内容如下:

民族革命战线与民族反革命战线,是在重新改组中。因此党的策略路线,是在发动团聚与组织全中国全民族一切革命力量去反对当前的敌人日本帝国主义及卖国贼头子蒋介石。不论什么人,什么派别,什么武装部队,什么阶级,只要是反对日本帝国主义及卖国贼蒋介石的,

① d' Encausse/Schram,前引书,《共产国际第7次会议决议概要》,pp.345-346。

② 《斯大林对中国共产党的指令》,王健民,前引书,第3卷,36页。

③ 关于“八一宣言”的原文,参见王健民,前引书,尤其是44—45页。

都应该联合起来开展神圣的民族革命战争。[①]

斯大林和毛泽东的革命路线是完全相反的,斯大林强迫中国共产党以蒋介石为首,团结一切形态的民族主义势力,组织一种"联合政府"和"联合军队",即单一的抗日势力乃至抗日军队。与此相反,毛泽东则强调建立以日本帝国主义和蒋介石为主要敌人的"民族革命战线"的必要性,而且还强调在抗日统一战线中共产党应该掌握主导权。

共产党应该以自己积极的彻底的正确的反日反汉奸反卖国贼的言论与行动,去取得自己在反日战线中的领导权。也只有在共产党的领导之下,反日运动才能得到彻底的胜利。……党的领导权的取得,单靠在工人阶级中活动(这是要紧的)是不够的,共产党员必须在农村中,贫民中,士兵中,小资产阶级与知识分子中,以至于一切革命同盟者中,进行自己的活动,为这些群众的切身利益而斗争,使他们相信共产党不但是工人阶级利益的代表者,而且是中国最大多数人民的利益的代表者,是全民族的代表者。……为了完成中国共产党在伟大时期所负担的神圣任务,必须在组织上扩大与巩固党,在新的大革命中,共产党需要数十万数百万能战斗的党员,才能率领中国革命进入彻底胜利。[②]

毛泽东试图以其独特的方式唤起反对日本和蒋介石的民族主义感情。毛泽东还公开在全国发动了反对日本和蒋介石的学生、知识分子运动。[③] 当时一部分白军虽然处于蒋介石总司令的麾下,但是由于日本帝国主义强烈的殖民地化野心,所以与共产主义者相比,他们更想和日本战斗。毛泽东利用这一机会,试图将一部分白军个别地拉到自己这一边来,结果在 1936 年 12 月爆发了著名的"西安事变"。[④]

1931 年张作霖被日本军杀害以后,满洲沦为日本的殖民地。满洲强大的军阀张作霖之子张学良带领着他的军队离开了故乡。他欢迎共产主义势

① 毛泽东:《对当前的政治情况的表决和党的任务》(1935.12.25),竹内实编,《毛泽东集》,第 5 卷,24 页。

② 同上,25—26 页,37—38 页。

③ 参见王健民,前引书,第 3 卷,66—80 页。

④ 同上,第 23 章"西安事变",第 3 卷,81—115 页。

力的抗日统一战线运动,所以从1936年6月起张学良和中国共产党的领导为了实现抗日统一战线而进行了一系列的协商。[①] 而面对日本占领满洲并继续扩大侵略,蒋介石不但表现得软弱无力,还压迫抗日统一战线运动和反内战运动,并且挖空心思包围和歼灭红军。1936年12月,蒋介石从洛阳来到西安,为的是纠集那里所有的白军,给西北红军以决定性的打击。但是西北的白军将军杨虎城却于1936年12月12日发动了军事政变,逮捕了蒋介石。其后毛泽东等中国共产党领导人在延安召开大会,通过了将蒋介石交给人民裁判的决议。[②]

但是中国共产党对蒋介石的强硬政策立即被斯大林阻止了。苏联政府机关报《消息报》的社论也立即批评了张学良的西安事变:

> 西安叛乱,无论以任何口号方案为借口,这一行动……实代表一项危机,不仅危害南京政府,而且危害整个中国。张学良虽高举抗日旗帜,其行动明显只是对日本帝国主义有利。只要南京政府推行抵抗日本侵略者政策,抗日的统一人民战线便不应反对南京,而应与南京合作。[③]

第一,斯大林从一开始就认为,只有南京国民政府(蒋介石)才具有可以与日本帝国主义相对抗的力量。第二,他最害怕东方的日本和南京政府联合起来对抗苏联,在任何情况下都想排除这种可能性,所以斯大林认为最重要的就是将蒋介石拉到自己一边来。此外,斯大林认为,如果蒋介石一死,采取亲日路线的汪精卫极有可能成为南京国民政府的首领。斯大林非常正确地预测日本和南京政府的接近到那时会蕴含着直接威胁苏联在东北主导权的危险性。[④] 出于这一原因,斯大林威胁毛泽东的中国共产党不但要保护蒋介石,而且还要和他一起(或在他的指挥下)形成抗日统一战线。[⑤] 结果这使毛泽东试图将蒋介石交给人民裁判的计划受挫了。同时抗日民族主义者张学良也被《真理报》猛烈斥责为日本帝国主义的帮凶。[⑥] 另一方面,被软禁

---

① 同上,84页。
② 同上,97—98页;新岛淳良,前引书,101页。
③ 王健民,前引书,99页。引自中文译文。
④ 同上。
⑤ 新岛淳良,前引书,101页。
⑥ 参见《真理报》社论的中译文。王健民,前引书,99页。

起来的蒋介石再也无法违背"停止内战,联合抗日"的要求,并且被苏联称赞为中国最高的民族主义领导人。蒋介石于12月25日离开了西安,此时他成了抗日统一战线的最高领导人,连红色势力也要服从他的指挥。

正如通过以上叙述所表现出来的,毛泽东路线和斯大林路线之间的决定性差异最终在于中国共产主义势力是掌握中国革命的领导权,还是有所保留的问题。为了更加突出这两种路线的差异,现在我们来概括一下毛泽东关于中国革命的纲领,并从中得出结论。

毛泽东及其追随者对1926年到1927年之间的革命挫折刻骨铭心,得出了"血的教训"[①]。为奠定和扩大红色势力的基础,带领自己的军队进行了战斗,所以下定决心在这次与国民党建立的抗日统一战线内部,无论如何都要保持自己原来军队的独立性和主导权。中国共产党领导人(毛泽东)无法公开违背斯大林的路线,所以他们只好想出一个妙计,使自己的路线在表面上看起来和斯大林的路线是"一样"的。但是实际上他们是想对抗武装反革命,继续进行独立战争。因此,为了完成这一艰巨的任务,毛泽东主张中国的两个阶段革命论和"新民主主义论"。[②] 在1935年12月25日瓦窑堡决议之后,毛泽东曾这样说道:

> 中国革命的现时阶段依然是资产阶级民主主义性质的革命,不是无产阶级社会主义性质的革命。……1924年至1927年的革命是资产阶级民主主义性质的革命,这次革命没有完成,而是失败了。1927年至现在,我们领导的土地革命,也是资产阶级民主主义性质的革命,因为革命的任务是反帝反封建,并不是反资本主义。今后一个相当长时期中的革命还是如此。……在将来,民主主义的革命必然要转变为社会主义的革命。[③]

正如文中所说的,毛泽东和斯大林一样主张中国的两个阶段革命。由于这一原因,他的中国革命理论基本上带有斯大林主义的外表。但是如果对这些一般的见解进行仔细分析,就会发现它们与事实相反。

---

① Mao Zedong, *Die Taktik im Kampf gegen den japanischen Imperialismus*(am 27,12,1935), MAW, Bd. Ⅰ, S.194.

② 新岛淳良,前引书,107页。

③ Mao Zedong,前引书,S.197-198。

毛泽东的中国革命理论是从对带有以下特征的半封建、半殖民地中国社会客观条件的正确认识出发的：

(1)处于半封建状态下的中国，从经济上看，占支配地位的“(不是统一的资本主义经济)是地方的农业经济，即‘儒家式’社会的‘残渣’”。正是这一因素使中国被封建地分割开来，并且落入了反动军阀手中。

(2)众多的帝国主义国家在政治、经济和军事领域谋划着自己的垄断支配，而军阀们则代替他们卷入混战。在这种半殖民地状态下的中国，“毫无疑问，白色政权的分裂和战争是继续不断的”。

(3)“由于中国是在许多帝国主义国家的统治或半统治之下，由于中国实际上处于长期的不统一状态，又由于中国的土地广大，中国的经济、政治和文化的发展，表现出极端的不平衡。”

(4)“中国革命的敌人”是强大的帝国主义、强大的封建势力和资产阶级中和这两者相勾结的反动势力。但是目前他们“十分强大”。

(5)“由于帝国主义和封建主义的双重压迫”，广大人民群众尤其是农民越来越贫困。

(6)他们“毫无政治权利”。“中国人民的贫困和不自由的程度，是世界所少见的。”①

上面这些客观条件一方面在很长一段时间内分割出了很多势力(在他们中间出现了相敌对的势力——红军和白军)；另一方面，也引起了开展革命的不均衡性。

自1919年的五四运动以来，革命的不均衡性便在各个地区体现出来了。以广东为中心，随着资产阶级民主主义革命发展程度的不同，出现了相应的差异。一言以蔽之，从整个国土来看，革命的进展情况不一。“中国红色政权首先发生和能够长期地存在的地方，不是那种并未经过民主革命影响的地方，例如四川、贵州、云南及北方各省，而是在1926和1927两年资产阶级民主革命过程中工农兵士群众曾经大大地起义过的地方，例如湖南、广东、湖北、江西等省。”②由于帝国主义，尤其是日本帝国主义、强大的封建势力以及与他们相勾结的民族叛徒等中国革命的敌人“出乎意料地强大”，所以共产主义者的课题是准备与“白色”反革命进行对抗的“漫长而艰巨的斗争”，

① MAW，Bd.I，S.69-70以及MAW，Bd.Ⅱ，S.362-363。

② MAW，Bd.Ⅰ，S.70.

并“形成广泛的统一战线”[①],将革命引向胜利。

毛泽东十分清楚,拥有软弱的战时政府的共产主义者想同强大的南京政府和帝国主义相对抗,需要很长的时间。他认为,在很长一段时间内,严格地说是五四运动以来,“日本帝国主义对中国的殖民地侵略”已经纳入轨道,尤其是1931年9月18日满洲事变以后开始变本加厉。[②] 而在此期间,“无产阶级专政”或“资产阶级专政”无法掌握全中国的势力。[③] 所以毛泽东主张第三类型的“新民主主义”论。

> 第三种,殖民地半殖民地国家的革命所采取的过渡的国家形式。……只要是殖民地或半殖民地的革命,其国家构成和政权构成,基本上必然相同,即几个反对帝国主义的阶级联合起来共同专政的新民主主义的国家。在今天的中国,这种新民主主义的国家形式,就是抗日统一战线的形式。它是抗日的,反对帝国主义的;又是几个革命阶级联合的,统一战线的。[④]

毛泽东的新民主主义纲领看起来是和共产国际第七次全会的决议即“反帝国主义人民战线”纲领(斯大林路线)是一致的。共产国际建议共产主义者和民族主义者形成广泛的人民战线同帝国主义者进行斗争。但是两者之间存在着根本的差异。这个问题就是,到底应该由谁来掌握“新民主主义”或广泛的反帝国主义(正确地说是反法西斯主义)人民战线联合势力的主导权。也就是应该由民族资产阶级政党来掌握,还是由无产阶级政党来掌握。围绕着这一问题,毛泽东明确主张,在抗日统一战线内部应该由无产阶级掌握主导权。

> 依现时的情况说来,离开了无产阶级及其政党的政治领导,抗日民族统一战线就不能建立,和平民主抗战的目的就不能实现,祖国就不能保卫,统一的民主共和国就不能成功。在今天,以国民党为代表的资产阶级还带着很多的被动性和保守性。……对于抗日民族统一战线,在

---

① MAW,Bd. Ⅰ,S.189-190。
② 同上,S.177。
③ MAW,Bd. Ⅱ,S.408。
④ MAW,Bd. Ⅱ,S.409。

长久的时期中表示不敢接受。……抗日救国的总参谋部的职务，共产党是责无旁贷和义不容辞的。①

关于这一问题，克劳汀（F.Claudin）对中国共产党的指导路线和共产国际的路线从原则上进行了区分：

乍一看，中国共产党的政策的确像似单纯的欧洲人民战线的中国式的变形。但是实际上这两者之间有着根本的差别。欧洲的人民战线实际上是将革命势力赋予了"资产阶级民主主义"，而在中国，毛泽东和蒋介石合作时，这一联合不但丝毫没有影响到革命势力的独立性，反而成功地增加了他们的军事力量和政治潜力。在抗日战争中，国民党显得十分脆弱和懦弱，而且还渐渐依附美帝国主义，与此相比，中国共产党作为最激进和最有能力的民族独立带头人走在了最前面……②

在抗日战争期间，毛泽东领导的中国共产党不仅得以在北部巩固了他们的政府，而且还强化了他们的革命军。在这一时期，革命军的人数从 9.2 万发展为 100 万到 300 万。③

中国革命分为两个时期。第一个时期是漫长的战争期（1927—1949），红、白两股敌对势力围绕掌握全国政权的问题而展开斗争。第二个时期是 1949 年以后，这一时期红色势力得以在全国实行统一的专政。毛泽东将第一阶段的革命命名为"资产阶级民主主义"革命，将第二阶段的革命命名为"社会主义"革命。正如前面所述，从这一点上来看，毛泽东和斯大林之间存在着类似性。但是事实上毛泽东的路线是有意识地对抗斯大林立场的。为了突出这一点，让我们来更细致地了解一下"新民主主义"纲领。

毛泽东将"以殖民地和半殖民地革命为主"的第一阶段的国家形态称为"过渡形态"，即"新民主主义国家形态"，他认为这一国家是"几个反帝国主义阶级联合进行联合专政"的国家形态。他还补充说，"在今天的中国中，这种新民主主义国家形态存在于抗日统一战争形态之中"。

但是这里我们想问的是，在抗日战争期间，"几个反帝国主义阶级联合

---

① MAW，Bd.I，S.322。

② F.Claudin.*The Communist*，Park one，New York.1975，p.293.

③ 胡华：《中国新民主主义革命史》，北京，1981 年，285 页。

进行的联合专政"是如何体现的？它的实际面貌如何？更根本地说，在如此广阔的国土上，当时的所谓"几个反帝国主义阶级联合进行的联合专政"是否可能作为一个统一的权力高高在上？

众所周知，抗日战争期间，云南的共产党政府常常被南京的军队封锁。[①]从毛泽东的《新民主主义论》中可以得知，他当时也注意到了国民党的这种反共政策。例如，他曾注意到了"制约共产党""分裂共产党"并发动"对其他党的限制措施"的"国民党的反共政策"。[②] "'抗日民族统一战线'实际上不带有一个国家的形态，反倒是两个异质国家的结合体。"当然这两个"国家"虽然曾一起"进行了抗日斗争，但却互相怀有敌意"[③]。实际上，在中国抗日战争期间，那种第三类型的国家，即几个反帝国主义阶级参加的联合专政作为"唯一的"联合势力登场的可能性是不存在的。通过历史事实来看，中国在1949年之前也不存在带有共同专政形态的反帝国主义联合国家权力。除微弱的共产主义势力以外，当时的中国处于对买办阶级和美帝国主义的依存度越来越高的国民党势力以及(满洲的)日本的傀儡政府的统治之下。

另一方面，斯大林关心的是创立"全中国统一的国防政府"和"全中国的抗日联军"。[④] 斯大林认为，由于中国革命处于"资产阶级民主主义"革命阶段，因此足以"创建一个联合的资产阶级中央政府"。[⑤] 当然斯大林承认了地方的红色势力，但是这并不意味着承认它是一个国家。斯大林只承认南京政府代表国家，所以还派了大使，维持着外交关系。

他认为，在资产阶级阶段，苏维埃势力不代表国家，所以与同时的资产阶级南京政府的联合是可能的。[⑥] 斯大林很早(1927.5)就对主张应该马上在中国建立苏维埃势力的苏联反对派强调过中国革命的资产阶级民主主义性质。他不允许"中国革命超越国民党的层次"。

> 现在有人主张应该马上建立由工人代议员构成的苏维埃，他们是企图越过国民党领导的中国革命，想犯下错误，令中国革命陷入极其困

---

① 新岛淳良，前引书，114页。
② MAW，Bd.II，S.416.
③ 新岛淳良，前引书，114页。
④ 《八一宣言》，王健民，前引书，第3卷，44页。
⑤ 新岛淳良，前引书，108页。
⑥ 同上，108—109页。

难的情况。①

斯大林的路线是，只要中国革命还处于资产阶级民主主义革命阶段，微弱的共产党势力便不应该要求掌握主导权，而是应该承认强大的国民党（民族资产阶级政党）的主导权，与这一政党联合起来。像第一次国共合作（1924—1927）的情形——这是由列宁提出的，到了斯大林时期以共产主义者的惨败告终——一样，这一路线使中国苏维埃势力（毛泽东）陷入了严重的困境。

从表面上来看，毛泽东也像斯大林一样主张"资产阶级民主主义"革命，主张建立抗日统一战线。但是毛泽东从一开始就认为无产阶级苏维埃势力应该掌握主导权。对于这一点，新岛淳良下了一个合适的结论：

> 根据毛泽东的定义，所谓第三类型是指几个革命阶级的联合专政。从不是无产阶级专政这一点来看，第三类型相当于与无产阶级专政不同的民众权力。这种差异完全是语言层面上的差别。无产阶级专政和联合专政在形式上是不一样的。这种权力（联合专政——笔者按）在1949年诞生了。这样一看就会明白它们的确是不同的。但是，如果从深层结构上，从其本质内容上来理解，这句话的意义是怎样的呢？联合专政的全国权力首先是与解放区的权力性质相同，再往上追究，则是红色地方政权的变身。支撑这一概略的阶级一直是无产阶级和农民，其支柱是红军，其领导人是中国无产阶级的前卫中国共产党。如果说有差异，仅仅是这同一个政权各个时期所采取的政治路线的不同。所以如果说1949年成立的中国共产党政权在本质上是无产阶级专政，那么苏维埃政权、边区政权和解放区的人民政府政权在本质上都是无产阶级专政政权。所以这绝不是第三类型。从语言的深层结构上理解时，联合专政和无产阶级专政是相同的，本质也是一样的。人民对它所理解的实质意义也是一样的。所谓联合政权不过是无产阶级专政的单纯的变形而已。……毛泽东开始是在地方，后来是在全国努力建立和巩固这样的政权。所以从毛泽东争取、指导并巩固的政权的性质上来看，他的中国革命论是一个阶段的无产阶级革命论。在中国革命中，这一

① Stalin, "Zu Fragen der chinesischen Revolution," *Stalin und die chinesische Revolution*, S.84.

无产阶级一个阶段革命论(毛泽东)和主张应该从与一部分敌人,即与民族资产阶级的联合政权向无产阶级专政阶段发展的、叫做“资产阶级革命、无产阶级革命”的两个阶段革命论(斯大林)是对立的。①

一言以蔽之,毛泽东的革命是“一个阶段革命”。这一革命在本质上是弱小的革命势力对强大的反革命势力的持久战。毛泽东曾(1939)这样说过他的革命战略:

强大的帝国主义及其在中国的反动同盟军,总是长期地占据着中国的中心城市,如果革命的队伍不愿意和帝国主义及其走狗妥协,而要坚持奋斗下去,如果革命的队伍要准备积蓄和锻炼自己的力量,并避免在力量不够的时候和强大的敌人做决定胜负的战斗,那就必须在落后的农村建立先进的巩固的根据地,造成军事上、政治上、经济上、文化上的伟大的革命阵地,借以反对利用城市进攻农村区域的凶恶敌人,借以在长期战斗中逐步地争取革命的全部胜利。②

毛泽东认为,处于劣势的革命势力应该寻找强大的反革命势力具有的弱点,然后从其弱点开始进行革命。实际上中国革命是从“渐进的”“落后的农村”向“城市”,从“地方”向“全国”展开的。

最后应该注意的是,毛泽东的这种战术并不是从马克思列宁主义的最高原理阶级斗争论,即将敌对的阶级斗争当作人类历史进步的根本动力的马克思列宁主义的最高原理中“有逻辑地、必然地”得出来的。毛泽东战术的根据不是从由于资本主义生产方式而“变得悲惨”的无产阶级那里,而是从处于没落过程中的“儒家式”社会的必然产物、数千万“悲惨的”农村人口中寻找的。当然,可以认为毛泽东战术的胜利从传统中国战争论中受益匪浅。以前中国曾有过不少以弱胜强的战术家,如孙武、诸葛亮等。笔者认为,单纯从“战略意义”上来看,毛泽东的革命路线和这些传统战术家的战争方法几乎无法区分。在儒家式社会里,大约每隔200年就会周期性地爆发一次大规模的、持续几十年的持久的农民战争,他们通过这种农民战争在各自

① 新岛淳良,前引书,124—125页。

② MAW,Bd,Ⅱ,S.367.

时代里得以称霸天下。

但是毛泽东的革命和过去农民战争的根本差异不在于进行战争的"战术",而在于革命精神。中国共产主义革命的目标从一开始就是以无产阶级的阶级意识为媒介,最终将处于殖民地、半殖民地状态的儒家式社会变成社会主义社会。实现这一目标的前提正是以"无产阶级的阶级意识"武装共产党的革命主力红军。出于这一原因,毛泽东和中国共产党要竭尽全力改造和教育那些像鲁迅的阿 Q 一样由于"中国本色"而变得悲惨不堪的人们带有的各种各样的落后想法和理念,使他们变成进步的、革命的"无产阶级"。刘少奇在 1947 年对于这一点是这样说的:

> 马克思认为……只有产业工人才是唯一可以接受和实现共产主义的阶级。……因为他们:①没有生产手段,②靠出卖劳动力维持生活,③习惯了在工厂和其他人集体劳动。但是所有这些都只适合于西方世界。在中国四亿零五千人口中,称得上产业工人的数字极少,只不过二三百万而已。但这一极少的数字却正在为成为未来共产党的预备军而接受帝国主义者和资本家的训练。另一方面,毛泽东正在其他阶层里训练着另外一类的二三百万人。他们乍看起来像似没有什么纪律,也没有什么热情,但是却比产业工人更有纪律,更有献身精神。[①]

二、作为马克思和毛泽东唯物辩证法根本范畴的"实践"

> 从前的一切唯物主义(包括费尔巴哈的唯物主义)的主要缺点是:对对象、现实、感性,只是从客观的或者直观的形式去理解,而不是把它们当作感性的人的活动,当作实践去理解,不是从主体方面去理解。
>
> ——K.马克思《关于费尔巴哈的提纲》

毛泽东曾多次提到过他的《实践论》一文(1937.7),该文第一句话是这样说的:

---

① Anna Louise Strong, "The Thought of Mao Tse-tung," *Amerasia*, Vol Ⅳ, No.6 (Juni 1947), p.162.

> 马克思以前的唯物论，离开人的社会性，离开人的历史发展，去观察认识问题，因此不能了解认识对社会实践的依赖关系，即认识对生产和阶级斗争的依赖关系。①

所以毛泽东的认识论是与马克思的费尔巴哈提纲相联系的。马克思在《关于费尔巴哈的提纲》中指出，费尔巴哈“只将理论的态度（表明）理解并确定为人真正的态度”，所以他的世界观虽然是“唯物论”的，但却是“思辨的”（spekulativ）。正因如此，马克思将“人的感性行为即实践（Praxis）”当作唯物辩证法真理的标准提了出来。②

> 人的思维是否具有客观的真理性，这不是一个理论的问题，而是一个实践的问题。人应该在实践中证明自己思维的真理性，即自己思维的现实性和力量，自己思维的现世性。关于思维——离开实践的思维——的现实性或非现实性的争论，是一个纯粹经院哲学的问题。③

因为对于马克思和毛泽东来说，“实践”在他们的唯物辩证法中正是基本的范畴，所以下面我们想更加明确地阐释一下马克思和毛泽东的“实践”概念。在这一过程中，毛泽东的唯物辩证法将最终突出为“中国化马克思主义”的一个形态。

1.作为实践存在的马克思的人论

青年时代的马克思作了“面向德国情况的宣战书”④。马克思主要关心的是通过“感性的”（sinnlich）人的“实践活动”来变革惨无人道的情况，也就是说，通过“革命”实践来改变非人的情况。所谓青年黑格尔学派的“批判”哲学——马克思也曾一度与他们交流，却通过与他们思想的批判较量，得以树立了独立的思想——和之前的唯心哲学家（黑格尔）一样停留于“思辨”（spekulation），仅仅止于觉悟哲学的“课题”。但是他们却没有觉悟出“只有实践才是解决这一问题的唯一手段。”⑤对此，马克思是这样说的：

---

① MAW，Bd，Ⅰ，S.347.

② K.Marx，“1.These über Feuerbach，”MEW，Bd.3，S.5.

③ K.Marx，“2.These über Feuerbach，”同上。

④ *Zur Kritik der Hegelschen Rechtsphilosophie*，Einleitung，MEW，Bd.1，S.380.

⑤ 同上，S.385。

> 对宗教的批判最后归结为人是人的最高本质这样一个学说,从而也归结为这样的绝对命令:必须推翻那些使人成为被侮辱、被奴役、被遗弃和被蔑视的东西的一切关系。①

马克思作为行动的思想家(及革命家)首先与思辨哲学——无论它是唯物论还是唯心论——进行了批判的较量。

马克思发现的从前的唯物论本质上的缺点是,“从前的唯物论无法以能动的、创造性的本质来认识人”。“所以古典的唯物论的认识论常常将认识解释为外部世界作用的结果(Effekt der Einwirkung),也就是说,在被动的、具有可塑性的(plastisch)人的精神世界之中,客体常常如实反映出来的就是认识。”②但是黑格尔虽然是在唯心论的框架之中,但却是第一个突出了“能动性”(Tätigkeit)。马克思认为,黑格尔的精神现象学的伟大性在于“捕捉了劳动的本质,将对象的人认识为现实的人,从而将真正的人认识为人自身劳动的产物”③。但是马克思却站在费尔巴哈的唯物论立场上这样批判了黑格尔的精神现象学:“黑格尔在精神现象学中用‘自我意识’代替了人,所以‘无限多样的’人的现实仅仅体现为特定形式,即‘自我意识的一个规定性’。……黑格尔不是将自我意识当作那种由于是现实的存在,所以生活在现实世界,同时又受对象世界制约的人的‘自我意识’,而是将人当作‘自我意识’的人。黑格尔将世界放进了‘头脑’中,所以能够从头脑中消除所有局限性。整个《精神现象学》是想证明‘自我意识’是‘唯一’的实在,同时也是‘一切实在’。”④黑格尔所探讨的实践最终并不是现实的“感性的”人的实践,而是从具体的历史和社会关系中抽象化的“自我意识”的实践。所以黑格尔认为的实践“顶多不过是意味着一种‘理性的诡计’(List der Vernunft),即媒介的活动。此处作为理性的诡计的媒介活动是指使对象(Objekte)们按照各自的本性互相作用,并且倾尽所有力量,但并不直接介入这些对象的过程中去,而同时又只贯彻自己的目的的活动”⑤。

为了使黑格尔的这种绝对唯心论解体,马克思赋予了费尔巴哈的人学

---

① 同上。

② M.Mardovic, *Dialektik der Praxis*, Frankfurt/M, 1971, S.20.

③ *Pariser Manuskripte 1844*(Rororo), 1968, S.113.

④ Die heilige Familie, MEW, Bd.2, S.202-203.

⑤ M.Markovic, a.a.O., S.21; Das Kapital, Bd, 1, MEW, Bd.23, S.194.

唯物论以决定性的意义。费尔巴哈的人学唯物论“不满足于抽象的思维,将宗教的本质的消解看成人的本质”。用马克思的话来说,费尔巴哈“从一开始进入哲学界的瞬间起就与陶醉于思辨的黑格尔哲学相对抗,对立地提出了‘冷静哲学’(die nüchterne Philosophie)”①。但是没有将“人的活动本身认识为面向‘对象的’活动”②。“费尔巴哈特别谈到自然科学的直观,提到一些只有物理学家和化学家的眼睛才能识破的秘密,但是如果没有工业和商业,哪里会有自然科学呢?甚至这个‘纯粹的’自然科学也只是由于商业和工业,由于人们的感性活动才达到自己的目的和获得自己的材料的。这种活动、这种连续不断的感性劳动和创造、这种生产,正是整个现存的感性世界的基础,它哪怕只中断一年,费尔巴哈就会看到,不仅在自然界将发生巨大的变化,而且整个人类世界以及他自己的直观能力,甚至他本身的存在也会很快就没有了。当然,在这种情况下,外部自然界的优先地位仍然会保持着,而这一点当然完全不适用于原本的、通过‘(与上帝)同等根元性出生’(*generatio aequivoca*)的人们。但是这种区别只要在人被看作是某种与自然界不同的东西时才有意义。此外,先于人类历史而存在的那个自然界,不是费尔巴哈生活其中的自然界:这是除去在澳洲新出现的一些珊瑚岛以外今天在任何地方都不再存在的,因而对于费尔巴哈来说也是不存在的自然界。”③

此处马克思作为唯物论者当然不否认外界自然的优先性,即先行于人类历史的自然优先性。但是马克思区分开了“人的感性活动”,即人的劳动与“外界的自然”。这样区分开的外界自然“由于放在人类历史之外,所以不可能为了现实的人类而存在,更不可能为了费尔巴哈而存在”。在这里马克思注意的不是“外界自然的优先性”本身,而是“作为人的实践契机”④的自然。所以马克思在《巴黎草稿》(*Pariser Manuskripte*)中强调了下面这一点:“……对于人来说,与人相分离地抽象地考察自然的话,那么孤立的自然什么也不是(即为无)。”⑤“由于没有在使人成为人的生存条件中来认识人”,

---

① *Die heilige Familie*, MEW, Bd.2, S.132.

② Thesen über Feuerbach, MEW, Bd.3, S.5.

③ Die deutsche Ideologie , elenda, s.44. *seneratio neguivoca*(Urzeugung)是经院哲学所争论的主题之一,它意味着耶稣的出生本质上具有与上帝同等的根源性意义。

④ A.Schmidt, *Der Begriff der Natur in der Lehre von Marx*, S.23.

⑤ *Pariser Manuskripte*(Rororo, 1844), S.126.

所以费尔巴哈“仅仅停留于捕捉抽象的，而不是现实存在的、活动的人”。[①]总而言之，正如马尔克维奇(M.Markovic)简洁表述的那样，费尔巴哈所说的人根本上是“冥想的存在(betrachtendes Wesen)。而费尔巴哈没有提到这一点，即人改变自然、书写历史，同时通过这种实践创造出自我”[②]。所以马克思这样批判了费尔巴哈：“只要费尔巴哈是唯物论者，他就不把历史放在心上。如果考察历史，那么费尔巴哈就不是唯物论者。对于费尔巴哈来说，唯物论和历史是分离的。”[③]

在《对阿道夫·华格纳的〈政治经济学原论〉的注释》(*Randglossen zu Adolph Wagners Lehrbuch der politischen Ökonomie*,1879—1880)中，暮年的马克思是这样公开叙述人与自然关系的：“在学院派学者看来，人对自然的关系不是受行为支持的‘实践的’关系，而本来是‘理论的’关系。……人与外界事物建立关系是作为满足自己欲望的手段，但是停留在人与‘外界事物’之间理论上建立的关系中决无法生活。人和所有的动物一样要有吃、喝等行为。所以与其说人们‘静止地处于’(in einem Verhältnis zu ‘stehen’)，不如说‘能动地对应(行为)’(sich aktiv zu verhalten)于某种关系中，即人通过行为将外界的某种事物变成自己的东西，从而满足自己的需求(人们这样开始生产)。”[④]在马克思看来，人本来不是被动的存在，而是“具有自然能力即生命力”的能动的存在，即“活动的自然存在”。[⑤] 对此，青年时的马克思就已经在《巴黎草稿》中这样写道：“人是直接的‘自然存在’。……(有一部分)人作为自然的、肉体的、感性的、对象的存在，像动物和植物一样被动地(leidend)被规定和制约的存在。也就是说，刺激人的冲动的对象作为独立于人的对象，即存在于人以外。但是这种对象是人需求的对象，是人发挥其本质力量过程中不可缺少的本质的对象。……饥饿是自然需求中的一个。所以为了解决饥饿，为了实现自我满足而需要自己之外的自然，即某种对象。”[⑥]

从这一点上看，人虽然是“直接的自然存在”，但是由于劳动而与“自然”分离开，所以又不是自然存在，这一点也很明显。作为感性对象的自然存在的人通过劳动与存在于自己之外的自然建立关系。“所谓劳动首先是在人

① *Die deutsche Ideologie*, a.a.O., S.44.
② M.Markovic, a.a.O., S.22.
③ *Die deutsche Ideologie*, MEW, Bd.3, S.45.
④ MEW, Bd.19, S.182-183.
⑤ *Pariser Manuskripte*, a.a.O., S.117.
⑥ 同上。

与自然之间形成的过程,是人以自己的行为为媒介,制约并控制自然和自己的新陈代谢。人以一种自然的力量与自然材料本身相抗衡。为了将自然材料变成自己的生活所需要的形态,人运用两只胳膊、两条腿、头和手等属于自己肉体的自然力量。在通过这种运动作用于自己之外的自然并改变自然的过程中,人同时也改变着自身的自然(Natur, 本性),即人发展自己内部的潜在力量。"[①]所以马克思并没有将人仅仅理解为自然存在,而是理解为"自觉的和活动的存在"。通过这一存在的"自觉的生命活动",人直接与"动物的生命活动"[②]区分开来。"当然动物也进行生产活动。例如蜜蜂、海狸、蚂蚁等动物也做巢,但是动物只生产自己或子女直接需要的东西。……动物只在直接的自然需求支配下才进行生产活动,与此相反,人则摆脱了'自然需求',自由地进行生产活动,进而只有在从自然需求中自由的时候才能进行真正的生产。动物只为自己生产,与此相比,人则对整个自然进行再生产。动物的产品直接归属于动物的'自然肉体',而人则自由地对立于'自己的产物'。动物只根据自己所属的种(species)的尺度和需求形成(formieren)东西,而人不仅会根据所有种的尺度进行生产,而且还会将人自身'内在的'尺度交给'对象'"[③]。在前面一节马克思已经说过,"这种生产活动"即人的自由而有意识的活动正是"'活动的人本来的生活'(sein werktätiges Gattungsleben)"。"通过人的这种生产活动,自然既是人的作品(Werk),又作为人的现实出现。"[④]

在活动的人的本然的生活中,也就是说在处于与自然连续不断的关系过程中,在对自然进行劳动的人本来的生活中,人实现现在"存在的"自我以及将来将要形成的自我。总之,"人由于自然而维持生活"[⑤],同时通过自己的"劳动"实现自己的目的。人通过劳动来实现动物不具有的人的观念。"蜘蛛进行类似纺织工的行动,蜜蜂盖出了漂亮的蜂巢,令众多的建筑工自愧不如。但是无论多差的建筑工,从一开始都远远高出手艺最巧的蜜蜂,使其做到这一点的是他在做用蜡筑蜂巢之类的事之前,人首先在头脑中进行设计。开始作业时,工人的"想法"中已经以观念形式存在的东西,在劳动过

---

① *Das Kapital*, Bd.I, MEW, Bd.23, S.192.
② *Pariser Manuskripte*, a.a.O., S.57.
③ 同上。
④ 同上。
⑤ 同上, S.56。

程结束之后最终作为劳动成果表现出来。此时,人并非将自然存在的东西加以变形,而是在自然之中实现自己知道的目的。这样实现的人的目的作为法则规定人的行动方式,人的意志不能不从属于这一目的。[①] 此处马克思强调的是不仅"自然东西的形态变化",人的"目的"或人的"观念"的实现也是在劳动过程中发生的。对于这一点恩格斯也在《自然辩证法》中说道:

> 至今为止,自然科学和哲学一直完全忽视了人的活动对于思维的影响,即自然科学和哲学一直将自然和思想分离开来加以认识。但是不仅自然本身,由人引起的自然变化才是人的思维的最本质和最合适的基础。人学会改变自然,人的智能也就相应地发展了。[②]

与此同时,马克思抛弃了神创造自然和人的"抽象"创造说。[③] 因此马克思认为,"人的本质是人本身"[④],并非绝对的"神(Gott)"或独立于"意识的-活动的"人的"独立的自然"(或物质)之类的东西。根据马克思的见解,对于人来说,所谓人与自然之间的"生成作用"仅仅意味着"人的劳动"。"所谓整个世界史……并不意味着人的劳动的产出行为,即自然的人化之外的其他东西。"[⑤]

人的劳动从一开始就以劳动手段的使用为前提。"除了完成的食品,例如水果等到手时——当然摘水果时使用的劳动手段是工人自己的身体器官——以外,工人直接占有的对象不是劳动对象,而是劳动手段。这样自然本身成为工人的活动器官。这种自然器官加在工人自身的身体器官上,使工人的自然模样不顾圣经的神的创造说而扩大了。"[⑥]在同一处,马克思说:"创造并使用劳动手段……决定了人特殊的劳动过程。"[⑦]决定社会史各时期的正是各个时代广泛使用的劳动手段,即"区分各个经济发展时期的不是制造什么,而是怎样、通过何种劳动手段制造。劳动手段不仅是测定人的劳动力发展到了何种程度的尺度,而且是表现出社会这一劳动所形成的基地的

---

① *Das Kapital*, Bd.1, a.a.O., S.193.
② *Dialektik der Natur*, MEW, Bd.20, S.498.
③ *Pariser Manuskripte*, a.a.O., S.85.
④ *Zur Kritik der Hegelschen Rechtsphilosophie*, a.a.O., S.385.
⑤ *Pariser Manuskripte*, a.a.O., S.85-86.
⑥ *Das Kapital*, Bd.1, a.a.O., S.194.
⑦ 同上。

指标”[①]。所以马克思将“物质生产的发展看作是所有历史生存的基础，由于这个缘故而将其看作是所有历史的基础”[②]。

使用劳动手段的人的劳动过程意味着为将“自然的”对象变为“人的”对象，即符合人的需求的对象而努力和费尽心思的过程。“因而使用劳动手段的人的活动在劳动过程中引起了其伊始就被当作目标的劳动对象的变化，即劳动过程产生出劳动产物的结果。劳动过程的产物是一种使用价值，是由于形式变化而变得符合人的需求的自然物质。”继这一主张之后，马克思又说：“所谓劳动过程是为了生产出使用价值的合目的的活动，是符合人的需求的东西，是将自然物变成自己的东西的过程，是人与自然之间新陈代谢(Stoffwechsel)的一般条件，是人类生活的永远的自然条件，所以是独立于所有人类生活形式，并且对于人类生活的所有社会形式都是共同的要素。”[③]

在这里，在我们看来重要的是，马克思将劳动(或劳动过程)看作是“人与自然之间新陈代谢的一般条件或人类生活的永远的自然条件”。“劳动”一般是为人与自然之间的新陈代谢做媒介的自然条件和自然力量，“对所有社会形式都是共同的”。

因此劳动是独立于社会形式的人的自然力量。所以“我们没有必要在与其他工人之间的关系中叙述工人的生产活动(即劳动)。只要考虑人与其劳动这一侧面和自然与自然材料的另一侧面就足够了。正如只尝小麦的味道是无法知道是谁栽培了小麦一样，只看栽培过程本身无法知道这一过程是在什么样的条件下发生的，即无法知道是在残忍的奴隶监督者的鞭子下栽培的，还是在以营利为目的的资本家焦躁的目光下栽培的，或是在辛纳图斯(Cincinnatus)[④]自己开垦的土地上栽培的，还是用石头抓野兽的野蛮人栽培的”[⑤]。

现在马克思试图带着“劳动”这一概念来揭露和改变“非人的”现实，即人的自我异化。正如前面概括提过的那样，在人的生存活动中，马克思一开始就注意到了自由而有意识的活动即劳动，将其当作最基础的活动，所以他没有再从“思辨”哲学“空虚的”观念中，而是首先从现实而具体的经济生活

---

① *Das Kapital*, Bd.I, a.a.O., S.194-195。

② 同上，S.195，注 5.a。

③ 同上。

④ Cincinnatus 是被称为 Lucius Quinctus(519—439)的古代罗马地主贵族、将军和政治家，在贵族与平民的战争中为贵族方立下了英雄战功的传奇人物。

⑤ 同上，S.198-199。

中来寻找人“自我异化”的根据。“生产力增大、需求增加以及这两者的基础——人口增加,这三者带来了分工。”[①]“分工原本来自于性行为,它渐渐地根据自然的素质(如肉体的力量)、需求、偶然的情况等‘自然而然’地形成了。”[②]马克思在《德国意识形态》中这样说道:“与分工一起……出现了下面的现实和可能性,即精神活动和物质活动分配给不同的个人,享有和劳动以及生产和消费分配给不同的个人的现实和可能性。精神活动和物质活动、享有和劳动以及生产和消费不陷入矛盾的可能性只是分工的改革而已。……与分工这一矛盾的陷阱一起,劳动和劳动产物的质和量的‘不平等’分配也同时发生。结果出现了私有财产,私有财产的萌芽,即私有财产的最初形式在家庭内部已经存在,这就是妻子和子女成为家长的奴隶。……更进一步,相互交流的所有个人的共同利害以及个人或家庭的利害之间也与分工同时发生矛盾。……最后,随着分工的发生,同时也发生了下面的最初事例,即只要特殊利害和共同利害之间存在破裂,并且人的活动不是根据自由想法,而是(在共同体内部)自然而然地进行分担,那么人固有的行为(劳动行为)只能体现为令人感到陌生的、与人相对立的力量。结果不是人支配这一力量,而是这一力量压迫人。”[③]马克思就是这样发现了这样一个事实,即“异化”的劳动(或人的“异化”)是由于“分工”才发生的。“社会的力量即生产力通过不同的个人的协作——这一协作是通过分工形成的——来增加的。但是由于这样增加的社会力量不是按照协作本身(每个人)的自由想法发生的,而是自然而然的东西,所以对于每个人来说,这种力量不是体现为与他们自身相融合的自己的力量,而是体现为置于每个人之外的陌生的暴力。由于不知道这种暴力的由来和目的,所以个人无法控制这种暴力。而这种暴力的社会的力量却反而与人的意图和行为毫不相关地、独立地经历了调节和支配人的意图和行为的一系列的发展阶段。”[④]

在历史的开端,在“共同体”内部人的“异化”就已经由于“自然而然的”分工而产生了,它在商品经济事物关系(sachliche Verhältnisse)中得到了深化。在商品经济中,人的异化基本上是这样决定的。工人自己生产的产物“不再属于工人个人,它被从工人那里剥夺并进入他人手中。现在劳动产物

---

① *Die deutsche Ideologie*,S.31。
② 同上。
③ 同上,S.32-33。
④ 同上,S.34。

属于'陌生的力量',所以工人再也无法管理自己的劳动产物,虽然是自己制造出来的,却要用昂贵的价钱来购买"①。《巴黎草稿》对工人的异化是这样叙述的:"由工人生产的东西,即劳动产物作为'陌生的存在'和'独立于生产者的力量',体现为与劳动相对立的东西。劳动产物意味着将劳动者自己固定在某一对象之中成为物化的劳动。劳动产物就是劳动的'对象化'(Vergegenständlichung,或译为'事物化')。……这种劳动的实现在国民经济状态下体现为劳动的剥夺(Entwirklichung),(劳动的)对象化体现为'对象的丧失和隶属',(劳动)据为己有(Aneignung)的结果体现为对自己陌生的东西,即'异化'。"②在这里,马克思遇到了下面这一"矛盾的"现实,即人——"自身"产物的生产者(或主人)——隶属于自己制造的"事物",结果使人由于"劳动的实现"而丧失了自我(即自我实现被剥夺),所以面临着"受自己生产的东西,即资本的支配"③这一矛盾的现实。不仅如此,商品经济下的"被异化的劳动"导致了人与人相互之间的不平等。"劳动为有钱人创造奇迹,为工人制造贫穷。劳动为有钱人制造宫殿,为工人制造窝棚。为有钱人制造美丽的东西,为工人制造畸形的东西。劳动以机器代替劳动。但是与此同时,劳动使一部分工人重返野蛮的劳动,又使另外一部分变成机器。劳动生产精神,但与此同时劳动使工人变成傻瓜和白痴。"④

马克思认为与"试图借助量的、货币的表达将根本的不和谐隐蔽为和谐的均衡"⑤的资产阶级经济学的批判较量是"必然的"。马克思果断地进行了所谓的"政治经济学批判",揭露了导致人的自我异化的经济基础。对于这一点可以参照亨利·勒佩柏尔(Henri Lefèbvre)的下面这段简要的概括:

> 某种事物即生产物满足实际的需求。也就是说,生产物具有使用价值。但在特定的社会条件下(具备充分的技术、超过生产者的直接需求的生产、交通手段等时),这个物品便开始交换。……事物开始介入到新的社会关系,这种介入为生成新的社会关系作出了贡献。事实上存在的只是物质的事物。尽管如此,这种事物的价值分为使用价值和

---

① E.Metzke,"Mensch und Geschichte im ursprünglichen Ausatz des Marxschen Denkens."*Marxismusstudien*,Tübingen,1957,2.Folge,S.7;*Pariser Manuskripte*,S.59.

② *Pariser Manuskripte*,S.52.

③ 同上。

④ 同上,S.54。

⑤ Jean-Yves Calvez SJ,*Karl Marx*,Freiburg,1964,S.231.

交换价值。……某种生产物的交换价值(货币也是生产物之一)根据该生产物中对象化的社会劳动的量来测定。……一旦开始流通,商品便包含了生动的人之间的社会关系。但商品按照自己固有的法则发展,保持自己的逻辑一贯性。因此人们只是以市场、货币、资本为媒介相互建立关系。人际关系看起来不像是事物关系之外的其他东西。……不管喜欢与否,个人的活动在这种框架中进行,与这种局限发生冲突,为不断地创造基本的范畴作出贡献。进一步,交换价值支持经济、历史、社会的过程——由于这种过程而出现了近代资本主义——的客观性。作为经济史本质的契机的交换价值伴随着生产与需求的发展,伴随着人际关系的扩大。处于这种状况中的人只是直接地具有间接的和神秘化的意识。人们没有认识到自己堆积在市场上的作品,也无法认识到。因此这种作品残忍地压迫着(它的主人)人,与人相背。人们相信这种社会事实的客观性和盲目的宿命论。这种宿命论与客观性被称为命运或天意。对很多近代人尤其是经济学家们来说,市场法则是绝对的"自然"法则。事物即物质具有可以成为资本的绝对的自然特性。在这里,这些人们(经济学家、立法者)通过时时刻刻反复进行的频繁的经济会谈、各种演说、对(人的)神秘而出自天意的自我信赖的号召等,与其说是科学,不如说是试图通过重复属于魔法的一系列的措施,来加强这种(资本主义市场)法则以更多的效果。①

但马克思这样定义并破坏了这种"绝对的客观性"(或自然法则),即以交换价值为特征的"商品"的绝对支配。根据马克思的定义,"从整体的角度(实践的角度)来考察,商品的绝对支配只是人的实践活动的表现"②。因此商品本身绝不会"自己活动",只有人才可以自己进行活动。"在事物关系中——生产物的交换与货币关系中真正表现出来的是团体内部或团体之间的生动的(人际)关系。反过来讲,事物关系与抽象的量的关系(交换价值——笔者按)只是在人际关系特定的生产方式中出现和体现出来。在这种生产方式中,(互相竞争的)个人与团体们(阶级们)互相陷入纠纷与矛盾中。每个人之间无媒介的、直接的关系被这种抽象关系所掩盖并挤走。商

① H.Lefèbvre, *Der dialektische Materialismus*, Frankfurt/M., 1971, S.70-75.
② 同上,S.75。

品与市场、货币的客观性是假象,同时也是真实的。这一客观性具有似乎独立于人的客观性而起作用的倾向。因此人们(特别是经济学家们)趋于相信对象化为商品与货币这两种抽象物的关系是自立地实际存在的。”①关于这一点马克思这样说道:“我将这种现象称为拜物教(Fetischismus)。拜物教现象从劳动产物一被生产成为商品就附着在其上,因此与商品生产不可分离。商品世界的这种拜物教性质……是在生产商品的劳动的独特的社会性质中发生的。”②根据马克思的这种说法,可以明确地得出下列事实,即在到目前为止的历史中,由于具体体现“普遍的”和“抽象的交换价值”的“交换手段”(如货币)才产生了人们之间生动的“交换行为”,从而使商品世界的拜物教性质得以确立。总的来说,人的一切活动若它会与“交换手段”(货币)建立关系的话,那么它就从人的本身脱离,不但作为“陌生的”东西(或陌生的力量)和人相敌对,而且一切活动将以“交换价值”所判定。

现在在这种世界里“货币的流通力”威力十足,而人相应地只能更加被冷落。马克思在《巴黎草稿》中这样说道:

> 货币的特点是拥有货币的自我的特点,也是我的本质的力量。因此将我规定成我,将我规定成我想要成为的我绝不是我的个性。我虽然丑陋,但我可以买到美丽的女人。因此我并不丑陋。因为丑陋所产生的影响,即引起憎恶的力量被货币去掉了。……(我)虽然是一个卑劣、没有良心、不明事理的不像话的人,但因为货币受尊敬,因此货币的所有者也受到尊敬。由于货币是最高的善,因此货币所有者也是善良的。……因此我感到我是一个一表人才的优秀的人。我虽然是一个不明事理的人,但货币是一切事物的“现实的精神”,那么怎么能说货币所有者不明事理呢?更何况货币可以让我买到知识渊博人。……用金钱可以做人的内心所渴望的“一切”的我难道不具有人的所有能力吗?因此可以说我的货币将我的所有能力变得完全相反……让所有人的素质与自然的素质颠倒、混淆,克服不可能变为可能,这正是货币的神的威力。具有这般威力的原因是因为货币的本质在于将使“人本然的生活”(Gattungsleben)异化。简而言之,货币的威力是“人”被异化的“力

① H.Lefèbvre.*Der dialektische Materialismus*,Frankurt/M.,1971,S.73。

② *Das Kapital*,Bd.I,MEW,Bd.23,S.86-87.

量”。[①]

在这里,马克思斥责了货币的流通力,即货币的颠倒的威力,对货币的“拜物教性质”进行了攻击。让活泼泼的人隶属于自己,使活泼泼的人本然的生活变得异化的莫洛克(Moloch,将人作为献祭品的迦南人的怪物神——笔者按)事实上不是“神”而只是“人”自己。“如果劳动的产物不属于工人,而是作为陌生的力量凌驾于工人,那么使这种现象变为可能的只会因为劳动产物归属于‘工人以外的其他人’。如果说工人的活动对于工人来说是痛苦的,那么工人同样的劳动对其他人来说只会是‘愉快的享乐’与生的快乐。对人行使陌生威力者不会是神或自然,而只会是人。”[②]现在马克思所明确的一点是,“经济的范畴”(即所谓事物之间的事物化关系[sachliche Verhältnisse der Dinge])只是活着的人相互之间的关系在到目前为止的历史中所伴随的“附带现象”(Ephiphänomen)。经济范畴不是“绝对的客观性”或“自然法则”,而是暂时的、非本质的。对人来说,本质的东西自始至终都是“自觉的活动”即实践。根据马克思的观点,经济范畴的支配的形式正是以人的事物化为条件,而这种支配的形式可以根据人自觉的活动即革命实践而得到改革。对于这一点,亨利·勒佩柏尔这样讲道:

> 认为经济这东西是唯一的现实、绝对和宿命的经济决定论是存在的主张,与马克思的根本主张是相去甚远的。相反马克思主义主张经济的宿命是相对和暂时的,因此人一旦觉出了自己的可能性就会必然地进行改革。根据马克思主义的主张,只有这种改革才会成为我们时代无限创造和本质的工作。[③]

到目前为止的叙述中,主要以将人理解为实践的本质的马克思的对人的看法作为主题进行了研究。现在我们应该对马克思对“经济的”关系(即“生产方式”)和人的意识(或“意志”)赋予了怎样的实践意义这一不易探讨的问题进行概括性的考察。人的社会存在先行于人的“意识”,这一清楚的

① *Pariser Manuskripte*, S.105.
② 同上,S.59。
③ H.Lefèbvre, *Der dialektische Materialismus*, S.78.

描述见于《政治经济学批判》的前言中。[①] 因此马克思将“社会革命”(或革命时期)的决定性根据依据“生产力的发展形式”而不是人的“意识”进行了解释。

> 我们判断一个人不能以它的意识为根据:相反,这个意识必须从物质生活的矛盾中,从社会生产力和生产关系之间的现存冲突中去解释。无论哪一个社会形态,在它所能容纳的全部生产力发挥出来以前,是绝不会灭亡的;而新的更高的生产关系,在它的物质存在条件在旧社会的胞胎里成熟以前,是绝不会出现的。所以人类始终只提出自己能够解决的任务,因为只要仔细考察就可以发现,任务本身,只有在解决它的物质条件已经存在或者至少是在生成过程中的时候,才会产生。[②]

这一段明确表达的思想是,如果缺乏物质条件(或缺乏最低限度的这种条件的生成过程),那么任何原有的社会基本结构都不会被颠覆,因此也不会出现“人的历史实践”(即“社会革命”的机会。换句话说,与“经济的”关系相比,马克思自己只给人的意志即主体的行动赋予了次要的意义,相反,他强调了社会革命爆发的物质前提。事实上,“人的历史实践的领域即自由的创造的领域是有局限性的”[③]。在流亡英国的前10年间,马克思才联系过去古代社会和封建社会,倾注了所有精力来研究进步的市民社会。在当时步入中年的马克思不仅要忍受3月革命(1848)的急速受挫,还因为停滞多年的欧洲革命状况和他自己极度的贫困而不得不在伦敦过着穷困潦倒的生活。在这种情况下,马克思最终公开发表了自己对于“历史唯物论”的构想。这里吸引我们注意的是马克思的推理及其结论。“根据这种理论构想的实践归纳和对现实、历史状况分析的实践归纳,马克思认为革命运动的中心和对革命的社会主义的展望的中心首先是在资产阶级和无产阶级的发展达到最高水平的国家中。”[④]因此马克思将英国——当时英国是“唯一不再存在封建农民的国家……也是唯一的资本主义形式几乎控制了所有生产的国

---

① Marx, *Zur Kritik der politischen Ökonomie*, Dietz, 1972, S.15.

② 同上,S.15-16。

③ Predrag Vranicki, *Mensch und Geschichte*, Frankfurt/M., 1969, S.61-62.

④ 同上,S.63。

家"①——看作是世界革命的"杠杆"。

对于这种情况,弗拉尼奇(Pedrag Vranicki)是这样说的:

> 马克思的历史观确实是决定论式的。马克思的这种历史观的意义在于马克思发现了历史真实的运动法则,给人提供了对自己的固有过程和命运进行洞察的可能性。但这种决定论是特殊种类的决定论。这是因为,人这一范畴被作为实践的本质放在了这种决定论的中心。因此,马克思认为决定论只在人的创造中才成立,即历史不是在人的外部展开的自立的过程,所谓历史是能动地进行生产和创造的人本身。②

青年时期的马克思比任何时期都明确地将人理解为人的"历史"的创造者。这种理解强烈地表现在《神圣家族》的下面这段话中。"历史没有做'任何事情',既不拥有巨大的财产,也没有进行'任何斗争'。相反对这一切进行行动、拥有、斗争的是'人',是活着的、活动的、现实的人。也就是说,历史就像是一个独特的人体(eine aparte Person),不是任何为了贯彻自己的目的而将人用作手段的东西。历史只是人追求和达成自己目的的活动(的展开)。"③

而这里不能不注意的是,马克思不顾决定论的构思——这种构思在晚年的马克思身上尤为明显——而在一生中都"明确地坚持"将人理解为实践的本质的观点。为了提醒这一点,首先最好再来看一下前面已经考察过的马克思的《对阿道夫·华格纳的〈政治经济学原论〉的注释》。在该文中,晚年的马克思强调"人对自然的关系"即人本然的存在不是"理论的"关系,而"原来……是实践的关系,因此是由行为奠定基础的关系"。还强调人的本质"不是建立了某种关系就停止不前的,而是进行的能动的行为,通过根据行为将外界的某种事物变为自己的东西来满足自己的需求"。

晚年马克思的这种想法与青年马克思在《巴黎草稿》(1844)中构想的关于人与自然("对象")的想法是完全一致的。"因此正是在加工对象世界的这一劳动过程中才使'人本然的存在'在现实中得到确证,即只有这种生产活动才意味着人本然的生活。由于这种生产,自然表现为人的作品和人的

---

① MEW,Bd.16,S.386.

② P.Vranicki,a.a.O.,S.65.

③ MEW,Bd.2,S.98.

现实。"①这里需要再强调一点,马克思首先关心的不是置于人的活动以外的自然,必须是作为实践对象的自然。马克思认为的自然不是意味着与人没有任何关系的纯粹的给予(die reine Gegebenheit)。再进一步考察的话,它对于人反而是指通过"人的劳动"从毫无分别的"自然"中分离出来的、被规定的劳动对象。"例如,从自己的生活环境即水中分离出去被网套住的鱼、原始森林中被伐的木材、从矿脉中被采掘的矿石"或"如已经开采……即以劳动为媒介已经经历了(第一次)变化的矿石"②之类的原料等。因此通过劳动,自然以人的"作品"以及"人的现实"出现。但在到目前为止的历史中,人并没有自由地(即根据自己本然的"类的本质")应付自然,而是在"被异化的"历史-社会关系中应负的,即"当然,自然并不是一方面生产货币或商品的所有者,另一方面生产仅仅拥有自己的劳动力的人。这种关系既不是自然史的关系,也不是所有历史时期共同的社会关系。那种关系是到目前为止的历史发展的结果,是众多经济变革的产物,同时是到现存为止的一系列社会生产结构没落后产生的结果"③。

根据马克思的见解,社会关系与历史显然正是"以前的历史发展的结果"。从根本上来说,社会关系与历史不是由于"事物的"关系(或自然)而产生的,也不是由于抽象的固定的理念产生的。他们是在特定社会关系中通过人自觉的活动制造出来的。据此,马克思在《德国意识形态》中这样批判了麦克斯·斯蒂纳(Max Stirner):"到目前为止,圣桑乔(指麦克斯·斯蒂纳)只是根据学院派学者的固定概念对个人发育的停止和个人关系的所有的畸形现象进行了说明,并没有考虑自己的这种想法是如何形成的。与此相同,现在圣桑乔将这种发育停止和畸形现象解释为单纯地通过自然的过程产生的。关于子女的发育能力跟随父母的发育,在到目前为止的社会关系中,这些所有的发育停止和畸形现象是历史地发生的,因此也可以历史地除去,而麦克斯·斯蒂纳丝毫没有想过这些。连人种差异等自然发生的种族差异——对于这种现象圣桑乔连提也没有提到——可以历史地除去,并且必须除去。"④出于这种意义,"马克思主义根本上是历史的,因此既不是唯

① *Pariser Manuskripte*, S.57.

② *Das Kapital*, MEW, Bd.23, S.193.

③ 同上。

④ *Die deutsche Ideologie*, MEW.Bd.3, S.410.

心论，也不是唯物论”。[①] 在马克思看来，历史与自然不是对立的，因此自然与历史“不是两个相互分离的事物”。[②] 因此马克思认为“人总是历史的自然和自然的历史”。[③] 马克思认为将自然与历史联系在一起的不是人的“自觉的”活动以外的其他东西，更准确地说，不是“人的”社会实践以外的其他东西。

进一步，晚年的马克思在 1881 年 3 月 8 日（即他去世两年前）寄给萨苏里奇（V.I.Sassulitsch）夫人的信中对于历史的宿命论是这样说的：

> 因此很明显，这种运动（资本主义生产的发生——笔者按）的历史宿命局限于西欧国家。……因而《资本论》中形成的分析既不含有对村社共同体的生存能力有利的根据，也不含有不利的根据。但根据我到目前为止所进行的特别研究——我为了这一研究而收集了原典资料，我确信这种村落共同体会成为俄罗斯社会复苏的台阶石。但为了使村社共同体可以行使这种作用，必须首先除去为了破坏这一共同体而从各个方面作用的势力，然后必须在共同体内确保共同体自然发展所需要的正常条件。[④]

这里我们可以确认下面几点：

（1）“很显然”资本主义生产方式所导致的“社会的宿命”有效地运作于“西欧的国家”。

（2）《资本论》的分析对认识落后的俄罗斯——俄罗斯主要由“村社共同体”构成——的社会问题是不适用的。

（3）尽管如此，马克思的特别研究没有排斥俄罗斯社会变革的可能性。这种社会变革的台阶石只能是村社共同体。

（4）马克思认为，为了实现这种发展，需要努力除去破坏村社共同体的影响力，同时保障村社共同体自然发展所需的条件。

晚年的马克思独特的看法为我们解释了以下两点：

（1）落后国家（即非市民社会）中社会革命的可能性。

（2）这一革命所需的努力，即试图提供客观条件的主观活动。

---

① H.Lefèbvre, *Soziologie nach Marx*, Frankfurt/M., 1972, S.29.

② *Die deutsche Ideologie*, a.a.O., S.43.

③ 同上。

④ Marx/Engels, *Ausgewählte Briefe*, Dietz, 1953, S.409–410.

在这样的两点得到说明时,可以清楚地理解马克思为什么对于“巴黎公社”的(革命的)道德精神进行了高度的评价,而直到“巴黎公社”爆发半年前他还因为法国的经济状况和阶级状况而拒绝同意这样做。在1871年4月17日寄给库哥尔曼(L.Kugelman)的信中,马克思这样写道:

> 如果斗争只在绝对不会失败的良好机会和条件下进行,世界史当然会非常容易书写。在假定“偶发事件”不起任何作用的其他情况下,世界史会具有非常神秘的特点。这种偶发事件全会介入到发展的一般过程,这样介入的偶发事件又被其他偶发事件重新抵消。但促进和推迟发展的一般过程的正是取决于这种“偶发的事件”——首先领袖的特点或为人会在这种偶发的事件中“偶发地”表现出来。……巴黎的人们陷入了是接受斗争还是抛弃斗争的抉择境地。如果工人阶级选择了后者,那么这种士气低下即道德的堕落将会是比失去几个“指导者”更大的不幸。工人阶级与资本家阶级以及与这些国家的斗争通过巴黎的斗争而进入了新的阶段。不管直接的事态进展如何,它都已经成为具有重要世界史意义的新的出发点。①

这里马克思所强调的不是世界史的“一般发展过程”,而是“偶发事件”对世界史产生的影响。马克思在这种偶发事件下所理解的首先是人的要素,如指导人物的特点或劳动阶级的斗争精神等。因此马克思虽然发现了世界史的普遍法则,但他没有从事物即“自然的力学”本身中来寻找世界史的推动力,相反是从人即“追求目的的人的有意识的社会活动”(也就是实践)②中来寻找。

在此期间,第二国际的指导者们(考茨基等)从“马克思历史决定论所具有的各个方面中只注重一个方面,机械地运用在20世纪初的新情况中”。③关于这一点布拉尼基(P.Vranicki)这样说道:“马克思在1870年假定认为革命的主导始于最发达的国家,第二国际的指导者们将1870年时的情况与20世纪初的情况等同看待,因此彻底地走上了非马克思主义的道路。”④列宁对

---

① Marx/Engels, *Ausgewählte Briefe*, Dietz, 1953, S.309.

② M.Marković, a.a.O., S.26.

③ P.Vranicki, a.a.O., S.66.

④ 同上。

这些领导人表示反对。列宁通过强调“主体的力量的作用”①,接近于将人理解为实践本质的马克思对人的看法。因此列宁在“关于1905年革命与普莱哈诺夫和门什比基处于矛盾关系时”②,以前面引用过的1871年4月17日寄给库格尔曼的信为线索,对“冒牌马克思主义者们”进行了尖锐的批判:

马克思在1870年9月将(巴黎公社的)起义称为盲目的行为。但大众一旦进行起义,马克思只是想和大众一起行进,与大众一起在斗争的进行过程中学习一些东西,而并未试图训诫他们。马克思认为事前对未来前景进行“非常准确地”预测的试图是欺骗行为或没有希望的玄学行为。马克思对劳动阶级英雄地、自我牺牲地、主导地‘书写’世界史给予了高度评价。虽然不可能事先完全准确地预测出(未来的)前景,但马克思站在想要创造历史的人们的立场上注视着历史。他绝没有站在具有那种认为“这(未来的事情)应该事先容易地预测出来”的庸俗知识分子们的立场上来看待历史。马克思清楚地认识到,在历史上有很多瞬间是大众们在没有希望的情况下也大胆地进行了斗争,在广泛的大众教育的名义下,在使大众们为下一次斗争做准备的名义下,这种斗争是不可避免地进行的。今天,冒牌的马克思主义者们只是无用地口口声声谈论着马克思,从马克思那里只接受了对过去的评价,却不能创造未来。向他们提出这种问题,他们不但完全不理解其意思,对他们来说还会是在原理上完全陌生的提问。③

从这一段中得出的结论是,“与马克思理论上程序化的东西相比,列宁更强调了使历史事件的必然法则部分地崩溃的人的活动的作用”。④ 由于这种重视人的实践活动的想法,列宁发展和扩大了“落后国家(即‘非市民社会’)里也可以进行社会革命”的命题。他最终将它化为现实。但前面已经解释过,这种命题在马克思寄给萨苏里奇的信中已经表现出来了。布拉尼基指出:“如果不是从认为机械论地接近历史或利用经济决定论来严格解释

---

① P.Vranicki,a.a.O.,S.67.

② 同上。

③ Lenin,Vorwor d,russ.Ausgabe d.Bridfe v.Marx an Kugelmann.这里引用的部分是P.Vranicki,前引书,S.67-68。

④ P.Vranicki,前引书,S.68。

历史[1]……而是从认为人‘创造历史’(当然这种行为不是经常在好的状况中按照准确的预测进行的)的观点出发,那么有可能不是在生产力即经济构造最发达的地方,而是在其最脆弱的那个地方,依靠人的革命活动来挣断帝国主义的锁链”。[2] 关于这一点他做了权威性的论评。“列宁的思想使关于经济运动的‘逻辑’的观念崩溃,使对历史的自然科学和决定论的解释崩溃。与众多的马克思主义者们的想法相比,列宁思想强调了人对历史变革的可能性更大。但这种强调又意味着只要不满足列宁提出的各种前提条件,人们就无法‘掀起’革命。与马克思的情况一样,列宁也认为人与历史之间没有矛盾性。即对于两者来说,人是历史的过程,历史是人的过程。历史是由人创造的。”[3]

2.毛泽东的无限矛盾和无限实践的哲学

正如上节所述,很好地表现了“毛泽东主义的”革命特征的事实便是,与斯大林的革命路线貌同实异。“毛泽东主义的”革命之所以能够成功,是因为毛泽东将重点放在了20世纪20年代和40年代之间中国的“特殊”矛盾上,因此发展了适合中国状况的革命战略。由于所谓教条主义者们(如王明、李立三等)以马克思列宁主义的名义对他的革命战略进行了反驳,因此毛泽东不但必须在对反革命的战场上,还必须在中国共产党内部,也就是说在“理论的”维度上来证明连任何“欧洲的”马克思主义者也从未提出过的一种“异端的”,即自己所创造的革命概念是中国的马克思主义革命“唯一”的、真正的形态。尽管马克思与列宁等的革命理论是与已经是市民社会或者正在形成的市民社会(如1917年以前的俄罗斯)中的具体社会问题具有不可分割的联系,但当时的教条主义者们无视中国的现实,将这一理论绝对化,倾向于“单纯地、逐字逐句地模仿”俄国的经验。对于这一点,毛泽东在1936年这样评论教条主义者们:“他们说:只要研究俄国革命战争的经验就得了,具体地说,只要照着苏联内战的指导规律和苏联军事机关颁布的军事条令去做就得了。他们不知道,苏联的规律和条令,包含着苏联内战和苏联红军

① 参见恩格斯下面这段有趣的谈话:“……根据唯物论的历史观,在历史规定的契机中处于‘最终审级’的(das in ‘letzter Instanz’ bestimmende Moment)是现实生活的生产与再生产。马克思和我从没有主张过这些。现在如果有谁将经济的契机曲解为‘唯一’的规定契机,那么他就将最终审级的这一命题变成了没有意义的、抽象的、可笑的空话……”Marx/Engels, *Ausgewählte Brife* (214, Engels an J.Bloch vom 21./22.Sept.1890), a.a.O., S.502-504.

② P.Vranicki, a.a.O., S.68-69.

③ 同上,S.69。

的特殊性,如果我们一模一样地抄了来用,不允许任何的变更,也同样是削足适履,要打败仗。"[①]简而言之,这些教条主义者们事实上是"进口苏联斯大林主义制度的人,他们对马克思主义的教条观点差一点瓦解了中国革命"[②]。

毛泽东与他们针锋相对,强调对于马克思主义,"不应当把他们的理论当作教条看待,而应当看作行动的指南"。

> 马克思、恩格斯、列宁、斯大林的理论,是"放之四海而皆准"的理论。不应当把他们的理论当作教条看待,而应当看作行动的指南。不应当只是学习马克思列宁主义的词句,而应当把它当成革命的科学来学习。……而且应当学习他们观察问题和解决问题的立场和方法。[③]

从这里可以看出,马克思主义对于毛泽东从一开始就只被看作是"行动的指针"。他将马克思主义的理论理解为本质上的行动指针,即实践线索。毛泽东从这种立场上提到了马克思的《关于费尔巴哈的提纲》:"马克思主义的哲学认为十分重要的问题,不在于懂得了客观世界的规律性,因而能够解释世界,而在于拿了这种对于客观规律性的认识去能动地改造世界。"[④]

与马克思一样,毛泽东对"解释世界的"思辨式理论不感兴趣,而是关心"变革世界的"革命理论。两者的差异是,对于毛泽东来说,实践的问题是决定中国革命生死的问题,相反,对于马克思来说,首要的是颠覆到目前为止的"哲学"。在上一节讲过,马克思尤其在他的初期著作中以实践概念首先揭露了青年黑格尔派的所谓"批判"哲学的思辨式性格,同时试图扬弃在他看来满足对世界的"思辨式"解释的哲学一般——不管是唯物论还是唯心论。也就是说,马克思试图通过宣布"理解包括所有现实(总体性)在内的历史过程,同时由此将自己确立为历史过程的'主-客体'(Subjekt-Object)的无产阶级掌权"[⑤],来克服脱离实践而纯粹地固定为"理论的"东西的"哲学的冥想性质"。相反,毛泽东必须在落后的半殖民地中国中与"相对强大的"反革命相对抗,冒着生命危险在现实中不断地进行"相对弱小的"革命的危

① *Mao Zwdong*, *Strategische Probleme des revolutionären Kriegs*, MAW 1, S.211.
② P.Vranicki, *Geschichte des Marxismus*(Ⅱ), Frankfurt/M., 1974, S.797.
③ *Der Platz der KPCh im nationalen Krieg*, MAW 2, S.245.
④ *Über die Praxis*, MAW 1, S.358.
⑤ I.Fetscher, *K. Marx u. Der Marxismus-Von der Philosophie des Proletariats zur proletarischen Weltanschauung*, S.132.

险的战争。

我们在这里应该关注一下1927年以后中国革命极度不利的状况。在此期间,共产主义者们从根本上遭到了强大的国民党军队的破坏,一瞬间被从城市里赶了出去。但正是在这一时期毛泽东才开始发挥他的历史作用。1927年秋天长沙惨败之后,他不得不和连一千人都不到的同志们一起逃到了偏远的井冈山(江西),在那里全力建立红色基地。那里的生活条件和斗争条件是极其恶劣的[①],革命士气低下、消沉[②],毛泽东感到了"孤独"。"我们一年来转战各地,深感全国革命潮流的低落。一方面有少数小块地方的红色,一方面全国人民还没有普通的民权,工人、农民以至民权派的资产阶级,一概没有言论领会的权利,加入共产党是犯罪。红军每到一地,群众冷冷清清,经过宣传之后,才慢慢地行动起来。和敌军打仗,不论哪一军都要硬打,没有什么敌军内部的倒戈或暴动。……我们深深感觉寂寞,我们时刻盼望这种寂寞生活的终了。"[③]但是毛泽东不顾这一切令人绝望的事件,一直坚持着乐观主义精神,这是他人格的重要特征。这让人想起了前面(第三部第二章第二部分)讲过的李大钊的"乐观主义的"世界观。毛泽东在激战之中也可以忘怀世事,悠闲地吟颂自然的美丽。例如1929年作的下面这首诗:

重阳[④]
人生易老天难老
岁岁重阳
今又重阳
战地黄花分外香

一年一度秋风劲
不似春光
胜似春光
寥廓江天万里霜

---

① *Der Kampf im Jinggang-Gebirge*, MAW 1, S.79-115。
② 同上。另参见野村浩一:《中国革命の思想》,87页以下。
③ MAW, Bd.I, S.109-110.
④ 重阳节即阴历九月九日的秋收节。

从这种对大自然的热爱中,我们可以看到毛泽东乐观主义的形象。

毛泽东思想与马克思不同,在文化上(或精神上)没有站在“德国唯心论”的传统之上,道教关于人与自然的乐观主义世界观对于理解毛泽东思想具有重要的意义。韦柏-舍佛(P.Weber-Schäfer)指出:“所谓幸福不是在被动的冥想中,而是人在能动地参与争取幸福的斗争中找到的信念,因此毛泽东的乐观主义在最不幸的情况下也没有屈服。”“从这种角度来看,人发现自我满足的地方正是这种富有挑战性的状况和事件。因为没有斗争的状态意味着死亡,因此也就意味着生的最终的无意义性。”①

为了从唯物辩证法的角度提出这种根本的实践观,毛泽东提出了这样的认识与实践的辩证法关系:“你要有知识,你就得参加变革现实的实践。你要知道梨子的滋味,你就得变革梨子,亲口吃一吃。你要知道原子的组织同性质,你就得实行物理学和化学的实验,变革原子的情况。你要知道革命的理论和方法,你就得参加革命。一切真知是从直接经验发源的。……中国人有一句老话:‘不入虎穴,焉得虎子。’这句话对于人们的实践是真理,对于认识论也是真理。离开实践的认识是不可能的。”②

毛泽东认为,真正的认识产生于人“有目的性地”改变被认识对象状态的活动。也就是说,毛泽东提出人的“有目的的”活动,即社会实践是认识的源泉。他进一步讲道“只有人们的社会实践,才是人们认识外界的真理标准”。“实际的情形是这样的,只有在社会实践过程中(物质生产过程中,阶级斗争过程中,科学实验过程中),人们达到了思想中所预想的结果时,人们的认识才被证实了。人们要想得到工作的胜利即得到预想的结果,一定要使自己的思想合于客观外界的规律性,如果不合,就会在实践中失败。……所谓‘失败者成功之母’,‘吃一堑长一智’,就是这个道理。辩证唯物论的认识论把实践提到第一的地位。……强调理论对于实践的依赖关系,理论的基础是实践,又转过来为实践服务。判定认识或理论之是否真理,不是依主观上觉得如何而定,而是依客观上社会实践的结果如何而定。真理的标准只能是社会的实践。”③这就是毛泽东对马克思的《关于费尔巴哈的提纲》的

---

① P.Weber-Schäfer, “Die ‘Welftanschauung’ Mao Tse-tungs,” *Zeitschrift für Politik*, Heft 4, 1972.10, Köln/Berlin, S.309.

② *Über die Praxis*, MAW 1, S.353-354.

③ 同上, S.349-350。

详细解释。但其他的马克思主义者们(列宁、斯大林等)除几处引用文以外①,并没有特别强调这一点。

对于毛泽东来说,实践包括如"阶级斗争、政治生活、学术活动、艺术活动"等人的所有社会活动。因此实践"不局限于生产活动"。② 人的认识随着社会实践的前进而深化。"社会实践中的发生、发展和消灭的过程是无穷的。人的认识的发生、发展和消灭的过程也是无穷的。根据一定的思想、理论、计划、方案以从事于变革客观现实的实践,一次又一次地向前,人们对于客观现实的认识也就一次又一次地深化。客观现实世界的变化运动永远没有完结,人们在实践中对于真理的认识也就永远没有完结。"③

毛泽东在这里强调了社会实践与真理认识中的无限性。对于他来说,绝对真理没有结束的结尾,而只有相对的结尾,即每个特定时期到达的结尾。另外对于毛泽东来说没有绝对结束的真理认识,即没有绝对的真理。他认为,"在绝对的总的宇宙发展过程中,各个具体过程的发展都是相对的,因而在绝对真理的长河中,人们对于在各个发展阶段上的具体过程的认识只具有相对的真理性"。④

由于这种洞察,因此对于毛泽东来说,"世界上到底有没有绝对真理"这种纯粹理论性的,即与实践分离的思辨式问题的提出从一开始就不应该有。"世界上可以想到的所有认识对象都只是在尚未结束的、在历史上也无法结束的(不断的)辩证法的自我实现过程中。"⑤也就是说,对于毛泽东而言,只有与实践紧密联系的、因此打上了阶级斗争烙印的理论与科学。"什么是知识?自从有阶级的社会存在以来,世界上的知识只有两门,一门叫做生产斗争知识,一门叫做阶级斗争知识。自然科学、社会科学,就是这两门知识的结晶,哲学则是关于自然知识和社会知识的概括和总结。此外还有什么知识呢?没有了。"⑥毛泽东作为中国的马克思主义革命家,不仅要与蒋介石反革命作斗争,还要进一步为建设社会主义和克服一切落后因素继续进行"持久的"(Schram)革命。在此期间,他将阶级斗争即有意识的革命实践放到了

---

① V. Holubnychy, " Der dialektische Materialismus Mao Tse-tungs," *Der Ostblock und die Entwicklungsländer*(Vieteljahresbericht der Friedrich Ebert-Stiftung 8-9),Hannover,1962,S.27.

② Über die Praxis,前引书,S.348。

③ 同上,S.362。

④ 同上。

⑤ P.Weber-Schäfer,*Die' Weltanschauung' Mao Tse-tungs*,S.312.

⑥ *Den Arbeitsstil der Partei verbessern*,MAW 3,S.39-40.

首位。“毛泽东主义的”思想的这种特征清楚地表现在《关于哲学问题的讲话》(1964)中：

> 有阶级斗争才有哲学(脱离实际谈认识论没有用)。学哲学的同志应当下乡去。今冬明春就下去,去参加阶级斗争。……无产阶级哲学是马克思主义哲学。……搞哲学的人,以为第一是哲学,不对,第一是阶级斗争。压迫者压迫被压迫者,被压迫者要反抗,找出路,才去找哲学。我们都是这样过来的。别人要杀我的头,蒋介石要杀我,这才搞阶级斗争,才搞哲学。……我过去读过孔夫子,四书五经……我原来是个封建主义者和资产阶级民主主义者。社会推动我转入革命。……你们知识分子,天天住在机关里,吃得好,穿得好,又不走路,所以生病。……下去参加阶级斗争,到“四清”“五反”中去,经过锻炼,你们知识分子的面貌就会改变。不搞阶级斗争,搞什么哲学![1]

在同一谈话中,毛泽东接着强调了不能依据“抽象概念”的形式逻辑学来理解“对立的统一”这一唯物辩证法的原则,而是应该在具体“生活”中,即“客观存在”中来确实证明。按照他的话就是“我们要依据生活来理解对立的统一”[2]。在这种观点里,他否定了分析判断和综合判断等形式逻辑学的知性(Verstand)认识的范畴,提出了他固有的“对立(或矛盾)的统一”和它的无限展开的辩证法。

> 历来讲分析、综合,讲得不清楚。……我曾找艾思奇谈话,他说现在只讲概念上的综合、分析,不讲客观实际的综合、分析。我们怎样分析、综合共产党与国民党、无产阶级与资产阶级、地主与农民、中国人民与帝国主义?……我们分析:无非是我们有多少力量……弱点是什么?没有大城市……没有外援……你地方多、军队多、武器多,可是你的兵是抓来的……他们的弱点就在这里……我们联系人民群众,他们脱离人民群众。……怎么综合?……就是这么综合的:他的军队来,我们吃掉,一块一块地吃。……你二十五万,我二万五千。……分析了,如何

---

① 《毛泽东思想万岁》,1966 年,548—550 页;引自 Schramm, *Mao Tse-tung unrehearsed*, Penguin, 1974, pp.212-215。

② 《毛泽东思想万岁》,557 页。

综合？……整整一个军，从一九四七年三月到一九四八年三月，统统跑光……全军复没，这就综合了。……一个吃掉一个，大鱼吃小鱼，就是综合。……恩格斯讲了三个范畴，我就不相信那两个范畴。……最基本的是一个对立统一。质量互变就是质和量的对立统一。没有什么否定之否定……事物发展，每一个环节，既是肯定，又是否定。[①]

毛泽东没有从"形式逻辑的"(即冥想理论的)观点来看待人的生活与社会、世界，而将其看作是"对立的统一"，准确地说是"现实的"阶级斗争不断辩证进行的变化过程。对此韦伯-舍佛指出，"对他来说，与马克思主义的斯大林主义式的改头换面不同，非政治的科学等绿洲(中立的安身之处)是绝不存在的。如果我们自咯穆斯(A.Camus)以来认为西西弗斯(Sisyphos)'是幸福的存在'，那么(毛泽东的)能动的人作为思考的人正是可以从'西西弗斯'这样的人物形象中想象出来的"[②]。

我们在这里已经可以了解毛泽东世界观的特殊性。他认为所有事物的发展，不仅人间现象，连自然现象的发展也是以"对立的统一"即"定立、扬弃、再定立、再扬弃"的无限反复为基础的。"事物矛盾的法则，即对立统一的法则，是自然和社会的根本法则，因而也是思维的根本法则。"[③]总之，按照毛泽东的见解，一切都在"宇宙绝对的、总的发展过程中"。[④] 这里可以明确地认识到一点，这种毛泽东的思想与传统的(即"道家的、儒家的")道的概念有不少的联系。前面(第三部第二章第二节)讲过，"道"是"处于永远生成中的宇宙的存在"，它靠自己所内存的"阴"与"阳"这一相互对立的力量而运动或展开，人与自然在它的无限运动中被设定。与"宇宙绝对的、整体的发展过程"相比，对于毛泽东来说只要有关对于实践的人的发展和真理的认识，就只有相对的发展和相对的认识。万有的无限运动过程中的所有事物也在无限地变化。例如社会主义、共产主义、马克思主义等，甚至人类本身也在一切事物的无限分裂过程中在某一时候被扬弃。时间与空间同样也是无限的。

---

① 《毛泽东思想万岁》，555—558页；引自Schram，前引书，pp.221-226。

② Peter Weber-Schäfer，"Die 'Weltanschauung' Mao Tse-tungs，"S.313.

③ *Über den Widerspruch*，MAW1，S.405.

④ Über die Praxis，S.362.

一个消灭一个,发生、发展、消灭,任何东西都是如此。不是让人消灭,就是自己灭亡。……社会主义也要灭亡,不灭亡就不行,就没有共产主义。共产主义至少搞个百把万、千把万年。我就不相信共产主义就没有质变,就不分质变的阶段了!我不信!量变质,质变量。完全一种性质,几百万年不变了,我不信!按照辩证法,这是不可设想的。……辩证法的生命就是不断走向反面。人类最后也要到末日。……我们说人类灭亡,是产生比人类更进步的东西。……事物总是发展的,是无限的。时间、空间是无限的。空间方面,宏观微观是无限的,是无限可分的。①

我说马克思主义也有它的发生、发展与灭亡。这好像是怪话。但既然马克思主义说一切发生的东西有它的灭亡,难道这话对马克思主义本身就不灵?说它不会灭亡是形而上学。当然,马克思主义的灭亡,是有比马克思主义更高的东西来代替它。②

从表面上来看,毛泽东的这个谈话与形而上学的哲学家庄子的乐观主义世界观是非常相似的。前面讲过,庄子讲"道"的无限运动。从这个角度来看,可以清楚地得知毛泽东确实继承了中国传统的世界观。正如道是由于"阴"与"阳"这种对立的力量而运动或展开的一样,根据毛泽东的主张,所有事物也是由于其内在的对立而在无限地发展。"一切事物中包含的矛盾方面的相互依赖和相互斗争,决定一切事物的生命,推动一切事物的发展。没有什么事物是不包含矛盾的,没有矛盾就没有世界。"③

根据毛泽东的见解,"矛盾存在于一切事物的发展过程中,矛盾贯穿于每一事物发展过程的始终"④。他由此肯定了矛盾的普遍性。但他比其他思想家更杰出的是,除矛盾的普遍性以外,他还注意到了矛盾的特殊多样的一面,因此解释了不同(相互作用的)矛盾的内在法则。对此他这样说道:"事物发展的根本原因,不是在事物的外部而是在事物的内部,在于事物内部的

---

① 《关于哲学问题的讲话》,《毛泽东思想万岁》,559—560页;Schram,"Mao Tse-tung unrehearsed",pp.227-229。

② 《关于坂田文章的谈话》(1964年8月24日),《毛泽东思想万岁》,564页。

③ *Über den Widerspruch*, MAW1, S.371.

④ 同上,S.375。

矛盾性。任何事物内部都有这种矛盾性,因此引起了事物的运动和发展。事物内部的这种矛盾性是事物发展的根本原因,一事物和他事物的互相联系和互相影响则是事物发展的第二位的原因。"①他接着说道:

> 这是清楚的,单纯的外部原因只能引起事物的机械的运动。……范围的大小,数量的增减,不能说明事物何以有性质上的千差万别及其互相变化。……同样,社会的发展,主要不是由于外因而是由于内因。许多国家在差不多一样的地理和气候的条件下,它们发展的差异性和不平衡性,非常之大。同一个国家,在地理和气候并没有变化的情形下,社会的变化却是很大的。帝国主义的俄国变为社会主义的苏联……长期被封建制度统治的中国,近百年来发生了很大的变化,现在正在变化到一个自由解放的新中国的方向去,中国的地理和气候并没有变化。整个地球及各部分的地理和气候也是变化着的。……唯物辩证法是否排除外部的原因呢?并不排除。唯物辩证法认为外因是变化的条件,内因是变化的根据,外因通过内因而起作用。鸡蛋因得适当的温度而变化为鸡子,但温度不能使石头变成鸡子,因为二者的根据是不同的。②

这里要强调的一点是,如毛泽东自己所说的那样,他"核心地"(in nuce)克服了"形而上学的机械唯物论"和"形而上学的庸俗进化论"。③ 他不但将事物的内因与外因区分开来,因此将变化的基础与变化的偶然条件相区分,而且将内因看作是质的变化一般的前提条件。另一方面,他将外因看作是内因(即变化的基础)的展开或实现所需要的偶然条件。但他认为发展的质的飞跃不是从外在的偶然的条件中产生的。例如,绝不会发生没有鸡蛋用纯粹的"热"孵化出小鸡的事情。更不可能由于"地理和气候的条件"出现国家发生革命性变革的事情。

毛泽东不是教授自然历史的老师,而是觉悟的革命家,他的军队必须在战场上对反革命军队进行激战。在这种情况下,他立足于前面讲过的决定性原因,将重点放在了"人"或人的"有意识的能动性"上。

---

① *Über den Widerspruch*, MAW1, S.367-368.

② 同上,S.368-369。

③ 同上,S.368。

> 一切事情是要人做的，持久战和最后胜利没有人做就不会出现。做就必须先有人根据客观事实，引出思想、道理、意见，提出计划、方针、政策、战略、战术，方能做得好。思想等等是主观的东西，做或行动是主观见之于客观的东西，都是人类特殊的能动性。这种能动性，我们名之曰"自觉的能动性"，是人之所以区别于物的特点。……自觉的能动性是人类的特点。人类在战争中强烈地表现出这样的特点。战争的胜负，固然决定于双方军事、政治、经济、地理、战争性质、国际援助诸条件，然而不仅仅决定于这些，仅有这些，还只是有了胜负的可能性，它本身没有分胜负。要分胜负，还须加上主观的努力，这就是指导战争和实行战争，这就是战争中的自觉的能动性。①

这里可以清楚一点，毛泽东思想将人，准确地说是人的"有意识的能动性"放在了所有社会发展的根本原因的"首位"。他强调人的"主观能动性"是对于所有"人外在的"，即"物质的"条件的尺度。因此"如果没有人的参与"，所有社会、历史的事件都是不可能的。证实了所有历史和社会的状况不是由诸如神或物质所预定的，而是通过人的有意识的活动被创造出来并前进的。因此毛泽东在理解经济基础与上层建筑的关系中对成为许多马克思主义者通常的死板的理解方式进行了修改。

> 诚然，生产力、实践、经济基础，一般地表现为主要的决定的作用，谁不承认这一点，谁就不是唯物论者。然而，生产关系、理论、上层建筑这些方面，在一定条件之下，又转过来表现其为主要的决定的作用，这也是必须承认的。当着不变更生产关系，生产力就不能发展的时候，生产关系的变更就起了主要的决定的作用。当着如同列宁所说"没有革命的理论，就不会有革命的运动"的时候，革命理论的创立和提倡就起了主要的决定的作用。……当着政治文化等等上层建筑阻碍着经济基础的发展的时候，对于政治上和文化上的革新就成为主要的决定的东西了。……因为我们承认历史发展中是物质的东西决定精神的东西，是社会的存在决定社会的意识；但是同时又承认而且必须承认精神的

① *Über den langwierigen Krieg*, MAW 2, S.176–177.

东西的反作用，社会意识对于社会存在的反作用，上层建筑对于经济基础的反作用。[①]

半殖民地的落后中国的革命——在“古典的自由主义的”或“垄断的”资本主义社会里不是依靠经济主义的“决定论的”逻辑——通过“人的创造性的和自由的参与”[②]，即从一开始通过有目的和有意识的革命实践向着社会主义前进。在这样的中国，毛泽东给上层建筑和人有意识的活动赋予了极大的意义是理所当然的。对此吴江是这样说明的：

> 辩证唯物主义者认为，人们的主观活动不能超过客观可能性，主观必须服从客观。在我们目前情况下，企图在短短几年内便过渡到共产主义，这就是主观超越客观可能性，是错误的。这是主观随意性，而不是主观能动性。我们反对“唯条件论”，但不是主张“无条件论”，这两者都是错误的。但是，人们又不是客观的奴隶。只要人们的认识符合于事物发展的客观规律，就能充分地发挥人民群众的主观能动性，克服一切困难，创造必要的条件，去推动革命前进。在这个意义上，主观创造了客观。[③]

现在我们可以看出，历史唯物论的“决定论”倾向——据此，人（主体）的活动领域根本上依存于客体（物质）——由于“毛泽东主义”思想对“主观能动性”的小心翼翼的强调而几乎无异于被排斥了。

但毛泽东不是唯意志论（Voluntarismus）的拥护者。他认为人要通过实践来正确地认识客观世界的规律性，并拿了“这种对于客观规律性的认识去能动地改造世界”。[④] 毛泽东的实践哲学现在在《实践论》的结论中达到了顶点。

> 通过实践而发现真理，又通过实践而证实真理和发展真理。从感

---

① *Über den widerspruch*, MAW1, S.394-395.

② P.Vranicki, *Mensch und Geschichte*, S.75.

③ Wu Jiang（吴江）：《不断革命论者必须是彻底的辩证唯物论者》，《哲学研究》1958年第8期，29页。

④ Über die Praxis, MAW1, S.358.

性认识而能动地发展到理性认识，又从理性认识而能动地指导革命实践，改造主观世界和客观世界。实践、认识、再实践、再认识，这种形式，循环往复以至无穷，而实践和认识之每一循环的内容，都比较地进到了高一级的程度。①

在这种"实践、认识、再实践、再认识"的不断的反复中，即永远的革命实践(或斗争)中，总是将人与人之间的关系和人与自然的关系"提升到更高阶段"，这就是"毛泽东主义"哲学的特征。

现在应该来考察一下毛泽东主义的最终问题，即"主观能动性"问题。只要毛泽东在人的"主观能动性"中来寻找他的"不断"革命的根本能源，那么在革命中最重要的必然是人的教育与再教育，尤其是有机地指导一般大众的知识分子的教育和再教育。这里他还是提倡无限的学习过程：

如果认为教人者不需要再受教育了，不需要再学习了，如果认为社会主义改造只是要改造别人，改造地主、资本家，改造个体生产者，不要改造知识分子，那就错误了。知识分子也要改造。……所有的人都应该学习，都应该改造。我说所有的人，我们这些人也在内。……即使是对于马克思主义已经了解得比较多的人，无产阶级立场比较坚定的人，也还是要再学习，要接受新事物，要研究新问题。②

从这一点来看，毛泽东的"持久"革命事实上表现为教育或再教育的漫长而无限的过程。

毛泽东革命的目标是继续"改造客观世界，也改造自己的主观世界——改造自己的认识能力，改造主观世界同客观世界的关系"③。从这种观点上向着不断改变主观世界和客观世界的任务前进，毛泽东在他的《关于哲学问题的讲话》中对恩格斯进行了批判，强调为了保障"自由"要通过人的实践来改变世界。

恩格斯讲，要从必然的王国到自由的王国，自由是对必然的理解。

① *Über die Praxis*, MAW1, S.363.

② *Rede auf der Landeskonferenz über Propagandaarbeit*, MAW 5, S.481.

③ Über die Praxis, MAW1, S.363.

这句话不完全，只讲了一半，下面的不讲了。单理解就能自由了？自由是必然的理解和必然的改造。还要做工作。吃了饭没事做，只理解一下就行？找到了规律要会用，要开天辟地，破破土，砌房子，开矿山，搞工业。将来人多了，粮食不够，要从矿物里取食品，这就是改造，才能自由……单有对必然的理解不行，还要改造。①

毛泽东认为，如果没有人的主观努力，也就是说人如果不在实践中"除去"自己的"必然性"，而只满足于对"必然性"的理论理解，人的"自由"是不会成立的。因为将人从必然性中解放出来的是人自身的实践。

毛泽东从"对立的统一"这一世界观出发，从一开始将人看作是"历史的"存在，即人通过不断的阶级斗争可以将"历史"一个阶段一个阶段地进行发展，因此通过实践可以实现"人的理念"或"自由"。现在毛泽东指出，"世界是由矛盾组成的。没有矛盾就没有世界。我们的任务，是要正确处理这种矛盾……道路总是曲折的，前途总是光明的。我们一定要努力调动……一切积极的因素"②。简单来说，在毛泽东主义哲学中，问题永远是人的"有意识的活动"即"实践"，人正是社会与自然的钥匙。

三、对毛泽东中国化马克思主义的批判评价

从前面的叙述中可以知道，"实践"的决定性意义首先是由青年马克思所发现，同时也强烈地表现在毛泽东身上。对马克思和毛泽东来说，实践对于人具有核心的意义。因为他们认为，社会的人在实践中或通过实践才向外部的自然证明自己是"历史的"存在，即因为通过"合乎目的"地改变外部的自然来改变乃至启发自己本身。尽管有这种"重要的"共同点，在毛泽东"中国化"的马克思主义中表现出了两个明显的特征，可以结合不少中国的特殊情况或中国传统的思考方式来思考：矛盾的无限分裂展开的世界观以及对"主体能动性"的强调。

马克思的"哲学"观点，通过创造性地颠覆"黑格尔式的唯心论"得以实现了通过实践对思辨哲学的扬弃，但在本质上又重新受到了黑格尔很深的影响。他揭露了到目前为止的历史中"被异化的"人的"秘密"，尤其是"最高

---

① 《毛泽东思想万岁》，559—560页；这里引自 S.Schram，"Mao Tse-tung unrehearsed"，p.228。

② *Über die zehn großen Beziehungen*，MAW 5，S.345.

度"发展的"资产阶级"社会里最尖锐的异化现象。马克思用一句话将人的异化归罪于到目前为止的经济范畴颠倒的现实。这样颠倒的现实只能依靠被异化的劳动永远的生产和再生产来维持。马克思明确指出,到目前为止的历史的经济范畴绝不是自然法则,而是人类活动的(即到目前为止的社会实践的)历史结果。对此马克思断言,到目前为止的经济被异化的形态(即私有财产)是暂时的和非本质的,因此通过革命实践可以用更好的经济形态(即共产主义)来代替。在《巴黎草稿》中马克思对于共产主义是这样说的:"共产主义"是作为"人的自我异化"的"私有财产"的积极扬弃,是由人造成的、为了实现"人的"本质的、现实性的"自我占有"。因此共产主义依据到目前为止的发展的总体的丰富性,意味着人本身成为"社会的"即地道的人的、有意识的、完全的自我恢复。这种共产主义是完成的自然主义=人本主义(Humanismus)和完成的人本主义=自然主义。它是人与自然、人与人之间的矛盾的"真正的"解除,是实存与本质、对象化与自我肯定、自由与必然、个人与社会之间的矛盾的真正的解除。另外共产主义是历史谜语的解决,并了解自己是这种解决。[①] 很明显马克思在这里将共产主义理解为历史的完成,即人类实践的最终目的。这一点清楚地表现了马克思的"末日论"趋向。一般来说,这种趋向是从黑格尔哲学产生的,是受到对基督教末日论世界观信仰的影响。

但这种末日论世界观对熟悉中国传统世界观的毛泽东来说是非常陌生的。"道"存在于其中内在的"阴"与"阳"这种对立力量的无限运动过程之中,人与自然也在"道"的无限运动中无限地建立相互关系。毛泽东有意或无意地受到这种"道"的世界观影响,他提出对立的力量或者矛盾无限分裂或展开是"自然与社会的,以及思维的根本法则"。很显然,对他来说没有不灭的事物,连共产主义或马克思主义等也不例外。也就是说,对他来说没有人类实践的结束。因此按照辩证法发展的无限扬弃,马克思不能首尾一致的末日论趋向被毛泽东所克服。因此毛泽东从根本上来说部分地破坏了反映欧洲历史发展与其一般世界观的历史唯物论狭隘的视野。

但毛泽东作为马克思主义者从原则上区别于旧中国的哲学家们。他主张一切事物通过"其内在的对立统一"无限地变化与发展。总之,他确信由人类实践产生的社会的质的变化与发展是无限地进行的。同样,生命体与

① Pariser Manuskripte,前引书,S.75-76。

自然(物质)的质的变化也是无限的(毛泽东是指地上的生命体)。这里引起我们兴趣的是毛泽东对人的看法。他认为,人是"历史的"存在,通过实践来改变主观和客观的世界,即可以在实践中除去必然性,实现自由。简单地说,人是历史的创造者,但这种世界观,即依靠实践改变世界,在"道家"哲学中是没有的。"道家"哲学只是直观地考察自然的无限运动,从而将自己投入到无限运动的"道"的大秩序中,即向"道"的归依来寻找人的幸福(或命运)。"道家的"人从一开始就是放弃挑战自然的"被动的"存在。但毛泽东所认为的人是征服自然的挑战者或"斗争者"。在"毛泽东主义"哲学中人(主体)是自然(客体)的支配者(主人)。

毛泽东所表现出的"中国化的"马克思主义的本质特征是对"主体能动性"(或革命意识)的大力强调。从这一点上可以说,儒家思想一直影响着毛泽东的思想,因此"儒家的传统"思想有意无意之间在毛泽东身上打上了烙印。当然,我们对此要"批判地"进行理解。在本书第一部中明确地讲过,孔子将社会问题大致理解为,当具有道德修养的知识分子富有技巧地引领国家时,必须要在伦理领域上力拼奋斗的问题。从这种意义上,在解决社会问题过程中,孔子将知识分子和统治者的道德意识放在了最优先的地位。因此他强调了在解决社会问题过程中人的道德因素所具有的决定性的重要性。孔子思想的伟大性在于它高度评价了"主观的-伦理的"意志。孔子为以人为中心的"合乎天性的秩序"的世界观进行了辩护。孔子曰:"人能弘道,非道弘人。"①孔子的这一命题可以用马克思或黑格尔的用语换成"主体在客体中设定自己"。很显然,对儒家或接受了两千多年"儒家式"教育的中国人来说,对于事物由人的"主观的、伦理的"意志处理和评价自不待言。以这种传统思想为背景,毛泽东得以排斥了历史唯物论的"决定论的"趋向。另外,我们在批判地评价他的理论中主观意识的能动作用时,同时必须注意到,马克思的革命战略是以颠覆"古典自由主义的"时代的"资本主义"为目标的,因此对于20世纪20年代到40年代之间中国的情况不再有用处,甚至可能还会产生损害。对此佩舍(I.Fetscher)这样说道:"要想使将无产阶级革命和无产阶级阶级意识的理论适用于以落后的农业生产为主的中国,必须在关于社会经济阶级的定义中将'阶级'的强调点转移到受训练的政治意

① 《论语·卫灵公》。

识。"①因此中国革命的特征被意识形态的再教育乃至路线斗争打上了深深的烙印。可以说这一点通过所谓的"无产阶级文化革命"表现得尤其强烈。

但毛泽东的"马克思主义"思想从根本上是与儒家不同的。从根本上来讲,儒家实际上是为德治这一具有某种儒家修养的知识分子们的专政进行辩护,试图以"融和"的世界观来缓和所有的"阶层矛盾",将其解释为自然法则(例如以高尚的天与卑贱的地之间的地位区别为根据形成的男人与女人之间家长式秩序的自然法则化,等等。对此请参考董仲舒的天之哲学)。②与此相反,毛泽东按照"对立统一"的法则,为了"有意识地"改善所有状态而不断地将它当作问题,始终如一地贯彻革命的实践。毛泽东对主观能动性(或革命意识)的强调不仅深深扎根于传统儒家思想,还与中国落后的经济状况相联系,而且它事实上倾向于赋予上层建筑、生产关系等以优先的意义。也就是说,毛泽东对"主观能动性"(die subjektive Aktivitaet)的强调实际上最终归根于赋予人的意识、上层建筑、生产关系等以第一位意义的结果。值得探讨的是,毛泽东在20世纪20年代到40年代这段漫长的时期无疑为革命成功起到决定性作用,但是毛泽东的"主观能动性"在推动社会主义建设,即物质生产、社会生产力、科学技术等的过程中是否也发挥了"必然的"以及"有效的"的影响力——在笔者看来,毛泽东之后的邓小平体制的"现代化第一"的路线显然对此做了否定的历史评价或回答。

四、结论——非市民社会中的人与革命

现在到了我们应该解说从固有的意义上来判断什么是中国革命,以之作结论的时候了。它是存在了数千年的儒家式社会的根本颠覆和向着社会主义社会的"有意识的"结构变化。从根本的原因来看,颠覆属于非市民社会范畴的儒家式社会根本的问题不是由于帝国主义的侵略而产生的无产阶级的毅然决然的斗争,而是由数亿贫困的农民构成的有组织的力量乃至军队。这些人是走向没落的儒家式社会的必然产物。正如第二部所述,在维持其基本结构长达两千多年的传统的儒家式社会里,大规模农民战争的频繁爆发是其主要特点。经常是数十年,有数十万甚至数百万贫困的农民大众被动员到暴力的抵抗运动中。像过去传统中国的人口发展图表中清楚表

---

① I.Fetscher, *Von Marx zur Sowjetideologie*, Frankfurt/M.: 1975, S.220.

② 参见本书第三部第一章。

现的那样,这种浩大的农民战争每隔200年就会周期性地爆发。而这种农民战争分别导致了当时存在的社会秩序整体性的崩溃。这时经常会损失三分之二以上的生命,这点在所有王朝初期的人口数最少在这个现象中表现得非常清楚。这种暴力性的农民战争的根本原因在于"儒家式"社会结构的必然性。儒家式社会在官僚-地主的支配下,总会必然地导致连人口的百分之十也不到的地主和占人口百分之九十以上的少土地和无土地的农民大众之间不合理的土地所有关系。伯灵顿·穆尔(Barrington Moore)曾说道:"中国社会从结构上必然会酿成大量的贫困人口,即可以很容易点燃起义火花的柴火堆。"①在持续两千多年的儒家式社会里,贫困的、失去了生产手段(或土地)的农民大众虽然进行了大规模有组织的抵抗运动,给各个王朝原有的支配关系以最后的一击,但并没有出现生产关系的根本颠覆。但这里有一点事实很明显,即贫困的农民大众(或"中国式的"无产阶级)在特定的条件下,从"自然"(或被自然制约的土地)中被隔绝,因此依仗着暴力性行动,即革命实践来展开他们的"历史"。

因此中国革命与以前悲惨的农民大众的革命战争根本的区别,不在于"战略的"形式,而在于"内容上的"方向。因为从中国过去的历史来看,社会的根本的"质的"革命从来没有在以前的革命战争中出现过,这些战争也从没有由于它们而引起。通过现在的中国革命,才使得从儒家式社会向社会主义社会的根本结构变化得以进行。革命中国走过的发展过程中,从这样落后的儒家式社会到最进步的社会主义社会的、一开始就有着目标意识的变革,绝不是根据生产力内在的发展,即社会生产的"决定论的"法则事先所决定的,这一点很明显。从整体上来看,它反而是依靠人的"主观意志",即现代中国众多的革命知识分子得以宣扬,相互间进行了激烈的敌对斗争,最后依靠长时间的革命战争中确立的"中国民众的意志"而决定的。

这些革命的知识分子起初否定了传统儒教的家长制和世界观,大量引进了个人主义、民主主义、理性等资本主义社会的理念和文化价值。他们宣告了旧中国的灭亡,试图从中诞生出应走向市民社会的新中国。但随着帝国主义侵略的加深,这被判断为"幻想"。帝国主义者们强迫中国让步,给予他们毫无根据的特权。中国人特别从租界的外国人那里受到了无异于狗的歧视和轻蔑。在这种情况下,受到刺激的民族知识分子认识到了中国的现

① Barrington Moore, *Soziale Ursprünge v.Diktatur u.Demokratie*, S, 254.

状，开始寻求正确的斗争路线。鲁迅首先描绘了中国惨无人道的现实，鞭笞了中国人的虚伪意识，特别是虚伪的知识分子。李大钊首先根据传统的乐观主义世界观，“有意识地”克服了中国受屈辱的悲观主义，接受了马克思列宁主义。这些民族主义的知识分子对年轻的学生和小市民产生了影响。在他们中间中国共产党得以诞生和成长。深深扎根于“民族主义”意识和精神的中国共产主义者（毛泽东）及时地看破了斯大林的错误路线。他们从中国的实际情况出发，反对斯大林的路线，努力贯彻他们自己的革命战略。因此与中国具体变化的现状联系在一起的中国民众的不断努力正是中国社会质的变化的内在原因。

但这时中国革命的根本问题很清楚地出现了。问题就是，中国革命到底如何依靠“人的主观意志”，去成功地实现由意识决定的“客观的社会变革”，即社会主义。

对于这一点，中国化的马克思主义（或毛泽东思想）再一次号召要依靠“人的意志”，即“不断的革命实践”。笔者认为这正是毛泽东思想的伟大之处，同时也是决定性的弱点。

附录 1

《中国社会思想史——儒家思想、儒家式社会与马克思主义的中国化》概要

宋荣培

一、序论

1986 年,本书最初用韩文出版时,戈尔巴乔夫改革宣言的冲击仍记忆犹新,无论如何也想象不出东欧与苏联的社会主义政权会像今天这样崩溃。但是 1990 年前后目睹了德国的统一与苏联的解体过程之后,许多人认为,1917 年俄国十月革命以来地球上出现的所有社会主义国家体制,都因其内部或多或少的矛盾而不得不抛弃他们所向往的"理想",永远地从历史舞台上销声匿迹,他们的命运似乎从一开始就是错误的、受诅咒的。

但是 20 世纪 70 年代初,年轻的我在欧洲体验到的却是另外一番景象。那是在 60 年代与 70 年代的欧洲思想史上无法抹掉的一页。其实,在今天广为谈论的"后现代主义"哲学问题全面化之前,当时的西欧资本主义社会内部很多严重的问题已经暴露了出来:在不断膨胀的生产组织和城市社会中的人被排挤、严重的环境污染、核武器的威胁等,因此在对后期资本主义持批判态度的知识分子看来,这些问题已经开始成为——16、17 世纪的启蒙主义以来渐渐膨胀的"工具理性"的过度发达已不再是解放人类,而是破坏人与自然的——巨大的"暴力"(Terror)。在一部分批判这种资本主义体制在社会结构本质上所具有的暴力性的知识分子中间,毛泽东思想作为一个"理想的"方案发挥着巨大的影响力。在欧洲各国,全力支持毛泽东思想的小政党也比比皆是。

我在那种"冷战"体制下产生的极端反共逻辑与牢不可破的安保原则中长大并接受教育,因此对于社会体制与我们不同的社会主义阵营持有的偏见非同一般。但另一方面,在西欧的异乡世界里,对于那些存在于和我们相

差甚远的精神、文化传统中的欧洲人，我第一次深切地体会到了一种“文化异质感”，同时产生了逆反心理，开始对当时在欧洲炒得火热的“毛泽东中国革命论”产生了好奇心。在欧洲开放的言论与学术传统中，我重新开始学习哲学，并且得以领悟到了到当时为止我一直没有意识到的我的“真面目”。虽然迟了一点，但我还是醒悟到了在我去西欧之前一直苦苦追求的哲学思索实际上绝非与我在其中成长并受教育的韩国社会政治问题无关。也就是说，我深切体会到了我那“纯粹”的哲学思索其实绝不仅仅是“纯粹”的普遍的抽象性，在它的形成和发展过程中，映射着我在韩国这个东方的落后国度里郁结的苦恼与生活。

因此在我眼里，那种脱离了具体历史空间中的哲学问题意识，而仅仅追求超历史的、普遍正确的哲学原理的观念上的思索突然变成徒劳的玩笑。对于以不熟练的语言学习的西方哲学，我很难将其接受为“普遍的”哲学，在我看来，那只不过是“西欧的”哲学。

二、本论

本书对众多的中国古典作品进行了研究，并对现代中国和日本众多学者的分析进行了讨论，旨在对下面两种见解进行再讨论。其一是对根据无视实际的历史情况、单一地规定出人类历史发展模式的斯大林的传统理论，将中国历史图形化地分为五个阶段的中国历史学家与哲学家公式化的历史著作的批判。另外一种是对那种所谓“亚细亚生产方式”的马克思范畴，即以欧洲中心主义为根据认识中国历史的普遍认识方式的批判。他们认为从地理上看亚洲社会尚未进入欧洲社会历史发展的初级阶段——古代希腊罗马文化的奴隶社会，更没有进入封建社会。在进行批判的讨论之后，结合在20世纪20年代至40年代之间活动过的中国知识分子精神的和行动的努力，尽可能具体地讨论了在中国革命中脱儒家化和马克思主义的中国化的问题。

1.儒家思想

在第一部中首先对孔子社会理论的本质进行了批判研究。这里我的出发点是试图克服至今为止对孔子理论现有研究（无论拥护还是批判）的根本缺陷。因此对忠实于中国文化传统的钱穆、初期的冯友兰等中国学者，以及后来（50年代）站在马克思主义立场持相反意见的赵纪彬、杨荣国和近年的冯友兰等进行了分析。前一类学者几乎全部都结合人本主义来拥护儒家思想的普遍正确性，与此相反，马克思主义者则从历史唯物论观点出发与前一类学者（所谓资产阶级中国学者）针锋相对，而且站在阶级斗争的立场上，将孔子批判为拥护随着封建地主阶级的形成而必然没落的奴隶主阶级的反动思想家。

因此本研究首先仔细地讨论了属于前一类拥护儒家思想普遍正确性的中国学者的见解，然后阐明了对在中国古代，奴隶制社会是否存在一直存有疑问，因而阐明了马克思主义中国学者关于中国古代社会的历史著述所带有的虚构特点。我认为，前一类资产阶级中国学者没有充分考虑到孔子及其后学思想形成时期的社会历史状况，只是抽象地对孔子理论进行了解释，另一方面，中国的马克思主义者仅仅将孔子理论解释为企图复兴没落的奴隶制社会的意识形态。这里有一个根本性的问题，是 1926 年由批判历史学者顾颉刚①提出来的，即为什么孔子的理论并非在其生活时代，而是在“奴隶制社会”的规定完全不适合的 300 年后，在汉初被确立为正式的国家理念（die offizielle Staatsdoktrin），并且从那时起到最近为止一直得以作为正统的政治理念（die orthodoxe Ideologie）存在？本书欲阐明的问题在中国的文献中一直没有得到充分而有说服力的解释，马克思主义中国学者既无法对这一问题做出解答，也无法充分说明儒家思想在两千多年的中国历史发展中所做贡献的重大意义。

为了克服这两种观点的缺陷，我在第一章中叙述了中国古代社会的根本性转变，即春秋战国时代周代封建宗法社会的崩溃。其后在第二章中结合孔子及其后学（孟子、荀子等）生活的古代中国社会的转换期，具体了解孔子社会伦理论的根本思想。我认为，关于人与社会的理论只有在该理论产生的社会历史情况下才能被正确领会。因此为了解儒家思想的本质，首先阐明了孔子对当时社会问题的立场（Einstellung），并从这种基本立场出发，对孔子的社会伦理论进行了全面讨论。

所以我在书中讨论儒家思想的本质时，首先将其与传统“性理学”所具有的超历史的、绝对真理意义上的世界观和解释分离开来。因此一开始就将朱子的《四书集注》排除在外，主要通过与当时的文献尤其是《左传》《国语》等进行概念和历史实证上的考证，分析了其意义内容，同时结合春秋战国时代“社会经济大变革的历史”进行了阐述。从这一点上可以说，我对于

① 参见顾颉刚《古史辨》第 2 卷。

儒家思想的研究不仅与那些传统的性理学者主张儒家思想超时代、超历史的普遍正确性的研究成果不同，而且也区别于马克思主义中国学者根据50年代斯大林所提出的被单一图形化的五个社会历史阶段划分的唯物历史观理论，将孔子思想判定为反动思想的观点。

2.儒家式社会的结构

在第二部中我尝试对中国传统社会（称之为“儒家式社会”）①进行了广泛而彻底的分析。我认为尤其从这一点上来看，本书十分有创意（heuristisch）。我之所以根据中国的古典（《史记》《汉书》《后汉书》）对儒家式社会进行分析，是因为对中国传统社会提出了新的理论。在中国现代史上中国社会史论战在1928年中国共产党败给国民党之后开始抬头，并且在20世纪30年代初达到高潮。不仅马克思主义者，连（所谓的资产阶级）民族主义者也参与了关于当时的中国社会究竟处于何种发展阶段这一政治上十分敏感的争论。中国社会是否依旧处于封建阶段？资本主义因素是否已经充分发展得足以适合无产阶级革命？根据主张人类历史单一发展的马克思主义（更正确地说，是斯大林图形化的公式）的解释，这些关于中国社会结构的问题是在规定中国革命下一阶段任务中起着决定作用的问题。在这里，著名的《中国社会史论战》（共四卷，1931—1936年，上海）的编者王礼锡指出，由于对儒家式社会的特点没有一致的看法，所以学界将儒家式社会的问题称为一个“谜”。共产党建立了中华人民共和国之后，在50年代，又重新引发了根据马克思原理来说明中国历史发展的中国社会史，尤其是对土地所有形式的争论。在这一争论过程中，侯外庐接受了马克思的亚细亚生产方式理论，认为在古代中国农民只有土地占用权，而没有土地的所有权，“国家”是唯一的所有者。侯外庐、贺昌群等马克思主义哲学家与历史学家为了强调中国皇帝的独裁性格，明确提出了国家的政治中心作用。对此，高敏等学者站在了相反的立场上。但无论何种观点，中国大陆都单纯地将夏朝至春秋时代归为奴隶社会，将战国时代至鸦片战争（1840）约2500年的土地私有占支配地位的时代归为封建社会。18世纪以来，欧洲的思想家们（除孟德斯鸠以外，还有英国的国民经济学家、黑格尔和马克思等）对于亚洲，更正确地

① 中国历史是根据冯友兰的主张划分的，儒家式社会是与“经学时代”即正统的儒家式社会一致的（冯友兰《中国哲学史》，香港，1961）。儒家社会是随着西汉初汉武帝时代形成的董仲舒等今文学派的倡导，儒家思想被规定为正式的国家理念后而产生的，约两千年后的19世纪末随着西欧资本主义的流入而灭亡。

说是非欧洲的社会,全都只看到了经济发展的停滞不前和政治上的东方专制主义。

根据马克思的亚细亚生产方式论,亚洲社会处于人类历史发展的最初阶段,即半野蛮半文明阶段。这里没有土地私人所有权,只有部落的共同所有和东方的专制主义式的土地国有制,即万人服从于专制君主一人(或国家)的奴隶状态占据支配地位。这一学说作为理论论证最重要的前提,是以所谓的灌溉假说(die hydraulische Hypothese)为根据的。根据这一学说,大型的公共事业(建设堤坝、运河等)是使东方的农耕变为可能的基础,为了管理这种大型的事业,"专制君主"即"国家"这一组织化的权力是必需的。主张这种亚细亚生产方式论的有20年代和30年代的威特伏格(K.A.Wittfogel)、麦德扎(Madjar)和沃格(Varga),以及第二次世界大战之后转变为反共主义者的威特伏格和匈牙利的马克思主义者托基(F.Tökei)等。此外还有很多研究中国革命的马克思主义或非马克思主义学者(Garaudy,1967;Fahrle/Schättler,1969;Kramer,1970;Vatankah,1973;Vogel,1974;Jutta-Reisse,1975)也是从亚细亚生产方式论出发的。正如1978年门泽尔(U.Menzel)在自己的博士论文《中国式发展模式的理论与实践》(*Theorie und Praxis des chinesischen Entwicklungsmodelles*)中所说的,根据马克思和亚民(S.Amin)[1]的理论,可以将中国传统社会归结为贡纳制的生产模式的亚洲形态(die asiatische Form der tributgebundenen Produktionsweise)。但在这两种理论中都假定了一个共同之处,即沉积了数千年的中国社会的停滞性。这两种理论全都试图对这种停滞性提出几种论据,但是持这一观点的这两种理论都没有想过在儒家式社会里每隔200年就出现一次的革命群众对既存的权力秩序所做的彻底破坏,也没有把这种自我变化的巨大力量纳入理论视野,因此也无法对此做出任何说明。除一部分中国和日本学者的成果(李亚农、杨宽、许倬云、增渊龙夫等)[2]以外,到现在为止,在所有的文献尤其是西方的文献中,几乎没有从社会经济关系出发,明确地对中国社会从西周宗法社会(或封建制)到汉代的官僚中央集权制发生的变动进行过研究。正因为如此,主要依据欧洲中国学学者(尤其是巴拉兹)理论的弗兰克(H.Franke)和特拉泽太(R.

---

① U.Menzel,*Theorie und Praxis des chinesischen Entwicklungsmodelles*,S.24.

② 参见李亚农:《李亚农史论集》,上海人民出版社,1978;杨宽:《战国史》,上海人民出版社,1980;Choyun Hsu,*Ancient China in Transition*,Stanford,1965;增渊龙夫:《中国古代の社会と国家》,东京,1960。

Trauzettel)认为,将汉代社会作为一个社会经济模式来定义是不可能的①。我的儒家式社会理论与埃伯哈德(Wolfram Eberhard)提出的"绅士"(Gentry)社会②的主题相近,但我将这一主题做了更加丰富而广泛的发展。

我的儒家式社会理论通过与前面简单提到过的至今为止关于中国传统社会的各种理论的比较,首次根据具体的资料,尤其是中国的古典,阐明了皇权(或国家)和大官僚地主之间的利害冲突与矛盾,而这一点在现在看来具有崭新的现实意义。我的分析不仅否定了灌溉假说和与之相关的东方专制主义的假说,而且更进一步证实了地主阶级的垄断式支配权,即证实了大地主在中央官僚集权政府占据高级官僚的地位,同时为了自身的利益而破坏皇权(或国家)的官僚主义,最终促使中央国家(皇权)的阶级基础完全崩溃。结合大地主官僚的这种垄断支配,我阐明了儒家式社会停滞的特点及其所具有破坏性的、革命性的巨大动力的结构性根源。最后记述了中国传统社会里资本主义生产模式的萌芽。

3.马克思主义的中国化

在第三部"儒家思想的破坏与马克思主义的中国化"中,我讨论了非市民社会中国革命。为了了解中国革命,本书具体地分析了20世纪20年代至40年代中国知识分子的精神奋斗历程。革命知识分子不仅要通过外来文化将一般的革命理论消化为自己的东西,而且不得不完完全全地体会自己正在屈辱地倒塌下去的传统儒家式社会。他们还要以无法从传统和现实中分离出去的语言、习惯和道德等为媒介,来探索并实现他们的革命之路。考虑到这些情况,我主要谈了下面三个问题:

(1)对新中国的理想和儒家思想的破坏。

(2)民族主义知识分子向马克思主义的转变。

(3)马克思主义的中国化,即马克思主义在特殊的中国社会状态下的使用。

尤其是对于马克思主义的中国化,我只考察了毛泽东的革命实践及其唯物辩证法。但本书的目标却是结合非市民社会的中国社会中的"无产阶级革命",解释儒家思想、传统的儒家式社会和马克思主义的中国化,同时阐明中国革命的本质。

---

① H.Franke/R.Trauzettel, *Das chinesische Kaiserreich*, Fischer Weltgeschichte.Bd.19.S.95.

② Wolfram Eberhard, *Conquerors and Rulers: Social Forces in Medieval China.*

三、终论：中国革命的性质

那么“中国革命”是什么呢？它是存在了数千年的儒家式社会的根本颠覆和向着社会主义社会的“有意识的”结构变化。从根本的原因来看，对属于非市民社会范畴的儒家式社会的颠覆，从根本上说，不在于帝国主义的侵略而产生的无产阶级的毅然决然的斗争，而是在于由数亿“贫困的”农民构成的“有组织的”力量乃至军队。这些人是走向没落的儒家式社会的必然产物。在维持其基本结构达两千多年的传统的儒家式社会里，正如第二部所述，大规模农民战争的频繁爆发是其主要特点。经常是每隔数十年就有数十万甚至数百万贫困的农民大众被动员到暴力的抵抗运动中。像过去传统中国的人口发展图表中清楚表现的那样，这种浩大的农民战争每隔200年就会周期性地爆发。而这种农民战争分别导致了当时存在的社会秩序整体性的崩溃。这时经常会损失三分之二以上的生命，这点在所有王朝初期的人口数统计最少这个现象中表现得非常清楚。这种暴力的农民战争的根本原因在于儒家式社会结构的必然性。儒家式社会在“官僚-地主”的支配下，总会必然地导致连人口的百分之十也不到的地主和占人口百分之九十以上的少土地和无土地的农民大众之间不合理的土地所有关系。伯灵顿·穆尔说：“中国社会从结构上必然会酿成大量的贫困人口，即可以很容易点燃起义火花的柴火堆。”①在持续了两千多年的儒家式社会里，贫困的即失去了生产手段（或土地）的农民大众虽然进行了大规模“有组织的”抵抗运动，给各个王朝原有的支配关系以最后的一击，但并没有出现生产关系的根本颠覆。但这里有一点事实很明显，即贫困的农民大众（或“中国式的”无产阶级）在特定的条件下，被迫脱离“自然”（或被自然制约的土地），因此只能依仗暴力性行动，即革命实践来展开他们的“历史”。

因此中国革命跟以前悲惨的农民大众的革命战争根本的区别，不在于“战略的”形式，而在于“革命理念”的方向。因为从中国过去的历史来看，社会的根本的“质的”革命从来没有由于以前的革命战争而发生过改变。现在的中国革命，使得从儒家式社会向社会主义社会的根本结构的变化才得以实现。在革命中国走过的发展过程中，从这样落后的儒家式社会到最进步的社会主义社会的、一开始就有着目标意识的变革，决不是根据生产力内在

---

① Barrington Moore, *Soziale Urspr · nge v. Diktatur u. Demokratie*, S, 254.

的发展，即社会生产的“决定论的”法则事先所决定的，这一点很明显。从整体上来看，它反而是依靠人的“主观意志”，即经过了现代中国众多革命知识分子的宣扬，以及相互间进行的激烈的敌对斗争，最后依靠在长时间的革命战争中确立的“中国民众的意志”而决定的。

这些革命的知识分子起初否定了传统儒家的家长制和世界观，大量引进了个人主义、民主主义、理性等资本主义社会的理念和文化价值。他们宣告了旧中国的灭亡，试图从中创造出应走向“市民社会”的新中国。但随着帝国主义侵略的加深，这被判断为“幻想”。帝国主义者强迫中国让步，给予他们毫无根据的特权。中国人特别从租界的外国人那里受到了无异于狗的歧视和轻蔑。在这种情况下，受到刺激的民族知识分子认识到了中国的现状，开始寻求正确的斗争路线。鲁迅首先描绘了中国非人的现实，鞭笞了中国人的虚伪意识，特别是虚伪的知识分子。李大钊首先根据传统的乐观主义世界观，有意识地克服了中国受屈辱的悲观主义，接受了马克思列宁主义。这些民族主义的知识分子对年轻的学生和小市民产生了影响，在他们中间中国共产党得以诞生和成长。深深扎根于民族主义意识和精神的中国共产主义者（毛泽东）适时地看破了斯大林的错误路线，他们从中国的实际情况出发，反对斯大林的路线，努力贯彻他们自己的革命战略。因此与中国具体变化的现状联系在一起的中国民众的不断努力正是中国社会“质的”变化的内在原因。

但这时中国革命的根本问题很清楚地出现了。问题就是，中国革命到底如何依靠人的主观意志，去成功地实现由意识决定的“客观的社会变革”，即社会主义。

对于这一点，中国化的马克思主义（或毛泽东思想）再一次号召要依靠“人的意志”即“不断的革命实践”。这正是毛泽东思想的伟大之处，同时也是其决定性的弱点。

如上所述，本书讨论的不是1978年以后现代中国推动的各种产业结构现代化和政治民主化的问题，即“开放主义路线”所向往的现代中国的全面问题，而是对这些问题出现之前的中国社会“根源式的”社会变革，也就是近现代中国社会走过的“自我变革”（或革命）过程中的问题，与维护传统的儒家思想正统性的儒家式社会的社会结构的问题有机地结合在一起，用通史的目光进行了分析和提示。因此目睹了东欧共产党政权的崩溃、东德被西德吸收统一，以及苏联社会主义联邦体制的解体等巨大的社会主义阵营的大变革之后，对读者来说，似乎无法拭去本书已经成为另一部“古典作品”的感觉。

但我想指出，对于解决中国社会面临的未来问题，也会一直需要对传统思想和传统社会的透彻的科学理解。尤其从这个观点来看，在第二部中基于庞大的文献基础之上独创地提出的“儒家式社会的社会经济结构”的分析有着深远的意义。对于这部分，希望能够继续进行广泛的——不管肯定的或批判的——学问上的讨论。

附录 2

宋荣培《中国社会思想史——儒家思想、儒家式社会与马克思主义的中国化》读后感

叶维廉(美国加州圣地亚哥大学文学系,中美比较文学教授)

宋荣培先生的《中国社会思想史——儒家思想、儒家式社会与马克思主义的中国化》最引人入胜的地方是哲学思想与具体历史互为激发的微妙结合,他几乎可以用不费争论的言词或攻击性的语调,便能清楚地暴露出过去众多哲学思想研究和历史研究的陷阱和破解现代中西比较文化思想研究所用单一文化模式的潜在错误,他深厚的学养通过"有效的历史意识"的应用发散出一种令人难以抗拒的说服力,不在雄辩,而在思想演化条理与具体历史事件的安排和部署中完成。这本书不但中国社会思想史的学者应该细读,所有正在思想歧路、正愁煞于中国独特文化神髓急剧流失而瘫痪神伤的现代中国人都应该进入其间穿行,感染他重建的儒家式社会的活泼泼的信息。我极为期望这本书的中文版得以早日与中国读者见面。

为了突出这本书的独特贡献,在这里,我需要说明历史的书写,包括思想(当然也包括哲学思想)的解读和书写本身的问题。首先,所谓客观历史是可疑的,也就是说,绝对不受主观意念左右的历史是不存在的,不但历史的整体性、客观性无法确定,甚至在一个完全可以掌握的历史事件和资料里,历史的书写还是受牵制于书写者个人的历史哲学,用 Hayden White 的话来说,在历史的书写过程中,起码有三种限制:意识形态的限制、道德观念的限制和美学策略的限制。所有的历史书写都有落入片面书写的危险,因为在书写的过程中,许多具体独特的细节,往往因为顺应一种意识形态或政治理念而被牺牲了。一个例子是匈奴的历史,我们只有汉人对匈奴的历史看法,没有匈奴自己看自己的历史,这些历史的差距与"断裂"使人怀疑历史的可靠性和真实性。宋先生的书写当然也会受到 Hayden White 所说的三种限制,他怎样突围而出而达到一种"有效的历史意识",而能一步步扎实地引领

读者重新认识、感受儒家式社会在不同历史时段中活泼泼、活生生的运作潜力及其无可避免的局限甚至最终可能无可避免的崩溃呢？这里我打算借用诗人庞德的两段话来引发。在其讨论“学问的新方法”时提到所谓“明澈的细节”(Luminous Detail)和“神髓”(Virtu)，关于前者，他说：

任何事实从某种意义上说，都是重要的。任何事实都可能是朕兆的，但某些事实却能为人们观察周围环境，前因后果，序次与规律，提供一种出人意料的洞识力……我们在文化或文学发展史上，便接触到这种具有启发性的细节。数十个这种性质的细节可以使我们获得关于一个时代的信息，这些信息是积聚浩繁的普通事实所得不到的。①

关于“神髓”，他有独特的说法：

每个人的灵魂是由灵魂世界里全部的质素所混成，但在每个灵魂里有这么一个支配性的质素，独特而强烈，是属于每个个人的特质或神髓，这种是没有两个灵魂会重复的特质。②

宋先生重写的儒家思想和儒家式社会，一面要重见/重建孔子/儒家思想的“神髓”，一面要找出一把“明澈的(历史的)细节”，使我们获得关于整个儒家式社会的信息——那些积聚浩繁的普通事实所得不到的信息。这里不是说宋先生读过这两段话，而是说，在他的选组方法上有近似的策略并达到相似的效果——历史思想书写所需的“有效的历史意识”。这里我还须谈谈“哲学书写”的一些情况，才可以了解在他选组过程中哲学和历史所激发的效应。

严格来说，所有思想(包括哲学)的议程是无法脱离更大的社会政治历史的网络来讨论的，所有思想的生成(包括书写时所需的美学表现策略的生成)是落脚于、包含于二者之间的辩证转化过程，它们的构成，有时以拥护潜藏在思想、历史背后的社会、政治议程的论述方式出现，有时以批评这些议程的反论述出现，至于这些议程与论述之间的相互的、因应的变化更加需要

① “I Gather the Limbs of Osiris,” *The New Age*, Dec.7, 1911, pp.130-131.

② *The New Age*, Jan.4, 1912, p.224.

回到它们动变中的整个过程去探测,不可以在其定形的形式中去找寻。以“儒家思想”为例,近代哲学、历史的讨论中,太多人只把过往相传下来的定论作某种“教义”的择要、简化的复述,仿佛这思想三千年来未尝变化！我们必须找出每一个历史时段、每一个地方摄取儒家思想时特有的历史因素和相关的复杂的心理环境以至当时历史事件所激发其选取材料和解读方式的根本缘由在那里。这样理出来的“神髓”可以协助书写者在浩繁纷纭的历史事件中找到使我们获得关于一个时代的信息的“明澈的细节”。同样,把思想的生发尽量放入可掌握的整体历史的运作中也可以协助书写者不陷入固化的意念。

宋先生要重见/重建孔子/儒家思想,一开始就不是从抽离历史的经典中取义,而是回到促使孔子思想生发的历史原点去考虑,也就是 Sartre 所说的 situatedness(所处的环境、形势、状态),包括孔子面对其历史变化时的心理反应和抉择。宋先生从同时期的《左传》《国语》等历史材料中说明孔子的出现,是在周朝以氏族宗法制度为干的家长式封建主支配系统开始动摇慢慢面临崩溃之时,整个变化,有其历史的必然性,经过 600 年后,因为各封建诸侯国经济、军事发展程度的差异,引发武力合并,吞灭了弱小的诸侯国,大部分世袭贵族逐渐没落,同时一部分农民和商人因相对集中了经济财富而变为新兴地主,形成新的生产阶层的势力集体。原来是从事生产的“小人”突然因为生产力的高涨而摆脱被支配的名位而试图进入传统中属于“君子”的支配阶级,在孔子的眼中,周的名制下的秩序的崩溃,黏合的力量尽失,社会就无法维持。孔子是在这种危机感中提出他的“维新君子”“德治理念”“复礼以仁”“和(大同)”等观念。从这个历史的切入点,宋先生一面具实而精到地突显儒家思想的精髓,一面指出其局限。

我们当然无法因为危机的迫切原谅孔子的“吾从周”而为名制说辞和求复礼,虽然在他的维新君子的议程中提出的往往是他追求的理想的“名”(正名)和合乎“仁”的“礼”,但无可否认地,他“复礼”“正名”的提出无意中为后来的执政者巩固了支配“小人”的权力架构也是不争的事实。然而我们亦不能否认他在提出“维新君子”“德治理念”“复礼以仁”“和(大同)”等观念的论述中,确确实实建立了一个影响深远的、用现代话来说,积健为雄的,或者应该说积德为雄的改革者角色的“维新君子”。在孔子论述的领域里,认定整个“和”的崩溃,错在君子(往往是统治者)道德修养的缺乏,要克服当时的危机,必须从人的道德意识出发,宋先生这样说:

> 最终看来,孔子把社会问题看成君子,即承担统治职责的知识分子们伦理的努力问题……尤其是(他们的)道德意识即仁的作用。因此他强调在解决社会问题中人和道德的重要性……强调“人”的“仁”,即人本主义思想和现世的社会表现出强烈的关心与实践的意志。

宋先生特别拈出孔子的“人能弘道,非道弘人”的话阐明“人(主体)是道,即客观的理性的主人……也就是说,人是自然的主人”。这个“士”(知识分子)的塑像,不但是三千年来儒家式社会的社会改革推动的主力,即在反孔的现代知识分子(包括李大钊、毛泽东)中都有潜在的影响力(见其第三部)。最大的反讽是,孔子是历史事件逼使他追寻理想的人际支配系统,但他没有看见社会客观条件变化的必然性。“孔子只是根据自己的信念,将周礼抽象为万世不变的根本的社会秩序,因此表现出极其保守的倾向,认为任何社会‘即使百世(三千年)以后’也可以根据周礼的‘加减变通’事先知道其社会内容,即只用礼来看待历史的错误观念。”

我个人认为本书最深厚、最精彩的是第二部。为了指出影响近代中国研究极深的马克思的“亚细亚生产方式”的巨大错误,他深读古代社会历史资料凡四年,然后精选细说儒家式社会,让读者既知且感地认印秦汉至明清古代社会多层活动力激荡下复杂而丰满的运作方式和记录,反映出马克思这个模式的虚构性和误导性。马克思认为,亚细亚的生产方式,是处于人类历史发展的最初阶段,即半野蛮半文明阶段,没有土地私有所有权,只有部落的共同所有和东方的专制主义式的土地国有制,即万人服从于专制君主一人(或国家)的奴隶状态。这个迷思的前提,是以所谓灌溉假说为根据的,根据这一学说,大型公共事业(建设堤坝、运河等)是使东方的农耕变为可能的基础,为了管理这种大型的事业,专制君主的绝对权力是必需的。宋先生耐心分条缕述儒家式社会实质的权力运作——中央官僚-地主集权政治多元的结构——和大量的资料轻易地把这迷思完全爆破。

宋先生的陈述有几个特点:

(1)宋先生熟读马克思经典,所抽出的引文,不但把马克思的议程做出明澈的呈示,而且让人在了解了马克思精神走向的重要性以后看出其对亚洲历史结论之盲点。

(2)他用了完全属于正统马克思的方法——历史事件的物质基础——

来否定马克思由市民社会出发发展出来的文化阶段论的局限与偏颇。

(3)他应用了大量的表解(北部中心区、南部周边地区群数、人口数。耕作面积表;1904—1933年间总耕地面积中的灌溉面积表;中国治水活动的历史发展与地区分配统计表——由春秋战国到清代;长江以南人口变化表;人工灌溉设施的内容表;人口变动表——由西汉到清;汉代人口与耕地面积表;等等。来源包括《汉书》《后汉书》《晋书》《三国志》《元史》《魏书》等)。

(4)政治结构、经济系统的运作,农民革命的实际情况的细论,都明显地反映出马克思"想当然"的结论所带动威特伏格、麦德扎、托奇等一大堆学者的问题重重。

宋先生选组部署的资料,清楚地显示自春秋战国以来,专制君主的实质权力早已被中央官僚-地主集权政治多元的结构的支配系统和土地私有制边缘化,事实上,儒家式社会的特征是土地私有制的生产方式,社会经济的基本单位不是牧歌式的村社共同体,而是自家经营的小农,农民层没有把国家的经济职能看作是自己生存中本质的东西,水利设施的建设是有关地区社会的利益团体,有时是王室,有时是豪族私人的课题。国家的统治往往操纵在官僚地主的手上。现在让我们看看宋先生对马克思亚细亚生产方式的精彩的批判:

> 他们的理论不过是欧洲中心主义思考的变形。托奇将中国社会看作"亚细亚生产方式"的典型范例完全违背了中国的实际情况……(他们)错误的解释不但源于对中国社会的无知,而且还起因于包含这18世纪以来在资产阶级思想家意识形态中浓缩的、欧洲中心式思考。在欧洲中心主义看来,所谓"东方"社会,即在地理是属于非欧洲地区的亚洲、中南美洲和非洲社会,不顾他们的文化与社会差异,全都看作是区别于"文明的"欧洲的"野蛮"社会…… 在政治上由残暴的"东方式专制主义""一成不变"地统治了数千年时间,在经济上由于缺少私有财产,因此停留在"人类文化原始阶段"的"氏族共同体"状态中;在文化上支配东方社会的是隶属于"自然"的"被动精神",即与人道主义背道而驰的、崇拜自然的顺从恭顺的风土人情。作者以为,儒家式社会不能用这种欧洲中心的世界观进行解释。儒家式社会是直接先行于资本主义社会的。换句话说,它在前资本主义的社会结构中是最进步的社会……历史唯物论所规定的人类历史阶段——即原始共同体。奴隶制、封建

制、资本主义、社会主义社会——绝不是人类历史的普遍发展,那么儒家式社会从其发展水平来看应该放在封建制与资本主义的生产方式之间。从所有关系的观点来看,儒家式社会与资本主义生产关系有着密切的关系。但从生产方式和社会分工的观点来看,按照托奇的话,这个社会不属于奴隶制、封建制、资本主义社会中的任何一个。

宋先生不只是批判了马克思的观点而已,他的批判事实上给所有比较文化研究的学者做出最重要的警告。这与我这么多年来在东西比较文学方法上所提出的警告不谋而合(见我的《比较诗学》《历史、传释与美学》以及 *Diffusion of Distances:Dialogues between Chinese and Western Poetics*)。宋先生的书除他精到的见解使读者对儒家思想、儒家式社会有更深的了解之外,还可以跳出单一文化思想的盲点。他这里的结论事实上还提供了寻找中国社会文化真质思维的一个重要的起点,一个可以帮助我们在建立中国现代性和后现代社会思索的重要的起点。事实上,宋先生就是在这个起点上在第三部里对现代中国知识分子的形成和中国现代革命的成功做出了崭新的塑像。

从宋先生对儒家思想、儒家式社会透写的长景再出发看“五四”以来的知识分子,从“新民”的梁启超到“新民主主义”的毛泽东,或从陈独秀、胡适到鲁迅、李大钊,以至其他的作家,我们都看到一个背负着沉重的使命、为塑造新中国鞠躬尽瘁的改革者的鲜明的形象,一个以主体意志力、道德力迎接和试图克服停滞的运作系统来重建自由平等新中国的形象。在打倒孔家店的背后是一个除却钦定的对生产阶级(所谓“小人”)的支配、重生的活泼泼的“维新君子”,在中国因外侮面临生死存亡之际,努力寻求破除儒家式社会中停滞的基本元素[简约为反封建,其实是中央官僚-地主集权系统中统治阶级(约占10%)不合理的高昂的地租与税征和生活经常无以为继的生产阶级的农民(约占90%)整个不平等的社会的弊端],以期达到一种新的和谐。宋先生在这个地方,特别针对潜藏在他们原有古典教育里深层的儒家理想甚至道家境界着墨,比如李大钊,在鼓动社会主义革命的呐喊的同时,特别提出孔子现世世界人本主义的自我信赖:“孔子说道,舜何人也?予何人也?有为者亦若是。孔子以此曾经强调人的‘自我信赖’。孟子说,当今之世,舍我其谁?通过这点,孟子也想强调人的自我信赖。想学习孔孟并将他们的思想加以实践的人们的确应该学习他们的自我信赖和自立精神。他们应该以自主的行动来自立。"而他最后争取的自由是归根在无待无碍的庄子思想。宋先生从众多的证据里得到如下的结论:"李大钊为了否定正统儒家思想家长式的极权社会秩序,一开始就非常重视道家的开放思想家。看起来他是想把摆脱个别存在的所有人为束缚而宣扬无限自由的庄子传统的民彝概念(人的自然秩序)发展出现代政治的意义。"同样,毛泽东的"矛盾论"也借用了道家的反者道之动的说法,发挥他的无限矛盾无限实践的哲学。

假如宋先生通过儒家式社会独特物质基础的具体陈述否定了马克思从单一文化以市民社会为基础而得出来的亚细亚生产方式,则毛泽东也透过中国非市民社会特有的民族历史环境拒绝了马克思、斯大林图形化的革命路线,而为现代中国推出了成功的革命。毛泽东说:

> 马克思主义必须和我国的具体特点相结合并通过一定的民族形式才能实现。马克思列宁主义的伟大力量,就在于它是和各个国家具体的革命实践相联系的。对于中国共产党来说,就是要学会把马克思列宁主义的理论应用于中国的具体的环境。成为伟大中华民族的一部分而和这个民族血肉相联的共产党员,离开中国特点来谈马克思主义,只是抽象的空洞的马克思主义。因此,使马克思主义在中国具体化,使之在其每一表现中带着必须有的中国的特性,即是说,按照中国的特点去应用它,成为全党亟待了解并亟须解决的问题。

是这种根植在本土文化的摄取,才可以发挥双文化互为激荡的创造。我们在宋先生的书中看见更通透更辉煌的灵视。

让我们期待这本书的中文版早日出现!

附录 3

序

牟钟鉴(中央民族大学教授)

首尔大学哲学系宋荣培教授是我认识多年的朋友,他是成就很大、国际知名的学者。可是他的著作未在中国流行,可能一般中国读者对他还不够熟悉。在他的著作出版之际,我感到自己有责任把他介绍给中国读者,以促进中韩之间的学术对话。

宋教授早年毕业于首尔大学,后来就读于比利时、德国,受过西方哲学的严格训练。他又曾在台湾大学研读中国哲学和汉语言文学,对于中国思想文化有深厚的感情和深切的理解。他受聘在首尔大学哲学系任教以来,经常到中国、美国和世界各地作学术访问,致力于东方文化和西方文化之间的交流与融合。宋教授学养丰厚,思想犀利,见解独到,在学术上尤其在中国文化研究上颇有建树,是当代韩国一流的哲学家和思想家,在国内外有着广泛的影响。

我很早就盼望宋教授的学术作品能够翻译过来,在中国出版和传播,以便于中国读者从中吸取思想营养。如今这一愿望终于实现,他的重要著作《中国社会思想史》的中文版正式问世,我感到欣慰,也受到鼓舞。我相信这部书会在中国受到欢迎,使人们获得许多教益。在此以前,中国人文学术界较多地关注欧美学人的研究成果,很少翻译和评介韩国的学术论著,这是很大的欠缺。殊不知韩国有一支力量很强的人文学术队伍,出版了许多学术价值甚高的著作,可惜中国学者懂韩文的人少,中文翻译出版工作又跟不上,使得这份精神文化资源无法为中国学界所了解,不能在中国发挥应有的作用,这是非常可惜的。宋教授是韩国有代表性的学者,此专著的出版,也许会成为中韩学术交流深入发展的一个标志,将带动更多的韩国优秀著作陆续进入中国人的视野。韩国是中国的近邻,在文化上既与中国有着很深的亲缘关系,又有着自己独特的发展道路,韩国学者的文化思路常常不同于西方,也不同于中国,有其特殊的价值和意义,我们必须加以重视和借鉴。

宋教授的书是一部分量颇重的学术精品。此书的价值,首先在于作者是了解西方的东方人,具有跨文化的世界眼光,能够勇敢摆脱长期流行的欧洲中心论的束缚,以博大的心胸,重新审视中国社会历史的道路,以理性和客观的态度评价儒学和中国革命,对带有很大偏见的欧洲人的种种亚洲观提出批判和挑战,这在欧风美雨笼罩下的当代东方学坛上,是颇不容易做到的。他在深入研究和综合比较的基础上,提出诠释中国古代社会和近现代变革的新理论模式。他把中国古代社会概括为以土地私有制为基础的儒家式社会,以取代曾一度流行的"亚细亚生产方式论";他把中国近现代革命概括为"脱儒家化和马克思主义中国化的过程",以超越反共的偏见,从而成就了一家之言。由于这一理论模式言之成理,持之有据,以坚实丰富的史料为基础,所以它不能不受到学界的尊重和关注;即使有人持有异议,他也必须下大力气作深入研究,才能取得与之对话的资格。我想宋教授的独立学术人格和他的创新,对于中国学者打破学术上种种教条化的成见,重新解释中国历史,会有启迪和帮助。

此书的价值还在于作者使用的资料极为翔实,引证广泛,考辨精到,史论结合,颇叫人心服。宋教授熟悉中国古代儒家经典,又对史部下过大的功夫。他用社会经济生活和社会组织结构的详密史料来说明中国儒家思想的特质及其变迁,旁征博引,游刃有余。他对中国经济史、社会史尤其是土地制度之熟知和读书之多,令中国学者吃惊,我是自叹弗如。可见此书的成功,不单单由于宋教授的视野雄阔,才思敏捷,具有很强的哲学思考力,还由于他勤奋刻苦,有中国学问的扎实功底,故能够取精用宏,由具体到抽象,从系统而典型的史实中引申出必要的结论。同时他广泛收集和借鉴前贤和当代学人的研究成果,所引古今文献资料有二百余种,在全面考察和细心筛选的基础上开拓创造,故能批判陈说,独立新论。作为一位外国学者,能够克服语言文字的障碍,深入到中国文化史的内部去探索,是十分难能可贵的。

宋教授以极大的热情关注着中国近现代的社会革命,他不赞成对中国革命持敌视立场,而是怀着朋友的情意,用平实的态度分析评论中国新民主主义革命和毛泽东思想,赞扬中国近代先进的知识分子为民族解放和把马克思主义中国化所做的努力及其成就。他在书中从考察古代儒家思想和儒家式社会转而考察中国近现代革命,看起来似乎有一种过快的跳跃,实际上他是在鉴古论今,从历史学的角度揭示中国革命的内在必然性。他认为中国革命乃是中国传统儒家式社会结构无法解决农民贫困并造成周期性暴动所逼迫出来的一条道路,这条道路由于中国革命者避免了斯大林路线而获得成功。这是一种学理式的探讨,同时也是大手笔的杰作。

正如宋教授在中文版序言里指出的那样,这本书由于写作较早,未能讨论中国改革开放以后的发展变化。他表示愿意继续进行学术上的讨论,更愿意与中国同行切磋。中国古代社会的问题已经相当复杂,中国近现代革命的问题更不易言。对于马克思主义中国化进程的探讨,假若不研究改革开放以后的创造性变革和有中国特色的社会主义新理论,则这种探讨不免有着“阶段性”的局限。例如,中国革命开始确实走着“脱儒家化”的道路,但是如今,中国的社会主义者又在批判继承的基础上开发和弘扬着儒家的思想精华,中国当代学者在继承新文化运动传统的同时,早已超出了“五四”,这就需要做出新的解释。又如中国革命是否如书中所说没有依社会生产的客观法则为根据,而只是中国革命知识分子的“主观意志”在推动呢?“唯意志论”确曾有过,但都因碰壁而被纠正了。中国革命和改革开放的实践证明,忽视社会发展客观法则,单纯依靠主观意志是不会成功的,只有符合社会发展方向、能够解放生产力的主观意志才是有生命力的和值得赞美的。这又一次证明,不研究改革开放就不能完整地理解中国革命。

宋教授在序中说,“对中国历史和思想问题的思考到现在为止一直是我生命中的一个最本质和最重要的部分”,可知他的中国情结是很深的。因此,我有理由相信,宋教授会在这部著作的基础上对中国的历史作进一步的研讨,并对中国社会的最新发展作跟踪考察。我希望不久的将来,他会有新的中国研究专著问世,成为这部书的续编。

附录 4

不断书写的中国思想史
——韩国学者宋荣培教授所著《中国社会思想史》读后

聂锦芳(北京大学哲学系教授)

思想史是可以不断地追问、诠释和书写的;虽然这绝不意味着可以任意虚构历史,但在尽可能翔实地占有史料的基础上,对思想演进的过程、阶段、结构、意旨、价值和意义等给予不同的判断和分析却是可能的,而且是必要的;这也是思想史研究所具有的永恒的魅力之所在,即如对中国思想史、哲学史、学术史的研究,古代的不必提了,自从梁启超所著《中国近三百年学术史》开启了现代意义上的解读以来,举凡胡适、冯友兰、钱穆、侯外庐、杨荣国、任继愈、冯契,以至近年葛兆光等所撰写的相关著述构成了这一领域通史性研究一个个重要阶段,从一个侧面反映了我国学界近百年的风云变幻和几代学者探索的曲折与艰辛;时至今日,中国思想史的研究要写出新意或取得突破,应该说是很不容易的;然而,读了新近由中国社会科学出版社翻译出版、韩国首尔大学哲学系的宋荣培教授所著的《中国社会思想史——儒家思想、儒家式社会与马克思主义的中国化》,感觉到将其置于中国思想史研究的谱系和序列之中,不仅没有重复之感,而且因其视野、方法、解释的不同而别具特色,由此想到,思想史确实是可以做到"常写常新"的。

本书原为宋荣培教授 20 世纪 80 年代初在德国法兰克福大学哲学系读书时所撰写的博士论文,是用德文写作完成的,1986 年翻译成韩文出版,迄今已经印行 16 版,是韩国学界中国思想史研究领域的扛鼎之作。现在又翻译成中文出版,使作为该书研究对象的国内读者有机会了解到一位外国学者对中国思想史的独到的阐发。以我之见,与国内同类著述相比,该书的独特之处体现在如下几个方面:

第一是把马克思主义中国化作为中国思想史研究的重要内容。该书的副标题昭示了全书的基本结构:第一部分分析中国古代的儒家思想,第二部分阐述从汉代到清朝的儒家式社会的结构，第三部分剖析现代“儒家思想的破坏与马克思主义的中国化”。但仔细研读全书，我们会发现，不仅第三部分的篇幅最大，而且是前两部分的逻辑引申和归结，是全书的重点。这种结构安排在中国学者撰写的中国思想史的著述中是很少见的；特别是最近20年来，中国哲学与马克思主义哲学学科上的分界、思想与学术的疏离、史论关系上的失衡，已经到了非常严重的程度，不少论者把中国思想史、哲学史的研究归入纯粹的历史研究、传统文化研究，而认为近代特别是五四运动以至中华人民共和国成立以来的中国社会思潮应归到马克思主义哲学研究领域，所以绝大多数中国思想史研究著述叙述到鸦片战争爆发就结束了，不涉及甚至有意回避马克思主义在中国一百余年使中国发生了有史以来最为剧烈的变革这一思想进程和历史事件。与此不同，宋教授的著作不仅着重研究了这一段历史，而且在对中国传统的儒家思想和传统的社会结构的特征、症结及其现代命运的分析的基础上，在对中国古代、近代与现代的“断裂”与联结的观照中，将中国革命本身理解为一种叫作“脱儒家化及马克思主义的中国化”的漫长的历史过程。据此，书中探讨了在“科学”和“民主”的口号中传统的儒家世界观的现代衰落和旨在高扬新的“市民社会”理想的“新文化启蒙运动”；尤其探讨了在当时试图将整个中国“像非洲一样瓜分”并殖民地化且拥有强大的军事力量的帝国主义势力和更具有冲击力的西方文化居绝对优势的形势下，中国“民族主义”知识分子是如何思考问题并且发展壮大的这一精神史、社会史问题；然后又分析了现代中国是在怎样“紧迫的”政治社会情况下突然将马克思主义选择为革命指导理念的具体原因；另外，还阐明了在中国革命具体过程中，毛泽东的革命路线实际上是与斯大林的中国政策相对立并对其加以克服的方案，而主张“无限矛盾的分裂与展开”的哲学观念，扬弃了马克思的共产主义思想的西欧视野与空想性质。同时作者明确指出，在中国落后的政治经济环境中，与发展生产力相比，毛泽东将重点放在了生产关系的改善上，过度强调了人的革命意志。最后作者认为，在毛泽东“中国化的马克思主义”的哲学基础中，无意识地打上了阐述“道”的无始无终的无限变化的中国传统道家的世界观和强调人的实践伦理意志和决断的儒家的世界观的烙印。作者的这些观点当然是可以讨论的，但该书把中国近代革命与传统思想联系起来考察以推进中国思想史的研究的意向，无疑是很深刻的、独到的。

第二是把某一种观点或思想置于其所产生的社会土壤和具体条件中给

予解释。把思想与社会联系起来思考问题,摆脱了把思想史写成思想家及其著述的连缀、思想史成了精神、观念独立发展史的窠臼,从而跳出了以思想解释思想的循环。作者在该书的中文版序言中说:“我对哲学的根本兴趣焦点总是放在结合某个思想家或哲学家生活过的具体的历史社会条件来理解其哲学思想。”确实是这样的。比如,在讨论儒家思想的本质时,作者首先将其与被看作是超历史的、绝对真理意义上的“新儒学的”世界观和解释区别开来,一开始就将朱熹《四书集注》的解释排除在外,主要通过与同时代文献——尤其是《左传》《国语》等——进行概念和历史的考证,分析了孔子思想的原始资料——《论语》的意蕴,同时结合春秋战国时代“社会经济大变革的历史”进行了阐述和透视。从这一点上可以说,作者对于儒家思想的研究不仅与那些主张儒家思想有超时代、超历史的普遍适应性、正确性的论调不同,而且也区别于教条主义的马克思主义者“从原则出发”,根据所谓“一般规律”来解释中国历史特殊道路的牵强之论,以及不深入思想内部认真分析、动辄唯物唯心简单画线和定性的诠解框架与批判模式。

第三是研究问题时自觉的比较视角和跨文化的眼光。作为一个外国人、一个当代人要撰写中国社会思想史著述,首先需做的前提性工作,是对既往的研究成果和流行见解做出评判,相契者引为同道,避免一切从头开始;相左处则做出属于自己独特的理解和阐释。早年毕业于首尔大学和台湾大学,又有长达十年在欧洲游学的经历,使作者学术视野非常开阔,掌握的资料极为翔实,全书所引古今文献有二百余种,考辨相当细致精到。这样,在论述每一个具体问题时,作者总能自觉地把它放在不同观点的比较中,将东方文化与西方文化、思想史与社会经济史、历史与现实有机地结合起来进行研究。跨文化的世界眼光也使作者能够摆脱长期流行的欧洲中心论的束缚,以博大的心胸,重新审视中国社会历史的道路,以理性和客观的态度评价儒学和中国革命。比如,“亚细亚生产方式论”可以说是具有代表性的西欧人的亚洲观,这一观点将中国社会界定为“停滞性”(Stagnation)社会;中国学界 20 世纪 20 年代末和 30 年代初也展开过“社会史论战”,以及对“亚细亚生产方式”和“灌溉假说”的讨论,作者在广泛涉猎这些相关文献的基础上,根据自己的理解,把中国古代社会概括为以土地私有制为基础的儒家式社会,以取代曾一度流行的“亚细亚生产方式论”,同时他把中国近现代革命概括为“脱儒家化和马克思主义中国化的过程”,以超越单纯反对共产主义的政治偏见,从而成就了一家之言。或许这些观点并不能为所有论者所接受，但作者论证问题时的态度、逻辑、方法无疑是很值得借鉴的。

文如其人，宋教授的这本书正好是他为人的表征。笔者来韩国访学近半年，宋教授是我接触最多的学者之一，无论是在他那堆满书籍（绝大部分是中文书）的研究室里高谈阔论，还是应他邀请给学生发表演讲，或者周末驱车至首尔郊外远足爬山，都会使我对他书中的一句话——“对中国历史和思想问题的思考到现在为止一直是我生命中的一个最本质和最重要的部分”——有了更深的体味和感触。宋教授不仅会讲一口流利的汉语，而且对中国历史和目前学界状况的了解每每令我们这些年轻的中国学人感到吃惊。印象最深的是在一次叙谈中，宋教授如数家珍般地一一列举和评论了20世纪以来中国学者撰写的有关中国思想史、哲学史、学术史方面的通史性研究著述十余种！这里我想告诉大家的是，宋教授的著述厕身其间，非常独到，毫不逊色。

附录 5

以马克思主义基本原理驳马克思的中国观
——读宋荣培教授的《中国社会思想史》

郭沂（首尔大学哲学系教授）

2002 年秋，当我在校读首尔大学哲学系宋荣培教授《中国社会思想史——儒家思想、儒家式社会与马克思主义的中国化》（以下称“宋著”）中译稿的时候，就为这部著作思想之深邃、视野之广阔、观点之新颖、史料之翔实而叹服。2003 年 11 月，此书终于由中国社会科学出版社出版。今重读全书，仍有新的收获。

宋著是在特殊的历史背景下写作的。那是 20 世纪六七十年代的欧洲，资本主义社会内部的许多严重问题，诸如人的异化、环境污染、核威慑等，都已经暴露出来。因此，在一些对资本主义持批评态度的知识分子看来，16、17 世纪启蒙主义运动以来逐渐膨胀的“工具理性”已不再是解放人类的动力，反而成为破坏人与自然的巨大“暴力”。在这种情况下，毛泽东思想作为一个“理想的”方案对一批“左派”知识分子发生了强烈影响。正在这时，年轻的作者来到德国留学，第一次深切体会到了一种“文化异质感”，开始对过去所受到的那种“冷战”体制下的反共教育产生逆反心理，并对毛泽东领导的中国革命产生了极大兴趣，以至于一度以“毛泽东主义者”自居。

从全书的内容来看，作者在欧洲所接受的，不仅仅是毛泽东思想，更重要的还有马克思主义。按照马克思主义的基本原理，经济基础决定上层建筑，而上层建筑反映经济基础。其实，这正是宋著贯穿始终的一条主线。作者的基本思路是，首先搞清中国各个时期的经济状况，然后探讨由这种经济状况所决定的社会问题，在这个基础上，再转入社会思想问题的研究。这正如作者在《导论》中所指出的：“关于人和社会的理论只有在该理论产生的社会历史情况下才能被正确领会。”

毋庸讳言，自马克思主义传入中国以来，如何运用马克思主义的基本原理来研究中国社会的历史实际,就一直是一个见仁见智的问题。在这方面,首要的问题是如何认识中国社会形态及其演变。众所周知,关于这个问题,直到目前占主导地位的学说仍然是马克思根据西方历史提出并由斯大林总结的五种生产方式论。但是,这种学说是否符合中国历史的实际,却一直受到怀疑,20世纪五六十年代和80年代国内学术界都曾有热烈的讨论,至今余音不绝。

除五种生产方式论之外,最值得注意的观点可能莫过于同样由马克思所提出的亚细亚生产方式论了。这种观点为侯外庐、顾准等一大批著名学者所倡导,影响甚巨。他们认为,亚细亚生产方式是东方古代文明起源的路径,而中国古代文明的起源走的正是亚细亚生产方式的路径。也就是说,亚细亚生产方式论才是真正打开中国古代社会形态之门的钥匙。他们甚至认为,亚细亚生产方式论彻底冲破了欧洲中心论历史观。

但是,让我甚感意外的是,在批评五种生产方式论之余,宋著向我们展示了对亚细亚生产方式论的另一种解读,一种与上述观点截然对立的理解。

按照宋著的考察,马克思的亚细亚生产方式论认为,亚洲社会处于人类历史发展的最初阶段,即半野蛮半文明阶段。这里没有土地私有制,只有部落的土地共有制和东方专制主义式的土地国有制。这一学说的理论前提,是所谓的灌溉假说,即管理大规模的水利工程,造就了这种强化专制君主和国家权力的制度。

不过,宋著用大量的史实,全面否定了马克思的这种亚细亚生产方式论,认为它完全不符合中国历史的实际。首先,作者考察了中国历代的水利灌溉设施,指出直到1929—1933年间,北方的小麦区不过只有15%得到灌溉,而与此相比,汉代的水利灌溉设施根本没有讨论的价值,并且中国的治水事业根本不是什么公共事业,而是王室、大地主等利益集团为了追求自己的利益而进行的“个人的”事业。这就否定了马克思的灌溉假说。其次,作者指出,早在战国时期,秦国通过商鞅变法就在法律上确定了生产者对土地的直接私有,并确定了小家庭为社会经济的基本单位。到了汉代,中央集权式的“国家”或“王室”的经济基础就是由自己的私有土地和自耕农的剩余生产物构成的。这就否定了古代中国没有土地私有制的观点。

作者还进一步指出,马克思以“私有财产”作为文明社会的本质标志,划分了一系列具有不同所有制形式的人类历史发展阶段,将亚细亚社会划归到欧洲历史发展的最初阶段,认为它不过是原始社会,是人类历史的开端。

在马克思看来,亚细亚人在数千年的岁月里丝毫没有变化地隶属于自然,只能过着"被动的"、植物一样的生活,而这只有依靠"文明的"欧洲资本主义野蛮的侵略才宣告结束。给这一社会带来"革命变化"的、"文明"的资本主义的大肆入侵,在马克思看来是合理的。作者认为,这里所体现的,正是马克思的欧洲中心主义,而上述对亚细亚生产方式论的否定,正是对马克思欧洲中心论历史观的批判。

由此看来,和五种生产方式论一样,亚细亚生产方式论也不符合中国历史的实际,那么到底应该如何看待中国的社会形态与社会思想呢?为了回答这个问题,宋著创造性地提出了"儒家式社会"这个概念。

无疑,孔子是中国传统文化的象征,而由孔子开创的儒家思想是中国传统思想的核心。所以,宋著一开始就紧紧抓住了这个关键问题。作者既不赞成以钱穆和早期冯友兰为代表的资产阶级学者的观点,也不同意以赵纪彬、杨荣国和晚期冯友兰为代表的马克思主义者的看法。认为前者没有充分考虑到儒学思想形成的社会历史背景,只是抽象地解释孔子学说;后者仅仅将孔子思想解释为企图恢复没落的奴隶社会的意识形态,却无法解释孔子学说在孔子逝世三百年之后的汉初被确立为国家理念。为了克服这两种观点的缺陷,作者详细探讨了中国古代社会的根本转变,即春秋、战国时期周代封建宗法社会的崩溃,并把孔子及其后学的思想放在这个转变中去研究。

宗法社会崩溃后,中国进入了一种持续了两千余年的、被称为停滞的稳定的社会形态,这在宋著看来,便是儒家式社会。所谓"儒家式社会",一言以蔽之,就是指随着周朝封建制度崩溃而形成的、以儒家思想为正统国家理念的中国传统社会。其特点是"土地私有制生产关系"中的"官僚-地主"的支配作用,以及由其导致的以二百年为一周期的农民暴力革命运动。

按照中国学术界的主流观点,农民阶级和地主阶级的矛盾是中国封建社会的主要矛盾,而皇室是全国最大的地主,是地主阶级利益的总代表。但宋著根据广泛的史料,尤其是"二十四史",阐明了在儒家式社会皇权(或国家)与大官僚地主之间的利害冲突和矛盾,证实了地主阶级的垄断式支配权,即证实了大地主在中央集权政府中占据高级官僚的地位,同时为了自身的利益而破坏皇权(或国家)的官僚体制,最终促使中央权力(皇权)的阶级基础完全崩溃。这正是儒家式社会停滞的特点及其具有破坏性、革命性的社会结构根源。

在上述研究的基础上,宋著将毛泽东领导的中国革命理解为“脱儒家化和马克思主义中国化的过程”,并指出毛泽东的革命理论不但自始至终和斯大林相对立,而且也和马克思、恩格斯有许多不同。这些见解也往往为国内学者所不及。

正如牟钟鉴教授所指出的,改革开放以来,“中国的社会主义者又在批判继承的基础上开发和弘扬着儒家的思想精华,中国当代学者在继承新文化运动传统的同时,早已超出了‘五四’”。无疑,这意味着中国社会已经发展到了一个新的阶段。但需要强调的是,对于新时期中国社会的发展来说,宋著所提出的观点具有十分重要的借鉴意义和现实意义。其一,解决中国现实所面临的问题,离不开对传统思想和传统社会的透彻的科学理解,而宋著在广泛的文献基础之上提出的“儒家式社会”之说,则提供了一个新的视角。其二,中国社会的新发展,也一定需要从刚刚进入历史的那个“脱儒家化和马克思主义中国化”的时代吸取经验教训。其三,也是最重要的一点,中国目前改革开放运动的目标是建设中国特色的社会主义。什么是“中国特色”?我想,宋教授所提出的“儒家式社会”就是我们理解“中国特色”的一个不可忽略的出发点。

总之,作为一个兼备东方和西方学术背景的韩国学者,宋荣培教授对中国社会思想史提出了一系列创见。不仅如此,更重要的是,宋著的出版将在中国学术界起到解放思想的作用。这部著作使我深切体会到,马克思主义基本原理和马克思的具体学说并不完全是一回事。可以说,前者是放之四海而皆准的真理,而后者是可以讨论、可以商榷甚至可以批评的学术问题。

附录 6

宋荣培《中国社会思想史——儒家思想、儒家式社会与马克思主义的中国化》

沈清松(多伦多大学中国思想与文化讲座教授)

在晚近出版的哲学书里,这是一本对哲学、史学、政治思想史的学者都具挑战性的大著。这本书的作者是一位韩国哲学家,他是韩国首尔大学前哲学系主任,现任韩国东洋哲学学会会长。这本书之所以具有挑战性,是因为一方面它不局限于哲学纯概念或文本分析,而能进入到哲学观念所兴起的具体历史情境与互为文本脉络之中。另一方面,宋教授对于理念、政治与经济的历史分析,并不埋没在历史事件的重构与文字材料之中,而会诉诸可理解的理论架构,甚至其哲学基础;他的主要目的之一是在明白当前中国的革命及其未来,但他却做了哲学与历史的迂回,在回溯中国传统的儒家思想、儒家式社会及其破坏(或者说是超越)的脉络下,来加以评估。总之,这是一本综合了哲学、思想史与政经史研究的大著。

首先要指出,书评执笔者十分欣赏宋教授在本书中所显示的“外推”精神。我所谓的“外推”是一种走出自己、走向他者的慷慨行径,适用于科际整合、文化交流与宗教交谈。就学术研究而言,外推是走出自己所一向从事、熟悉的学科,向其他学科开放,并用其他学科可懂的语言,来说自己的观念或发现。宋教授本书走出纯粹哲学概念与文本分析,而是运用历史尤其是政治史、经济史的语言,来呈现一个复杂的历史、力量与理念的综合体,其中仍有着丰富的哲学与理论意趣。一向只熟悉纯粹哲学概念与文本分析的哲学学者,可能会对宋教授那不厌其烦的历史叙述,那些满是数字的人口变化图表、人口与耕地表、历代治水地区统计表等,感到困惑,甚至感到不耐烦。我认为,这时候哲学工作者须自行检讨,问题可能出在自己已封限于自己的熟悉性之中了。宋教授本书走出了哲学熟悉的领域,看到了一片开阔的天地,实在是一本哲学从事外推的佳例。

其实,宋荣培本人的学术生涯便是一个不断外推的过程。他出生、成长于韩国,但很早便对西洋哲学与中国哲学发生兴趣,曾于 20 世纪 70 年代来到中国的台湾大学研读。早期《哲学与文化》的读者对于宋荣培应不陌生,他在二十几年前就读台大哲研所时曾经在本刊发表了有关海德格与老子的论文,颇受当时台湾哲学界的称赞。其后,他远赴欧洲留学,到了比利时鲁汶大学、杜宾根大学与法兰克福大学,并在法兰克福大学哲学系获得哲学博士学位。在欧洲研究期间,他深深感受到思想有其历史的情境性,在详细研读黑格尔、马克思的同时,又使他返回到自己关心的中国思想。基本上,本书便是作者依据其德国法兰克福大学的博士论文,在其基础上加以增补而成。

基本上,全书的结构是按照德文博士论文的名称架构起来的。第一部分针对儒家思想。在此,宋荣培辩证地纠正了人文主义学者与马克思主义学者对于儒家思想的诠释。针对像钱穆、冯友兰等人,从广义的人文主义观点发挥儒家思想的普遍意义,宋教授指出他们忽视了孔子及其后人思想的社会历史背景;针对中国马克思主义者的阶级诠释,视儒家思想为企图恢复奴隶制社会的意识形态,宋教授采用顾颉刚的意见,指摘他们无法解释为何儒家思想在奴隶制社会完全不适用的汉代才成为国家意识形态。为了辩证地兼顾两者,宋荣培除了运用儒家经典,更回到《春秋》《国语》等文本透露的历史脉络,重建儒家思想的意义。

举例来说,他将孔子的“仁”,解释为孔子在当时社会中透过道德努力达致统治阶层的君子与被统治阶层的民众或小人之间的融洽或和谐关系。这或许是一种透过历史的辩证,探寻黑格尔所谓“具体的普遍性”的努力,虽然在书评执笔者看来,其具体历史的分析多于对“可普遍性”的分析。毕竟,哲学是一种走出界限的努力,或我所谓“外推”的努力,虽然我们不能认为历史中会有纯粹的普遍性,但至少我们总要努力透过外推,探求可普遍化的可能性。

第二部分是宋教授用心最多,也是最感到得意、自称最具“创意”的贡献所在。虽然在今天看来,运用马克思的生产形态五阶段说,以及用亚细亚生产方式来分析中国传统社会已略显过时,不是大问题,但是,当宋教授在 20 世纪 80 年代运用论证加以驳斥时,针对当时欧洲与中国大陆学者的研究而言,仍甚具意义。不同于“左派”学者对马克思理论的强搬硬套,宋教授回到《史记》《汉书》《后汉书》等原典中,运用社会科学分析法,组织严谨论证,否定了欧洲学者过去认为中国农田灌溉与水利需要中央集权,以致形成东方专制主义的论点。宋教授这一部分的努力成果,可以说是对他求学时期欧洲学界的中国研究的一种纠正式的回馈,劝告他们不要在理解中国时太过欧洲中心主义。这点是颇令人激赏的。

不过,我们仍可指出,本部分与第一部分都假定了传统中国社会是一个阶级社会。就此而言,他仍是马克思主义的。但是,到底传统中国社会是否为阶级社会,或者所谓"阶级"应在何种意义之下理解,仍然是值得商榷的。无论如何,传统中国社会中并无具明确阶级意识的阶级存在。而且,值得注意的是,在一定社会脉络中产生的思想,如果要有长远的价值,一定要有可经由外推达至可超越时代界限的价值。就拿马克思思想来说吧,固然马克思的五种生产形态的社会发展观及其亚细亚生产方式概念有其历史限制,已然过时。但是,在马克思与恩格斯合著的《德意志意识形态》中,除了讨论"产品生产",也提出人透过消费而"自我生产",并提出"完整的人"作为人的自我生产的理想。从今看来,这些想法仍应有其可普遍化的意义,而不只有欧洲中心论点的局限。

最后一部分,或许正是宋教授关心之所在,讨论儒家思想的破坏与马克思主义的中国化,主要分析了 20 世纪 20 年代至 40 年代,中国知识分子一方面引进个人主义、民主主义等新的理念与价值,另一方面也否定了儒家思想及其社会基础,并在民族主义的基础上,转向马克思主义,甚至促成了后者的中国化。宋教授着重讨论了毛泽东在马克思主义中国化历程中扮演的关键性角色,特别突出主观意志论与不断革命(实践)论,似乎已然指向了中国式社会主义,结合本土资源以形成自家道路的方向。不过,对于"本土资源"是什么,宋教授认为需要经过更为科学性的研究和了解。宋教授对中国未来的深切关心,跃然纸上。

到底中国的本土资源是否只有儒家?宋教授在其中曾经指出道家思想在毛泽东中国化马克思主义的历程中扮演的角色,可见他也意识到,中国的本土资源不只儒家而已。儒家在汉代虽是国家意识形态,但在魏晋之后,很难把中国社会认定为儒家社会。到了隋唐,佛教与道教更丰富了中国社会,更不要说还有来自其他民族的文化因素。也因此,用社会科学方法分析《史记》《汉书》《后汉书》等史籍,并不足以为中国传统社会定位。由思考儒家思想到讨论马克思主义中国化,宋教授在本书中的思路还是一元式的。这在今天多元文化的视野中,已然有其不足。在多元文化脉络中,不但欧洲中心观行不通,儒家式或中国式马克思主义中心观,甚或汉人中心观都同样行不通。我想,宋教授在本书中体现的“外推”精神,应足以使他步出本书的界限,迈向在多元文化脉络中重估中国哲学资源的工作。对于本土资源究竟是什么,我们赞成宋教授的主张,必须经过更为科学性的研究和了解。至于如何才是科学的,恐不能仅限于自己熟悉的学科之中,而必须像宋教授一般,进行科际整合的研究。容我进一步说,甚且也不能仅限于科学研究,更须加上文化交流和宗教交谈,以多重路径来进行,而这一切,都需要“外推”的精神。

本书涉及的文献

Balazs, É., *La Bureaucratie Céleste*, Paris, 1968.

Balazs, É., *Chinese Civilization and Bureaucracy*, New Haven and London, 1972.

Bauer, W., *China und die Hoffnung auf Glück*, München, 1971.

Biot, F. E., *Le Tcheau-li*(《周礼》), tome Ⅱ, Paris, 1951.

Brandt, C., *Stalin's Failure in China* 1924–1927, Harvard Univ.Press, 1958.

Brandt/Schwarta/Fairbank, *A Documentary History of Chinese Communism*, New York, 1973.

Calvez, J.Y.SJ, *Karl Marx: Darstellung und Kritik Seines Denkens*, Freiburg (Br.), 1964.

曾繁康:《中国历代官制》,ZZSL,1–40 页,1955。

Chan, Wing-Tsit (陈荣捷), "The Evolution of the Confucian Concept 'Jen'," *Philosophy East & West*, pp.295–319, Jan.1955, Honolulu.

Chang, Tsung-tung (张聪东), *Der Kult der Shang-Dynastie im Spiegel der Orakelinschriften*, Wiesbaden, 1970.

陈独秀:《独秀文存》(上、下),上海:亚东图书馆,1922。

陈独秀:《告全党同志书》,见王健民《中国共产党史稿》,第 1 册,504—524 页。

Chesneaux, J., "Le Mode de Production Asiatique-Quelques Perspectives de Recherche," *Sur le "Mode de Production Asiatique,"* pp. 13–46, C. E. R. M. (hrsg.), Paris, 1974.

Chi, Ch'ao-Ting (冀朝鼎), *Key Economic Areas in Chinese History*, New York, 1963.

Chow, Tse-tsung (周策纵), *The May Fourth Movement*, Stanford, 1967.

Ch'u, T'ung-tsu (瞿同祖), *Han Social Structure*, Seattle, 1972.

Claudin, F., *The Communist Movement*, 2 Vols., New York/London, 1975.

Couveur, S., *Li Ki*(礼记): *Memories sur les Bienséances et les Cérémomies*, 4 tomes, Paris, 1950.

戴国辉:《中国'社会史战论'に见れる若干の问题》,《アジア经济》, 13-1, 1972年1月。

戴国辉:《中国"社会史论战"と〈读书杂志〉》,《アジア经济》, 13-12, 1972.12。

d'Encausse, H.C./S.Schram, 请参考 Schram, S./d'Encausse H.C.项。

邓小平:《邓小平文选》, 第2卷, 人民出版社, 1994年7月第1版。

邓小平:《邓小平文选》, 第3卷, 人民出版社, 1993年10月第1版。

丁守和:《陈独秀和〈新青年〉》,《历史研究》, 1975, 第5期, 北京。

Eberhard, W. *Conquerors and Rulers*: *Social Forces in Medieval China*, Leiden, 1952.

Eberhard, W. *Das Tobareich Nordchinas*, Leiden, 1949.

Erkes, E., *Das Problem der Sklaverei in China*, Berlin, 1952.

Engels, F., *Dialektik der Natur*, MEW Bd.20.

Engels, F., "Brief an J. Bloch," Marx/Engels, *Ausgewählte Briefe*, Berlin (Ost), 1953.

Fahrle, R./Schottler, P., *Chinas Weg*: *Marxismus oder Maoismus*, Frankfurt/M., 1969.

Faibank, John K./Deng, Ssu-Yu(邓嗣禹), *Chinas Response to the West* (A Documentary Survey 1839-1923), New York, 1966.

范文澜:《中国通史简编》, 北京: 人民出版社, 1965。

Fetscher, I., *Der Marxismus* : *Seine Geschichte in Dokumenten*, 3 Bde., München, 1967.

Fetscher, I., *Von Marx zur Sowjetideologie*, Frankfurt/M., 1975.

Fetscher, I., *Karl Marx und der Marxismus*: *Von der Philosophie des Proletariats zur Proletarischen Welanschauung*, München, 1967.

Franke, H./Trauzettel, R., *Das Chinesische Kaiserreich*(Fischer Weltgeschichte Bd.19). Frankfurt/M., 1968.

Franke, Wolfgang, *China und das Abendland*, Göttingen, 1962.

Franke, Wolfgang, *Chinas Kulturelle Revolution*: *Die Bewegung vom 4. Mai*

1919, München, 1957.

傅筑夫、李竞能:《中国封建社会内资本主义因素的萌芽》,ZZMT(上),北京,1957。

Fung Yu-lan(冯友兰), *A History of Chinese Philosophy*, 2 Vols., Princeton, 1952.

冯友兰:《中国哲学史》,香港:中华书局,1961。

高敏:《我国封建社会没有土地私有制吗?》,ZTXT,北京,1962。

狩野直喜(Gano Naoki):《两汉学术考》,东京,1964。

Garaudy, R., *Le Problème Chinois*, Paris, 1967.

Godelier, M., "La Notion de 'Mode de Production Asiatique' et les Schémas Marxistes d'Evolution des Sociétés," *Sur le Mode de Production Asiatique*, C.E.R.M.(hrsg.), Paris, 1974.

五井直弘(Goi Naohiro):《汉代の公田における假作について》,《历史研究》,Nr.220, 东京,1958。

钱穆:《秦汉史》,台北,1985。

Granet, M., *La Féodalité Chinoise*, Oslo, 1952.

顾颉刚等编著:《古史辨》(全7册),北京:朴社,1926—1941。

郭沫若:《马克思进文庙》(1925.11.17),见 Liu, Wu-chi(柳无忌)/Li, Tien-yi(李田意), *Reading in Contemporary Chinese Literature*, Vol.2, New Haven (Connecticut), 1953。

郭沫若:《学生时代》,北京:人民文学出版社,1979。

郭士浩:《中国封建经济关系的若干问题》,ZFJW,1958。

郭湛波:《近代中国思想史》,香港:龙门书局,1973。

韩国盘:《隋唐的均田制度》,上海:上海人民出版社,1957。

贺昌群:《关于封建的土地所有地问题的一些意见》,ZTXT,北京,1962。

Hegel, G.W.F., *Vorlesungen über die Philosophie der Geschichte*, in: G.W.F. Hegel(Suhrkamp), Bd.12, Frankfurt/M 1970.

Holubnychy, V., "Der Dialektische Materialismus Mao Tse-tungs," *Der Ostblock und die Entwicklungsländer*, Vierteljahresbericht der Friedrich-Ebert-Stiftung 8/9, Hannover, 1962.

侯外庐:《中国封建社会史论》,北京:人民出版社,1979。

侯外庐等著:《中国思想通史》(全五册),北京:人民出版社,1957。

Hsu, Cho-yun(许倬云), *Ancient China in Transition*, Stanford, 1965.

Hsueh, Chün-tu(薛君度), *Revolutionary Readers of Modern China*, New York, 1971.

胡华:《新民主主义革命史》,北京:中国青年出版社,1981。

胡适:《胡适文存》(全4册),台北:远东图书公司,1953。

Hu Shi, *Der Ursprung der Ju und ihre Beziehung zu Konfuzius und Laodsi*, übers, v. W. Franke, IV-VI, in: Sinica-Sonderausgabe(hrsg., E. Rousselle), Frankfurt/M., 1936.

板野长八(Itano chohachi):《中国古代における人间观の展开》,东京,1972。

翦伯赞:《中国史纲要》,北京:人民出版社,1979。

金春明:《"破四旧、立四新"的历史反思》,《中共中央党校学报》,1977年第1期。

Juttka-Reisse, R., *Geschichte und Struktur der Chinesischen Gesellschaft*, Dissertation, Frankfurt/M., 1975.

加藤繁(Kato Shigeshi):《支那经济史考证》(上、下),东京,1952。

Koebne, R., "Despot and Despotism: Vicissitudes of a Political Term," *Journal of the Warburg and Courtauld Institutes*, Vol. 14, 1951.

Kramer, F., *Über den Sozialismus in China und RuBland und die Marxsche Theorie der Geschichte*, in: Rotes Forum, Nr. 3, Heidelberg, 1970.

劳干:《论汉代的内朝与外朝》,《国立中央研究院历史语言研究所集刊》第13号,台北,1948。

劳干:《汉代的政制》,ZZSI(三),台北,1955。

Lefèbvre, H., *Der Dialektische Materialismus*, Frankfurt/M., 1971.

Lefèbvre, H., *Soziologie nach Marx*, Frankfurt/M., 1972.

Legge, J., *The Chinese Classics*, 5 Vols., Hongkong, 1970.

Lenin, W. I., "Vorwort der Russichen Ausgabe der Breiefe von Marx an Kugelmann," in: P. Vranicki, *Mensch und Geschichte*, Frankfurt/M., 1969.

Levenson, J. R., *Confucian China and its Modern Fate*, California, 1965.

Löwith, K. *Weltgeschichte und Heilsgescheen*, Stuttgart, 1973.

李大钊:《李大钊选集》,北京:人民出版社,1959。

Li Dazhao, *Im Kampf für ein sozialististisches China*. Aus Reden und Schriften des Mitbegrunders der KPCh, Berlin(Ost), 1969.

李鼎芳:《王莽》,上海:上海人民出版社,1957。

李剑农:《先秦两汉经济史稿》,北京:中华书局,1962。

李剑农:《魏晋南北朝隋唐经济史稿》,北京:中华书局,1963。

李剑农:《宋元明经济史稿》,北京:三联书店,1957。

李剑农:《中国近百年政治史》(上、下),台北:商务印书馆,1975。

Li Jiannong(LI Chien-nung), *The Political History of China*, 1840-1928, translated by S.Teng/J.Ingalls, Stanford, 1967.

李亚农:《李亚农史论集》,上海:上海人民出版社,1978。

李泽厚:《略论鲁迅思想的发展》,《鲁迅研究集刊》,第一辑,上海:上海文艺出版社,1979。

梁启超:《欧游心影录节录》,台北:中华书局,1960。

梁启超:《五十年中国进化概论》,《饮冰室文集》,第14册,台北:中华书局,1978。

梁漱溟:《中国文化要义》,台北:正中书局,1970。

Lin Yutang(林语堂), (übers) *Laotse*(老子), Frankfurt/M., 1956.

Liou Kia-Hway, *L'esprit synthetique de la Chine*, Paris, 1961.

刘伟民:《中国古代奴婢制度史》,香港:龙门书局,1975。

刘毓璜:《试论西汉时代的小自耕农经济》,ZTXT(下),北京,1962。

Lorenz, R., "Die Traditionale Chinesische Gesellschaft," R.Lorenz(hrsg.), *Umwälzung einer Gesellschaft*, Zur Sozialgeschichte der Chinesischen Revolution (1911-1949), Frankfurt/M., 1977.

鲁迅:《鲁迅小说集》,香港:三联书店,1972; *Einige Erzählungen von Lu Hsün*, Peking, 1974.

鲁迅:《朝花夕拾》,北京:北平未名社,1928; *Morgenblüten Abends Gepflückt*, Peking, 1974.

鲁迅:《野草》,北京:人民文学出版社,1973; *Wilde Gräser*, Peking, 1978.

鲁迅:《坟》,北京:人民文学出版社,1973。

鲁迅:《集外集》,北京:人民文学出版社,1973。

鲁迅:《热风》,北京:人民文学出版社,1973。

鲁迅:《集外集拾遗》,北京:人民文学出版社,1973。

鲁迅:《且介亭杂文二集》,北京:人民文学出版社,1973。

毛泽东:《毛泽东选集》(全4卷),北京:人民出版社,1964。

毛泽东:《毛泽东集》(1917-1949)(全10卷),竹内实编,东京,1976。

毛泽东:《毛泽东思想万岁》(1969),日本影印本。

毛泽东:《毛泽东诗词》,北京,1969。

Mao Zedong,*Ausgewählte Werke*,4 Bd.,Peking,1968.

Mao Zedong,*Ausgewählte Werke*,5 Bd.,Peking,1978.

Markovic,M.,*Dialektik der Praxis*, Frankfurt/M.,1968.

丸山松辛(Maruyama Matsuyoshi):《陈独秀と李大钊》,《近代中国の思想と文学》,东京,1967。

丸山松辛:《李大钊の思想とその背景》,《历史评论》,1957年8月,东京。

Marx.K.,*Zur Kritik der Hegelschen Rechtsphiosophie*.Einleitung,MEW,Bd.1.

Marx.K.,*Pariser Manuskripte*(1844),Reinbek bei Hamburg(Rororo),1968.

Marx.K.,*Thesen über Feuerbach*,MEW,Bd.3.

Marx.K.,*Der* 18.*Brumaire des Louis Bonaparte*, MEW,Bd.8.

Marx.K.,*Die Britische Herrschaft in Indien*, MEW,Bd.9.

Marx.K.,*Die Künftigen Ergebnisse der Britischen Herrschaft in Indien*,MEW, Bd.9.

Marx.K., *Die Revolution in China und in Europa* ,MEW,Bd.9.

Marx.K.,*Der Handel mit China*,MEW,Bd.13.

Marx.K.,*Zur Kritik der Politischen Ökonomie*,Berlin(Ost),1972.

Marx.K.,*Grundrisse der Kritik der Politsichen Ökonomie*(1857-1858),Berlin (Ost),1974.

Marx.K.,*Das Kapital*, 3 Bde.,MEW,Bd.23-25.

Marx.K.,*Der Generalrat an den Föderalrat der Romanischen Schweiz*,MEW, Bd.16.

Marx. K., *Randglossen zu Adolph Wagners* "*Lehrbuch der Politischen Ökonomie*," MEW,Bd 19.

Marx/Engels,*Die Heiligie Familie*,MEW,Bd.2.

Marx/Engels,*Die Deutsche Ideologie*,MEW,Bd.3.

Marx/Engels,*Manifest der Kommunistischen Partei*,MEW,Bd.4.

Marx/Engels,*Ausgewählte Briefe*,Berlin(Ost),1953.

Maspcro, H., *La Chine Antique*, Paris, 1927.

Mausbach, F., *Die Grosse Mauer*(Lu Xuns 21 Essays), Worms, 1980.

増渊龙夫(Masubuchi Tatsuo):《中国古代の社会と国家》,东京,1960。

Meisner, M., *Li Ta-chao and the Origin of Chinese Marxism*, Havard Univ. Press, 1967.

Menzel, U., *Theorie und Praxis des Chinesischen Entwicklungsmodells*, Opladen, 1978.

Metke, E., "Mensch und Geschichte im Ursprünglichen Ansatz des Marxschen Denkens," *Marxismusstudien*, 2. Folge, Tübingen, 1957.

Moore, B., *Soziale Ursprünge von Diktatur und Demonkratie*, Frankfurt/M., 1974.

守屋美都宫(Moriya Mitsuo):《中国古代の家族と国家》,京都(日本),1968。

诸桥辙次(Morohashi Tetsuji):《大汉和辞典》(全13册),东京,1974。

Needham, J., "Science and Society in East and West," *Centaurus*, Koppenhagen, X, 1964.

Nguyen Thanh-Hung, *Zur Theorie der Vorkapitalistischen Klassengesellschaften bei K.Marx und F.Engels*, Dissertation(Univ.Frankfurt/M.), 1975.

Nietzsche, F., *Also Sprach Zarathustra*, Reclam-Ausg., Stuttgart, 1980.

仁井田升(NⅡda Noboru):《支那身分法史》,东京,1942。

新岛淳良(NⅡjima Atsuyoshi):《毛泽东の思想》,东京,1976。

野村浩一(Nomura Kouichi):《中国革命の思想》,东京,1971。

Opitz, P., "Die Kommunistische Bewegung," ders. (hrsg.), *Chinas Grosse Wandlung*, München, 1972.

–(hrsg.), *Vom Konfuzianismus zum Kommunismus*, München, 1968.

–(hrsg.), *Chinesisches Altertum und Konfuzianische Klassik*, München, 1968.

–(hrsg.), *Maoismus*, Stuttgart, 1972.

Perkins, D. H., *Agricultural Development in China, 1368 – 1968*, Edinburgh, 1969.

齐思和:《商鞅变法》,《燕京学报》(*Yanching Journal of China Studies*), Nr.33,北京,1947。

齐思和:《封建制度与儒家思想》,《燕京学报》(*Yanching Journal of Chi-*

na Studies),Nr.22,北京,1937。

钱穆:《民族与文化》,香港:新亚书院,1962。

钱穆:《国史新论》,香港,1966。

任长正:《明清的内阁制度》,ZZSL(三),台北,1955。

左川修(Sagano Osamu):《春秋学论考》,东京,1983。

萨孟武:《中国社会政治史》(全3卷),台北:三民书局,1975。

萨孟武:《中国历代中央政制》,ZZSL(二),台北,1955。

Schickel, J., (übers) *Mao Tse-tung-39 Gedichte*, Frankfurt/M., 1969.

Schmidt, A., *Der Begriff der Natur in der Lehre von Marx*, Frankfurt/M., 1978.

Schram, S.R., *Das Politische Denken Mao Tes-tungs*, München, 1972.

Schram, S.R., *Mao Tse-tung*, Penguin Books, 1975.

Schram, S.R., *Mao Tse-tung Unrehearsed* (Talks and Letters: 1956-1971), Penguin Books, 1974.

Schram, S.R., *Die Permanente Revolution in China* (Dokumente und Kommentar), Frankfurt/M., 1966.

Schram, S.R., "On the Nature of Mao Tse-tung's 'Deviation' in 1927," *China Quarterly*, Nr.18, 1964.

Schram/d'Encausse, H.C., *Le Marxismus et l' Asie* 1853-1964, Paris, 1965.

Schwartz, B. I., *Chinese Communism and the Rise of Mao*, Harvard Univ. Press, 1968.

Sofri, G. *Über die Asiatische Produktionsweise*, Frankfurt/M., 1972.

Song Du-yul(宋斗律), *Die Bedeutung der Asiatischen Welt bei Hegel, Marx und Max Weber*, Dissertation, Univ. Frankfurt/M., 1972.

宋荣培(Song Young-bae):《董仲舒的历史哲学》,韩国哲学会编,《哲学》,第23辑,1985,首尔。

Song Young-bae, *Konfuzianism, Konfuzianische Gesellschaft und die Sinisierung des Marxismus*, Frankfurt/M. Universitaet, 1983.

Snow, E., *Red Star over China*, Penguin Books, 1973.

Staiger, B., *Das Konfuzius-Bild im Kommunistischen China*, Wiesbaden, 1969.

Stalin, J.W., *Stalin und die Chinesische Revolution* (Sammelband der Artikel von Stalin über die Chinesische Revolution), Verlag 20. Mai, München, 1971.

Steinfeld, E., *Die sozialen Lehren der Altchinesichen Philosophen Mo-Tzu*,

Meng-Tzu und Hsün-Tzu, Berlin, 1971.

Strong, A.L., "The Thought of Mao Tse-tung," *Amerasia*, Vol.XI, No.6(Juni 1947).

孙长江:《怎样分析孔子的哲学思想》,KZT(Nachdruck),香港,1972。

Sun, E-Tu Zen(任以都)/Francis, John de, *Chinese Social History*, New York, 1966.

高田淳(Takata Jun):《严复と西欧思想》,《近代中国の思想と文学》,东京,1967。

唐长孺:《均田制度的产生及其破坏》,ZTXT(下),北京,1962。

T'ang Leang-li(汤良礼), China in Aufruhr, Leipzig/Wien, 1972.

田昌五:《中国古代农民革命史》,第1册,上海:上海人民出版社,1979。

Tökei, F., *Zur Frage der Asiatischen Produktionsweise*, Berlin/Neuwied, 1969.

Tu Wei-ming(杜维明), "Destructive Will and Ideological Holocauist: Maoism as a Social Suffering in China," in *Daedalus*, Winter 1966.

宇都宫清吉(Utsunomiya Seikichi):《汉代社会经济史研究》,东京,1955。

Vatankhah, M., *Historischer Materialismus und die Revolution in Nichtindustrialistierten Ländern an den Beispielen Russland und China*, Dissertation, Freie Univ.Berlin, 1973.

Vranicki, P., *Mensch und Geschichte*, Frankfurt/M., 1969.

Vranicki, P., *Gerchichte des Marzismus*, 2 Bd., Frankfurt/M., 1974.

Wan Kuo-ting(万国鼎), "The System of Equal Land Allotment in Medieval times," CSH, New York, 1966.

王健民:《中国共产党史稿》(全3册),台北:正中书局,1965。

王景伦:《毛泽东的理想主义和邓小平的现实主义》,北京:时事出版社,1996。

王礼锡编:《中国社会史的论战》(全4册),上海:神州国光社,1931—1936。

汪澍白、张慎恒:《青年毛泽东世界观的转变》,《历史研究》,第5期,北京,1980。

王孝通:《中国商业史》,上海:商务印书馆,1936。

Wang Yü-ch'uan(王毓铨), "An Outline of the Central Government of the Former Han Dynasty," HJAS, vol.12, 1-2, 1949.

Wang, Y.C.(王业健), *Chinese Intellectuals and the West* 1872-1949, Chapel Hill(North Carolina), 1966.

Weber-Schäfer, P., *Der Edle und der Weise*, München, 1963.

Weber-Schäfer, P., "Die groβe Lehre und die Anwendung der Mitte," P. Opitz(hrsg.), *Chinesisches Altertum und Konfuzianische Klassik*, München, 1968.

Weber-Schäfer, P., *Oikumene und Imperium*, München, 1968.

Weber-Schäfer, P., "Die 'Weltanschauung' Mao Tse-Tungs," *Zeitschrift für Politik*, Heft 4(Okt.1972), Köln.

Wilhelm, R., (Ⅰ) *Kongfutse*(《论语》), Gespräche, Köln, 1972.

Wilhelm, R., (Ⅱ) *Mong Dsi*(《孟子》)(Mongko), Jena, 1921.

Wilhelm, R., *Li Gi*(《礼记》). Das Buch der Sitte des Älteren und Jüngeren Dai, Jena, 1930.

Wilhelm, R., *Dschuang Dsi* (《庄子》). Das Wahre Buch von Südlichen Biütenland, Köln, 1976.

Wilhelm, R., *I Ging*(《易经》). Das Buch der Wandlungen, Köln, 1976.

Wittfogel, K.A., *Wirtschaft und Gesellschaft Chinas*(1.Teil), Leipzig, 1951.

Wittfogel, K.A., *Die orientalische Despotie*, Köln, 1962.

吴海若:《中国资本主义生产的萌芽》,ZZMT(下),北京,1957。

吴江:《不断革命论者必须是彻底的辩证唯物论者》,《哲学研究》,第8期;参见"Ein Verfecter der Theorie der Permanenten Revolution muß mit Notwendigkeit Konsequenter Dialektischer Materialist Sein," S. Schram, *Die permanente Revolution in China*。

吴虞:《吴虞文录》,成都,1936。

夏基松:《孔子思想的历史渊源和阶级实质》,KZT,香港,1972。

徐复观:《周秦汉政治社会结构之研究》,台北:学生书局,1975。

徐复观:《两汉思想史》(卷三),台北:学生书局,1979。

许寿裳:《亡友鲁迅印象记》,香港,1974。

杨宽:《商鞅变法》,上海:上海人民出版社,1973。

杨宽 :《战国史》,上海:上海人民出版社,1980。

Yang Lien-sheng(杨联陞), "Great Families of Eastern Han," CSH, New York, 1966.

杨荣国:《中国古代思想史》,北京:人民出版社,1973。

Yang Rongguo, *Konfuzius*, Peking, 1974.

杨向奎:《中国古代社会与古代思想研究》,上海:上海人民出版社,1962。

殷叙彝、丁守和:《从五四启蒙运动到马克思主义的传播》,北京:三联书店,1979。

张明军、尹书博:《试论文革爆发的思想文化基础》,《华东师范大学学报(哲学社会科学版)》,第34卷,第6期。

张耀煊:《北魏土地制度》,ZFJW,北京,1958。

张荫麟:《北宋的土地分配与社会骚动》,ZSJJ,第6集,第1号,1939。

赵纪彬:《君子小人辨》,《论语新探》,北京:人民出版社,1962。

周谷城:《中国通史》(上、下),香港:太平书局,1963。

中国古典文献:

《论语》钱穆注:《论语新解》,香港,1964。

《孟子》蒋伯潜注编:《孟子读本》,香港。

《中庸》蒋伯潜注编:《中庸读本》,香港。

《大学》蒋伯潜注编:《大学读本》,香港。

《易经》南怀瑾、徐芹庭注译:《周易今注今译》,台北:商务印书馆,1974。

《诗经》马特盈注译,《诗经今注今译》,台北:商务印书馆,1974。

《尚书》屈万里注译,《尚书今注今译》台北:商务印书馆,1973。

《春秋左传》李宗侗注译:《春秋左传今注今译》(全三卷),台北:商务印书馆,1971。

《国语》上海师范大学古籍整理组校点(全二卷),上海:上海古籍出版社,1978。

《战国策》〔汉〕刘向集录(全三卷),上海:上海古籍出版社,1978。

《荀子》章诗同注:《荀子简注》,上海:上海人民出版社,1974。

《孝经》〔汉〕孔安国注,知不足斋丛书。

《礼记》王梦鸥注译:《礼记今注今译》,台北:商务印书馆,1974。

《大戴礼记》高明注译:《大戴礼记今注今译》,台北:商务印书馆,1977。

《庄子》〔清〕郭庆藩注:《校正庄子集释》(上、下),台北:世界书局,1968。

《韩非子》陈奇猷校注:《韩非子集释》(上、下),上海:上海人民出版社,1974。

《管子》〔唐〕尹知章注:《管子校正》,新编诸子集成(第五册),台北:世界书局,1972。

《商君书》高亨:《商君书注译》,北京:中华书局,1974。

《说文解字》〔汉〕许慎,段玉裁注:《说文解字注》,台北:兰台书局,1972。

《春秋繁露》〔汉〕董仲舒,凌曙注,台北:商务印书馆,1976。

《史记》〔汉〕司马迁(共十册),北京:中华书局,1972。

《汉书》〔汉〕班固(共十二册),北京:中华书局,1975。

《后汉书》〔宋〕范晔(共十二册),北京:中华书局,1973。

《三国志》〔晋〕陈寿(共五册),北京:中华书局,1975。

《魏书》〔北齐〕魏收(共八册),北京:中华书局,1974。

《晋书》〔唐〕房玄龄(共十册),北京:中华书局,1974。

《元史》〔明〕宋濂等(共十五册),北京:中华书局,1976。

引用的杂志和论文集:

杂志:

CQ, China Quarterly, London, No.18, 19.

HJAS, Harvard Journal of Asiatic Studies.

Philosophy East/West, Honolulu.

YJCS, Yenching Journal of Chinese Studies(《燕京学报》).

ZSJJ, Zhongguo Shehui Jingji Jikan,《中国社会经济集刊》,香港,影印本。

《哲学研究》,哲学研究编辑部编,北京。

《历史研究》,历史研究编辑部编,北京。

《アジア经济》,东京,1972。

《历史研究》,东京,1958(No.220)。

《历史评论》,东京,1957,8。

论文集:

CSH, Chinese Social History, New York, 1966.

KZT, Kongzi Zhexue Taolunji,《孔子哲学讨论集》, Hongkong, 1972.

MAW, Mao Tse-tung Ausgewählte Werke, Peking, 1964.

《毛泽东思想万岁》,1969,日本影印本。

MEW,Marx/Engels Werke,(Ost)Berlin.

ZFJW,Zhongguo Fengjian Jingji Guanxi de Ruogan Wenti,《中国封建经济关系的若干问题》,北京,1958。

ZTXT,Zhongguo Fengjian Shehui Tudi Suoyouzhi Xingshi Wenti Taolunji,《中国封建社会土地所有制形式问题讨论集》,北京,1962。

ZZMT,Zhongguo Zibenzhuyi Mengya Wenti Taolunji,《中国资本主义萌芽问题讨论集》(上、下),北京,1957。

ZZSL,Zhongguo Zhengzhi Sixiang yu Zhidu shi Lunji,《中国政治思想与制度史论集》(二、三),台北,1955。

《古史辨》(共7卷),北京,1926—1941。

Sur le Mode de Production Asiatique,Edition Soclales,Paris,1974.